Sportwissenschaft studieren
Band 5

Bewegungswissenschaft
Ein Lehrbuch in 12 Lektionen

Die Reihe

Sportwissenschaft studieren richtet sich vor allem an Sportstudierende, aber auch an alle im Sport Lehrenden und an diejenigen, die an sportwissenschaftlichen Themen und ihrer Vermittlung interessiert sind. Alle Bände der Reihe *Sportwissenschaft studieren* sind als Lehrbücher in Lektionen abgefasst. Ihr durchgängiger Fragencharakter bahnt einen Dialog mit dem Leser/der Leserin an. Die Lehrbücher haben Einführungscharakter und sind demnach: komprimiert im Inhalt, klar strukturiert im Aufbau, verständlich geschrieben und übersichtlich gegliedert. Die Reihe *Sportwissenschaft studieren* eignet sich zum Selbststudium sowie als begleitende Lektüre (z. B. in Vorlesungen) oder als Diskussionsgrundlage (z. B. in Seminaren).

Bereits erschienen:
Eckart Balz & Detlef Kuhlmann: Sportpädagogik (Band 1)
Gerhard Trosien: Sportökonomie (Band 2)
Michael Bräutigam: Sportdidaktik (Band 3)
Dorothee Alfermann & Oliver Stoll: Sportpsychologie (Band 4)
Rainer Wollny: Bewegungswissenschaft (Band 5)
Arno Müller: Sportphilosophie – in Planung (Band 6)
Hottenrott/Neumann: Trainingswissenschaft (Band 7)
Ansgar Thiel, Klaus Seiberth & Jochen Mayer: Sportsoziologie (Band 8)
Markus Gerber: Pädagogische Psychologie im Sportunterricht (Band 9)
Andreas Lau & Henning Plessner: Sozialpsychologie und Sport (Band 10)

Sportwissenschaft studieren
Band 5

Rainer Wollny

Bewegungswissenschaft

**Ein Lehrbuch
in 12 Lektionen**

Meyer & Meyer Verlag

Herausgeber der Reihe „Sportwissenschaft studieren":
Prof. Dr. Wolf-Dietrich Brettschneider und bis Band 8 Prof. Dr. Detlef Kuhlmann

Bewegungswissenschaft
Ein Lehrbuch in 12 Lektionen

Bibliografische Information der Deutschen Bibliothek

Die Deutsche Bibliothek verzeichnet diese Publikation in der Deutschen Nationalbibliografie; detaillierte bibliografische Details sind im Internet über <www.dnb.de> abrufbar.

Alle Rechte, insbesondere das Recht der Vervielfältigung und Verbreitung sowie das Recht der Übersetzung, vorbehalten. Kein Teil des Werkes darf in irgendeiner Form – durch Fotokopie, Mikrofilm oder ein anderes Ver-fahren – ohne schriftliche Genehmigung des Verlages reproduziert oder unter Verwendung elektronischer Systeme verarbeitet, gespeichert, ver-vielfältigt oder verbreitet werden.

Der Verlag behält sich das Text- and Data-Mining nach § 44b UrhG vor, was hiermit Dritten ohne Zustimmung des Verlages untersagt ist. Dies beinhaltet vor allem, dass kein Teil dieses Buches in irgendeiner Form ver-wendet oder wiedergegeben werden darf, um KI-basierte Technologien oder Systeme zu trainieren.

© 2007 by Meyer & Meyer Verlag, Aachen
5., korrigierte Auflage 2022
Auckland, Beirut, Dubai, Hägendorf, Hongkong, Indianapolis, Kairo, Kapstadt, Manila, Maidenhead, Neu-Delhi, Singapur, Sydney, Teheran, Wien

Gesamtherstellung (Druck): Bookwire, Frankfurt, www.bookwire.de

Member of the World Sport Publishers' Association (WSPA)
ISBN 978-3-89899-183-4

Hersteller im Sinne der GPSR:
Meyer & Meyer Fachverlag & Buchhandel GmbH
Von-Coels-Straße 390, 52080 Aachen
www.dersportverlag.de
E-Mail: kontakt@m-m-sports.com

Inhalt

Einleitung	Lies mich.doc – Lehrbuch der Bewegungswissenschaft – warum?	11
Lektion 1	Grundlagen aufzeigen, Beispiele sprechen lassen – Welchen Weg geht die Bewegungswissenschaft des Sports?	16
1	Was ist von dieser Lektion zu erwarten?	18
2	Welche Begriffe sind grundlegend?	19
3	Mit welchen Problemfeldern beschäftigt sich die sportbezogene Bewegungswissenschaft?	27
4	Wie unterscheiden sich die bewegungswissenschaftlichen Betrachtungsweisen?	29
5	Bewegungswissenschaft des Sports im Überblick	35
Lektion 2	Man kann nicht schneller laufen als der linke Fuß – Was sind koordinative Fähigkeiten?	42
1	Was ist von dieser Lektion zu erwarten?	43
2	Welche Begriffe sind grundlegend?	43
3	Wie werden koordinative Fähigkeiten systematisiert?	45
4	Welche Anforderungen werden an die wissenschaftliche Erfassung koordinativer Fähigkeiten gestellt?	51
5	Was zeichnet die Vermittlung koordinativer Fähigkeiten aus?	56
6	Koordinative Fähigkeiten im Überblick	58
Lektion 3	Man muss Sehen, Hören und Fühlen können – Was sind sensorische Aspekte der Bewegungskontrolle?	64
1	Was ist von dieser Lektion zu erwarten?	65
2	Welche Begriffe sind grundlegend?	66
3	Was charakterisiert die Closed-Loop-Kontrolle?	69
4	Welche sensorischen Mechanismen sind an der Bewegungskontrolle beteiligt?	73
4.1	Wie funktionieren exterozeptive Sinne?	74
4.2	Wie arbeiten propriozeptive Sinne?	77
5	Sensorische Aspekte der Bewegungskontrolle im Überblick	80

Lektion 4	Informationsverarbeitung ist der Schlüssel zur Bewegung – Was sind zentralnervöse Aspekte der Bewegungskontrolle?	84
1	Was ist von dieser Lektion zu erwarten?	85
2	Welche Begriffe sind grundlegend?	86
3	Was charakterisiert die Open-Loop-Kontrolle?	91
4	Welchen Hirnarealen untersteht die Bewegungsorganisation?	93
5	Was besagt die psychologische Programmidee?	98
5.1	Welche Informationen beinhalten motorische Programme?	100
5.2	Wie werden Bewegungsprogramme organisiert?	104
5.3	Wie arbeiten zentralnervöse Bewegungsprogramme und sensorische Mechanismen zusammen?	106
6	Zentralnervöse Aspekte der Bewegungskontrolle im Überblick	108
Lektion 5	Lernmaschine Mensch zum Lernen bringen – Wie werden elementare motorische Fertigkeiten vermittelt?	114
1	Was ist von dieser Lektion zu erwarten?	115
2	Welche Begriffe sind grundlegend?	115
3	Was besagen die „historischen" Vorläufer moderner Informationsverarbeitungsansätze?	119
4	Wie sieht die Schulung elementarer motorischer Fertigkeiten aus?	127
5	Vermittlung elementarer motorischer Fertigkeiten im Überblick	133
Lektion 6	Bewegung fängt im Kopf an – Welche Strategie der Bewegungsrepräsentation ist Erfolg versprechend?	138
1	Was ist von dieser Lektion zu erwarten?	139
2	Welche Begriffe sind grundlegend?	140
3	Welche Theorie kann die Bewegungskontrolle angemessen erklären?	143
3.1	Wie funktioniert die Programmvorsteuerung mit kontinuierlicher Systemregelung?	145
3.2	Was besagt das Konzept der Programm- und Parametertrennung?	147
3.3	Wer kritisiert die mixed approaches?	155
3.3.1	Wie erklären ökopsychologische Handlungstheorien die Bewegungskoordination?	155
3.3.2	Wie denkt der Konnektionismus über die motorische Kontrolle?	159
3.3.3	Was besagt die Modularitätshypothese?	163
4	Strategien der Bewegungsrepräsentation im Überblick	166

Lektion 7	**Frühe Übung macht den Meister –**	
	Wie werden sportmotorische Fertigkeiten vermittelt?	**174**
1	Was ist von dieser Lektion zu erwarten?	175
2	Welche Begriffe sind grundlegend?	176
3	Welche Bedingungen machen aus Üben eine erfolgreiche Übung?	181
3.1	Welche Strategien erleichtern den Neuerwerb sportmotorischer Fertigkeiten?	181
3.1.1	Was sind methodische Übungsreihen?	185
3.2	Welche Strategien erleichtern die Optimierung und Automatisierung sportmotorischer Fertigkeiten?	193
4	Schulung sportmotorischer Fertigkeiten im Überblick	200
Lektion 8	**Derselbe Wind lässt verschiedene Drachen steigen –**	
	Wie verläuft die motorische Entwicklung in der Lebensspanne?	**207**
1	Was ist von dieser Lektion zu erwarten?	208
2	Welche Begriffe sind grundlegend?	209
3	Wie sieht die motorische Entwicklung im Lebenslauf aus?	215
3.1	Wie werden motorische Entwicklungszeiträume klassifiziert?	216
3.2	Wie verläuft die somatische Entwicklung?	219
3.3	Wie entwickeln sich motorische Basisfähigkeiten und sporttypische Fertigkeiten? – Quantitativ-deskriptive Charakterisierung einzelner Lebensphasen	223
3.3.1	Wie bilden sich Bewegungsgrundformen im Neugeborenenund Vorschulkindalter aus?	223
3.3.2	Wie formen sich motorische Basisfähigkeiten und sporttypische Fertigkeiten im Schulkindalter aus?	225
3.3.3	Wie sieht die motorische Entwicklung in der Jugendphase aus?	229
3.3.4	Was ist über die motorische Ontogenese im Erwachsenenalter bekannt?	232
4	Motorische Entwicklung im Überblick	238
Lektion 9	**Was Hänschen nicht lernt, lernt Hans ...**	
	Welche Traditionen und modernen Trends kennzeichnen die motorische Entwicklungsforschung?	**246**
1	Was ist von dieser Lektion zu erwarten?	246
2	Welche Begriffe sind grundlegend?	247
3	Was besagen Theorien der menschlichen Entwicklung?	249
3.1	Welche traditionellen Entwicklungstheorien müssen berücksichtigt werden?	250

3.1.1	Was sind die Kernannahmen organismischer Phasenkonzepte?	250
3.1.2	Was besagen exogenistische Phasenkonzeptionen?	252
3.1.3	Welchen Leitideen folgen konstruktivistische Entwicklungskonzepte?	253
3.2	Wodurch zeichnen sich moderne Entwicklungsperspektiven aus?	255
3.2.1	Entwicklungspsychologie der Lebensspanne – ein neuer Weg?	256
4	Welche Faktoren beeinflussen die motorische Entwicklung?	261
4.1	Welche Wirkungen altersbezogener Entwicklungsfaktoren sind nachgewiesen?	262
4.2	Welche evolutionär-historischen Faktoren beeinflussen die Ontogenese?	269
4.3	Was sind nichtnormative Lebensereignisse?	269
4.4	Welche Ursache-Konsequenz-Beziehungen bestehen zwischen Entwicklungsfaktoren?	270
5	Traditionen und moderne Trends der motorischen Entwicklungsforschung im Überblick	272

Lektion 10	**Was die Masse am Ziel, erkennt der Weise am Start – Wie werden äußere Bewegungsmerkmale erhoben?**	**278**
1	Was ist von dieser Lektion zu erwarten?	279
2	Welche Begriffe sind grundlegend?	279
3	Wie werden äußere Bewegungskennwerte erhoben?	283
3.1	Was ist Biokinematik und Kinemetrie?	284
3.1.1	Welche kinemetrischen Messverfahren verwendet die Bewegungswissenschaft des Sports?	287
3.1.2	Wo liegt der Körperschwerpunkt des Menschen?	291
3.2	Was ist Biodynamik und Dynamometrie?	296
3.2.1	Welche dynamometrischen Messverfahren erfassen äußere Bewegungskräfte?	299
4	Äußere Bewegungsmerkmale im Überblick	301

Lektion 11	**Auf die inneren Werte kommt es an – Was zeichnet die Analyse körperinterner Bewegungsmerkmale aus?**	**305**
1	Was ist von dieser Lektion zu erwarten?	306
2	Welche Begriffe sind grundlegend?	307
3	Welche elektrophysiologischen Messverfahren nutzt die Bewegungswissenschaft des Sports?	310
3.1	Wie funktioniert die Elektromyografie?	310

3.1.1	Welche Gegenstandsfelder betrachtet die Oberflächenelektromyografie?	312
3.1.2	Wie werden Elektromyogramme analysiert?	312
3.2	Wie funktioniert die Hoffmann-Reflex-Methode?	317
3.2.1	Was zeichnet die Plastizität des Hoffmann-Reflexes aus?	318
3.2.2	Wie werden Hoffmann-Reflexe registriert und ausgewertet?	
4	Körperinnere Bewegungsmerkmale im Überblick	321

Lektion 12	**Widerspruchsfreie Theorie der widersprüchlichen Wirklichkeit – Wie sieht die biomechanische Theorie- und Modellbildung aus?**	**325**
1	Was ist von dieser Lektion zu erwarten?	326
2	Welche Begriffe sind grundlegend?	326
3	Zählen die biomechanischen Prinzipien zu den „alten Hüten" der Bewegungswissenschaft des Sports?	327
4	Was kennzeichnet biomechanische Modelle der Wirklichkeit?	335
4.1	Wovon ist etwas Modell?	335
4.2	Welches sind die zentralen Arbeitsschritte der Modellierung im Sport?	338
4.2.1	Wozu dient die Problemformulierung?	339
4.2.2	Wie gliedert sich die Modellkonstruktion?	340
4.2.3	Wie wird die Gültigkeit biomechanischer Modelle geprüft?	344
4.2.4	Wozu dient die Modellsimulation?	344
5	Biomechanische Theorie- und Modellbildung im Überblick	346

Sachwortverzeichnis ... **349**

Einleitung
Lies mich.doc –
Lehrbuch der Bewegungswissenschaft – warum?

Das zunehmende Interesse von Sportlehrern, Trainern, Übungsleitern, Sportorthopäden und Sporttherapeuten an den faszinierenden Gegenstandsfeldern, Modellvorstellungen, Perspektiven und Kenntnissen der Bewegungswissenschaft des Sports und die enormen methodischen Fortschritte der Bewegungsforschung haben zu einem bis dato kaum noch zu überblickenden Wissensstand über das äußere Erscheinungsbild und die körperinneren koordinativen Kontrollprozesse sowie die konditionellen Funktionsprozesse sporttypischer Bewegungen geführt. Für Sportpraktiker von besonderer Bedeutung sind die zahlreichen sportpraktischen Anwendungsbezüge bewegungswissenschaftlicher Kenntnisse.

Für den Autor eines in die Bewegungswissenschaft des Sports einführenden Lehrbuchs stellt sich die nicht einfach zu beantwortende Frage: *Was müssen Studierende nach Abschluss des sportwissenschaftlichen Grundstudiums im Bereich der sportbezogenen Bewegungswissenschaft wissen und können?* Die umfangreichen, nicht einheitlichen und klar abgegrenzten bewegungswissenschaftlichen Gegenstandsfelder, das Überangebot an konkurrierenden theoretischen und forschungsmethodischen Positionen und die Vielfalt der empirischen Resultate verlangen für die sportwissenschaftliche Ausbildung an universitären Studieneinrichtungen einerseits die fundierte theoretische und sportpraktische Aufbereitung der bewegungswissenschaftlichen Kenntnisse. Hierbei darf der Blick für das Wesentliche weder durch eine Vielzahl von Einzelbefunden behindert noch auf einige wenige Inhalte reduziert werden. Andererseits können nicht alle Gegenstandsfelder, Theorien, Kenntnisse, Untersuchungsansätze und Anwendungsbezüge der Bewegungswissenschaft im Rahmen des Sportstudiums vermittelt werden.

An wen richtet sich das Lehrbuch?

Das Lehrbuch *Bewegungswissenschaft* ist in *erster Linie* für Studierende sportwissenschaftlicher Studiengänge und für am Sportstudium interessierte Personen konzipiert. Das Buch dient als Begleit- und Einführungstext für grundständige Vorlesungen und Proseminare, zur Vorbereitung auf studienbegleitende Prüfungen und als Basis- oder

Nachschlagewerk für die Examensphase. Ebenso eignet sich der Lehrbuchtext zum Selbststudium derjenigen bewegungswissenschaftlichen Gegenstandsfelder, die am jeweiligen Studienort nicht unterrichtet werden. In *zweiter Linie* spricht das Lehrbuch Sportlehrer, Trainer, Übungsleiter, Sportorthopäden, Sporttherapeuten und alle anderen Personengruppen an, die sich zur Bereicherung ihrer praktischen Arbeit im Sport mit aktuellen grundlagen- und anwendungsbezogenen Kenntnissen der Bewegungswissenschaft des Sports auseinander setzen möchten.

In diesem Sinn ist der Lehrbuchtext nicht als eine Einheit von vorne nach hinten verfasst. Vielmehr können die einzelnen Lektionen unabhängig voneinander studiert werden. Die Reihenfolge der Bearbeitung der verschiedenen Lektionen kann der Studierende an die Gegebenheiten der Stoffvermittlung der jeweiligen Studienorte angleichen oder nach persönlichen Interessen gestalten.

Wie ist die Konzeption des Lehrbuchs?

Entsprechend dem äußeren „Markenzeichen" der Lehrbuchreihe „Sportwissenschaft studieren" ist der Band ***Bewegungswissenschaft*** in 12 eigenständige Lektionen gegliedert. Das leitende Vorbild für die Auswahl der Inhalte ist die didaktische Zielsetzung einer guten, nicht nachhaltig ermüdenden Vorlesung. Diese soll das Verständnis für das Zusammenwirken bewegungswissenschaftlicher Problemstellungen, Theorien, Befunde und Forschungsmethoden fördern, die historischen Dimensionen nachzeichnen, die Praxisnähe aufzeigen und den Wissenserwerb der Leser hilfreich unterstützen. Hierzu bedarf es eines ausgewogenen Verhältnisses von repräsentativem Grundlagenwissen, sportpraktischen Anwendungsmöglichkeiten und sinnvollen Reduktionen in der Breite (z. B. Anzahl der Theorien) und der Tiefe der bewegungswissenschaftlichen Themenfelder (z. B. neurobiologische Fundierung der sensorischen Mechanismen der Motorik).

Um allzu großen Enttäuschungen vorzubeugen, werden nachfolgend die im vorliegenden Lehrbuch aufgegriffenen zentralen Problem- und Fragestellungen der Bewegungswissenschaft des Sports vorgestellt:

- Welchen Gegenstandsfeldern, Zielstellungen und Aufgaben wendet sich die sportbezogene Bewegungswissenschaft zu? (Lektion 1)
- Was sind die körperinternen Leistungsvoraussetzungen der Bewegung und der Motorik? (Lektionen 2-4)
- Welche Theorien und empirischen Befunde liegen über die menschliche Bewegungskontrolle und das motorische Lernen vor? (Lektionen 5 und 6)

- Wie werden elementare motorische Fertigkeiten und sportmotorische Techniken gelernt und gelehrt? (Lektionen 5-7)
- Wie bilden sich die motorischen Basisfähigkeiten, die elementaren motorischen und sportmotorischen Fertigkeiten in der Lebensspanne aus? (Lektion 8)
- Welche entwicklungstheoretischen Annahmen liegen über die motorische Ontogenese des Menschen vor? (Lektion 9)
- Wie werden äußere und körperinnere Bewegungsmerkmale gemessen, analysiert und modelliert? (Lektionen 10-12)

Der Autor hofft, dass die für das vorliegende Lehrbuch ausgewählten Themen die Faszination und die wichtigsten Kenntnisse der Bewegungswissenschaft des Sports vermitteln helfen. Bei den Einzelfeststellungen wird auf umfassende Belege, wörtliche Zitate, Tiefen- und Querverweise weitgehend verzichtet. Ergänzende Informationen sind für wissenschaftliche Arbeiten ohne Frage unabdingbar. Sie würden aber die Lesbarkeit, die Verständlichkeit und das Behalten des Lehrbuchtextes unnötigerweise erschweren. Dies bedeutet jedoch nicht, dass auf exakte wissenschaftliche Formulierungen und die Verwendung bewegungswissenschaftlicher Fachbegriffe verzichtet werden kann.

Wie sind das Lehrbuch und die Lektionen aufgebaut?

Das ausführliche Inhaltsverzeichnis bildet die Gliederungsstruktur des Lehrbuchs ab. Zur Erleichterung der praktischen Handhabung des Gesamttextes dienen das Abkürzungsverzeichnis und der nahezu identische Aufbau der 12 Lektionen. Aus „lesedidaktischen" Gründen beginnt jede Lektion mit einer kurzen Hinführung zur Lektionsthematik, gefolgt von der Erläuterung der zentralen Inhalte (Kap. 1) und der grundlegenden Begriffe des jeweiligen Gegenstandsbereichs (Kap. 2). Der Hauptteil der einzelnen Lektionen beschäftigt sich mit wichtigen theoretischen Grundlagen und einflussreichen Forschungspositionen. In den Text integriert sind ergänzende Informationen und kommentierende Literaturhinweise. Das Schlusskapitel der Lektionen bündelt die wesentlichen Inhalte, die eventuellen Probleme und die Kritikpunkte.

Die am Ende jeder Lektion zu findenden drei Listen mit den Schlüsselbegriffen, den weiterführenden Literaturempfehlungen und den verwendeten Literaturstellen sollen die Nutzbarkeit des Lehrbuchs ebenso erhöhen wie eine Reihe von Fragen, mit denen der Leser seinen Wissensstand prüfen kann. Das Sachwortregister dient der Herstellung von Querverweisen zwischen den 12 Lektionen und dem Auffinden gleicher thematischer Textstellen.

Wenn in diesem Buch die maskuline Form von Personen-, Berufs- und Funktionsbeschreibungen (Forscher, Wissenschaftler, Trainer, Übungsleiter, Lehrer, Athlet, Sportler, Schüler usw.) oder generische Begriffe verwendet werden, dann sind aus Gründen der stilistischen Vereinfachung, der Übersichtlichkeit, der Sparsamkeit und der Lesefreundlichkeit generell Frauen (weibliche Jugendliche, Mädchen), Männer (männliche Jugendliche, Jungen) und Diverse gemeint. Abweichungen von dieser Regel werden ausdrücklich vermerkt.

Danksagungen

Lehrbücher leben von der Kritik und der Auseinandersetzung. Ich möchte im Voraus denjenigen Leserinnen und Lesern danken, die sich der Mühe unterziehen, mir kritische, konstruktive Rückmeldungen, Ideen, Anregungen und Vorschläge zu schreiben (rainer.wollny@sport.uni-halle.de).

Dank bin ich auch den Menschen verpflichtet, die dieses „Ein-Personen-Projekt" ermöglicht haben. Anerkennen möchte ich besonders herzlich die uneigennützige Förderung durch Herrn *Prof. Dr. Klaus Roth*, der mir während unserer 20-jährigen Zusammenarbeit ein anregendes wissenschaftliches Umfeld und wesentliche Impulse und Anregungen für das Buchkonzept gab. Ferner bin ich den Herausgebern der Schriftenreihe „Sportwissenschaft studieren", Herrn *Prof. Dr. Wolf-Dietrich Brettschneider* und Herrn *Prof. Dr. Detlef Kuhlmann*, für die Unterstützung des Buchprojekts zu Dank verpflichtet. Nicht zuletzt für das in mich gesetzte Vertrauen, den Band *Bewegungswissenschaft* zu verfassen. Große Hilfen habe ich in der Endphase der Fertigstellung des Lehrbuchs von *Gerhard Hamsen, Dr. Klaus Reischle* und *Jörg Schorer* sowie verschiedenen Mitarbeitern und Sportstudierenden der Ruprecht-Karls-Universität Heidelberg bei der Durchsicht des Manuskripts und von *Gerhard Schmitt* und *Sandra Falke* bei der Anfertigung zahlreicher Grafiken erfahren.

Das vorliegende Buch möchte ich dankend meiner Lebenspartnerin *Brigitte Strothenke* und unserer Tochter *Alina* widmen, die mich lange Zeit mit der Arbeit am vorliegenden Lehrbuch teilen mussten.

Abschließend möchte ich meine Hoffnung zum Ausdruck bringen, dass dieses Lehrbuch motivierend in das faszinierende Gebiet der Bewegungswissenschaft des Sports einführt und eventuelle Prüfungsvorbereitungen erleichtert.

Abkürzungsverzeichnis

Abb.	Abbildung	M-Antwort	motorische Antwort
ATP	Adinosintriphosphat	Mm.	Muskeln
cm	Zentimeter	mm	Millimeter
EA	elektrische Aktivität	mmol	Millimol
EKG	Elektrokardiogramm	ms	Millisekunden
EMG	Elektromyogramm	mV	Millivolt
F	Kraft	n	Anzahl
H_{max}	maximale H-Reflex-Amplitude	N.	Nerv
H-Reflex	Hoffmann-Reflex	Nn.	Nerven
Hz	Hertz	phys.	physikalisch
IEMG	integriertes EMG	s	Sekunde
Kap.	Kapitel	syn.	synonym
kg	Kilogramm	t	Zeit
KSP	Körperschwerpunkt	Tab.	Tabelle
κ	Kappa	TKSP	Teilkörperschwer-
M.	Muskel		punkt
m	Meter	Vp	Versuchsperson
mA	Milliamper	µV	Mikrovolt

Lektion 1
Grundlagen aufzeigen, Beispiele sprechen lassen – Welchen Weg geht die Bewegungswissenschaft des Sports?

Die wissenschaftliche Aufdeckung der Grundlagen der Entstehung und der Kontrolle des motorischen Verhaltens – *worum handelt es sich, wenn sich Menschen bewegen* – interessiert seit mehr als 2.000 Jahren unter vielschichtigen Perspektiven und wechselnden Welt-, Menschen- und Wissensbildern die Philosophie, Psychologie, Biologie, Medizin, Neurologie, Biomechanik, Informatik, Arbeitswissenschaft und nicht zuletzt die Bewegungswissenschaft. An der komplizierten Suche nach der bewegungskoordinierenden Instanz beteiligen sich neben Bewegungswissenschaftlern vor allem Biologen, Neurologen und Psychologen. In jüngster Zeit untersuchen Wissenschaftler der künstlichen Intelligenz und der Robotik die zentralnervöse Autonomie des motorischen Verhaltens. Das Hauptaugenmerk gilt der Entwicklung leistungsfähiger Steuerungsprogramme für in alltäglichen Situationen eigenständig handelnde künstliche Wesen. Die Medizin und die Arbeitswissenschaft betrachten alltags- und berufsbezogene Bewegungen in erster Linie hinsichtlich des ökonomischen und präzisen Zusammenwirkens der körperinternen motorischen Kontrollprozesse und der muskulären Ausführungsorgane. Die Biomechanik analysiert motorische Leistungen auf der Grundlage biologischer und physikalisch-mechanischer Befunde und Untersuchungsmethoden.

Die Geschichte der Bewegungswissenschaft – von der griechischen Antike bis zum 21. Jahrhundert – lässt, wenn nicht alle historischen Wurzeln und Verzweigungen berücksichtigt werden, fünf aufeinander folgende gedankliche Hauptstränge erkennen:

- die *vorchristliche philosophische Perspektive*, die unsichtbare symbolische Vorgänge als die Ursache der Bewegung ansieht,
- die *mittelalterliche anatomische Perspektive*, die motorische Handlungen aus mechanistischer Sicht interpretiert,
- die *neuzeitliche naturwissenschaftliche Perspektive*, die äußeren biomechanischen und körperinneren neurophysiologischen Verfahren der Bewegungsanalyse vertraut,
- die Mitte des 20. Jahrhunderts aufstrebende *BERNSTEIN-Perspektive*, die eine kybernetische und ganzheitliche Betrachtung der Bewegung und Motorik favorisiert und

- die ab den 70er Jahren diskutierten *Informationsverarbeitungsansätze*, die von zentralnervösen Repräsentationen motorischer Fertigkeiten ausgehen.

Die Anfänge der Erforschung willkürlicher Bewegungen finden sich nach MECHLING (2003) in der klassischen griechischen Philosophie. Als die alleinige Bewegungsursache gilt bei PLATON (427-347 v. Chr.) die unsichtbare, nicht materiale „Individualseele", während dem Körper – dem „Kerker der Seele" – eine passive Rolle zukommt. Derartige idealistische, philosophisch-religiös begründete Wahrheitsansprüche über das Seele-Körper-Verhältnis halten Philosophen bis ins späte Mittelalter aufrecht.

Erste naturwissenschaftliche Bewegungsanalysen gehen auf den bekanntesten Philosophen des Mittelalters, Thomas VON AQUIN (1224-1274), zurück. Als die entscheidenden Antriebe für die physikalisch-mechanische Analyse der Bewegungsursachen gelten die Anatomie- und Bewegungsstudien des Universalgenies der Hochrenaissance, Leonardo DA VINCI (1452-1519: Bewegungsstudien von Tieren und Reitern, anatomische Studien der Skelettmuskulatur usw.), die biomechanischen Entdeckungen des Naturforschers Giovanni BORELLI (1608-1679: Hebelwirkung der Skelettmuskulatur, Bestimmung des menschlichen Körperschwerpunkts usw.; vgl. Lektion 10) und die drei Axiome über die Gesetzmäßigkeiten der Dynamik fester Körper von Isaac NEWTON (1643-1727; vgl. Lektion 10).

Die Ausdifferenzierung der Naturwissenschaften, der technologische Fortschritt und das zunehmende Interesse des Sports an wissenschaftlichen Kenntnissen über die Körperhaltung, Bewegung und Motorik des Menschen fördern zu Beginn des 20. Jahrhunderts die neuzeitliche, naturwissenschaftlich ausgerichtete Bewegungsforschung. Eine hohe Präferenz erlangen äußere biomechanische Messverfahren zur Analyse des zeitlich- räumlichen Verlaufs der Ortsveränderung des menschlichen Körpers (z. B. Fotografie, Bildreihen, Lichtspuraufnahmen; MUYBRDGE, 1887; BRAUNE & FISCHER, 1904, 1987) und die auf das Körperinnere ausgerichteten elektrophysiologischen Untersuchungsmethoden (Elektromyografie: WACHOLDER, 1928, vgl. Lektion 11; Elektroenzephalografie: BERGER, 1938, 1991). Bereits in den Anfängen der wissenschaftlichen Bewegungsforschung erfahren die einseitig ausgerichteten physikalisch-mechanischen Vorstellungen über die motorische Kontrolle scharfe Kritik von Seiten erkenntnistheoretischer, den Ganzheitscharakter menschlicher Bewegungen betonender Erklärungsansätze (vgl. EHRENFELS, 1890; KÖHLER, 1921).

Einen bedeutsamen Einfluss auf die empirische Bewegungsforschung nimmt ab den 50er Jahren der kybernetische Erklärungsansatz des russischen Physiologen und Biomechanikers Nikolai BERNSTEIN (1896-1966; 1988). Neu ist die konsequente Verbindung des physiologischen, biomechanischen und psychologischen Wissens über die Bewegungskoordination. Motorische Verhaltensweisen entstehen nicht allein durch die physiologische Abfolge von Muskelaktionen, sondern durch einen ganzheitlich selbst organisierten Kontrollprozess.

Die BERNSTEIN-Perspektive beeinflusst in starkem Maße den Begründer der Wissenschaft und der Lehre sportmotorischer Fertigkeiten, Kurt MEINEL (1898-1973). In der deutschen Sportwissenschaft weit verbreitet sind seine *morphologisch-pädagogischen Beurteilungen des motorischen Verhaltens* (z. B. Bewegungsrhythmus, Bewegungskopplung, Bewegungspräzision, Bewegungskonstanz; vgl. Kap. 2), die *chronologische Bewegungsstrukturierung* (Zweiphasigkeit: zyklische Bewegungen; Dreiphasigkeit: azyklische Bewegungen; vgl. Kap. 2) und die *dreiphasige Systematisierung sportmotorischer Lernprozesse* (MEINEL, 1960; MEINEL & SCHNABEL, 1998; Grobkoordination, Feinkoordination, Stabilisierung der Feinkoordination).

In den 70er Jahren gewinnen in der Bewegungsforschung die im angloamerikanischen Sprachraum formulierten *Informationsverarbeitungsansätze (motor approaches)* an Bedeutung. Nach ihren theorieübergreifenden Grundüberlegungen kontrollieren zentralnervös gespeicherte Gedächtnisinhalte die motorischen Willkürhandlungen. Besonders klare, empirisch überprüfbare Annahmen über die Mechanismen, die Funktionsprozesse und die Gesetzmäßigkeiten der Bewegungskontrolle beinhaltet die Theorie *generalisierter motorischer Programme* von SCHMIDT (1975, 1976, 1988; vgl. Lektion 6). In den letzten 20 Jahren diskutieren Motorikforscher vermehrt alternative Erklärungsansätze wie die ökologischen Handlungstheorien, den Konnektionismus oder die Modularitätshypothese (vgl. Lektion 6).

1 Was ist von dieser Lektion zu erwarten?

Das Hauptanliegen der Lektion 1 gilt der Kennzeichnung der sportbezogenen Bewegungswissenschaft. *Was bedeutet Bewegung und Motorik? Inwieweit und vor allem wie kann die Motorik beeinflusst werden? Wie lassen sich motorische Handlungen systematisieren? Wie definiert die Bewegungswissenschaft das motorische Lernen? Welchen Gegenstandsfeldern, Problembereichen, Zielstellungen und Aufgaben wendet sich die Bewegungswissenschaft des Sports zu? Welche konzeptionellen Betrachtungsweisen favorisiert die sportwissenschaftliche Bewegungsforschung? Wie sollte ihre zukünftige Forschungsstrategie aussehen?*

Kapitel 2 geht zunächst auf die Bedeutung und die Reichweite zentraler Begriffe der Bewegungswissenschaft des Sports ein: Bewegungslehre, Bewegungswissenschaft,

Bewegung, menschliche Bewegung, Motorik und Motorikmerkmale. Erläutert wird, was motorische Fertigkeiten und Fähigkeiten, offene und geschlossene Fertigkeiten, qualitative und quantitative Bewegungsmerkmale voneinander unterscheidet und welche allgemein anerkannten Strukturierungskonzepte sportmotorischer Fertigkeiten vorliegen. Abschließend zeigt Kapitel 2 auf, was das motorische Lernen von der biologischen Adaptation, der Prägung, der Reifung und der Habituation abgrenzt.

Die wichtigen Gegenstandsfelder, Zielstellungen und Aufgaben der sportbezogenen Bewegungswissenschaft beschreibt Kapitel 3. Im Mittelpunkt des Kapitels 4 steht die Charakterisierung der allgemein anerkannten Forschungs- und Lehrkonzeptionen von ROTH und WILLIMCZIK (1999), MEINEL & SCHNABEL (1998), GÖHNER (1999) und LOOSCH (1999). Kapitel 5 fasst nochmals die zentralen Problembereiche und Aufgabenstellungen der Bewegungswissenschaft des Sports zusammen und skizziert verschiedene Lösungsvorschläge für die Zusammenarbeit der bewegungswissenschaftlichen Teildisziplinen.

2 Welche Begriffe sind grundlegend?

In sportwissenschaftlichen Veröffentlichungen finden sich neben den Bezeichnungen *Bewegungswissenschaft* und *Bewegungslehre* synonym die Begriffe *Sportmotorik*, *Kinesiologie* oder *Sport Kinetics* zur Kennzeichnung derjenigen Teildisziplinen der Sportwissenschaft, die sich mit den Phänomenen der Körperhaltung, der Bewegung, der Motorik und des motorischen Lernens beschäftigen. Vielfach werden die Begriffe Bewegungswissenschaft und Bewegungslehre in den Prüfungs- und Studienordnungen sportwissenschaftlicher Studieneinrichtungen oder als Bezeichnung für universitäre Lehrstühle ohne direkt erkennbare Bedeutungsunterschiede verwendet. Wenn inhaltliche Differenzierungen vorliegen, dann kommt der *Bewegungswissenschaft* mehrheitlich ein stärkeres grundlagenwissenschaftliches Erkenntnisinteresse und der *Bewegungslehre* eher eine größere pädagogisch-didaktische und methodische Praxis- und Anwendungsorientierung zu.

Die bekanntesten deutschsprachigen Lehrbücher über die Bewegung und die Motorik des Menschen bevorzugen im Titel den Begriff Bewegungslehre: WILLIMCZIK und ROTH (1983) „Bewegungslehre", GÖHNER (1992, 1999) „Einführung in die Bewegungslehre des Sports", MEINEL und SCHNABEL (1998) „Bewegungslehre – Sportmotorik", LOOSCH (1999) „Allgemeine Bewegungslehre" oder SCHEID und PROHL (2001) „Bewegungslehre". Der Autor des vorliegenden Lehrbuchs versteht die Bewegungswissenschaft des Sports vergleichbar mit ROTH und WILLIMCZIK (1999), MECHLING und MUNZERT (2003) oder OLIVIER und ROCKMANN (2003) gleichermaßen als eine grundlagen- und anwendungsbezogene Teildisziplin der Sportwissenschaft.

Der Begriff *Bewegung* kennzeichnet nach physikalischen Definitionen die Ortsveränderung eines Körpers in der Zeit relativ zu einem Bezugssystem. Für zahlreiche Fragestellungen des Sports gelten physikalische Begriffsdefinitionen als zu eng umgrenzt, da diese die Komplexität und die Zielgerichtetheit der Bewegung nicht berücksichtigen. Der Sport versteht unter der Bewegung die *menschliche Bewegung*, die sich auf die Lösung motorischer Aufgaben richtet.

Der Gegenstandsbereich der *Motorik* (veraltet Sensomotorik) wird in der bewegungswissenschaftlichen Literatur entweder mit dem der menschlichen Bewegung gleichgesetzt, von ihm unterschieden oder die Bewegung wird als Teilmenge der Motorik angesehen. PÖHLMANN (1994), ROTH und WILLIMCZIK (1999) fassen unter den Begriff *Motorik* die zentralnervösen koordinativen Kontrollprozesse und peripheren konditionellen Funktionsprozesse des menschlichen Organismus. Die Motorik kontrolliert die Körperhaltung, die Bewegung, die Emotionen und die Motive für menschliche Bewegungsaktivitäten. WIEMEYER (1999), SINGER und BÖS (1994, S. 17) erweitern den Gegenstandsbereich der Motorik auf „alle an der Steuerung und Kontrolle von Handlungen und Bewegungen beteiligten Prozesse und damit auch die emotionalen, motivationalen, sensorischen und kognitiven".

Im Mittelpunkt des in die Bewegungswissenschaft des Sports einführenden zweibändigen Lehrbuchs von GÖHNER (1992, 1999) stehen sehr gut nachvollziehbar die Charakterisierung und die Systematisierung sportlicher Bewegungen (1992) sowie die zentralen bewegungswissenschaftlichen Begriffe, Gegenstandsbereiche, Theorien und Befunde (1999). Das Lehrbuch mit Einführungscharakter von LOOSCH (1999) geht auf die anatomischen und physiologischen Grundlagen willkürlicher Bewegungen, die wichtigsten Prinzipien der Bewegungskoordination, ausgewählte Aspekte der Motorik und des motorischen Lernens sowie die zentralen bewegungswissenschaftlichen Analyseverfahren ein. Das auf das bewegungswissenschaftliche Grundstudium ausgerichtete Übersichtswerk von OLIVIER und ROCKMANN (2003) behandelt die sportliche Bewegung und ihre Analyse, die Sportmotorik und das sportmotorische Lernen. Sehr empfehlenswert sind die auf den Lehrbuchtext abgestimmten hypermedialen Lehrmaterialien zum Selbststudium im gebührenpflichtigen Onlineportal „www.sportwissenschaft-akademie.de".

Die Zahl der bewegungsbeteiligten Muskelgruppen bestimmt die *Groß-* und *Kleinmotorik* (z. B. Spannschuss im Fußball versus Schnürsenkel binden). Die Begriffe *grobmotorisch* und *feinmotorisch* charakterisieren den Grad der Bewegungspräzision. Eine zielgruppenspezifische Differenzierung der Motorik geben WINTER und HARTMANN (1998) mit den spezifischen Einsatzbereichen *Alltags-, Arbeits-* und *Sportmotorik*.

Die sportbezogene Bewegungswissenschaft führt die interindividuellen Unterschiede in der motorischen Lern- und Leistungsfähigkeit auf den spezifischen Ausprägungsgrad nicht direkt zugänglicher (hypothetischer) *Motorikmerkmale* zurück. Gemeint sind die internen Voraussetzungen für die Bewältigung alltäglicher, beruflicher, freizeit- und sporttypischer Bewegungsaufgaben wie das Gehen, das Hüpfen, das Werfen, das Tragen, das Diskuswerfen, der Sprungwurf, die Laufkippe, das Skaten oder das Bowlen. Motorikmerkmale besitzen querschnittlich eine gewisse Konsistenz zwischen vergleichbaren Bewegungssituationen und längsschnittlich eine relative zeitliche Stabilität und unterschiedliche Breite ihrer aufgabenbezogenen Relevanz. Nach dem Kriterium der Bewegungs- oder Technikgebundenheit unterscheidet ROTH (1999) technikgebundene motorische Fertigkeiten *(motor skills)* und technikungebundene motorische Fähigkeiten *(motor abilities)*. In der Sportpraxis stehen die auf einem Kontinuum anzuordnenden motorischen Fertigkeiten und Fähigkeiten in einem nicht trennbaren, wechselseitigen Zusammenhang.

Motorische Fertigkeiten stellen durch Lern- und Übungsprozesse erworbene Bewegungsmuster zur Bewältigung spezieller Bewegungsaufgaben des Alltags, des Berufs, der Freizeit oder des Sports dar. Sie kennzeichnen individuelle Unterschiede im Niveau der motorischen Kontroll- und Funktionsprozesse. Motorische Fertigkeiten können als Ortsveränderungen des Körpers oder seiner Extremitäten beobachtet werden.

Elementare motorische Fertigkeiten bezeichnen einfache Bewegungsformen wie Laufen, Werfen, Springen, Heben, Tragen, Ziehen oder Rollen. Diese bilden die motorische Grund- oder Mindestausstattung des Menschen und ermöglichen die Bewältigung alltäglicher Bewegungsaufgaben. Die elementaren Bewegungsgrundmuster erwirbt das Kind üblicherweise bis zum Grundschulalter. Sie gelten als das Fundament der komplexen, nur schwer überschaubaren sportmotorischen Fertigkeiten (Korbleger, Kraulschwimmen, Powerhalse im Windsurfen usw.).

Die sportmotorischen Fertigkeiten lassen sich nach ihrem Variabilitätsgrad grob zwei grundlegenden Kategorien zuordnen: den offenen und geschlossenen Fertigkeiten. Die Gruppe der *offenen sportmotorischen Fertigkeiten* kennzeichnet eine hohe Variationsbreite und eine geringe Gebundenheit an bestimmte festgelegte Bewegungsabläufe (Kampf-, Mannschafts-, Natursportarten usw.). Das Dribbeln im Basketball, die Schläge im Badminton oder die Manöver im Segeln muss der Sportler fortlaufend auf die jeweiligen Spiel- oder Umweltbedingungen abstimmen. Die vielfältig variierende Umwelt kann der Mensch entweder überhaupt nicht oder nur schwer vorhersehen, sodass der Sportler sehr variabel auf ständig wechselnde Bewegungsanforderungen reagieren muss. Offene Fertigkeiten dienen vielfach der Realisation eines von ihrer äußeren Form unabhängigen Ziels und Zwecks (z. B. Skifahren in der Buckelpiste).

> *Neben den drei benannten Lehrbüchern mit Einführungscharakter liegen in der Bewegungswissenschaft des Sports zwei weitere beachtenswerte Übersichtswerke vor. Die ohne Frage erfolgreichste Zusammenstellung bewegungswissenschaftlicher Kenntnisse stammt von MEINEL und SCHNABEL (1998). Der von Fachwissenschaftlern und Sportstudierenden gleichermaßen hochgeschätzte Klassiker schafft eine ausführliche Systematik der Bewegungslehre und der Sportmotorik. Die Autoren thematisieren eine Vielzahl aktueller Theorien und Forschungsergebnisse zur Bewegungskoordination, zu den allgemeinen Bewegungsmerkmalen und koordinativen Fähigkeiten, zum motorischen Lernen, zur motorischen Entwicklung und zur bewegungswissenschaftlichen Untersuchungsmethodik. Eine umfassende, wissenschaftlich anspruchsvolle, dennoch leicht verständliche Einordnung der theoretischen Grundlagen, der Forschungsmethodik und der empirischen Befunde der biomechanischen, ganzheitlichen, funktionalen und fähigkeitsorientierten Betrachtungsweisen der Bewegung und der Motorik geben ROTH und WILLIMCZIK (1999). Das besondere Augenmerk gilt dem sportpraktischen Nutzen bewegungswissenschaftlicher Kenntnisse (vgl. Kap. 4).*

Bei *geschlossenen sportmotorischen Fertigkeiten* (Salto rückwärts beim Bodenturnen, Schwimmtechniken, Wasserspringen usw.) sind die motorischen Leistungsvoraussetzungen an relativ feste sportartspezifische Bewegungsformen gebunden. Die äußeren Bedingungen sind während der Bewegungsausführung weit gehend konstant, bekannt oder für den Bewegungsverlauf irrelevant, sodass der Sportler die motorischen Aufgaben mit vorgefertigten Bewegungstechniken lösen kann. Eine spezielle Fertigkeit, wie die Bielmann-Pirouette im Eiskunstlaufen oder der Dreifach-Salto im Wasserspringen, ist vielfach selbst das Ziel und der Zweck der Bewegungsausführung.

Motorische Fähigkeiten stellen generalisierte, technikübergreifende Leistungsvoraussetzungen dar, die auf die unterschiedlichen Bewegungsfertigkeiten des Sports sehr ähnlich einwirken und ökonomische motorische Handlungen gewährleisten. Ihre Existenz und Ausprägung kann die Wissenschaft nicht direkt belegen, sondern nur indirekt über ein spezielles Erhebungsverfahren – den sportmotorischen Test – aus dem motorischen Verhalten des Individuums erschließen (ROTH, 1999; vgl. Lektion 2, Kap. 4). Beispielsweise gilt die Sprungweite im Standweitsprung als einfacher aussagekräftiger Indikator für die horizontale Schnellkraft der Beinmuskulatur.

Seit GUNDLACH (1968) unterscheidet die sportwissenschaftliche Bewegungsforschung die motorischen Basisfähigkeiten theoriebegründet (deduktiv) nach primär energetisch bedingten *konditionellen Fähigkeiten* – Ausdauerfähigkeiten (syn. Ausdauerleistungsfähigkeiten, Ausdauer) und *Kraftfähigkeiten* (syn. Kraftleistungsfähigkeiten, Kraft) –

und vornehmlich zentralnervösbedingten *koordinativen Fähigkeiten*. Daneben bestehen für den Sport bedeutsame Mischformen. Diese beruhen mit unterschiedlichen Anteilen auf energetisch-konditionellen und koordinativen Grundlagen: die *Schnelligkeitsfähigkeiten* (syn. Schnelligkeitsleistungsfähigkeiten, Schnelligkeit) und die *Beweglichkeitsfähigkeiten* (syn. Beweglichkeitsleistungsfähigkeiten, Beweglichkeit; vgl. Abb. 1).

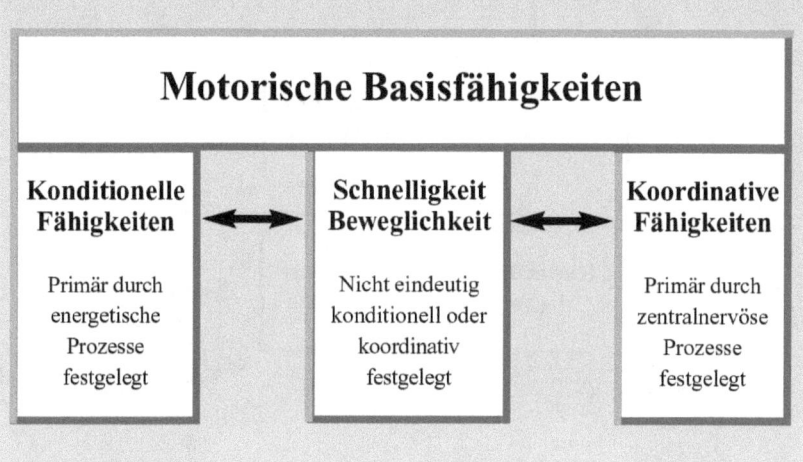

Abb. 1: *Übersicht zu den fünf motorischen Basisfähigkeiten (mod. nach* ZIMMERMANN, *1998, S. 207)*

Qualitative Bewegungsmerkmale gliedern sich nach elementaren (Bewegungsstärke, Bewegungsumfang usw.) und komplexen Kenngrößen (z. B. Bewegungsrhythmus, Bewegungskopplung, Bewegungspräzision, Bewegungskonstanz; vgl. Abb. 2). MEINEL und SCHNABEL (1998) kennzeichnen den *Bewegungsrhythmus* als zeitliches Ordnungsmerkmal und die *Bewegungskopplung* als Merkmal des Zusammenhangs der Teilbewegungen und der Bewegungsübertragung. Die *Bewegungspräzision* stellt ein Ziel- und Ablaufgenauigkeitsmerkmal und die *Bewegungskonstanz* ein Merkmal der Wiederholungsgenauigkeit dar.

Messbare oder berechenbare *quantitative Bewegungsmerkmale* wie Zeit, Geschwindigkeit, Beschleunigung, Kraft oder elektrische Muskelaktivität dienen der objektiven Charakterisierung äußerer oder körperinnerer Bewegungsmerkmale. Kinematische Kenngrößen beschreiben Orts- und Lageveränderungen des Körpers oder einzelner

Körperteile. Dynamische Merkmale stellen diejenigen Kraftgrößen dar, die durch die Bewegungen des Körpers oder der Sportgeräte verursacht werden (vgl. Lektion 10). Elektrophysiologische Kennwerte charakterisieren bioelektrische Muskel-, Reflex- und Hirnaktivitäten (vgl. Lektion 11).

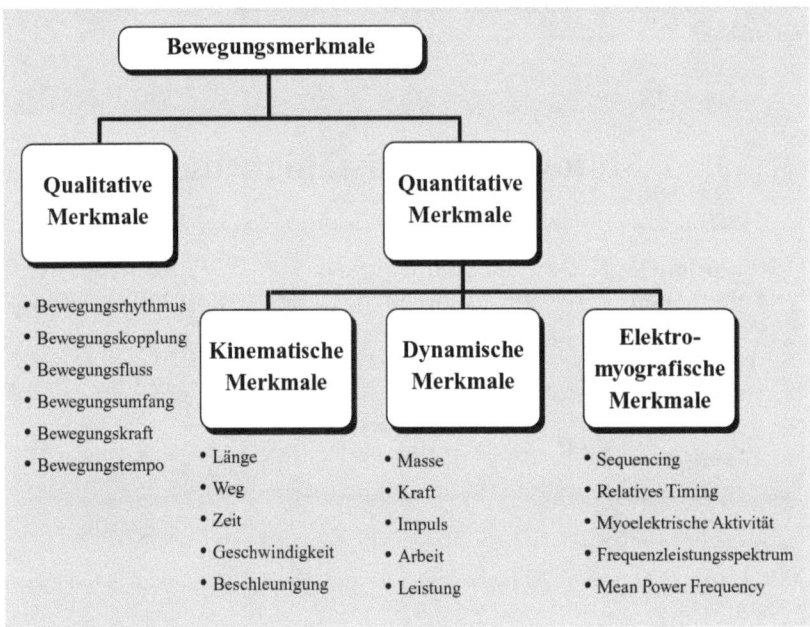

Abb. 2: *Qualitative und quantitative Bewegungsmerkmale*

Zu den bekanntesten Strukturierungskonzepten sportmotorischer Fertigkeiten zählen die chronologische Phasengliederung nach MEINEL (1960; MEINEL & SCHNABEL, 1998) und die hierarchische Funktionsphasengliederung nach GÖHNER (1974, 1979, 1992).

Die *chronologische Phasengliederung menschlicher Bewegungen* nach MEINEL (1960) unterteilt die *azyklischen Fertigkeiten* (Techniken der Kampfsportarten, Gewichtheben, Wasserspringen, Wurf-, Stoß-, Schlagtechniken usw.) in eine zweckhafte, nicht umkehrbare und austauschbare Vorbereitungs-, Haupt- und Endphase (Dreiphasengliederung). Bei *zyklischen Bewegungen* (Gehen, Laufen, Paddeln, Radfahren, Rudern, Schwimmen, Skilanglauf usw.) wiederholt sich der Bewegungsablauf in identischer oder ähnlicher Form mehrfach hintereinander. Dabei „verschmilzt" die Endphase des vorhergehenden Bewegungszyklus mit der Vorbereitungsphase des folgenden Zyklus. Hierdurch entstehen zwei äußerlich gut abgrenzbare Bewegungsabschnitte: die Hauptphase und die Zwischenphase (Zweiphasengliederung; vgl. Lektion 7, Kap. 3.1.1).

Als Unterformen zyklischer Bewegungen gelten *nichtalternierende* (Hüpfen, Rudern usw.), *alternierende* (Armbewegungen beim Kraulen, Radfahren usw.) und *asynchrone Bewegungen* (Arm- und Beinaktionen beim Brustschwimmen, Diagonalschritt beim Skilaufen usw.). *Bewegungskombinationen* zeichnen sich durch die Verschmelzung von zwei oder mehreren azyklischen Einzelbewegungen aus (Sukzessivkombination). Führt der Sportler während einer Lokomotionsbewegung zusätzlich eine Schlag-, Schuss- oder Wurfhandlung aus, handelt es sich um eine *Simultankombination*.

Die in der Sportpraxis gleichermaßen weit verbreitete *hierarchische Funktionsphasengliederung sporttypischer Bewegungen* nach GÖHNER (1974, 1979, 1992) geht von einer hierarchischen Tiefenstruktur sportmotorischer Fertigkeiten aus. Ein Bewegungsabschnitt kann entweder funktional unabhängig (Überqueren der Latte beim Stabhochsprung, Ballkontakt beim Tischtennisschlag usw.) oder funktional abhängig von einer anderen Bewegungsphase sein (Anlauf beim Stabhochsprung, Ausholen beim Tischtennisschlag usw.). Funktional unabhängige Bewegungsabschnitte bezeichnet GÖHNER als *Hauptfunktionsphasen*, funktional abhängige Abschnitte als *Hilfsfunktionsphasen* (vgl. Lektion 7, Kap. 3.1.1).

> *Differenzierte Einblicke in den Kenntnisstand der Bewegungswissenschaft des Sports liefert das von* MECHLING *und* MUNZERT *(2003) für Sportstudierende, Fachwissenschaftler und interessierte Sportpraktiker konzipierte „Handbuch Bewegungswissenschaft – Bewegungslehre". Die 35 Einzelbeiträge deutscher und amerikanischer Sportwissenschaftler, Psychologen und Neurophysiologen –* BLISCHKE, DAUGS, GOLLHOFER, HEUER, HIRTZ, KONCZAK, KRUG, MAGILL, MECHLING, MUNZERT, OLIVIER, WIEMEYER *und weitere namhafte Autoren – behandeln die koordinationstheoretischen, lernpsychologischen, neurophysiologischen und muskelphysiologischen Theorien, Forschungsansätze und Befunde zur Bewegung, zur Motorik und zu den funktionalen Zusammenhängen von Wahrnehmung und Bewegung. Zu den weiteren Themenschwerpunkten zählen das Lehren und Lernen von Bewegungen und das sportmotorische Lernen in unterschiedlichen Anwendungsbereichen.*

Den Begriff *Lernen* definieren die verschiedenen Teilgebiete der Verhaltenswissenschaften unterschiedlich akzentuiert. Aus *biologischer Sicht* handelt es sich beim Lernen um die Erweiterung und die Veränderung relativ überdauernder Erfahrungen, Kenntnisse und Einsichten zur Anpassung des Individuums an die vorherrschenden

Umweltbedingungen. Die *Kognitionswissenschaft* betrachtet Lernen als einen Prozess, der zum Erwerb und zur Modifikation von Wissensbeständen und Verhaltensänderungen führt. Inwieweit Lernen stattgefunden hat, zeigt die Veränderung des Verhaltens. Die *Bewegungswissenschaft des Sports* definiert *Lernen* als „den Erwerb (Neulernen, Hinzulernen), den Erhalt (Anwendungslernen) und die Veränderung (Umlernen) eines spezifischen internen Zustandes (Wissens-, Verhaltensbestand, Gewohnheiten, Einstellungen) eines Individuums als Folge situationsbezogener (d. h. personen-, umwelt-, aufgabenbezogener), systemeigener Informationsverarbeitung und -speicherung im Prozess der Tätigkeit (Übung/Training)" (MECHLING, 1992, S. 284).

Beim *motorischen Lernen* handelt es sich um umweltbedingte, relativ überdauernde Veränderungen zentralnervöser Kontrollstrukturen als Folge zielgerichteter sportmotorischer Übungsprozesse oder Erfahrungen auf der Grundlage von Informationsverarbeitungsprozessen. Vom motorischen Lernen abgegrenzt wird die biologische Adaptation, die Prägung, die Reifung und die Habituation (vgl. Tab. 1).

Tab. 1: *Begriffsabgrenzung: Motorisches Lernen, biologische Adaptation, Prägung, Reifung und Habituation*

Abgrenzende Merkmale	Motorisches Lernen	Biologische Adaptation	Prägung	Reifung	Habituation
Prozess	Schlagartig; allmählich	Allmählich	Konditioniert	Genetisch	Allmählich
Entstehung	Nicht zwangsläufig	Zwangsläufig	Zwangsläufig	Zwangsläufig	Zwangsläufig
Gültigkeit	Nicht universell	Universell	Universell	Universell	Universell
Spezifität	Organunspezifisch	Organspezifisch	Artspezifisch	Organspezifisch	Organspezifisch
Veränderung	Relativ stabil	Instabil	Stabil	Stabil	Instabil
Auslösereiz	Information	Belastung	Genetik	Genetik	Umwelt
Nachholbarkeit	Zeitlich unbefristet	Zeitlich unbefristet	Zeitlich befristet	Zeitlich befristet	Zeitlich unbefristet

Im Unterschied zur *biologischen Adaptation* als allmähliche physiologische Anpassung des menschlichen Organismus an systematische körperliche Belastungen kann das motorische Lernen „schlagartig" zu Verhaltensveränderungen führen. Motorische Lernprozesse erfolgen weder zwangsläufig noch bei jedem Individuum und auf jedem Leistungsniveau nach denselben Gesetzmäßigkeiten. Biologische Adaptationen vollziehen sich demgegenüber unwillkürlich und auf jedem motorischen Leistungsniveau nach den gleichen Prinzipien (z. B. Prinzip der Superkompensation; vgl. WEINECK,

2004). Während der Sportler erworbene Bewegungsfertigkeiten organunspezifisch, also mit unterschiedlichen Extremitäten, realisieren kann, führen spezielle körperliche Beanspruchungen zu ganz bestimmten organspezifischen Adaptationen. Schließlich verlernt der Mensch beherrschte Bewegungstechniken wie das alpine Skilaufen, Radfahren oder Schwimmen selten im Verlaufe des Lebens, während biologische Adaptationen nur bei systematischer körperlicher Belastung erhalten bleiben.

> *Das von* SCHEID *und* PROHL *(2001) herausgegebene Schülerbuch für die gymnasiale Oberstufe zielt auf die Vernetzung von Theorie und Sportpraxis. Die Perspektivenvielfalt und der momentane Diskussionsstand der Bewegungswissenschaft des Sports werden anhand zahlreicher, allgemein verständlicher Beispiele schülernah dargestellt. Weitere, didaktisch gut konzipierte Lehrmaterialien zur sportwissenschaftlichen Bewegungsforschung und zur Sporttheorie in der gymnasialen Oberstufe findet der Leser in den beiden Onlineportalen „www.sportunterricht.de/ lksport" und „www.bewegung-und-training.de".*

Bei der *Prägung* handelt es sich um die Verknüpfung eines genetisch bedingten, artspezifischen Verhaltensmusters mit einem Auslösereiz. Von außen betrachtet, erscheinen Prägungsvorgänge zwar wie eine Form des Lernens, jedoch dominieren bei der Prägung instinktive Dispositionen (z. B. Nachfolgeverhalten von Graugänsen). Die *Reifung* bezeichnet die Ausfaltung angeborener motorischer Verhaltensweisen, die keiner umfassenden Lern- und Übungsprozesse bedürfen (z. B. Vogelflug). Bei der *Habituation* (Gewöhnung) geht es um die Auslöschung unspezifischer organischer Reaktionen bei mehrmaliger oder kontinuierlicher Reizdarbietung. Auf bedeutungslos gewordene sensorische Reize reagiert der Organismus weder physiologisch noch psychologisch (Nasen-, Ohrenirritationen durch eine neue Brille, Ticken einer Uhr, nächtlicher Verkehrslärm usw.).

3 Mit welchen Problemfeldern beschäftigt sich die sportbezogene Bewegungswissenschaft?

Die Bewegungswissenschaft des Sports befasst sich mit der grundlagen- und anwendungsorientierten Erforschung der äußerlich sichtbaren Bewegungsabläufe (*Außensicht*) und den körperinneren Mechanismen und Funktionsprozessen der Bewegung (*Innensicht*). Die nachfolgend aufgelisteten zentralen Gegenstandsfelder, Problembereiche, Zielstellungen und Aufgaben gehen auf GÖHNER (1999), LOOSCH (1999), ROTH und WILLIMCZIK (1999) zurück.

Außenaspekt
- Die Analyse und die Systematisierung äußerer sporttypischer Bewegungsphänomene, insbesondere der ablaufrelevanten Rahmenbedingungen und der Bezugsgrundlagen der Bewegungstechniken,
- die Beschreibung, die Systematisierung und die Erklärung abstrakter Sporttechniken,
- die Erstellung qualitativer und quantitativer Beurteilungskriterien des sportmotorischen Verhaltens und Lernens,
- die Analyse und die Ausbildung motorischer Fähigkeiten, elementarer motorischer und sportmotorischer Fertigkeiten in der Lebensspanne,
- die Entwicklung spezieller Messmethoden der äußeren Bewegungsanalyse,
- die Bereitstellung motorischer Test- und Diagnoseinstrumente für den Leistungs-, Schul-, Breiten- oder Gesundheitssport.

Innenaspekt
- Die Untersuchung der peripheren und zentralnervösen Mechanismen, Kontroll- und Funktionsprozesse sportlicher Bewegungen einschließlich der anatomischen Strukturen, der psychologischen, neurophysiologischen und sinnesphysiologischen Aspekte der Motorik,
- die Erforschung der zentralnervösen Gesetzmäßigkeiten des sportmotorischen Verhaltens und Lernens,
- die Beschreibung und die Erklärung interindividueller und intraindividueller sportmotorischer Leistungsdifferenzen,
- die Analyse und die Erklärung des motorischen Lernens und der motorischen Entwicklung in der Lebensspanne,
- die Bestimmung von Ziel-, Zweck- und Sinnbezügen der Bewegung,
- die Bereitstellung spezieller Messmethoden der inneren Bewegungsanalyse und
- die Entwicklung von Prinzipien, Methoden und Techniken für die Lehr- und Lernprozesse im Sport.

Bei der Vielzahl der aufgelisteten Gegenstandsbereiche, Zielstellungen und Aufgaben der sportwissenschaftlichen Bewegungsforschung drängt sich die Frage auf: Wozu benötigen Sportlehrer, Trainer, Übungsleiter oder Sporttherapeuten ein derart fassettenreiches Wissen über die Bewegungsmerkmale, die körperinternen Steuerungs- und Funktionsprozesse der Bewegungskontrolle, die motorischen Fähigkeiten und Fertigkeiten, die motorische Entwicklung oder die bewegungswissenschaftlichen Mess- und Diagnoseinstrumente? Antworten hierauf ergeben sich aus den ebenso vielfältigen beruflichen Anforderungen an einen kompetenten Sportpraktiker. Im Sport müssen Bewegungen beschrieben, analysiert und bewertet, Fähigkeiten und Fertigkeiten ausgebildet, gemessen und diagnostiziert, Bewegungsanweisungen und Korrekturen gegeben und individuelle Eigenarten der motorischen Entwicklung berücksichtigt werden, um motorische Lern- und Übungsprozesse zielgerichtet beeinflussen zu können.

4 Wie unterscheiden sich die bewegungswissenschaftlichen Betrachtungsweisen?

Zur Bearbeitung der vielfältigen Problembereiche der menschlichen Bewegung und Motorik haben sich verschiedene, gleichberechtigt nebeneinander stehende, mehr oder weniger voneinander abgrenzbare bewegungswissenschaftliche Forschungs- und Lehrperspektiven, so genannte *Bewegungslehren* (GÖHNER, 1979) oder *Betrachtungsweisen* etabliert (WILLIMCZIK & ROTH, 1983; ROTH & WILLIMCZIK, 1999). Ihren speziellen Erklärungsanspruch bestimmen das jeweilige Kenntnis- und Analyseinteresse und die Orientierung an naturwissenschaftlichen, psychologischen, behavioristischen, phänomenologischen oder ganzheitlichen Konzeptionen. Mittels spezieller Analyseverfahren werden sowohl Merkmale motorischer Handlungen charakterisiert, sportmotorische Probleme und Prinzipien untersucht als auch Aussagen über den informationsverarbeitenden Menschen und den Zusammenhang zwischen dem Bewegungsprodukt (motorische Fertigkeit) und dem Bewegungsprozess (Bewegungshandlung) getroffen.

Die folgenden Abschnitte erläutern den in der deutschsprachigen Sportwissenschaft weit verbreiteten Systematisierungsansatz von ROTH und WILLIMCZIK (1999; WILLIMCZIK & ROTH, 1983). Anschließend folgt eine kurze Zusammenschau der in Teilbereichen vergleichbaren Forschungs- und Lehrkonzeptionen von MEINEL und SCHNABEL (1998), GÖHNER (1999) und LOOSCH (1999).

Forschungs- und Lehrkonzeption von Roth und Willimczik (1999)
ROTH und WILLIMCZIK (1999) unterscheiden vier grundlegende bewegungswissenschaftliche Betrachtungsweisen (vgl. Abb. 3), die einen jeweils eigenständigen Beitrag zur Beschreibung und Erklärung sporttypischer Bewegungsphänomene leisten. Die gewählte Forschungsperspektive hängt davon ab, auf welche Bewegungsmerkmale das Erkenntnisinteresse zielt. Richtet sich der Forschungsblick auf den *Außenaspekt der Bewegung* (Produktbereich), steht die Analyse abstrakter sporttypischer Technikformen, ablaufrelevanter Rahmenbedingungen oder zeitlich-räumlicher Veränderungen sportlicher Fertigkeiten im Vordergrund. Rückt der *Innenaspekt der Bewegung* (Prozessbereich) in den Fokus, stellt die Aufklärung des „Funktionierens" der Bewegung das primäre Forschungsinteresse dar. Evaluiert werden die leistungsbestimmenden, bewegungsregulierenden Mechanismen und Funktionsprozesse des Zentralnervensystems und der Körperperipherie sowie die motorischen Fähigkeiten und Fertigkeiten.

Den maßgeblichen Beitrag zur Klärung der Erscheinungen, der Grundlagen und der Gesetzmäßigkeiten der menschlichen Bewegung und Motorik liefern die fähigkeits- und funktionsbezogenen Denkansätze. Die empirisch-analytische *fähigkeitsorientierte Betrachtungsweise* richtet sich auf den Innenaspekt der Bewegung. Neben der Erforschung inter- und intraindividueller Leistungsdifferenzen umfasst dies sowohl die Abbildung des Niveaus spezieller Verlaufsformen körperinterner Regulationsprozesse über die fünf motorischen Basisfähigkeiten – Ausdauer-, Kraft-, Schnelligkeits-, Beweglichkeitsfähigkeiten und koordinative Fähigkeiten – und die motorischen Fertigkeiten als auch die Bestimmung der individuellen Fähigkeitsdispositionen (vgl. Lektion 2).

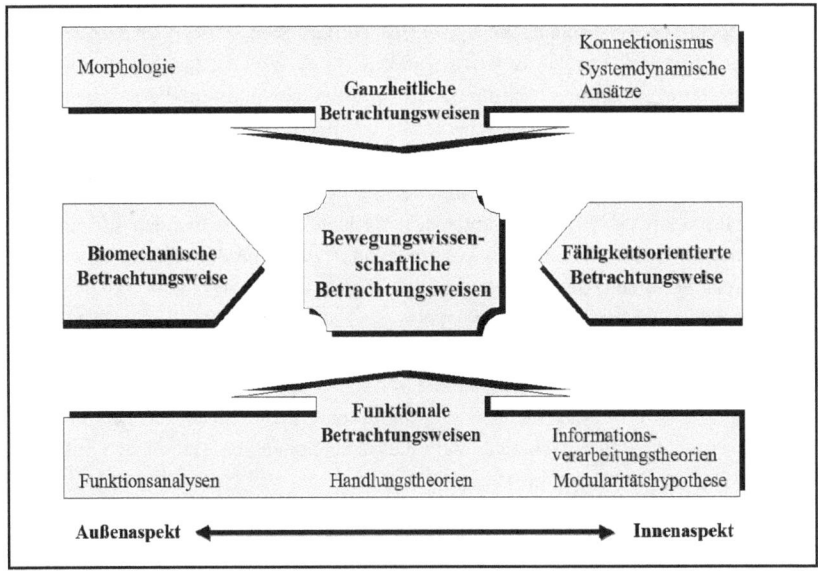

Abb. 3: *Betrachtungsweisen der Bewegungswissenschaft des Sports (mod. nach* ROTH & WILLIMCZIK, *1999, S. 13)*

Funktionale Betrachtungsweisen sehen menschliche Bewegungen mit unterschiedlicher Fokussierung als zielgerichtete Handlungen an. Jede einzelne Bewegungsphase stellt eine zweckhafte, sinnbezogene Leistung zur Bewältigung vorgegebener Situations- oder Problemkonstellationen dar. Einen breiten Blickwinkel nehmen die auf den psychischen Innenaspekt und die Gesamtorganisation der Bewegung gerichteten *Handlungstheorien* ein (MILLER, GALANTER & PRIBRAM, 1973; PÖHLMANN, 1977; LEIST, 1978; WEINBERG, 1978; NITSCH & MUNZERT, 1997). Eng umgrenzte, detailtheoretische Erklärungsansprüche verfolgen die auf den Außenaspekt gerichteten Funktionsanalysen nach GÖHNER

(1979, 1999; vgl. Lektion 7) und die auf den Innenaspekt zentrierten *Informationsverarbeitungsansätze* (ADAMS, 1971; SCHMIDT, 1975, 1976, 1988; ROSENBAUM, 1991; vgl. Lektion 6) oder die *Modularitätshypothese* (FODOR, 1983; vgl. Lektion 6). Die unterschiedlichen Schwerpunktlegungen und Blickwinkel funktionaler Denkansätze verlangen eine enorme Bandbreite der Forschungsmethoden. Diese reichen von äußeren und körperinneren biomechanischen Messverfahren (vgl. Lektionen 10 und 11) über Reaktionszeitstudien bis hin zu psychologischen Untersuchungsmethoden (vgl. Lektion 6).

> *Eine thematische Zusammenschau der Jahrestagungen, Kongresse und Symposien der dvs-Sektionen Motorik und Biomechanik dokumentieren seit dem Jahre 1981 die „Schriften der Deutschen Vereinigung für Sportwissenschaft". Aktuell erscheint die dvs-Schriftenreihe im Feldhaus Verlag (Hamburg, Edition Czwalina). Online-Beiträge aus dem Bereich der Bewegungswissenschaft findet der Leser unter www.bewegung-und-training.de. Als Beispiele seien die Tagungsberichte von* BLASER, WITTE *und* STUKE *(1994),* BLASER *(1998a, b),* WIEMEYER *(1999) oder* GABLER, GÖHNER *und* SCHIEBL *(2005) genannt.*

Ein bewährter bewegungswissenschaftlicher Zugang stellt die *biomechanische Betrachtungsweise* dar, die sich lange Zeit auf den Außenaspekt sporttypischer Bewegungshandlungen konzentrierte. Biomechanische Messverfahren zerlegen sporttypische Bewegungen in Orts-, Zeit-, Geschwindigkeits-, Winkel- und Kraftmerkmale (vgl. Lektion 10). Die Hauptziele der biomechanischen Theoriebildung liegen in der Formulierung sportartenübergreifender biomechanischer Prinzipien (z. B. Prinzip des optimalen Beschleunigungswegs, Prinzip der Anfangskraft; vgl. Lektion 12) und der Modellierung des sporttreibenden Menschen hinsichtlich des motorischen Verhaltens, des Körperbaus und der Aufdeckung der leistungsbestimmenden Kenngrößen (BALLERICH & KUHLOW, 1980; HOCHMUTH, 1982; BAUMANN, 1989; WILLIMCZIK, 1989; vgl. Lektion 12). Seit einigen Jahren wendet sich die sportwissenschaftliche Biomechanik verstärkt dem Innenspekt der Bewegung zu. Das Forschungsinteresse richtet sich beispielsweise auf die bioelektrischen Muskel- und Reflexaktivitäten (vgl. Lektion 11) oder die Materialeigenschaften des menschlichen Körpers.

Die *ganzheitlichen Betrachtungsweisen* bilden die konzeptionelle Gegenposition zu den empirisch-analytischen Ansätzen. Die Bewegungskoordination umfasst nach ihrer Auffassung nicht allein die „Zusammenordnung" von Bewegungsphasen, Kraftimpulsen und neurophysiologischen Funktionsprozessen, sondern auch die zielgerichtete Abstimmung der auf den unterschiedlichen Kontrollebenen des Zentralnervensystems stattfindenden Teilprozesse. Im Vordergrund steht die ganzheitliche Betrachtung der Bewegung und nicht ihre Zerlegung in Einzelteile. Betont wird, dass das Ganze etwas qualitativ anderes und sogar mehr ist als die Summe seiner Einzelkomponenten (EHRENFELS, 1890). Die Umsetzung des „Ganzheitspostulats" erfolgt unter drei Hauptperspektiven.

Die für die Sportpraxis bedeutsame *Morphologie* (BUYTENDIJK, 1956; KOHL, 1956; MEINEL, 1960; THOLEY, 1980) greift bei der Formulierung allgemeiner Bewegungskategorien (Phasenstruktur der Bewegung, Bewegungsrhythmus usw.) auf qualitative äußere Eindrucksanalysen zurück. Nach dem *Konnektionismus* (HEBB, 1949; QUINLAN, 1991; KÜNZELL, 1996) untersteht die „Ganzheit" der Motorik parallel arbeitenden, hochgradig vernetzten Verarbeitungsprozessen des Hirns. Künstliche neuronale Netze simulieren die aus einem scheinbaren Chaos erwachsende Systemordnung. Die *systemdynamischen Ansätze* (SMITH & THELEN, 1993; BEEK, PEPER & STEGEMANN, 1995) evaluieren die Selbstorganisation dynamischer Systeme (Emergenz). Die Übertragung konnektionistischer und systemtheoretischer Annahmen über die Bewegungskoordination auf den Bereich des Sports steht noch aus (vgl. Lektion 6).

Forschungs- und Lehrkonzeption von Meinel und Schnabel (1998)
MEINEL (1960) unterscheidet in der ersten Ausgabe seines Lehrbuchs „Bewegungslehre" fünf eigenständige bewegungswissenschaftliche Betrachtungsweisen: *historischgesellschaftlicher, morphologischer, anatomisch-physiologischer, psychologischer* und *biomechanischer Zugang zur Bewegung*. Die einzelnen Ansätze richten sich einerseits auf die deskriptive Erfassung der Bewegungsqualität und der Bewegungsmerkmale. Andererseits werden unter pädagogischem Blickwinkel die Grundlagen, der Verlauf und die Bedingungen des motorischen Lernens erforscht. Die vollständig neu bearbeitete und aktualisierte neunte Ausgabe der „Bewegungslehre-Sportmotorik" von MEINEL und SCHNABEL (1998) favorisiert für die Analyse der Bewegungskoordination neurophysiologische, sensomotorische, kybernetische und psychologische Perspektiven.

Forschungs- und Lehrkonzeption von Göhner (1999)
Geleitet durch die Frage *Wie funktioniert der sportliche Beweger?* benennt die „Bewegerlehre des Sports" von GÖHNER (1992, 1999) vier gleichberechtigt nebeneinander stehende Sichtweisen. Die *Betrachtungsweise für das Funktionieren eines Bewegers* richtet sich mit mehrdimensionalem Blick auf die Analyse sportmotorischer Fertigkeiten hinsichtlich der Eigenschaften des Bewegers, des Bewegungsziels, der Bewegungsregeln und der Modalitäten der Umgebungsbedingungen. Der *mechanische Zugang* bindet den Athleten in das Beschreibungs-, Aussage- und Erklärungssystem der Theorie der Mechanik ein (Außensicht). Die *organische, speziell funktionell-anatomische und neurophysiologische Betrachtungsweise* kennzeichnet den Menschen als Bestandteil der belebten Natur. Von besonderem Interesse ist die exakte Beschreibung der bewegungsprodu-

zierenden und bewegungskontrollierenden Organe. Der *verhaltenswissenschaftliche Zugang* richtet sich auf die kognitiven Konstrukte des Bewegers (Innensicht).

Forschungs- und Lehrkonzeption von Loosch (1999)
Die Forschungs- und Lehrkonzeption von LOOSCH (1999) fußt, vergleichbar mit dem Systematisierungsansatz von ROTH und WILLIMCZIK (1999), auf fünf bewegungswissenschaftlichen Betrachtungsweisen. Der *morphologisch-phänomenorientierte Zugang* fokussiert das äußere Erscheinungsbild und die ganzheitliche Betrachtung der Bewegung. Die *handlungstheoretische Betrachtungsweise* richtet sich auf den subjektiven Handlungscharakter der Bewegung. Motorische Handlungen sind nur dann zu verstehen, wenn neben naturwissenschaftlichen Gesichtspunkten auch individuelle Ziele und Zwecke weit gehende Berücksichtigung finden. Der *physikalisch-biomechanische Zugang* liefert Kenntnisse und Empfehlungen für die Gestaltung und die Korrekturen sportmotorischer Fertigkeiten. Neuro-, sinnes- und muskelphysiologische Prozesse stellen die zentralen Themenfelder der *anatomisch-physiologischen Betrachtungsweise* dar. Im Mittelpunkt des *funktionalen Zugangs* steht die Frage nach dem Funktionieren von Bewegungen.

Tabelle 2 führt verschiedene Organisationen und Fachzeitschriften auf, die sich mit unterschiedlichen Schwerpunkten den Gegenstandsfeldern und Betrachtungsweisen, den grundlagen- und anwendungsbezogenen Kenntnissen oder der Förderung der sportwissenschaftlichen Bewegungsforschung widmen.

Tab. 2: *Bewegungswissenschaftliche Organisationen und Zeitschriften*

Bewegungswissenschaftliche Organisationen und Zeitschriften

dvs Sektion Sportmotorik, befasst sich in der Deutschen Vereinigung für Sportwissenschaft (dvs) mit bewegungswissenschaftlichen Fragestellungen des Sports. Die dvs wurde im Jahre 1976 als Zusammenschluss deutschsprachiger Sportwissenschaftler gegründet (www.sportwissenschaft.de).
Human Movement Science, wird seit dem Jahre 1982 vom Verlag Elsevier B.V. herausgegeben (www.elsevier.com).
International Journal of Sport and Exercise Psychology, stellt das offizielle Organ der International Society of Sport Psychology dar (ISSP; www.issponline. org). Die Zeitschrift erscheint seit dem Jahre 2003 im Verlag Meyer & Meyer (www.meyer-meyer-sports.com) und erschien von 1970-2002 im Verlag Pozzi (Italien).
Journal of Motor Behavior, wird seit dem Jahre 1969 vom Verlag Heldref veröffentlicht (www.heldref.org).
Journal of Movement Studies, erscheint seit dem Jahre 1975 im Verlag Teviot-Kimpton (Edinburgh, Großbritannien).
Journal of Sport & Exercise Psychology, wird seit dem Jahre 1988 von der North American Society for the Psychology of Sport and Physical Activity (NASPSPA) im Verlag Human Kinetics herausgegeben (www.hkusa.com).
Journal of Sport Sciences, erscheint seit dem Jahre 1983 im Verlag Taylor & Francis (www.taylorandfrancis.com).
Motor Control, die Zeitschrift der International Society of Motor Control (ISMC), erscheint seit dem Jahre 1973 im Verlag Human Kinetics (www.hkusa.com).
NASPSPA, die North American Society for the Psychology of Sport and Physical Activity ist eine Vereinigung von Wissenschaftlern, die das motorische Lernen, die Motorik und die motorische Entwicklung untersuchen (www.naspspa.com).
Psychology of Sports and Exercise, seit dem Jahre 2000 offizielle Zeitschrift der Fédération Européenne de Psychologie des Sports et des Activités Corporelles (FEPSAC; www.fepsac.org).
Zeitschrift für Sportpsychologie, wird seit dem Jahre 2004 von der Arbeitsgemeinschaft für Sportpsychologie (asp) im Hogrefe-Verlag publiziert (www.hogrefe.de). Von 1987-1993 erschien die Zeitschrift unter „Sportpsychologie" (Philippka-Verlag) und von 1994-2003 unter „psychologie und sport" (Hofmann Verlag).

5 Bewegungswissenschaft des Sports im Überblick

Zu den Kernaufgaben der sportbezogenen Bewegungswissenschaft zählen neben der Systematisierung und der Analyse der vielfältigen Erscheinungsformen sporttypischer Bewegungstechniken, die Untersuchung des Aufbaus, der Mechanismen und der Funktionsprozesse der Motorik. Betrachtet werden die qualitativen und quantitativen Bewegungsmerkmale äußerlich sichtbarer Bewegungsabläufe (*Außenaspekt*) und körperinnerer Koordinationsprozesse (*Innenaspekt*) ebenso wie die Entwicklung der motorischen Fähigkeiten und sportmotorischen Fertigkeiten in der Lebensspanne. Weitere bedeutsame Aufgabenbereiche betreffen die Bereitstellung bewegungswissenschaftlicher Messmethoden, motorischer Test-, Diagnose- und Lehrverfahren der Aneignung und der Optimierung sporttypischer Bewegungen.

Die zahlreichen Gegenstandsfelder und Problembereiche der Körperhaltung, der Bewegung und der Motorik beinhalten sehr komplexe Sachprobleme, die mit der Herangehensweise einer einzelnen Wissenschaftsdisziplin nicht zufrieden stellend gelöst werden können. Die „Durchleuchtung" der vielschichtigen Phänomene gelingt nur mittels disziplinübergreifender Forschungsstrategien. Faktisch entfernt sich die Bewegungswissenschaft des Sports aber immer weiter von einem integrativen Ideal. Mit der zu beobachtenden Binnendifferenzierung bewegungswissenschaftlicher Einzeldisziplinen und des Spezialwissens „verkümmert" zunehmend der ursprünglich angestrebte, verbindende Zusammenhang und das einheitliche Verständnis der Bewegungswissenschaft des Sports. Nach dem Motto „Eigenständigkeit in der Gemeinsamkeit" (NITSCH & MUNZERT, 1997, S. 52) verlangt die grundlagen- und anwendungsorientierte Bewegungsforschung der disziplinspezifischen Präzisierung vorliegender Vorstellungen und Ergebnisse sowie deren Einordnung in einen größeren theoretischen und praxisbezogenen Zusammenhang. Plausible Lösungsvorschläge für die Zusammenarbeit der bewegungswissenschaftlichen Teildisziplinen liegen von MECHLING (1987), NITSCH und MUNZERT (1997) oder ROTH und WILLIMCZIK (1999) vor.

Nach den ganzheitlichen Vorstellungen von MECHLING (1987) sollte sich die Verknüpfung bewegungswissenschaftlicher Betrachtungsweisen, Forschungsperspektiven, Untersuchungsverfahren und Befunde am Ziel- oder Sinnbezug der zu evaluierenden Bewegungsaufgabe orientieren. NITSCH und MUNZERT (1997) favorisieren die Kooperation unterschiedlicher Forschungskonzepte und Analyseverfahren innerhalb einer Fachwissenschaft, die Verbindung ihrer verschiedenen Perspektiven und die Entwicklung fächerübergreifender Theorien und Forschungsmethoden. Ziel ist die Verknüpfung unterschiedlicher theoretischer Positionen, methodischer Ansätze und wissenschaftlicher Kenntnisse zu gemeinsamen Praxisempfehlungen.

Einen dritten gangbaren Lösungsweg für die engere Zusammenarbeit der verschiedenen bewegungswissenschaftlichen Teildisziplinen beschreiben ROTH und WILLIMCZIK (1999). Die Einzeldisziplinen, Vorstellungen und Befunde sollten in Abhängigkeit von den Gegenstandsfeldern des Sports auf vier Forschungsebenen miteinander kooperieren: der Theorieebene, der Problemebene, der Untersuchungsebene und der Praxisebene.

- Auf der *Theorieebene* bestreitet die sportwissenschaftliche Bewegungsforschung zwei Erfolg versprechende Integrationswege. Bei der ersten Herangehensweise versuchen einzelne Autoren, das eigene, in Teilaspekten defizitäre theoretische Konzept durch die Hinzunahme anderer Modellannahmen zu vervollständigen. Die zweite Vorgehensweise fügt in abstrakte Rahmenkonzepte mit umfassendem Erklärungsbereich präzisierende Vorstellungen ein.

- Auf der *Problemebene* geht es um die stärkere Vernetzung der Befundlage unterschiedlicher bewegungswissenschaftlicher Themenfelder.

- Auf der *Untersuchungsebene* schlagen ROTH und WILLIMCZIK bei Gegenstandsbereichen mit einer hohen Problemkomplexität folgende Vereinfachungsstrategie vor. Zu Beginn des Forschungsprozesses gilt es, elementare Fragestellungen aufzugreifen, um ein tragfähiges Fundament für die Lösung komplexer Probleme des Sports zu schaffen. Anschließend finden so lange neue Teilaspekte Berücksichtigung, bis eine für den Sport befriedigende Annäherung an das Forschungsproblem vorliegt.

- Auf der *Praxisebene* stellt die systematische Evaluation der Erfahrungen und der Vorstellungen erfolgreicher Sportlehrer und Trainer ein kenntniserweiterndes untersuchungsmethodisches Vorgehen dar. Nicht etablierte theoretische Ansätze bilden den alleinigen Ausgangspunkt für die Erklärung sportrelevanter Phänomene, sondern die so genannten Alltagstheorien, Berufstheorien oder das Alltagswissen von Sportpraktikern. Die Vorteile dieses für die Bewegungswissenschaft neuartigen Forschungsansatzes „aus der Praxis für die Praxis" betreffen die komplexe Problemsicht und die anzunehmende größere Ergebnisakzeptanz bei Sportpraktikern. Auf dem Expertenansatz basierende Forschungsprojekte liegen zur „Handlungsorientierung von Sportlehrern" (BRETTSCHNEIDER, 1984), zum „Trainerwissen" (HANKE & WOERMANN, 1993) und zum „Techniktraining im Spitzensport" vor (ROTH, 1996).

Zentrale Begriffe

Adaptation, Ausdauerfähigkeit, Außenaspekt, azyklische Bewegung, Beweglichkeitsfähigkeit, Bewegung, Bewegungskonstanz, Bewegungskopplung, Bewegungslehre, Bewegungsmerkmal, Bewegungswissenschaft, biologische Adaptation, biomechanische Betrachtungsweise, empirisch-analytische Betrachtungsweise, Fähigkeiten, fähigkeitsorientierte Betrachtungsweise, Fertigkeiten, funktionale Betrachtungsweise, ganzheitliche Betrachtungsweise, Großmotorik, Habituation, Innenaspekt, Kleinmotorik, koordinative Fähigkeiten, Kraftfähigkeit, Lernen, morphologische Betrachtungsweise, motor abilities, Motorik, motorisches Lernen, motor skills, Phasengliederung der Bewegung, Prägung, Reifung, Schnelligkeitsfähigkeit, zyklische Bewegung.

Zur vertiefenden Weiterarbeit

GÖHNER, U. (1992). *Einführung in die Bewegungslehre des Sports. Teil 1. Die sportlichen Bewegungen.* Schorndorf: Hofmann.

GÖHNER, U. (1999). *Einführung in die Bewegungslehre des Sports. Teil 2. Bewegerlehre des Sports.* Schorndorf: Hofmann.

MEINEL, K. & SCHNABEL, G. (1998). *Bewegungslehre – Sportmotorik. Abriß einer Theorie der sportlichen Methodik unter pädagogischem Aspekt* (9. Aufl.). Berlin: Volk und Wissen.

ROTH, K. & WILLIMCZK, K. (1999). *Bewegungswissenschaft* (S. 9–19). Reinbek: Rowohlt.

Literatur

ADAMS, J. A. (1971). A closed-loop theory of motor learning. *Journal of Motor Behavior*, 3, 111–149.

BALLERICH, R. & KUHLOW, A. (1980). *Beiträge zur Biomechanik des Sports.* Schorndorf: Hofmann.

BAUMANN, W. (1989). Mechanische und biomechanische Grundlagen. In K. WILLIMCZIK (Hrsg.), *Biomechanik der Sportarten* (S. 57–100). Reinbek: Rowohlt.

BEEK, P. J., PEPER, C. E. & STEGEMANN, D. F. (1995). Dynamical models of movement coordination. *Human Movement Science*, 14, 573–608.

BERGER, H. (1938, 1991). *Das Elektroenzephalogramm des Menschen.* Kommentierter Reprint des Erstdrucks aus dem Jahre 1938. Frankfurt am Main: pmi.

BERNSTEIN, N. A. (1988). *Bewegungsphysiologie.* Leipzig: Barth.

BLASER, P. (Ed.). (1998a). *Sports Kinetics '97. Theories of human motor performance and their reflections in practice. Vol. 1: Lectures.* Hamburg: Czwalina.

BLASER, P. (Ed.). (1998b). *Sports Kinetics '97. Theories of human motor performance and their reflections in practice. Vol. 2: Posters.* Hamburg: Czwalina.

BLASER, P., WITTE, K. & STUKE, CH. (Hrsg.). (1994). *Steuerungs- und Regelvorgänge der menschlichen Motorik.* Sankt Augustin: Academia.

BRAUNE, W. & FISCHER, O. (1904, 1987). *The human gate.* Berlin: Furlong.

BRETTSCHNEIDER, W.-D. (1984). *Alltagsbewußtsein und Handlungsorientierung von Sportlehrern.* Schorndorf: Hofmann.

BUYTENDIJK, F. J. (1956). *Allgemeine Theorie der menschlichen Haltung und Bewegung.* Heidelberg: Springer.

EHRENFELS, C. (1890). Über die Gestaltqualitäten. *Vierteljahresschrift für wissenschaftliche Philosophie*, 13, 249–292.

FODOR, J. A. (1983). *The modularity of mind.* Cambridge: MIT Press.

GABLER, H., GÖHNER, U. & SCHIEBL, F. (Hrsg.). (2005). *Zur Vernetzung von Forschung und Lehre in Biomechanik, Sportmotorik und Trainingswissenschaft.* Hamburg: Czwalina.

GÖHNER, U. (1974). Zur Strukturanalyse sportmotorischer Fertigkeiten. *Sportwissenschaft*, 4, 115–135.

GÖHNER, U. (1979). *Bewegungsanalysen im Sport.* Schorndorf: Hofmann.

GÖHNER, U. (1992). *Einführung in die Bewegungslehre des Sports. Teil 1. Die sportlichen Bewegungen.* Schorndorf: Hofmann.

GÖHNER, U. (1999). *Einführung in die Bewegungslehre des Sports. Teil 2. Bewegerlehre des Sports.* Schorndorf: Hofmann.

GUNDLACH, H. (1968). Systembeziehungen und körperliche Fähigkeiten und Fertigkeiten. *Theorie und Praxis der Körperkultur*, 17, 198–204.

HANKE, U. & WOERMANN, S. (1993). *Trainerwissen – Ein Experten-Novizen-Vergleich der Wissensstrukturierung zum „Feedback" als beeinflussende Variable des sportmotorischen Lernprozesses.* Köln: Sport und Buch Strauß.

HEBB, D. O. (1949). *The organization of behavior. A neuropsychological approach.* New York: Whiley and Sons.

HOCHMUTH, G. (1982). *Biomechanik sportlicher Bewegungen* (5. Aufl.). Frankfurt: Limpert.

KÖHLER, W. (1921). *Die psychischen Gestalten in Ruhe und im stationären Zustand.* Erlangen: Philosophische Akademie.

KOHL, K. (1956). *Zum Problem der Sensumotorik. Psychologische Analysen zielgerichteter Handlungen aus dem Gebiet des Sports.* Frankfurt: Kramer.

KÜNZELL, S. (1996). *Motorik und Konnektionismus. Neuronale Netze als Modell interner Bewegungsrepräsentation.* Köln: bsp.

LEIST, K.-H. (1978). *Transfer im Sport.* Schorndorf: Hofmann.

LOOSCH, E. (1999). *Allgemeine Bewegungslehre.* Wiebelsheim: Limpert.

MECHLING, H. (1987). Bewegungswissenschaft. In K. CARL, D. KAISER, H. MECHLING & W. PREISING (Hrsg.), *Handbuch Sport.* Bd. 1 (S. 83–134). Düsseldorf: Schwann.

MECHLING, H. (1992). Lernen. In P. RÖTHIG (Hrsg.), *Sportwissenschaftliches Handbuch* (S. 284–288). Schorndorf: Hofmann.

MECHLING, H. (2003). Zu Gegenstand und Geschichte der Bewegungswissenschaft. In H. MECHELING & J. MUNZERT (Hrsg.), *Handbuch Bewegungswissenschaft – Bewegungslehre.* Schorndorf: Hofmann.

MECHLING, H. & MUNZERT, J. (Hrsg.). (2003). *Handbuch Bewegungswissenschaft – Bewegungslehre.* Schorndorf: Hofmann.

MEINEL, K. (1960). *Bewegungslehre.* Berlin: Sportverlag.

MEINEL, K. & SCHNABEL, G. (1998). *Bewegungslehre – Sportmotorik. Abriß einer Theorie der sportlichen Methodik unter pädagogischem Aspekt* (9. Aufl.). Berlin: Volk und Wissen.

MILLER, G., GALANTER, E. & PRIBRAM, K. (1973). *Strategien des Handelns.* Stuttgart: Klett.

MUYBRIDGE, E. (1887). *Animal locomotion.* New York: Dover.

NITSCH, J. R. & MUNZERT, J. (1997). Handlungstheoretische Aspekte des Techniktrainings – Ansätze zu einem integrativen Modell. In J. R. NITSCH, A. NEUMAIER, H. DE MARÉES & J. MESTER (Hrsg.), *Techniktraining. Beiträge zu einem interdisziplinären Ansatz* (S. 50–71). Schorndorf: Hofmann.

OLIVIER, N. & ROCKMANN, U. (2003). *Grundlagen der Bewegungswissenschaft und -lehre.* Schorndorf: Hofmann.

PÖHLMANN, R. (1977). Fünf Thesen zum „Fähigkeitssystem" der Sportmotorik im handlungspsychologischen Bezug. *Theorie und Praxis der Körperkultur, 26,* 511–516.

PÖHLMANN, R. (1994). Was ist, was kann Motorik? Eine Gegenstands- und Aufgabenbestimmung. In P. HIRTZ, G. KIRCHNER & R. PÖHLMANN (Hrsg.), *Sportmotorik* (S. 13–31). Kassel: Gesamthochschul-Bibliothek.

QUINLAN, P. (1991). *Connectionism and psychology: A psychological perspective on new connectionist research.* New York: Harvster Wheatleaf.

ROSENBAUM, D. A. (1991). *Human motor control.* San Diego: Academic Press.

ROTH, K. (Hrsg.). (1996). *Techniktraining im Spitzensport.* Köln: Sport und Buch Strauß.

ROTH, K. (1999). Die fähigkeitsorientierte Betrachtungsweise. In K. ROTH & K. WILLIMCZIK (Hrsg.), Bewegungswissenschaft (S. 227–288). Reinbek: Rowohlt.

ROTH, K. & WILLIMCZIK, K. (1999). *Bewegungswissenschaft.* Reinbek: Rowohlt.

SCHEID, V. & PROHL, R. (2001). *Bewegungslehre: Kursbuch Sport.* Wiebelsheim: Limpert.

SCHMIDT, R. A. (1975). A schema theory of discrete motor skill learning. *Psychological Review, 82,* 225–260.

SCHMIDT, R. A. (1976). The schema as a solution to some persistent problems in motor learning theory. In G. E. STELMACH (Ed.), *Motor control: Issues and trends* (pp. 41–65). New York: Academic Press.

SCHMIDT, R. A. (1988). *Motor control and learning: A behavioral emphasis* (2nd ed.). Champaign: Human Kinetics.

SINGER, J. & BÖS, K. (1994). Motorische Entwicklung: Gegenstandsbereich und Entwicklungseinflüsse. In J. BAUR, K. BÖS & R. SINGER (Hrsg.), *Motorische Entwicklung. Ein Handbuch* (S. 15–26). Schorndorf: Hofmann.

SMITH, L. B. & THELEN, E. (1993). *Dynamical systems approach to development: Applications.* Cambridge: MIT Press.

THOLEY, P. (1980). Gestaltpsychologie. In R. ASANGER & G. WENNINGER (Hrsg.), *Handwörterbuch der Psychologie* (S. 249–255). Weinheim: Beltz.

WACHOLDER, K. (1928). Willkürliche Haltung und Bewegung insbesondere im Lichte elektrophysiologischer Untersuchungen. *Ergebnisse der Physiologie, 26,* 568–775.

WEINBERG, P. (1978). Tätigkeitszentriertes und handlungsorientiertes Lernen – am Beispiel Volleyball. In P. WEINBERG (Hrsg.), *Lehren und Lernen im Sport* (S. 79–86). Köln: Pahl-Rugenstein.

WEINECK, J. (2004). *Optimales Training. Leistungsphysiologische Trainingslehre unter besonderer Berücksichtigung des Kinder- und Jugendtrainings* (14. Aufl.). Balingen: Spitta.

WIEMEYER, J. (Hrsg.). (1999). *Forschungsmethodologische Aspekte von Bewegung, Motorik und Training im Sport.* Hamburg: Czwalina.

WILLIMCZIK, K. (1989). *Biomechanik der Sportarten.* Reinbek: Rowohlt.

WILLIMCZIK, K. & ROTH, K. (1983). *Bewegungslehre.* Reinbek: Rowohlt.

WINTER, R. & HARTMANN, C. (1998). Die motorische Entwicklung. In K. MEINEL & G. SCHNABEL (Hrsg.), *Bewegungslehre – Sportmotorik. Abriß einer Theorie der sportlichen Methodik unter pädagogischem Aspekt* (9. Aufl.) (S. 237–349). Berlin: Volk und Wissen.

ZIMMERMANN, K. (1998). Koordinative Fähigkeiten und Beweglichkeit. In K. MEINEL & G. SCHNABEL (Hrsg.), *Bewegungslehre – Sportmotorik* (S. 206–236). Berlin: Volk und Wissen.

Fragen zur Lektion 1

1. Unterscheiden Sie die *Bewegungswissenschaft* von der *Bewegungslehre*.
2. Was charakterisiert die menschliche Bewegung?
3. Kennzeichnen Sie den Gegenstandsbereich der Motorik.
4. Diskutieren Sie die Begriffe *sportmotorische Fertigkeiten* und *motorische Fähigkeiten* hinsichtlich ihrer wesentlichen Gemeinsamkeiten und Unterschiede.
5. Grenzen Sie die elementaren motorischen und sportmotorischen Fertigkeiten voneinander ab.
6. Wie unterscheiden sich offene und geschlossene sportmotorische Fertigkeiten voneinander?
7. Definieren Sie zyklische und azyklische Bewegungen.
8. Wie unterscheidet sich das motorische Lernen von der biologischen Adaptation?
9. Definieren Sie die Begriffe *Habituation* und *Prägung* und geben Sie Beispiele aus der Sportpraxis.
10. Was versteht die Bewegungswissenschaft des Sports unter dem Außenaspekt und dem Innenaspekt der Bewegung?
11. In welche Bereiche gliedern sich die Gegenstände der Bewegungswissenschaft des Sports? Benennen Sie jeweils zentrale Fragestellungen und Aufgaben.
12. Kennzeichnen Sie die funktionale und fähigkeitsorientierte Betrachtungsweise der Bewegungswissenschaft des Sports.
13. Charakterisieren Sie die „Bewegerlehre" des Sports von GÖHNER.
14. Erläutern Sie die Rolle der sportwissenschaftlichen Bewegungswissenschaft als interdisziplinäre Wissenschaft.

Lektion 2
Man kann nicht schneller laufen als der linke Fuß – Was sind koordinative Fähigkeiten?

Es gehört zu den Alltagserfahrungen von Sportlehrern, Trainern und Übungsleitern im Sportunterricht, Leistungs-, Freizeit- und Gesundheitssport, von interindividuellen Verschiedenheiten, intraindividuellen Veränderungen und Konstanzen im Bewegungsverhalten sporttreibender Menschen auszugehen. Auf der Hand liegt es, dass keine Person der anderen in ihren motorischen Kompetenzen und Leistungen gleicht. Jeder Mensch reagiert in individueller Weise auf sporttypische Bewegungsaufgaben und Trainingsmaßnahmen. „Gute Reflexe" und eine ausgeprägte Reaktionsfähigkeit zählen nicht nur im Boxen, Fechten und Tischtennis anerkanntermaßen zu den Höchstleistungen determinierenden Voraussetzungen. Offenkundig ist auch die intraindividuelle Konstanz motorischer Leistungen in verwandten Sportarten. Der bekannte Windsurfer Robby Nash erlernte nicht nur ausgesprochen schnell das Kitesurfen, sondern ebenso schnell den Umgang mit dem Skateboard oder dem Snowboard. Dem geübten Volleyballspieler oder Badmintonspieler bereitet die Aneignung des Tennisaufschlags keine großen Mühen. Trainierte Handballspieler verfügen vielfach auch in anderen Ballsportarten über ein gut ausgeprägtes „Ballgefühl".

Nach dem gegenwärtigen Kenntnisstand der Differentiellen Psychologie (Persönlichkeitsforschung) unterliegen motorische Verhaltensweisen und Leistungen nicht nur speziellen zentralnervösen Kontrollmechanismen, sondern auch den motorischen Eigenschaften des Individuums, den so genannten motorischen Fähigkeiten. Die fähigkeitsorientierte Denkweise der Differentiellen Motorikforschung zählt mittlerweile zum festen Bestandteil der Bewegungswissenschaft und der Sportpraxis. Trotz des hohen Stellenwerts des sportlichen Koordinationstrainings müssen Sportlehrer, Trainer und Übungsleiter zur Lösung der komplexen Problemstellungen der zielgerichteten Ausbildung der koordinativen Fähigkeiten ihrer Schüler und Athleten mehrheitlich auf eigene Vorstellungen und Erfahrungen zurückgreifen. Die theoretische und empirische Befundlage über die „Wurzeln", die Anzahl, die Art und die psychologischen und neurophysiologischen Korrelate der koordinativen Fähigkeiten ist mehr oder weniger widersprüchlich. Dies hat zur Folge, dass den Gegenstandsbereich der koordinativen Fähigkeiten nur schwer überschaubare, nicht übereinstimmende und verwirrende Begriffssystematiken prägen.

1 Was ist von dieser Lektion zu erwarten?

Lektion 2 thematisiert die zentralen Problemstellungen der Analyse und des Trainings der koordinativen Fähigkeiten: *Warum verfügt die Bewegungswissenschaft des Sports nur über sehr wenige grundlegende Kenntnisse hinsichtlich der spezifischen Struktur und Inhalte der koordinativen Fähigkeiten? Inwieweit lassen sich verschiedene koordinative Teilfähigkeiten voneinander abgrenzen? Welche speziellen Eigenschaften befähigen den Menschen zu hohen koordinativen Leistungen? Wie ist das sportliche Koordinationstraining grundsätzlich zu gestalten?*

Kapitel 2 beschäftigt sich mit den bewegungswissenschaftlichen Vorstellungen über die Struktur und die Inhalte der koordinativen und informationell determinierten Fähigkeiten. Die wissenschaftliche Suche nach einem verlässlichen Ordnungsraster der vielfältigen koordinativen Leistungsfaktoren gestaltet sich ausgesprochen schwierig (Kap. 3). Nahezu jeder an der Erforschung der koordinativen Fähigkeiten beteiligte Wissenschaftler favorisiert eine eigene theoretische oder sportpraktische Suchstrategie, die zu unterschiedlichen Inhalten und Zusammenhängen der koordinativen Konstrukte führt. Was vorherrscht, sind zahlreiche heterogene Aufgaben- und Anforderungsklassen koordinativer Fähigkeiten. Das in der Differentiellen Motorikforschung entwickelte empirische Testverfahren zur Erfassung des Ausprägungsgrades einzelner koordinativer Fähigkeiten – der sportmotorische Test – erläutert Kapitel 4.

Zur Schulung der koordinativen Fähigkeiten bestehen nur wenige verlässliche theoretische Grundlagen. Die in sportwissenschaftlichen Publikationen vereinzelt angeführten praktischen Gestaltungshinweise für das Koordinationstraining lehnen sich mehrheitlich an die gebräuchlichen Vermittlungsstrategien der Aneignung sportmotorischer Fertigkeiten an. Zurückgegriffen wird auf sicher beherrschte, einfache Bewegungstechniken, die zielgruppenspezifisch unter erschwerten koordinativen Zusatzaufgaben ungewohnt variiert werden (Kap. 5). Die lückenhafte Befundlage über die koordinativen Konstrukte und das Grundproblem des Denkansatzes des Fähigkeitsparadigmas der Differentiellen Motorikforschung diskutiert das Schlusskapitel (6).

2 Welche Begriffe sind grundlegend?

Koordinative Fähigkeiten bezeichnet die Bewegungswissenschaft des Sports als spezifische Leistungsvoraussetzungen des Zentralnervensystems für die Bewältigung einer bestimmten (sport-)motorischen Anforderungsklasse. Inhaltlich charakterisieren die nicht direkt beobachtbaren (latenten) koordinativen Fähigkeiten sowohl die Prozesse der Aufnahme, der Verarbeitung und der Speicherung von Informationen als auch die zentralnervösen Kontrollvorgänge. SINGER (1994) und ROTH (1999) betrachten die koordinativen Fähigkeiten als interindividuelle Unterschiede im Ausprägungsgrad technikübergreifender zentralnervös-koordinativer Kontroll- und Funktionsprozesse. Die koordinativen Fähigkeiten befähigen den Menschen, motorische Handlungen in bekannten oder nicht vorhersehbaren Situationen sicher, effektiv und ökonomisch zu realisieren.

Die Bewegungswissenschaft belegt die koordinativen Fähigkeiten üblicherweise anhand von inter- und intraindividuellen Leistungsunterschieden oder intraindividuellen Homogenitäten im Bewegungsverhalten. Die empirisch-analytischen Kenntnisse der Differentiellen Motorikforschung weisen darauf hin, dass die koordinativen Fähigkeiten genetisch nicht festgelegt, sondern lediglich dispositioniert sind und in jedem Lebensalter lohnend trainiert werden können. Die Entwicklung und die Festigung der koordinativen Fähigkeiten verlangt die wiederholte Bewältigung ähnlicher koordinativer Bewegungsanforderungen in Wechselbeziehungen mit den anlagebedingten Besonderheiten, den zentralnervösen Regulationsprozessen und den konditionellen sowie psychischen Fähigkeiten des Individuums.

Die interindividuellen Differenzen im motorischen Lernen ergeben sich aus dem komplexen Zusammenwirken verschiedener koordinativer Teilfähigkeiten. „Die Summe der gut ausgeprägten koordinativen Fähigkeiten entscheidet über den Lernerfolg beim Neulernen und Ausformen [Optimieren] von Bewegungen" (RIEDER & LEHNERTZ, 1991, S. 92). Hieraus folgt, dass Menschen mit herausragenden koordinativen Fähigkeiten unterschiedliche sportmotorische Fertigkeiten sehr gut realisieren können. Darüber hinaus erleichtern gut ausgebildete koordinative Fähigkeiten maßgeblich die Aneignung neuer Sporttechniken. Umgekehrt zeigen Personen mit geringen koordinativen Fähigkeiten eher schlechte Leistungen im Sport. Die Annahme der überaus engen wechselseitigen Beziehung zwischen der motorischen Leistungsfähigkeit und dem koordinativen Fähigkeitsniveau – die in der bewegungswissenschaftlichen Literatur variantenreich formuliert wird – spiegelt sich in den Begriffen motorische *Lernfähigkeit, Anpassungs-* oder *Umstellungsfähigkeit* wider.

Zur *Differenzierungshypothese der koordinativen Fähigkeiten*, d. h. zu einem bedeutsamen Problem der Bewegungswissenschaft und der Sportpraxis, inwieweit es eine übergreifende oder bereichsspezifische (sport-)motorische Lernfähigkeit(en) gibt, besteht ein wenig ausgeprägtes theoretisches und empirisches Wissen.

Aus der Sicht der prozessorientierten Forschung zur motorischen Kontrolle (vgl. Lektion 6) scheint es nahe liegend, von einem engen Zusammenhang zwischen den sportmotorischen Leistungen und dem Ausprägungsgrad der *informationell determinierten Fähigkeiten* auszugehen. Nach den Vorstellungen der Informationsverarbeitungsansätze gleicht der Mensch einem ausgiebigen Informationsverarbeiter, der ständig Informationen aus dem Körperinneren und der Umwelt aufnimmt. Die wahrgenommenen Informationen setzt das Individuum mit seinem Wissen und seinen Erfahrungen in Beziehung, um hieraus situationsadäquate motorische Handlungen abzuleiten (vgl. Lektion 6). Der Zeitbedarf für derartig komplexe Informationsprozesse hängt von den qualitativen und quantitativen Reizmerkmalen, der Anzahl möglicher Reiz-Reaktionsalternativen, der Reiz-Reaktionskomplexität und der Reaktionskomplexität ab. Informationell determinierte Fähigkeiten betrachtet die sportbezogene Bewegungswissenschaft nicht explizit als eigenständiges Fähigkeitskonstrukt, sondern im Rahmen der koordinativen Fähigkeiten und der Schnelligkeitsfähigkeiten.

3 Wie werden koordinative Fähigkeiten systematisiert?

Während die Systematik der konditionellen Basisfähigkeiten – mit der Differenzierung in Kraft- und Ausdauerfähigkeiten – relativ einheitlich und weithin akzeptiert vorliegt (Überblick: WEINECK, 2004), verweist die Erforschung der Struktur der koordinativen Leistungsfaktoren auf eine sehr widersprüchliche Geschichte mit großen terminologischen und inhaltlichen Differenzen. Bewegungswissenschaftler erschließen die koordinativen Teilkomponenten mehrheitlich durch subjektive Beobachtungen oder sehr spezielle, autorenbezogene Testverfahren. Als unmittelbare Folge liegen sehr unterschiedliche Bezeichnungen und Abgrenzungen der koordinativen Fähigkeiten vor. Die in Tabelle 3 aufgeführte Begriffssammlung stellt einen kleinen Ausschnitt der häufig zitierten, keineswegs eindeutig abgegrenzten und nicht allgemein akzeptierten Begriffe dar.

Tab. 3: *Begriffssammlung für den Gegenstandsbereich der koordinativen Fähigkeiten*

Anpassungsfähigkeit, Antizipationsfähigkeit, Auge-Fuß-Koordination, Auge-Hand-Koordination, Ausdrucksfähigkeit, Bewegungsgefühl, Differenzierungsfähigkeit, Drehsinn, Elastizität, Entfernungsschätzen, Entspannungsfähigkeit, Geschicklichkeit, Geschmeidigkeit, Gewandtheit, Gleichgewichtsvermögen, Handlungsfähigkeit, kinästhetische Kontrolle, Körpergefühl, Kombinationsfähigkeit, Koordination mit genauer Kontrolle, Koordination unter Zeitdruck, Kopplungsfähigkeit, Kraftabstufung, Lernfähigkeit, Mehrfachhandeln, Orientierungsfähigkeit, Präzisionsfähigkeit, Raumgefühl, Reaktionsvermögen, Rhythmisierungsfähigkeit, Richtungspräzision, Simultanhandlung, Steuerungsfähigkeit, Umstellungsfähigkeit, Wendigkeit, Zeitgefühl.

Ausgangspunkt der wissenschaftlichen Bemühungen um die differenzierte Strukturierung der koordinativen Fähigkeiten war die Unzufriedenheit mit der bis Mitte der 60er Jahre des 20. Jahrhunderts üblichen Verwendung eines einzelnen, sehr unscharf definierten Koordinationsfaktors: die *Gewandtheit* (general motor ability). Die Gewandtheit wurde üblicherweise als die fertigkeitsübergreifende Fähigkeit des Zentralnervensystems zur schnellen und zweckmäßigen Lösung motorischer Anforderungen definiert. Ein erster theoretischer Differenzierungsversuch der Gewandtheit stammt von HIRTZ (1964). Ausgehend von alltäglichen, arbeits- und sporttypischen Lebenssituationen, unterscheidet der Autor sieben koordinative Teilkonstrukte: die kinästhetische Differenzierungsfähigkeit, die räumliche Orientierungsfähigkeit, die Reaktions-, Anpassungs- und Umstellungsfähigkeit, die Fähigkeit zu kontinuierlichen Bewegungshandlungen und die Fähigkeit zur Koordination unter Zeitdruck. Über die Strukturierungskriterien macht HIRTZ keine näheren Angaben.

> *Zur Aufklärung der Grundlagen der koordinativen Fähigkeiten vertraut die Bewegungswissenschaft des Sports deduktiven und induktiven Forschungsstrategien. Auf der Prozessebene versuchen deduktive Vorgehensweisen, die Prinzipien der menschlichen Motorik aus theoretischen Modellannahmen über die System- und Funktionsprozesse des Zentralnervensystems oder aus der Verknüpfung bestehender neurophysiologischer, kybernetischer und psychologischer Kenntnisse abzuleiten. Demgegenüber schließen induktiv-phänomenologische und statistische Ansätze durch standardisierte Beobachtungen der äußeren quantitativen und qualitativen Bewegungsmerkmale indirekt auf die körperinternen Komponenten der Motorik zurück.*

Aktuelle Strukturmodelle koordinativer Fähigkeiten basieren auf der empirischen Befundlage der Differentiellen Motorikforschung. Diese hat sich Mitte des 20. Jahrhunderts als „sportwissenschaftliches Patenkind" aus der traditionsreichen Differentiellen Psychologie herausgelöst. Ihr primäres Ziel gilt der Erklärung der Ursachen der interindividuellen Verschiedenheiten und der intraindividuellen Veränderungen des motorischen Verhaltens. Erste systematische Laborstudien mit mehr als 1.000 Versuchspersonen und nahezu 200 Bewegungsaufgaben führt in den 60er Jahren die Arbeitsgruppe von FLEISHMAN (1964) durch. Die Resultate verweisen auf acht funktions- und aufgabenspezifische koordinative Konstrukte: allgemeine Steuerungsfähigkeit, Steuerungsfähigkeit der oberen Extremitäten, Reaktionsschnelligkeit, Anpassungs-, Umstellungs- und Kombinationsfähigkeit, Finger- und Handgeschicklichkeit. Die fähigkeitsorientierte Betrachtungsweise der Differentiellen Motorikforschung ist mittlerweile in der Theorie und Praxis des Sports fest verwurzelt (ROTH & WOLLNY, 1999a, b; AMELANG & BARTUSSEK, 2001).

Den größten Verbreitungsgrad in der deutschen Sportwissenschaft besitzt das hierarchische Strukturmodell koordinativer Fähigkeiten von HIRTZ (1979, 1981, 1985; vgl. Abb. 4). Auf der obersten Stufe unterscheidet der Autor zwischen der motorischen Lern-, Steuerungs- und Anpassungsfähigkeit. Diesen drei Grundfähigkeiten untergeordnet sind die Schnell- und Ausdauerkoordinationsfähigkeit. Die unterste Stufe des Strukturmodells benennt fünf, in enger Wechselbeziehung sowohl untereinander als auch mit der Schnell- und Ausdauerkoordinationsfähigkeit stehende, fundamentale koordinative Leistungsdispositionen:

- die *Gleichgewichtsfähigkeit* als das Halten oder das Wiederherstellen des Gleichgewichts bei wechselnden situativen Bedingungen, bei labilen Gleichgewichtsbedingungen oder auf kleinen Unterstützungsflächen,
- die *Rhythmusfähigkeit* als die Erfassung, die Speicherung und die Realisation einer vorgegebenen zeitlich-dynamischen Gliederung,
- die *Reaktionsfähigkeit* als schnelle, zielspezifische Ausführung kurzer Ganzkörperbewegungen auf äußere Signale oder vorausgehende Bewegungshandlungen,
- die *räumliche Orientierungsfähigkeit* als die Bestimmung und zielbezogene Veränderung der Körperlage und der Bewegung und
- die *kinästhetische Differenzierungsfähigkeit* als die Realisation exakter und ökonomischer Bewegungen auf der Basis der fein differenzierten Verarbeitung kinästhetischer Informationen.

Andere beachtenswerte Strukturierungen der koordinativen Fähigkeiten führen entweder eine größere Anzahl koordinativer Konstrukte (BLUME, 1978; PÖHLMANN & KIRCHNER, 1979; RIEDER, 1987; TEIPEL, 1988) oder nur einige wenige komplexe koordinative Basisfähigkeiten auf (BÖS & MECHLING, 1983; SCHNABEL, 1997).

Zur letzten Gruppe zählt das auf wenige koordinative Basisfähigkeiten beruhende *hierarchische Strukturmodell der elementaren koordinativen Fähigkeiten* von ROTH (1982). Die Abgrenzung übergeordneter koordinativer Leistungsfaktoren basiert auf der konsequenten Verknüpfung neurophysiologischer, psychologischer (deduktiver) und empirischer (induktiver) Befunde. Auf der obersten Modellebene unterscheidet der Autor zwischen der Orientierung an der Zeit (*Fähigkeit zur Koordination unter Zeitdruck*; z. B. Sportspiele) und der Bewegungsgenauigkeit (*Fähigkeit zur Koordination unter Präzisionsanforderungen*; Billard, Darts, Gerätturnen usw.). Die dimensionsanalytische Trennung der koordinativen Leistungsfaktoren in zwei Grundkategorien steht sowohl in Übereinstimmung mit neurophysiologischen Kenntnissen über die Funktion des Kleinhirns (Kontrolle schneller, diskontinuierlicher Bewegungen) und der Basalganglien (Kontrolle langsamer, stetiger Bewegungen) als auch mit verschiedenen koordinationstheoretischen Grundannahmen (vgl. Lektionen 4 und 6).

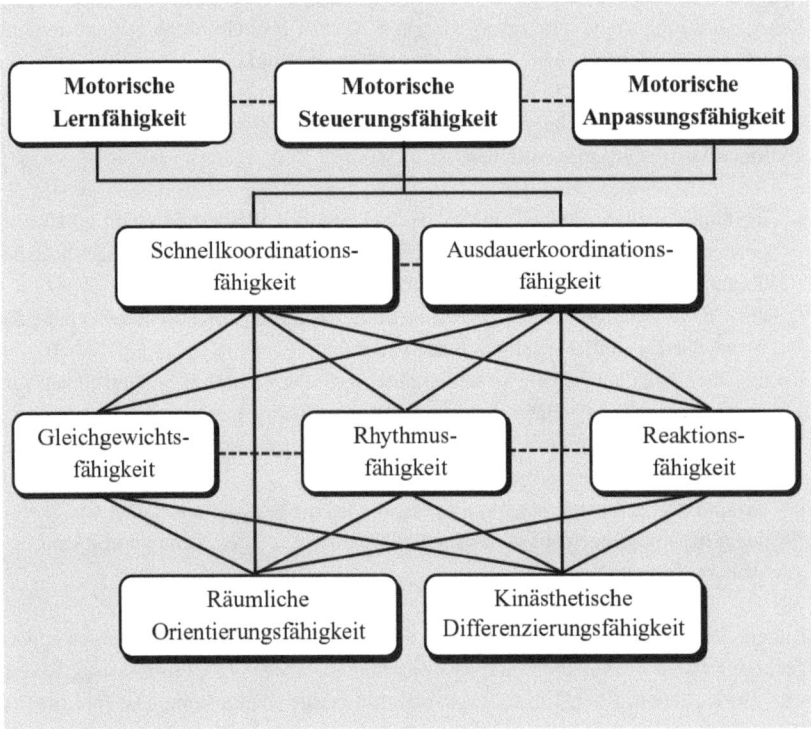

Abb. 4: *Hierarchische Ordnung koordinativer Fähigkeiten (mod. nach HIRTZ, 1981, S. 349)*

Die nächsttiefere Ebene des hierarchischen Strukturmodells von ROTH umfasst unter Berücksichtigung der Variabilität der Bewegungsgeschwindigkeit (Zeitfaktor: schnell langsam), der Umgebungsbedingungen (Situationsfaktor, konstant: motorische Steuerungsfähigkeit, variabel: motorische Anpassungsfähigkeit) und deren Wechselwirkungen vier koordinative Basiskomponenten: die Fähigkeit zur schnellen motorischen Steuerung, die Fähigkeit zur schnellen motorischen Anpassung und Umstellung, die Fähigkeit zur präzisen motorischen Steuerung und die Fähigkeit zur präzisen motorischen Anpassung und Umstellung.

Für die nahe Zukunft können begriffliche Vereinheitlichungen und verlässliche Strukturmodelle der koordinativen Fähigkeiten nicht erwartet werden. Als wesentliche Hinderungsgründe gelten die Vielfalt der sportlichen Bewegungstechniken und potenziellen koordinativen Teilfähigkeiten. Nach NEUMAIER und MECHLING (1994) und ROTH (2005) sollten sich die bewegungswissenschaftlichen Forschungsbemühungen weniger auf die Entwicklung neuer Systematisierungen richten, sondern vermehrt auf die Integration und die Nachbesserung bestehender Strukturierungs- und Begriffssystematiken. Die bislang identifizierten koordinativen Anforderungskategorien – Geschicklichkeits-, Rhythmus-, Kopplungs-, Orientierungs-, Reaktions-, Gleichgewichts-, Zeit-, Präzisions-, Komplexitäts- und Variabilitätsdruckfähigkeit – gilt es, miteinander zu verbinden und im Sinne eines empirisch zu prüfenden Vereinigungsmodells gemeinsam zu berücksichtigen.

Derzeit liegen drei beachtenswerte integrative Fähigkeitssystematiken vor. Ein auf induktiv-phänomenologischem Weg gewonnenes Vereinigungsmodell stammt von ZIMMERMANN (1987, 1998). Das von HIRTZ (1994, 1997) publizierte Integrationsmodell beruht auf der Anwendung induktiv-statistischer Verfahren. Übereinstimmend gehen beide Modelle von sieben koordinativen Teilfähigkeiten aus, die drei koordinativen Fähigkeiten höherer Ordnung unterstehen (vgl. Abb. 5).

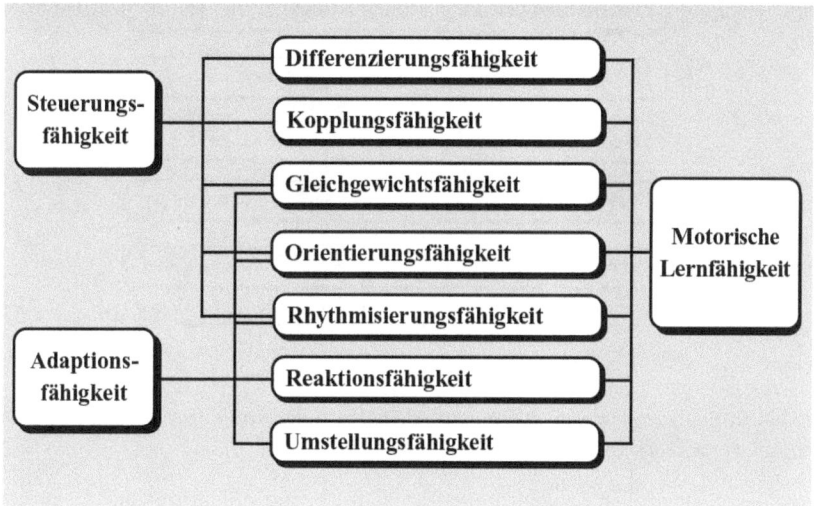

Abb. 5: *Strukturelles Gefüge koordinativer Fähigkeiten (mod. nach ZIMMERMANN, 1998, S. 221)*

Das dritte, Erfolg versprechende Vereinigungsmodell stellt das sportartenübergreifende *Analyseraster der koordinativen Anforderungsprofile sporttypischer Bewegungsaufgaben* von NEUMAIER und MECHLING (1994) dar. Beschrieben werden die Beziehungen zwischen den elementaren koordinativen Anforderungen (Bewegungszeit, Bewegungspräzision, Bewegungsumfang, Grad der Bewegungsschwierigkeit, Größe des Ziels) und den fertigkeitsabhängigen motorischen (klein-, großmotorisch) sowie sensorischen Charakteristika sportmotorischer Handlungen (optische, akustische, taktile, vestibuläre, kinästhetische Sinnesmodalitäten; vgl. Abb. 6).

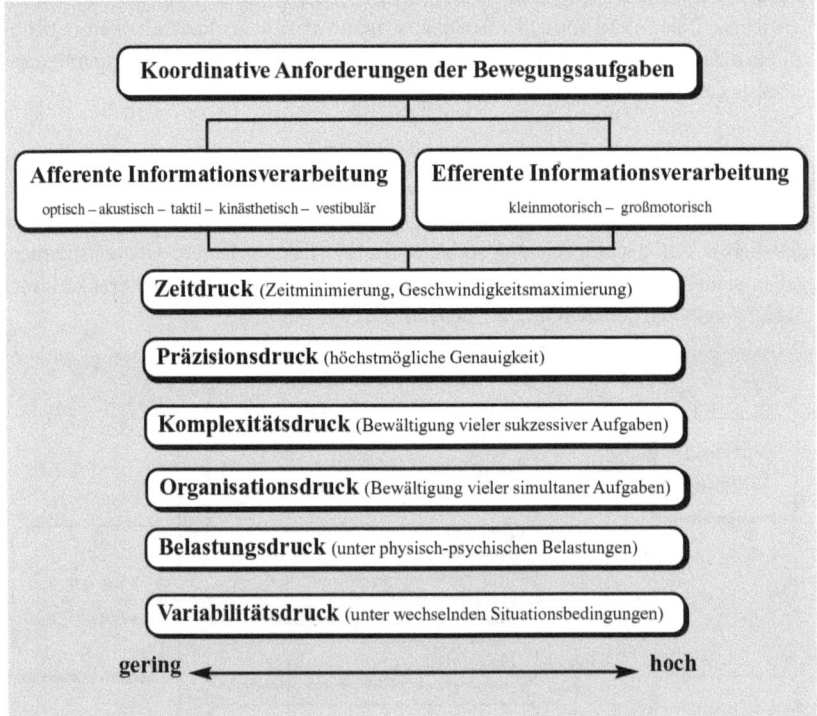

Abb. 6: *Analyseraster der koordinativen Anforderungsprofile sportmotorischer Fertigkeiten (mod. nach* NEUMAIER & MECHLING, *1994, S. 211)*

Der obere Teil des Analyserasters der koordinativen Anforderungen sporttypischer Bewegungsaufgaben beschreibt die Grundgesamtheit der afferenten und efferenten Informationsanforderungen. Der untere Teil des Analyserasters benennt typische koordinative Druckbedingungen sporttypischer Bewegungsaufgaben. Auf der Grundlage aufgabenabhängiger Bezugsgrößen, Plausibilitätsüberlegungen und übereinstimmender Annahmen moderner Fähigkeitssystematiken leiten NEUMAIER und MECHLING sechs koordinative Anforderungskategorien ab: Zeitdruck, Präzisionsdruck, Komplexitätsdruck, Organisationsdruck, Belastungsdruck und Variabilitätsdruck.

Die aufgabenspezifischen Ausprägungen der sechs Druckbedingungen ordnen die Autoren in Abhängigkeit von der Art der Fertigkeit und vom Niveau der Fertigkeitsausprägung qualitativ auf einem Kontinuum zwischen gering und hoch ein. Offensichtlich sind die diversen Übereinstimmungen mit den Strukturmodellen von ROTH (1982), ZIMMERMANN (1987, 1998) oder HIRTZ (1994). Die Vielfalt der für sportliche Trainingszwecke aus dem Modell von NEUMAIER und MECHLING konstruierbaren koordinativen Bewegungsaufgaben ist nahezu „unerschöpflich" und dies gleichermaßen für offene und geschlossene Sporttechniken.

Unbeeinflusst vom aktuellen Forschungstrend bei der Suche nach einem verlässlichen Ordnungsraster koordinativer Fähigkeiten liegen im Bereich des Schul-, Freizeit- und Nachwuchsleistungssports zahlreiche Veröffentlichungen zur Bestimmung der koordinativen Leistungsfaktoren sportartspezifischer Fertigkeiten vor. Die qualitativ sehr unterschiedlichen Strukturierungsversuche kennzeichnen einen gewissen Praxisüberhang und ein deutliches Theoriedefizit. Vielfach werden traditionelle Ordnungssysteme lediglich pragmatisch weiter untergliedert, präzisiert oder in Teilaspekten neu kombiniert (z. B. KIRCHNER, 1991).

4 Welche Anforderungen werden an die wissenschaftliche Erfassung koordinativer Fähigkeiten gestellt?

Das in der Differentiellen Motorikforschung entwickelte, allgemein akzeptierte diagnostische Standardverfahren zur Analyse der motorischen Fähigkeiten stellt der unter objektiv wiederholbaren Bedingungen realisierte *sportmotorische Test* dar. Bei der Beurteilung der Ausprägung bestimmter koordinativer Fähigkeiten vertraut die Bewegungswissenschaft des Sports direkt beobachtbaren motorischen Lösungsresultaten. Die Sprungweite dient beim Standweitsprungtest der Bestimmung der horizontalen Schnellkraft der Beinmuskulatur (vgl. Abb. 7). Die im Cooper-Test (12-Minuten-Lauf) zurückgelegte Laufstrecke lässt Rückschlüsse auf die aerobe Ausdauerfähigkeit zu. Beim Torwandschießen bildet die Trefferquote bei hohen Wiederholungszahlen oder differenzierter Treffererfassung das individuelle Ausprägungsniveau der Schussfertigkeit ab.

Sportmotorische Tests eignen sich zum einen für die Erforschung der Kontroll- und Funktionsprozesse sporttypischer Bewegungen. Zum anderen ermöglichen sie die Bestimmung des motorischen Ist-Zustandes, der sportlichen Eignung, des sportlichen Talents, der Veränderung sportlicher Leistungen und der Effizienz bestimmter Lehrverfahren. Sportmotorische Testverfahren sind zwar deutlich weniger präzise als biomechanische, physiologische oder psychometrische Untersuchungsmethoden; als vorteilhaft gelten jedoch der geringe Geräteaufwand und die große Durchführungsökonomie. Den wissenschaftlichen Testablauf gewährleistet die Beachtung der drei unverzichtbaren klassischen Hauptgütekriterien – Objektivität, Reliabilität und Validität – und verschiedener Nebengütekriterien (ROTH, 1983, 1999; LIENERT & RAATZ, 1998).

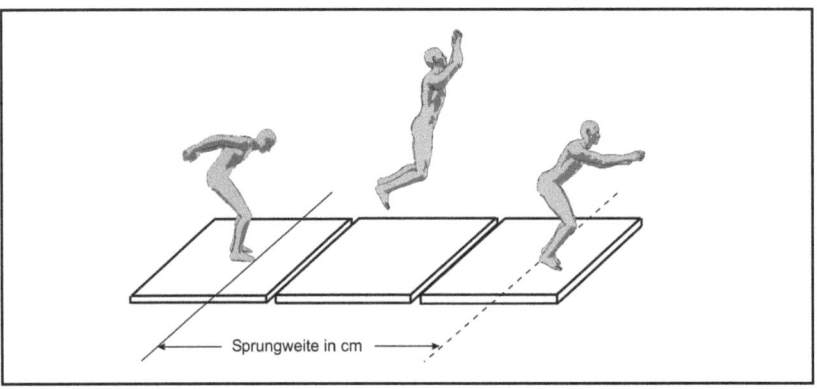

Testinhalt:	Schnellkraft der Beinmuskulatur (horizontale Sprungkraft)	Testanweisung:	Stelle dich an die vorgegebene Linie und springe aus dem Stand mit beiden Beinen so weit wie möglich nach vorne.
Testmaterial:	Maßband, Kreide	Datenaufnahme:	Sprungweite in cm
Testbeschreibung:	Aus dem Stand mit beiden Beinen so weit wie möglich nach vorne springen.	Geltungsbereich:	6-40 Jahre
		Normtabellen:	BECK und BÖS (1995)
		Datenbasis:	55.676 Probanden

Abb. 7: *Sportmotorischer Test „Standweitsprung" zur Bestimmung der horizontalen Schnellkraft der Beinmuskulatur (mod. nach Bös & TITTELBACH, 2001, S. 142–143)*

Die *Objektivität* eines sportmotorischen Tests definiert den Grad der Konstanthaltung von Messwerten gegenüber störenden Einflüssen verschiedener Rahmenbedingungen (Testgeräte, Testleitereffekte, Versuchseffekte, Testauswertung, Testinterpretation usw.). Entsprechend den potenziellen Einflussgrößen wird nicht von der Objektivität eines sportmotorischen Tests allein gesprochen, sondern zwischen den drei Aspekten der Durchführung, der Auswertung und der Interpretation unterschieden (Überblick: HÖNER & ROTH, 2002).

- Die *Durchführungsobjektivität* befasst sich mit dem Unabhängigkeitsgrad der Testergebnisse von der Variation der Testdurchführung. Hierzu werden die Testsituationen, die Testanweisungen (Instruktionen), die Messgeräte und die Registrierung der Testergebnisse formalisiert und exakt festgelegt.

  Zur Kontrolle der *Registrierung des Testverhaltens* protokollieren mehrere Leiter gleichzeitig die Testleistungen einer größeren Personengruppe. Die Höhe der Korrelation der Datensätze der Testleiter gilt als ein Maß für die Unabhängigkeit der Resultate von den Protokollanten. Die Überprüfung der Registrierung ist vor allem bei der Erhebung qualitativer Leistungen (z. B. Eindrucksanalyse) erforderlich.

  Die *Standardisierung sportmotorischer Tests* ist relativ schwierig und aufwändig zu kontrollieren. Die nahe liegende mehrmalige Testdurchführung mit derselben Versuchsgruppe und jeweils verschiedenen Testleitern ist nach HÖNER und ROTH (2002) problembehaftet. Die Unterschiede in den Datensätzen der einzelnen Testleiter können nicht ausschließlich in der fehlerhaften Testdurchführung, sondern auch in den nur schwer kontrollierbaren Personenmerkmalen (Lern-, Übungs-, Ermüdungseinflüsse, Formschwankungen der Probanden usw.) begründet liegen.

- Die *Auswertungsobjektivität* wird dann erhöht, wenn entsprechende Auswertungsregeln wie Antwortvorgaben, Wertungsvorschriften und Berechnungsschlüssel vorliegen. Die Prüfung der Auswertungsobjektivität ist nicht unbedingt erforderlich, wenn es sich bei den erhobenen Daten um die Gesamtzahl von Treffern oder Punkten handelt, also die Daten unmittelbar mit den Resultaten identisch sind (z. B. 19 cm beim „Jump and Reach"; 190 cm beim „Standweitsprung") oder sich das Ergebnis durch einfache mathematische Verfahren ergibt (z. B. Addition). Bei qualitativen Auswertungen von Handlungs- und Bewegungsvollzügen (z. B. Videoaufzeichnungen) empfehlen HÖNER und ROTH (2002) konzeptorientierte Ratings. Hierbei stützen geschulte Experten ihre Auswertung auf vorgegebene, verständlich definierte Kriterien.

- Inhaltliche, formale und verbindliche Auswertungskriterien (numerische Skalenkennwerte, Normtabellen, Lernzielkataloge usw.) helfen, die *Interpre*tationsobjektivität zu sichern. Verschiedene Wissenschaftler müssen auf der Grundlage der ausgewerteten Resultate eines sportmotorischen Tests zu den gleichen Schlussfolgerungen kommen. Die Interpretationsobjektivität ist dann vollkommen gegeben, wenn eine Auswertung eine numerische Nenngröße darstellt, die eine bestimmte Position auf einer vorab festgelegten Skala eindeutig benennt (HÖNER & ROTH, 2002).

Die *Reliabilität* (Zuverlässigkeit) eines sportmotorischen Tests gibt den Genauigkeitsgrad an, mit dem ein Test ein spezielles Motorikmerkmal misst, unabhängig davon, inwieweit der Test dieses Merkmal auch zu messen beansprucht. Ein Test gilt dann als zuverlässig, wenn die Versuchsperson bei mehrmaliger Testung unter gleichen Bedingungen die Resultate reproduziert. Die Testlänge, die Messpräzision, die personenzentrierten (Emotion, Motivation, Konzentration, Ermüdung usw.) und die situativen Bedingungen (Tageszeit, Testatmosphäre usw.) zählen zu den potenziellen Störgrößen.

Zur Prüfung der Reliabilität eignen sich drei Vorgehensweisen. Bei der *Retestmethode* führt die Probandenstichprobe dieselbe Bewegungsaufgabe innerhalb eines definierten Zeitraums zweimal durch. Die *Paralleltestmethode* setzt zur Vermeidung von Lern-, Übungs- und Ermüdungseffekten zwei vergleichbare Testverfahren ein. Die *Testhalbierungsmethode* (Konsistenzanalyse) zerlegt die Items einer homogenen Testbatterie in zwei gleichwertige Hälften. Die Bestimmung des Zusammenhangs zwischen den Messreihen der einzelnen Forschungsstrategien dient der Reliabilitätsabschätzung (Reliabilitätskoeffizient ≥ 0.90: ausgezeichnet; 0.80-0.90: sehr gut; 0.70-0.80: annehmbar; 0.60-0.70: mäßig; ≤ 0.60: gering).

Das „Handbuch sportmotorischer Tests" von BÖS (2017) behandelt ausgesprochen anwendungsbezogen die sportmotorische Testdiagnostik und nahezu 200 motorische Testverfahren. Sportlehrer, Trainer und Übungsleiter erhalten eine Vielzahl praxisorientierter Entscheidungshilfen für die Auswahl und die Durchführung motorischer Diagnoseverfahren zu verschiedenen Anwendungsfeldern des Sports (Schul-, Leistungs-, Freizeit-, Gesundheitssport, Sporttherapie, Moto- und Sonderpädagogik, Entwicklungs- uns Gesundheitspsychologie). Zwei differenzierte Buchbeiträge zu den theoretischen Grundlagen sportmotorischer Testverfahren liegen in HÖNER und ROTH (2002) und ROTH (2002) vor.

Die *Validität* (Gültigkeit) informiert darüber, inwieweit ein sportmotorisches Testverfahren tatsächlich die Eigenschaft misst, die es zu erfassen vorgibt. Ermittelt wird der Zusammenhang zwischen den motorischen Leistungsdaten und den zu ermittelnden Motorikmerkmalen. Wenn ein sportmotorischer Test die Schnellkraftfähigkeit bestimmen soll, dann muss dies unabhängig vom Ausprägungsniveau der zu Grunde liegenden Bewegungstechnik geschehen. Die Differentielle Motorikforschung unterscheidet drei Validitätsformen: die *Inhaltsvalidität* (repräsentative Validität; Abschätzung durch Expertenrating), die *Kriteriumsvalidität* (Vergleich mit externen Kriterien) und die *Konstruktvalidität* (Korrelation zwischen Test und latenter Dimension).

Zwischen den drei Hauptgütekriterien Objektivität, Reliabilität und Validität besteht eine wechselseitige Abhängigkeit. Das wichtigste Gütekriterium stellt die Validität dar. Ein sportmotorischer Test mit einer hohen Gültigkeit weist zugleich eine hohe Objektivität und Reliabilität auf. Hingegen gelten eine hohe Objektivität und Reliabilität nicht als hinreichende Voraussetzungen für die Validität eines sportmotorischen Testverfahrens.

Für die *Schule* bieten sportmotorische Tests neben verschiedenen anderen Leistungskontrollverfahren (Wettkampf- und Spielbeobachtung, biomechanische, medizinische Diagnosemethoden usw.) die Möglichkeit, zu bestimmten Zeitpunkten – am Ende von Übungs- und Trainingsperioden, zu Beginn des Schuljahres, bei einem Lehrerwechsel oder bei der Zuordnung zu Leistungsgruppen – den individuellen motorischen Leistungsstand der Schüler zu bewerten. Zu den weiteren Einsatzfeldern sportmotorischer Tests in der Schule zählen die Ermittlung des motorischen Entwicklungsstandes, der motorischen Lernvoraussetzungen, der Eignung für spezielle Sportarten, der Prognose zukünftiger motorischer Leistungen, der Evaluation des Curriculums oder der Motivation der Schüler.

Im *sportlichen Leistungs- und Nachwuchstraining* können sportmotorische Testverfahren die Planung, die Organisation, die Effektivität und die Analyse des Trainingsprozesses oder die Talentbestimmung unterstützen (Überblick: NEUMAIER, 1983).

Als selbstverständliche *Nebengütekriterien* sportmotorischer Tests gelten die *Ökonomie* (geringer Zeit-, Geräteaufwand, wenig Material, Gruppentest, einfache Testdurchführung und -auswertung usw.), die *Nützlichkeit* (z. B. untersuchungspraktisches Bedürfnis), die *Normierung* (z. B. Einordnung individueller Ergebnisse in ein Bezugs-, Vergleichssystem), die *Vergleichbarkeit* mit anderen Testverfahren (z. B. intraindividuelle Reliabilitätskontrolle durch Paralleltest) und die *Trennschärfe* hinsichtlich interindividueller Differenzen.

5 Was zeichnet die Vermittlung koordinativer Fähigkeiten aus?

Der Funktionsstatus der sensorischen und kortikalen Informationsverarbeitung, die Art der motorischen Aufgabe und nicht zuletzt die zielgerichtete Ausbildung der koordinativen Fähigkeiten bestimmen maßgeblich das koordinative Fähigkeitsniveau des Individuums. Die wesentlichen „Zutaten" des methodischen Grundrezepts der sportlichen Koordinationsschulung bestehen nach ROTH (2003, S. 92) aus einfachen, beherrschten Bewegungsfertigkeiten, die mit den von NEUMAIER und MECHLING (1994) propagierten sechs koordinativen Druckbedingungen vielseitig, variationsreich und für den Sportler ungewohnt „gewürzt" werden (vgl. Abb. 8).

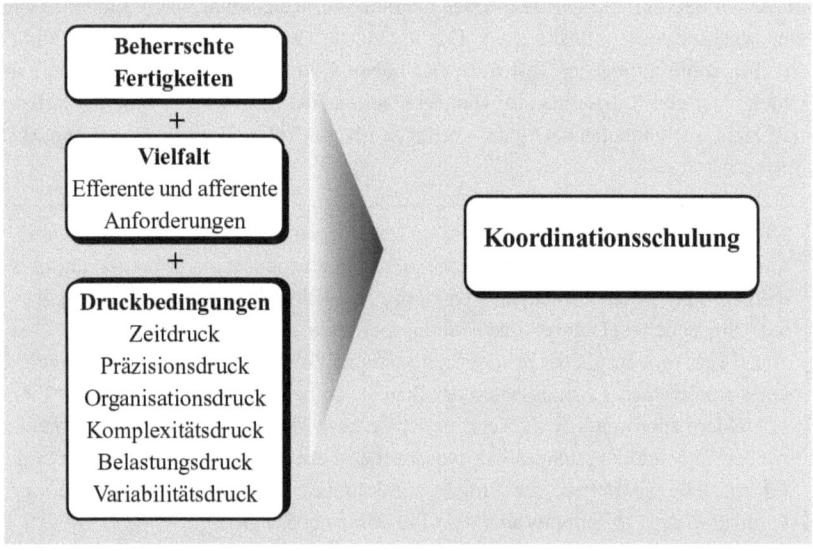

Abb. 8: *Grundformel der Koordinationsschulung (mod. nach ROTH, 2003, S. 92; KRÖGER & ROTH, 1999, S. 22)*

Die zielgerichtete Ausbildung der koordinativen Fähigkeiten gewährleisten die folgenden methodischen Teilmaßnahmen:

- die Variation, die Komplexität und die Kombination der Bewegungsfertigkeiten, der Umweltbedingungen und der Informationsaufnahme,
- die systematische Steigerung der Druckbedingungen und der Vorbelastungen
- und die Zielgruppenspezifität (Alters-, Entwicklungsgemäßheit der Trainingsmethoden, Disziplinorientierung usw.).

> Wer an der Förderung und am Training der koordinativen Fähigkeiten interessiert ist, dem bietet das Lehrbuch der BIELEFELDER SPORTPÄDAGOGEN (2003) zahlreiche praxisorientierte Hilfestellungen.

Trainingseffekte können im Bereich der koordinativen Fähigkeiten nur dann erreicht werden, wenn der Trainer oder der Sportler die Schwierigkeit der Übungen systematisch steigert. Zu Beginn des Koordinationstrainings sollten die spezifischen Fertigkeitsanforderungen gering bleiben. Im späteren Entwicklungsverlauf muss die Übungsschwierigkeit allmählich erhöht werden: entweder durch die Erschwerung der Bewegungsausführung oder der Situationsanforderungen. Generell zu beachten ist, dass sich eine gute Bewegungskoordination nur im Einklang mit einer parallel erarbeiteten, angemessenen konditionellen Fähigkeitsbasis ausbilden kann.

Mit den in Kapitel 3 vorgestellten Strukturierungsmodellen koordinativer Fähigkeiten verbinden die einzelnen Autoren die Auffassung, dass der frühzeitigen Entwicklung der koordinativen Teilfähigkeiten eine zentrale Bedeutung für das motorische Leistungsvermögen zukommt, da sich die Informationsaufnahme und die Informationsverarbeitung auf Grund der physiologischen Alterseinflüsse im Lebenslauf allmählich verschlechtern. Frühe und vielseitige Bewegungserfahrungen und ein ausgeprägtes koordinatives Fähigkeitsniveau begünstigen nicht nur die Aneignung, die Optimierung und den Wirkungsgrad sporttypischer Bewegungsfertigkeiten (z. B. verkürzte Lernzeiten, ökonomische Bewegungsausführung), sondern auch die situationsadäquate Anwendung beherrschter Bewegungstechniken und den Ausnutzungsgrad der konditionellenergetischen Funktionsmöglichkeiten.

> *Das für Sportlehrer und Übungsleiter konzipierte, leicht verständliche Praxishandbuch von KOSEL (2001) enthält methodische Empfehlungen und Vorschläge zur Ausbildung der Bewegungskoordination im Schulkindalter. Unter dem Motto vom Einfachen zum Schwierigen und Komplizierten werden zahlreiche Spiel- und Übungsmöglichkeiten, Praxisideen und Stundenbeispiele zur Schulung der koordinativen Fähigkeiten vorgestellt.*

Für die Koordinationsschulung scheint das frühe bis späte Schulkindalter (7.-12./13. Lebensjahr) begünstigt zu sein. Hierbei entwickelt sich das Vermögen, grobmotorische und Zeitdruckaufgaben zu lösen, früher als das für feinmotorische und Präzisionsdruckaufgaben. In der Pubeszenz (11./12.-14./15. Lebensjahr) unterliegt der Entwicklungsverlauf der koordinativen Fähigkeiten, bedingt durch die hormonellen und körperbaulichen Umstellungen, mehr oder minder großen interindividuellen und intraindividuellen Unterschieden. Betroffen sind vor allem komplexe Ganzkörperbewegungen. Die individuelle

Festigung und Höchstausprägung der koordinativen Fähigkeiten findet in der Adoleszenz statt (13./14.-18./19. Lebensjahr; Überblick: ROTH & WINTER, 1994).

Koordinative Übungen mit wechselnden Schwerpunkten sollten im Schul-, Leistungs-, Breiten- und Gesundheitssport fester Bestandteil des Aufwärmprogramms oder Hauptinhalt einzelner Unterrichts- oder Trainingssequenzen sein. Von herausragender Bedeutung sind neben speziellen kreativen Spielformen mit Zeit-, Präzisions- und situativen Variabilitätsdruckanforderungen (Burgball, Nummernläufe, Seillaufen, Völkerball mit Erlösen usw.), Hindernisparcours, Koordinationszirkel oder Laufspiele. Hierbei sollten die elementaren Bewegungen in vielfältiger, fantasiereicher Art und Weise verändert werden.

Sportartübergreifende Koordinationsübungen mit themenspezifischen Schwerpunkten beschreiben BÖS (2017, Organisationsdruck) oder ROTH und SCHUBERT (1987, vestibulare Anforderungen). Sportartenspezifische Koordinationsprogramme liegen beispielsweise von ISRAEL (1985) zum Freizeitsport, von ROTH und SCHUBERT (1987) zum Handball, von SCHIEBL (1994) zum Geräteturnen, von MAYER (1998) zum Fußball, von der INTERNATIONAL ICE HOCKEY FEDERATION (2000) zum Eishockey oder von CONZELMANN und SCHNEIDER (2000) zum Tennis vor.

6 Koordinative Fähigkeiten im Überblick

Die empirische Befundlage über die koordinativen Fähigkeiten kann mit einem „inkompletten Mosaik" verglichen werden, dem noch zahlreiche Wissenssteinchen hinzugefügt werden müssen, damit ein in sich verständliches Bild der Hauptursachen und Gesetzmäßigkeiten der koordinativen Fähigkeiten entsteht. Insbesondere der theoretische Kenntnisstand zur Dimensionierung der koordinativen Fähigkeiten und der sportpraktische Nutzen fähigkeitsorientierter Erklärungen gelten als wenig abgesichert und ausgesprochen lückenhaft. Mangel besteht an verlässlichen Befunden über die genaue Anzahl, die Struktur und die Zusammenhänge zwischen den koordinativen Teilfähigkeiten. Was vorherrscht, sind unentwickelte Theorien, inhaltliche Unklarheiten und verwirrende Begriffssystematiken der koordinativen Fähigkeiten. Insgesamt kann sich kein autorenspezifisches Strukturmodell koordinativer Fähigkeiten entscheidend durchsetzen. Angeraten wird, die Konzeption und empirische Prüfung eines Integrationsmodells, das die verschiedenen autorenspezifischen Anforderungsklassen koordinativer Fähigkeiten versucht, zu vereinen.

Zur Aufdeckung und Analyse der koordinativen Teilfähigkeiten greift der Sport auf den in der Differentiellen Motorikforschung bewährten *sportmotorischen Test* zurück.

Hierbei handelt es sich um unter standardisierten Bedingungen zu lösende Bewegungsaufgaben. Diese müssen den klassischen Hauptgütekriterien der Objektivität, Reliabilität (Verlässlichkeit) und Validität (Gültigkeit) genügen. Ziel ist es, von den erfassten motorischen Leistungsdaten auf den Ausprägungsgrad bestimmter sportmotorischer Fähigkeiten des Individuums zurückzuschließen.

In den letzten Jahren kritisieren einzelne Autoren die theoretischen und forschungsmethodischen Grundannahmen der Differentiellen Motorikforschung ebenso wie die Ableitung der relevanten Leistungsvoraussetzungen dominant-koordinativer Bewegungsaufgaben. Allgemeine, technikungebundene, motorische Konstrukte werden zwar nicht grundsätzlich infrage gestellt. Jedoch erfahren die überzogenen Erwartungen bezüglich des Erklärungswerts breit ausgelegter, „situationsspezifischer" latenter motorischer Dispositionen und die Unterschätzung der Effekte bewegungsgebundener Motorikmerkmale zunehmende Kritik (vgl. ROTH, 1999; WOLLNY, 2002).

Für den Spitzensport erachten DAUGS, MECHLING, BLISCHKE und OLIVIER (1991), WEINERT, SCHNEIDER und BECKMANN (1991), MUNZERT (1995) und BÖS (2017) die auf generelle Motorikmerkmale zentrierte Denkweise des Fähigkeitsparadigmas als problematisch und wenig brauchbar. Expertisestudien und Einzelbiografien zum Experten-Novizen-Paradigma weisen darauf hin, dass sowohl bei Hochgeübten als auch bei Anfängern qualifikationsabhängig unterschiedliche nomothetische (gesetzmäßige) Fähigkeitsstrukturen vorliegen. Darüber hinaus prägen die motorischen Leistungen der Spitzenathleten im größeren Maße qualitative, höchst individuelle bewegungsbiografische Faktoren.

Zentrale Begriffe

Auswertungsobjektivität, Differenzierungshypothese der koordinativen Fähigkeiten, Durchführungsobjektivität, Gewandtheit, Gütekriterien, hierarchisches Strukturmodell der koordinativen Fähigkeiten, informationell determinierte Fähigkeiten, koordinative Fähigkeiten, Lernfähigkeit, motorische Lernfähigkeit, Nebengütekriterien, Objektivität, Reliabilität, sportmotorischer Test, Validität.

Zur vertiefenden Weiterarbeit

BÖS, K. (2017). *Handbuch sportmotorischer Tests* (2. Aufl.). Göttingen: Hogrefe.
KOSEL, A. (2001). *Schulung der Bewegungskoordination*. Schorndorf: Hofmann.
NEUMAIER, A. (1983). *Sportmotorische Tests in Unterricht und Training*. Schorndorf: Hofmann.
ROTH, K. (1999). Die fähigkeitsorientierte Betrachtungsweise. In K. ROTH & K. WILIMCZIK (Hrsg.), *Bewegungswissenschaft* (S. 227–288). Reinbek: Rowohlt.

Literatur

AMELANG, M. & BARTUSSEK, D. (2001). *Differenzielle Psychologie und Persönlichkeitsforschung* (5. Aufl.). Stuttgart: Kohlhammer.

BECK, J. & BÖS, K. (1995). *Normwerte motorischer Leistungsfähigkeit.* Köln: Sport und Buch Strauß.

BIELEFELDER SPORTPÄDAGOGEN (Hrsg.). (2003). *Methoden im Sportunterricht* (4. Aufl.). Schorndorf: Hofmann.

BLUME, D.-D. (1978). Zu einigen wesentlichen theoretischen Grundpositionen für die Untersuchung der koordinativen Fähigkeiten. *Theorie und Praxis der Körperkultur, 27*, 29–36.

BÖS, K. (2017). *Handbuch sportmotorischer Tests* (2. Aufl.). Göttingen: Hogrefe.

BÖS, K. & MECHLING, K. (1983). *Dimensionen sportlicher Leistungen.* Schorndorf: Hofmann.

BÖS, K. & TITTELBACH, S. (2001). Wie werden sportliche Bewegungen gemessen? In V. SCHEID & R. PROHL (Hrsg.), *Bewegungslehre: Kursbuch Sport* (S. 123–154). Wiebelsheim: Limpert.

CONZELMANN, A. & SCHNEIDER, H. (2000). *Grundlagentraining im Kindesalter. Spiel- und Übungsformen zur Schulung motorischer Fähigkeiten.* Sindelfingen: Sportverlag.

DAUGS, R., MECHLING, H., BLISCHKE, K. & OLIVIER, N. (1991). Sportmotorisches Lernen und Techniktraining zwischen Theorie und Praxis. In R. DAUGS, H. MECHELING, K. BLISCHKE & N. OLIVIER (Hrsg.), *Sportmotorisches Lernen und Techniktraining. Bd. 1* (S. 19–32). Schorndorf: Hofmann.

FLEISHMAN, E. A. (1964). *The structure and measurement of physical fitness.* Engelwood Cliffs: Prentice-Hall.

HIRTZ, P. (1964). Zur Bewegungseigenschaft Gewandtheit. *Theorie und Praxis der Körperkultur, 13*, 729–735.

HIRTZ , P. (1979). Koordinativ-motorische Vervollkommnung der Kinder und Jugendlichen. *Theorie und Praxis der Körperkultur, 28*, Beiheft 1, 11–16.

HIRTZ , P. (1981). Koordinative Fähigkeiten – Kennzeichen, Altersgang und Beeinflussungsmöglichkeiten. *Medizin und Sport, 11*, 348–351.

HIRTZ, P. (1985). *Koordinative Fähigkeiten im Schulsport.* Berlin: Volk und Wissen.

HIRTZ, P. (1994). Motorische Handlungskompetenzen als Funktion motorischer Fähigkeiten. In P. HIRTZ, G. KIRCHNER & R. PÖHLMANN (Hrsg.), *Sportmotorik* (S. 117–147). Kassel: Gesamthochschule-Bibliothek.

HIRTZ, P. (1997). Koordinative Fähigkeiten. In G. SCHNABEL, D. HARRE & A. BORDE (Hrsg.), Trainingswissenschaft (S. 14–122). Berlin: Sportverlag.

HÖNER, O. & ROTH, K. (2002). Klassische Testtheorie: Die Gütekriterien sportwissenschaftlicher Erhebungsmethoden. In R. SINGER & K. WILLIMCZIK (Hrsg.), *Sozialwissenschaftliche Forschungsmethoden in der Sportwissenschaft* (S. 67-97). Ahrensburg: Czwalina.

INTERNATIONAL ICE HOCKEY FEDERATION. (2000). *Lern to play programm. Stufe A.* Zürich: IIHF.

ISRAEL, S. (1985). Koordinative Fähigkeiten im Freizeitsport und Erholungssport aus sportmedizinischer Sicht. *Theorie und Praxis der Körperkultur, 2*, 107–111.

KIRCHNER, G. (1991). Ermittlung kognitiver sportartspezifischer Anforderungen im Rennschlittensport. In H. KRATZER & R. MATHESIUS (Hrsg.), Beiträge zur psychischen Regulation sportlicher Handlungen (S. 123–128). Köln: bsp.

KOSEL, A. (2001). *Schulung der Bewegungskoordination.* Schorndorf: Hofmann.

KRÖGER, CH. & ROTH, K. (1999). *Ballschule. Ein ABC für Spielanfänger.* Schorndorf: Hofmann.

LIENERT, G. A. & RAATZ, U. (1998). *Testaufbau und Testanalyse* (6. Aufl.). Weinheim: Beltz.

MAYER, R. (1998). *Fußball-Kurzprogramme. Technik, Schnelligkeit, Kraft, Ausdauer, Koordination.* Reinbek: Rowohlt.

MUNZERT, J. (1995). Bewegung als Handlung verstehen. In R. PROHL & J. SEEWALD (Hrsg.), *Bewegung verstehen* (S. 77–97). Schorndorf: Hofmann.

NEUMAIER, A. (1983). *Sportmotorische Tests in Unterricht und Training.* Schorndorf: Hofmann.

NEUMAIER, A. & MECHLING, H. (1994). Taugt das Konzept „koordinativer Fähigkeiten" als Grundlage für sportartspezifisches Koordinationstraining? In P. BLASER, K. WITTE & CH. STUCKE (Hrsg.), *Steuerungs- und Regelvorgänge der menschlichen Motorik* (S. 207–212). Sankt Augustin: Academia.

PÖHLMANN, R. & KIRCHNER, G. (1979). Die Bewegungsvorstellung – ein zentrales Kettenglied des motorischen Lernprozesses. *Körpererziehung, 29*, 554–557.

RIEDER, H. (1987). Koordinative Fähigkeiten. Zum Stand der Diskussion und den Lücken in der Forschung. In E. KORNEXL (Hrsg.), *Spektrum der Sportwissenschaft* (S. 75–101). Wien: Österreichischer Bundesverlag.

RIEDER, H. & LEHNERTZ, K. (1991). *Bewegungslernen und Techniktraining. Studienbrief Nr. 21 der Trainerakademie Köln des Deutschen Sportbundes.* Schorndorf: Hofmann.

ROTH, K. (1982). *Strukturanalyse koordinativer Fähigkeiten.* Bad Homburg: Limpert.

ROTH, K. (1983). Sportmotorische Tests. In K. WILLIMCZIK (Hrsg.), *Grundkurs Datenerhebung 1* (S. 89–133). Bad Homburg: Limpert.

ROTH, K. (1999). Die fähigkeitsorientierte Betrachtungsweise. In K. ROTH & K. WILLIMCZIK (Hrsg.), *Bewegungswissenschaft* (S. 227–288). Reinbek: Rowohlt.

ROTH, K. (2002). Sportmotorische Tests. In R. SINGER & K. WILLIMCZIK (Hrsg.), *Sozialwissenschaftliche Forschungsmethoden in der Sportwissenschaft* (S. 99–121). Ahrensburg: Czwalina.

ROTH, K. (2003). Wie verbessert man koordinative Fähigkeiten. In BIELEFELDER SPORTPÄDAGOGEN (Hrsg.), *Methoden im Sportunterricht* (4. Aufl.) (S. 85–102). Schorndorf: Hofmann.

ROTH, K. (Hrsg.). (2005). *Grundvorlesung „Bewegung und Training"*. Heidelberg: ISSW. (Zugriff am 3. Oktober 2005 unter www.issw.uni-heidelberg.de/ downloads/lehrveranstaltungen/vgesamt.pdf.9).

ROTH, K. & SCHUBERT, R. (1987). Koordinationstraining mit jugendlichen Handballspielern. *Handballtraining, 9*, 3–13.

ROTH, K. & WINTER, R. (1994). Entwicklung koordinativer Fähigkeiten. In J. BAUR, K. BÖS & R. SINGER (Hrsg.), *Motorische Entwicklung. Ein Handbuch* (S. 191–216). Schorndorf: Hofmann.

ROTH, K. & WOLLNY, R. (1999a). Differenzielle Aspekte in der motorischen Entwicklung. In J. WIEMEYER (Hrsg.), *Forschungsmethodologische Aspekte von Bewegung, Motorik und Training im Sport* (S. 170–177). Ahrensburg: Czwalina.

ROTH, K. & WOLLNY, R. (1999b). Motorische Entwicklung in der Lebensspanne – Forschungsmethodische Perspektiven. *Psychologie und Sport, 6*, 102–112.

SCHIEBL, F. (Hrsg.). (1994). *Kindersportschule: Lehrplan. Allgemeine sportartübergreifende Grundlagenausbildung für Kinder*. Stuttgart: STB.

SCHNABEL, G. (1997). Koordinative Fähigkeiten. In G. SCHNABEL, D. HARRE & A. BORDE (Hrsg.), *Trainingswissenschaft. Leistung – Training – Wettkampf* (S. 115–122). Berlin: Sportverlag.

SINGER, R. (1994). Biogenetische Einflüße auf die motorische Entwicklung. In J. BAUR, K. BÖS & R. SINGER (Hrsg.), *Motorische Entwicklung. Ein Handbuch* (S. 47–71). Schorndorf: Hofmann.

TEIPEL, D. (1988). *Diagnostik koordinativer Fähigkeiten*. München: Profil.

WEINECK, J. (2004). *Optimales Training. Leistungsphysiologische Trainingslehre unter besonderer Berücksichtigung des Kinder- und Jugendtrainings* (14. Aufl.). Balingen: Spitta.

WEINERT, F. E., SCHNEIDER, W. & BECKMANN, J. (1991). Fähigkeitsunterschiede, Fertigkeitstraining und Leistungsniveau. In R. DAUGS, H. MECHLING, K. BLISCHKE & N. OLIVIER (Hrsg.), *Sportmotorisches Lernen und Techniktraining. Bd. 1* (S. 33–52). Schorndorf: Hofmann.

WOLLNY, R. (2002). *Motorische Entwicklung in der Lebensspanne – Warum lernen und optimieren manche Menschen Bewegungen besser als andere?* Schorndorf: Hofmann.

ZIMMERMANN, K. (1987, 1998). Koordinative Fähigkeiten und Beweglichkeit. In K. MEINEL & G. SCHNABEL (Hrsg.), *Bewegungslehre – Sportmotorik* (S. 206–236). Berlin: Volk und Wissen.

Fragen zur Lektion 2

1. Erklären Sie die Unterschiede zwischen *konditionellen* und *koordinativen Fähigkeiten* und führen Sie aussagekräftige Beispiele an.
2. Was versteht die Bewegungswissenschaft des Sports unter *informationell determinierten Fähigkeiten*?
3. Charakterisieren Sie die *motorische Lernfähigkeit*.
4. Was versteht man unter einem *integrativen Fähigkeitsmodell*?
5. Was ist ein *sportmotorischer Test*?
6. Charakterisieren Sie die drei Hauptgütekriterien – *Objektivität, Reliabilität und Validität* – für sportmotorische Testverfahren und geben Sie hierfür Beispiele.
7. Benennen Sie die Aufgabenfelder sportmotorischer Testverfahren.
8. Welche Bedeutung haben sportmotorische Tests für die Schule?
9. Erläutern Sie die wesentlichen Grundsätze der Schulung der koordinativen Fähigkeiten.

Lektion 3
Man muss Sehen, Hören und Fühlen können – Was sind sensorische Aspekte der Bewegungskontrolle?

Die Feststellung, dass der Mensch unter bestimmten Bedingungen in langsame, geführte Bewegungen wie das suchende Tasten in der Dunkelheit, den Oberarmstand auf dem Barren oder das Spannen eines Sportbogens eingreifen kann, benötigt keine besondere Beobachtungsgabe. Derartige Handlungen erlauben offensichtlich noch während der Ausführung mehr oder weniger umfangreiche Korrekturen; vorausgesetzt, die motorische Fertigkeit beansprucht mehr als 200 ms. Diese Mindestzeitdauer benötigen die komplexen informationellen Rückmeldungsprozesse (syn. Feedback) der zentralnervösen und peripheren Bewegungsorganisation. Darüber hinaus scheint der Bewegungserfolg davon abzuhängen, inwieweit dem Menschen angemessene Informationen über die Ausgangsbedingungen, den Verlauf und das Ergebnis der motorischen Aktion zur Verfügung stehen. Dieses Wissen dient der zweckgerichteten Abstimmung der Bewegung auf die aktuellen Umweltbedingungen und den Zustand des Bewegungsapparats.

Die Wahrnehmung der äußeren und körperinneren Bedingungen zählt zu den wichtigen Komponenten der Bewegung, der Motorik und des motorischen Lernens. Bei der Aufnahme und der Verarbeitung bewegungsrelevanter Informationen spielen zwei funktionelle Wahrnehmungsprozesse eine entscheidende Rolle: die physiologische und die psychologische Wahrnehmung. Für die *physiologischen Wahrnehmungsvorgänge* von großer Bedeutung sind auf bestimmte Reizmodalitäten spezialisierte sensorische Rezeptorsysteme wie die visuellen, akustischen, vestibulären und kinästhetischen Sinnesorgane. Ihre funktionale Aufgabe besteht in der Umwandlung bewegungsrelevanter Signalreize in bioelektrische Aktionspotenziale, die über die sensorischen Nervenbahnen nahezu unbewusst speziellen Zentren des Hirns übermittelt werden. Dort entstehen, in Abhängigkeit von den individuellen Erfahrungen, spezifische *psychologische Wahrnehmungen* und *Empfindungen*.

Für die frühe Phase sportmotorischer Lernprozesse sind vor allem visuelle und verbale Informationen von Bedeutung. Im Verlauf des sportmotorischen Übens und Trainierens berücksichtigt der Sportler auf Grund der Ausdifferenzierung der Bewegungswahrnehmung vermehrt vestibuläre und kinästhetische Informationen. Die Verbesserung der Wahrnehmung der Bewegung betrifft die absolute Wahrnehmungsschwelle (Minimalschwelle, Sensibilität für sehr niedrige Reizintensitäten), die Differenzierungsschwelle (kleinster räumlicher oder zeitlicher Abstand ähnlicher Reize) und die zentralnervöse Integration verschiedener Sinneseindrücke. Beispielsweise verfügen sporttreibende Menschen über eine höhere Sensibilität für die eigene Muskelspannung als Nichtsportler. Athleten unterschiedlicher Sportarten zeigen besondere disziplinspezifische Wahrnehmungssensibilitäten: Schwimmer für das Vortriebsempfinden im Wasser, Schützen für kleinräumige Fingerbewegungen, Trampolinspringer für Körperdrehungen in der Luft oder Handballspieler für den Umgang mit verschiedenen Bällen (vgl. LOOSCH, 1999; GABLER, 2000).

Das vorliegende Lehrbuch betrachtet die neurobiologischen Befunde (Lektionen 3 und 4) und die psychologischen Vorstellungen über die Bewegung, die Motorik und das motorische Lernen (Lektionen 5 und 6) weit gehend isoliert. Dies hat besondere Gründe. Bekannt ist einerseits, dass die neuroanatomisch-physiologischen Mechanismen und Funktionsprozesse sensorischer und zentralnervöser Systeme nicht eindeutig geklärt sind. Andererseits äußern sich psychologische Theorien der Bewegungskontrolle oder des motorischen Lernens nur ausgesprochen vage oder überhaupt nicht über die neuroanatomisch-physiologischen Korrelate.

1 Was ist von dieser Lektion zu erwarten?

Mit Lektion 3 folgt ein kurz gefasster Überblick über den Kenntnisstand der Biologie, der Kybernetik, der Medizin und der Bewegungswissenschaft des Sports hinsichtlich der sensorischen Komponenten der Motorik: *Welche Grundideen der motorischen Kontrolle favorisiert die sportwissenschaftliche Bewegungsforschung? Wie funktioniert die Regelung menschlicher Willkürbewegungen? Auf welche Sinnesorgane greift die Bewegungskontrolle zurück? Wie nimmt der Mensch die vielfältigen Informationen aus der Umwelt und seinem Körper auf? Wie entstehen psychologische Wahrnehmungen?*

Bevor Kapitel 3 die Schlüsselelemente kybernetischer Regelsysteme am Beispiel der Wasserstandsregelung in einem Toilettenspülkasten und der biologischen Regelung der Ellbogengelenkstellung erläutert, beschäftigt sich Kapitel 2 mit den Grundbegriffen der biologischen Kybernetik: Efferenzen, Efferenzkopie, Afferenzen, Afferenzsynthese, Reafferenzen, Bewegungssteuerung und Bewegungsregelung. Im Anschluss zeigt Kapitel 3 auf, wie aus unbewussten physiologischen Wahrnehmungen der peripheren Sinnesorgane im Zentralnervensystem bewusste psychologische Wahrnehmungen entstehen. Kapitel 4 beschreibt die anatomisch-physiologischen Grundlagen, Mechanismen und Funktionsprozesse der in die willkürliche Bewegungskontrolle einbezogenen visuellen, akustischen, vestibulären und kinästhetischen Sinnesmodalitäten.

Abschließend stellt Kapitel 5 nochmals die wesentlichen Erkenntnisse und Probleme der Bewegungsregelung zusammen.

2 Welche Begriffe sind grundlegend?

Die *Kybernetik* (griechisch *kybernetes* = Steuermann) setzt sich zum Ziel, die Übertragungs- und Kontrolleigenschaften technischer Systeme qualitativ und quantitativ zu beschreiben. Der wissenschaftliche Ausgangspunkt besteht in der Vorstellung, dass kybernetische Systeme ohne Einflussnahme höherer Kontrollinstanzen eine bekannten Störeinflüssen ausgesetzte Größe eigenständig konstant halten können (z. B. Wasserstand in Toilettenspülkästen, Tempomat in Kraftfahrzeugen, Autopilot in Verkehrsflugzeugen).

Die *Biokybernetik* geht von der Fähigkeit des Menschen aus, bewegungsrelevante Informationen aus der Umwelt und dem eigenen Körper durch spezialisierte sensorische Systeme aufzunehmen, zu bewussten psychologischen Wahrnehmungen und Empfindungen zu verarbeiten und in die Bewegungskoordination einzubeziehen. Das Forschungsinteresse richtet sich auf die an der Bewegungskontrolle beteiligten Umweltreize, Sinnesorgane und körperinternen Funktionsprozesse der Wahrnehmung.

Motorische Efferenzen bezeichnen die von höheren Zentren des Zentralnervensystems an die Skelettmuskulatur gesendeten ziel- und zeitgerichteten Instruktionen zur Koordination der Skelettmuskeln. Die *Efferenzkopie* stellt ein Abbild der bewegungskontrollierenden Efferenzen dar, die spezielle Hirnareale für die Überwachung der Bewegungsausführung benötigen (z. B. Kleinhirn, Thalamus; vgl. Lektion 4, Kap. 4).

Bei *Afferenzen* handelt es sich um sensorische Signalreize der Sinnesorgane, die nach ihrer Umwandlung in bioelektrische Aktionspotenziale über die sensorischen Nervenfasern an spezielle Hirnzentren übertragen werden und den Menschen über die momentanen Umweltbedingungen oder den Zustand der Bewegungsorgane unterrichten (vgl. Kap. 4.1). Die *Situationsafferenzen* bilden die Grundlage für die Planung der motorischen Efferenzen. Die *Afferenzsynthese* bezeichnet die Auswahl und die Auswertung der bewegungsbedeutsamen Signalreize aus der Fülle der Reize unterschiedlicher Sinnesorgane. Der Sportspieler benötigt für die Vorbereitung seiner Spielhandlungen differenzierte Informationen sowohl über das Verhalten seiner Mitspieler und Gegenspieler als auch über die aktuelle Position und die Geschwindigkeit des Balls. In der Leichtathletik muss der Stabhochspringer vor Bewegungsbeginn Informationen über die Höhe der zu überspringenden Latte, die Anlauflänge, die Beschaffenheit der Anlaufbahn und der Absprungstelle einholen.

Ergänzt werden die afferenten Informationen durch die *Reafferenzen* (sensorische Rückmeldungen) spezieller Sinnesorgane in den Skelettmuskeln, den Sehnen, den Gelenkkapseln und der Haut. Diese informieren das Zentralnervensystem über den Verlauf und das Ergebnis der Bewegungsausführung (vgl. Kap. 4.2). Die Reafferenzen werden in speziellen Hirnzentren mit der Efferenzkopie verglichen. Bei schnellen motorischen Handlungen von weniger als ca. 200 ms, wie dem Klavierspielen, dem Schreibmaschineschreiben, dem Prellen eines Basketballs oder dem Aufschlag im Badminton, Tennis und Tischtennis, kann der Mensch die Reafferenzen auf Grund der kurzen Bewegungszeit nicht direkt in die Bewegungskontrolle einbeziehen, da die informationellen Rückmeldungs- und Auswertungsprozesse länger andauern als die eigentliche motorische Aktion.

Nach dem Dreispeichermodell von ATKINSON und SHIFFRIN (1968) verbleiben die (re-) afferenten Informationen für 100-400 ms im *Ultrakurzzeitgedächtnis* als Teil des Wahrnehmungsapparats (vgl. Abb. 9). Die für das Individuum bedeutsamen Reizinformationen gelangen direkt zum temporären *Kurzzeitgedächtnis*. Die Auswahl der subjektiv relevanten Informationen hängt von der Aufmerksamkeit des Individuums, seinen Bedürfnissen, seiner Zielgerichtetheit, seinen Erwartungen, der Aufgabenschwierigkeit und den physikalischen Reizeigenschaften ab. Psychologische Wahrnehmungserlebnisse und Empfindungen entstehen, indem die Informationen des Kurzzeit- und Langzeitgedächtnisses miteinander verknüpft, subjektiv bewertet und eingeordnet werden. Bei *Illusionen* handelt es sich um falsch gedeutete Sinneseindrücke.

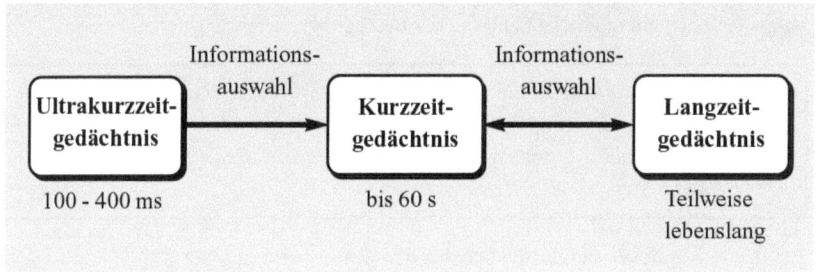

Abb. 9: *Dreispeichermodell von ATKINSON und SHIFFRIN (1968)*

Nach ungefähr 60 s löscht das Kurzzeitgedächtnis seine Speicherinhalte vollständig, um die Verarbeitung der weiterhin kontinuierlich einfließenden (re-)afferenten Informationen zu gewährleisten. Bei aktiver Verarbeitung der aktuellen Speicherinhalte des Kurzzeitgedächtnisses gelangt das Ergebnis für die längerfristige Speicherung in das

Langzeitgedächtnis. Die Beispiele im motorischen Bereich sind vielfältig. Bewegungsgrundmuster des Schwimmens, Windsurfens, Rad-, Ski- und Snowboardfahrens verlernt der Mensch auch nach einer mehrjährigen Pause nicht. Die Informationsübertragung vom Kurzzeitgedächtnis in das Langzeitgedächtnis erfolgt dann am besten, wenn der Mensch die Informationen strukturiert und ordnet, die Aufmerksamkeit auf spezielle Bewegungsteile lenkt und irrelevante Reizeinflüsse vermeidet.

Bei der Bewegungskontrolle unterscheidet die Biokybernetik zwei Grundkonzepte: die Steuerung und die Regelung des motorischen Verhaltens. In der Psychologie und der Bewegungswissenschaft wurden beide motorischen Kontrollverfahren lange Zeit keineswegs als alternative Kontrollmodi angesehen. Heutzutage gelten die Steuerung und die Regelung als einander in idealer Weise ergänzende motorische Kontrollmechanismen.

Die *Bewegungssteuerung* (syn. Open-Loop-Kontrolle, feedforward control) betrifft die Organisation schneller Bewegungen (< 200 ms) mithilfe im Hirn repräsentierter, vorstrukturierter Bewegungsvorschriften (motorische Programme; vgl. Lektion 4, Abb. 18). Vor dem Bewegungsbeginn informieren die Afferenzen über die aktuellen Umweltbedingungen und den Zustand der Bewegungsorgane. Diese Informationen dienen der optimalen Abstimmung der zentralnervösen Bewegungsanweisungen auf die motorische Aufgabe. Externe Störeinflüsse kann der Sportler während der Fertigkeitsausführung nur dann kompensieren, wenn diese bereits vor dem Bewegungsbeginn bekannt waren und bei der Erstellung der Bewegungsvorschriften berücksichtigt wurden. Nach dem Bewegungsende unterrichten die Reafferenzen über das Bewegungsergebnis, um mögliche Fehler in der Bewegungsausführung aufzudecken.

> *Grundlegende Einblicke in die variantenreichen kybernetischen, psychologischen und bewegungswissenschaftlichen Vorstellungen über die Closed- und Open-Loop-Bewegungskontrolle vermitteln die Monografien von* BERNSTEIN *(1967, 1988),* CRUSE *(1981),* SCHMIDT *(1988) oder* WOLLNY *(1993).*

Bei der in Kapitel 3 ausführlich behandelten *Bewegungsregelung* (syn. Closed-Loop-Kontrolle, feedback control) gewährleisten kontinuierlich stattfindende Informationsprozesse und das Zusammenwirken verschiedener Einzelelemente eines Kreisprozesses die Stabilität von Systemzuständen, die Zustandsveränderung des motorischen Systems während der Bewegungsausführung und die Kompensation unvorhersehbarer Störungen (vgl. Kap. 3, Abb. 10). Auf der Grundlage der Situationsafferenzen generiert der Mensch vor Beginn der motorischen Handlung eine Bewegungsvorschrift, die ausschließlich der Initiierung erster einleitender Bewegungssequenzen dient. Die weitere Kontrolle und die Flexibilität der Bewegungsfertigkeit basiert auf der kontinuierlichen Verarbeitung der sensorischen Rückmeldungen.

Während der Bewegungsausführung fließen die (Re-)Afferenzen weit gehend unbewusst in die ablaufbegleitende Bewegungskontrolle ein. Diese sucht auf der Grundlage der Efferenzkopie nach möglichen Ausführungsfehlern. Ins Bewusstsein treten die (Re-)Afferenzen nur dann, wenn bedeutsame Bewegungsfehler oder Störungen auftreten. Bei ihrer Identifizierung senden höhere Instanzen des Zentralnervensystems so lange efferente Korrekturimpulse an die Skelettmuskulatur, bis die (Re-)Afferenzen mit der Efferenzkopie übereinstimmen.

> Das Führen eines Mountainbikes auf einem schmalen Trail am Rande eines Abhangs steht als ein anschauliches Beispiel für die Closed-Loop-Bewegungskontrolle. Die wünschenswerte Zielgröße stellt das „Fahren in der Mitte des Trails" dar. Durch kontinuierliche visuelle Rückmeldungen überprüft der Mountainbikefahrer, inwieweit er diese Vorgabe erfüllt. Bei Fahrfehlern, wie die gefährliche Annäherung an den Rand des Abhangs oder beim Umfahren oder Überwinden größerer Steine, Bodenunebenheiten oder Wurzeln, leitet der Mountainbikefahrer entsprechende Korrekturbewegungen ein, um das Mountainbike in der Mitte des Trails zu halten.

Detaillierte Erklärungen der speziellen Mechanismen und Funktionsprozesse der Bewegungsregelung findet der Leser in Kapitel 3. Die Besonderheiten der Bewegungssteuerung und der Kombination der Open- und Closed-Loop-Bewegungskontrolle greifen die Lektionen 4 und 6 auf.

3 Was charakterisiert die Closed-Loop-Kontrolle?

Das zentrale Kennzeichen der *Closed-Loop-Kontrolle* (Regelung) ist der Funktionsablauf in einem geschlossenen Wirkungskreis, der Störungen selbstständig kompensieren kann. Zu den funktionellen Komponenten kybernetischer Regelsysteme zählen der Sollwert, der Istwert, die Exekutive, die Fehleraufdeckung, die Stellgröße, der Effektor und der geschlossene Regelkreis (vgl. Abb. 10). Der Sollwert entspricht dem Ziel des Regelvorgangs. Der *Istwert* (Feedback) kennzeichnet den durch spezielle Messfühler erfassten aktuellen Systemstatus. Die *Exekutive* vergleicht den Sollwert mit dem Istwert (*Fehleraufdeckung*). Bei Sollwert-Istwert-Differenzen generiert die Exekutive eine entsprechende *Stellgröße* zur Korrektur der Sollwert-Istwert-Differenzen. Die Umsetzung der Stellgröße übernimmt der *Effektor*. Seine Messfühler erfassen den neuen Istwert und übermitteln diesen an die Exekutive, die wiederum einen Sollwert- Istwert-Vergleich durchführt. Der beschriebene Rückkopplungsprozess findet in einem *geschlossenen Regelkreis* statt, der so lange durchlaufen wird, bis keine Sollwert-Istwert-Abweichung mehr vorliegt. Das generelle Funktionsprinzip der Closed-Loop-Kontrolle soll die Wasserstandsregelung in einem Toilettenspülkasten verdeutlichen.

Abbildung 11a stellt die technischen Beziehungen zwischen den funktionellen Einzelelementen stark schematisiert dar. Abbildung 11b gibt dasselbe Regelsystem als kybernetisches Blockschaltbild wieder.

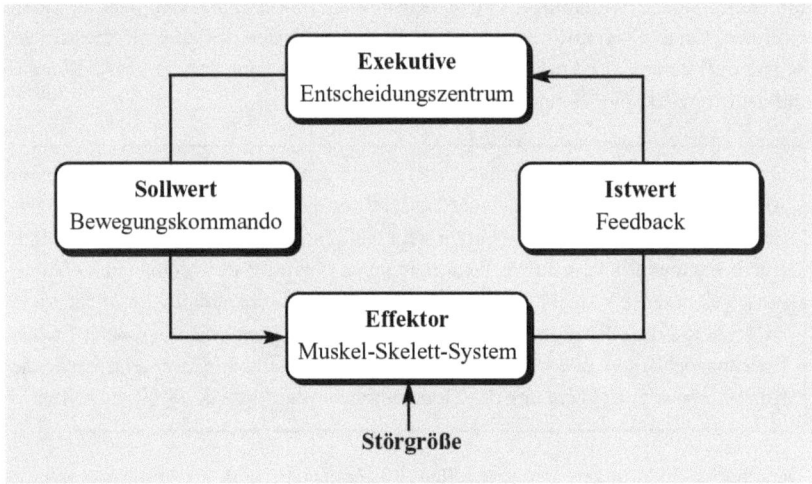

Abb. 10: *Schematisches Flussdiagramm eines einfachen Closed-Loop-Systems*

Durch den Frischwasserzulauf A strömt Wasser in den Toilettenspülkasten B. Auf der Wasseroberfläche befindet sich ein Schaumstoffschwimmer (*Messfühler, St*), der den momentanen Wasserstand erfasst (*Istwert x1*), auf das Wassereinlassventil überträgt (*Regler, R*) und die Öffnungsweite des Frischwasserzulaufs beeinflusst (*Stellglied, V*). Die im Toilettenspülkasten (*Regelstrecke, Re*) konstant zu haltende Wasserstandshöhe (*Sollwert, x2*) wird von außen vorgegeben. Greift eine *Störgröße S1* – Ablassen der Wassermenge beim Spülvorgang *C* – an die Regelaufgabe an, fällt der Wasserstand bis auf die untere Wasserstandshöhe *x1* ab. Der Istwert *x1* wird durch den Schaumstoffschwimmer (*St*) erfasst und über den Regler R mit dem Sollwert *x2* verglichen (*Vergleichsstelle, Ve*). Die Sollwert-Istwert-Differenz stellt die *Regelabweichung y* dar. Der Regler überführt die Regelabweichung in die *Stellgröße S*. Hierauf öffnet das Wassereinlassventil so lange den Frischwasserzulauf (*A*), bis die geforderte Wasserstandshöhe (*Sollwert, x2*) erreicht ist.

Was sind koordinative Fähigkeiten? 71

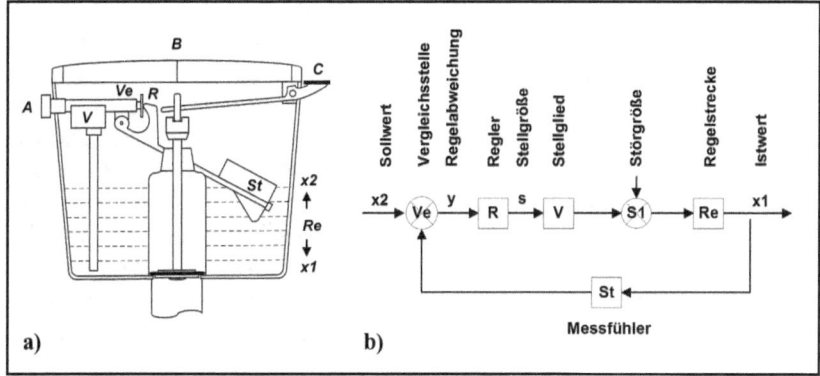

Abb. 11: *Schematisierte Darstellung der Wasserstandsregelung in einem Toilettenspülkasten*
a) *Technische Beziehungen*
b) *Kybernetisches Blockschaltbild*

Biologische Regelprozesse dienen der Aufrechterhaltung des organismischen Milieus (*Homöostase*). Nach biokybernetischen Vorstellungen unterliegen die vegetativen Körperfunktionen des Menschen wie die Körpertemperatur, der Blutdruck, der Blutzuckergehalt oder der Hormonspiegel selbstregulierenden Kontrollprozessen. Des Weiteren nimmt die Biokybernetik in den niederen Hirnabschnitten, im Rückenmark und in der Körperperipherie spezielle motorische Closed-Loop-Mechanismen an, die einfache, aber auch komplexe Bewegungen, wie die Gleichgewichtsregulation, die Halte- und Stützmotorik, das Gehen oder das Laufen, eigenständig kontrollieren.

Die Closed-Loop-Kontrolle willkürlicher Bewegungen, bei denen sich, wie in den Sportspielen, beim Fahren in der Buckelpiste, beim Segeln unter böigen Windverhältnissen oder beim Mountainbikefahren, die Umgebungsbedingungen nur schwer vorhersehbar verändern, gleicht in vielen Aspekten einem technischen Regelkreissystem. Abbildung 12 veranschaulicht stark vereinfacht am Beispiel der Regelung der Ellbogengelenkstellung die charakteristischen Mechanismen und Funktionsprozesse der biologischen Closed-Loop-Bewegungskontrolle.

Bei der Closed-Loop-Kontrolle der Ellbogengelenkstellung (CRUSE, 1981) stellt der Verbund von Skelettmuskeln, Sehnen und Körpergelenk das Stellglied (*S*) dar. In den Skelettmuskeln finden sich auf die Längenveränderung der Muskelfasern reagierende Messfühler (St), so genannte *Muskelspindeln*. Ihre spindelförmige Bindegewebshülle ist fest mit den Muskelfasern verbunden. Im Inneren der Muskelspindel liegen mehrere feine intrafusale Muskelfasern parallel zur Arbeitsmuskulatur. Die *intrafusalen Mus-*

kelfasern bestehen aus zwei muskulären Spindelendstücken, deren Kontraktionszustand die extrapyramidalen Bahnen und die γ-Nervenfasern regulieren (vgl. Abb. 12). Das nichtkontraktile, dehnungsempfindliche Mittelstück der intrafusalen Muskelfasern umschlingen die Endverzweigungen einer Ia-Nervenfaser (Ø 15-17 m; Leitungsgeschwindigkeit: 100 m/s; Latenzzeit: 50-80 ms; vgl. Abb. 12). Ihre Aufgabe umfasst die Registrierung der Spannung der Muskelspindel. Den adäquaten Reiz für die Muskelspindel stellt die Längenveränderung der intrafusalen Muskelfaser dar. Für einen bestimmten γ-Erregungswert verhält sich die Spannung proportional zur Länge der Muskelspindel und somit zur Länge des Gesamtmuskels. Da die Länge der am Körpergelenk ansetzenden Skelettmuskeln die Gelenkstellung bestimmt, registrieren die Muskelspindeln indirekt die Lage und die Bewegung der einzelnen Körpersegmente (Istwert).

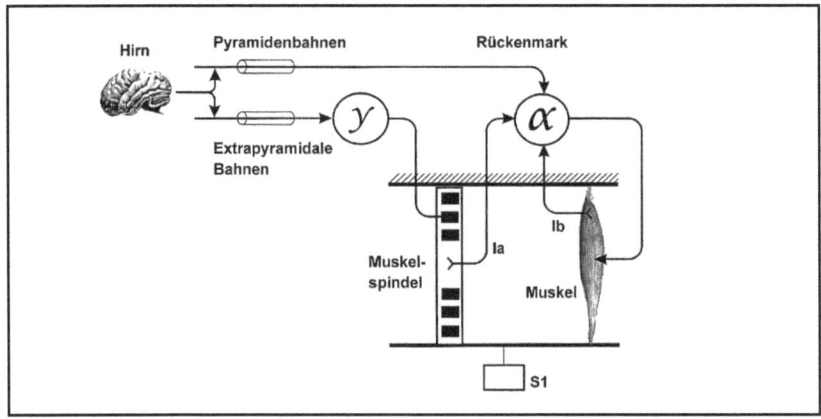

Abb. 12: *Anatomische Beziehungen im biologischen Regelkreis zur Kontrolle der Ellbogengelenkstellung (Ia, Ib, α, γ: Nervenfasern; S1: Störgröße; mod. nach* CRUSE, *1981, S. 71)*

Die Länge und die Spannung der Skelettmuskulatur werden durch spezielle Zentren des Hirns festgelegt und über die Pyramidenbahnen und die α-Motoneuronen auf die Muskeln übertragen (vgl. Lektion 4, Kap. 4). Die Skelettmuskeln können aber auch durch die extrapyramidalen Fasern beeinflusst werden. Hierdurch erhöht sich die Frequenz der γ-Nervenfasern, die eine Verkürzung der kontraktilen Spindelendstücke und damit eine Dehnung des nichtkontraktilen, dehnungsempfindlichen Mittelbereichs der Muskelspindel hervorruft. Die Ia-Nervenfasern übertragen die veränderte Erregung auf das α-Motoneuron im Rückenmark, das den Skelettmuskel zur Kontraktion veranlasst.

Beeinflusst eine äußere Störung die voreingestellte Muskellänge (z. B. Anhängen eines Gewichts; Störgröße, $S1$), dehnen sich mit dem Skelettmuskel auch die Muskelspindeln. Der neue Istwert ($x1$) wird mit dem vorgegebenen Sollwert ($x2$) verrechnet. Mögliche Differenzen (Regelabweichungen) gelten als Maß für die Erregung des α-Motoneurons (Stellgröße). Hierauf verkürzt sich der Muskel, um der äußeren Störung entgegenzuwirken. Die Muskelspindel übernimmt im biologischen Regelkreis der Kontrolle der Ellbogengelenkstellung drei verschiedene Aufgaben: den Messfühler für die Länge (Gelenkposition) und die Längenänderung des Muskels (Geschwindigkeit), die Vergleichsstelle und den Regler.

4 Welche sensorischen Mechanismen sind an der Bewegungskontrolle beteiligt?

Im Verlauf der menschlichen Evolution bildeten sich auf bestimmte physikalische oder chemische Reize spezialisierte *Sinnesorgane* heraus (syn. Analysatoren, Sensoren, Rezeptoren), die für die Entwicklung der Bewegungsvorstellungen von entscheidender Bedeutung sind. Reizformen, auf die ein Sinnesorgan optimal reagiert, bezeichnet die Biologie als *adäquate Reize*. Für die Bewegungskontrolle von besonderer Bedeutung sind die fünf (re-)afferenten Sinnesmodalitäten: der visuelle Sinn, der akustische Sinn, der Linearsinn, der Drehsinn und der kinästhetische Sinn.

(Re-)afferente Sinnessysteme bestehen aus drei funktionellen Komponenten:

- den *beteiligten Sinnesorganen* zur Aufnahme und Umwandlung der physikalischen oder chemischen Reizsignale in bioelektrische Aktionspotenziale,
- der *Weiterleitung der Aktionspotenziale* über die sensorischen Nervenbahnen zum Zentralnervensystem und
- der *Verarbeitung der physiologischen Wahrnehmung* in bestimmten Hirnzentren zu subjektiven psychologischen Wahrnehmungen und Empfindungen.

Die sensorischen Mechanismen ordnet die Biologie zwei Hauptgruppen von Sinnesorganen zu. Die *Exterozeptoren* – visueller und akustischer Sinn – informieren über die momentanen Umweltbedingungen (Kap. 4.1). Die *Propriozeptoren* – Linearsinn, Drehsinn und kinästhetischer Sinn – geben Auskunft über die Körperhaltung und die Bewegungsausführung (Kap. 4.2). Die nachfolgenden Darstellungen zum Aufbau und zur Funktionsweise der Exterozeptoren und der Propriozeptoren stützen sich auf die beiden Lehrbücher „Anatomie, Physiologie, Pathophysiologie des Menschen" von THEWS, MUTSCHLER und VAUPEL (1999) und „Physiologie des Menschen mit Pathophysiologie" von SCHMIDT, LANG und THEWS (2005).

4.1 Wie funktionieren exterozeptive Sinne?

Über die *Exterozeptoren* – Augen und Ohren – nimmt der Mensch zahlreiche Informationen über die nahe Umwelt und die eigene Bewegung auf. Wesentliche Voraussetzung für die differenzierte Erfassung von Objekten, Fremd- und Eigenbewegungen ist ein leistungsfähiges Sensorensystem, dessen Aufmerksamkeit das Individuum bewusst auf die situativen Bedingungen ausrichten kann. Die nachfolgenden Abschnitte beschreiben das visuelle und das akustische Sinnessystem und deren spezielle Beiträge zur Bewegungskontrolle.

Visuelles Sinnessystem

Das *visuelle Sinnessystem* liefert dem Individuum vielfältige Eindrücke über die Fremdbewegungen von Personen und Objekten in der Umwelt (Richtung, Geschwindigkeit, Beobachtung der Gegenspieler, der Mitspieler oder des Balls in den Sportspielen usw.), die räumlichen Entfernungen (Anlauf-, Absprung-, Wurf-, Ziel-, Gegnerentfernung usw.) und die Bewegung des eigenen Körpers oder der Extremitäten (z. B. Ausgangsstellung und Bewegungsvollzug der Arme beim Schwimmen). Darüber hinaus besitzt der visuelle Analysator eine große Bedeutung für das dynamische Gleichgewicht.

Die innerste Augenschicht, die bildaufbauende Retina (Netzhaut), besteht im hinteren Abschnitt aus ungefähr 120 Millionen, ungleichmäßig verteilten, lichtempfindlichen Stäbchenzellen für das Dämmerungs- und Nachtsehen (vgl. Abb. 13). Die größte Stäbchendichte zeigt die retinale Peripherie zur Differenzierung der Richtung und der Geschwindigkeit der Bewegung. Zwischen den Stäbchenzellen stehen in geringerer Anzahl farbempfindliche Zapfenzellen (ca. sechs Millionen) für das scharfe Sehen, das Tagessehen und das Farbsehen (Primärfarben: rot, grün, blau). Die in der optischen Achse der Linse liegende kleine Netzhautgrube (Fovea centralis) enthält besonders dicht stehende Zapfenzellen. Die Stelle des schärfsten Sehens bildet der ausschließlich mit Zapfenzellen bedeckte gelbe Fleck (Macula lutea).

Beim Sehvorgang wird das reale Bild der Umwelt durch den bildentwerfenden dioptrischen Apparat (Hornhaut, Linse) verkleinert, durch die Sehzellen in einzelne Bildpunkte zerlegt und auf Grund der Brechung der Lichtstrahlen an der gekrümmten Fläche der Augenlinse um 180° gedreht auf der Retina abgebildet. Die durch das Licht gereizten Stäbchen und Zapfen senden ihre Informationen über die Helligkeit, den Polarisationswinkel und die Objektfarbe über die sensorischen Nervenfasern zum optischen Zentrum im Hinterhauptlappen des Großhirns. Hier entstehen, bedingt durch die individuellen Erfahrungen, der Eindruck eines aufrechten Objekts und das räumliche Sehen.

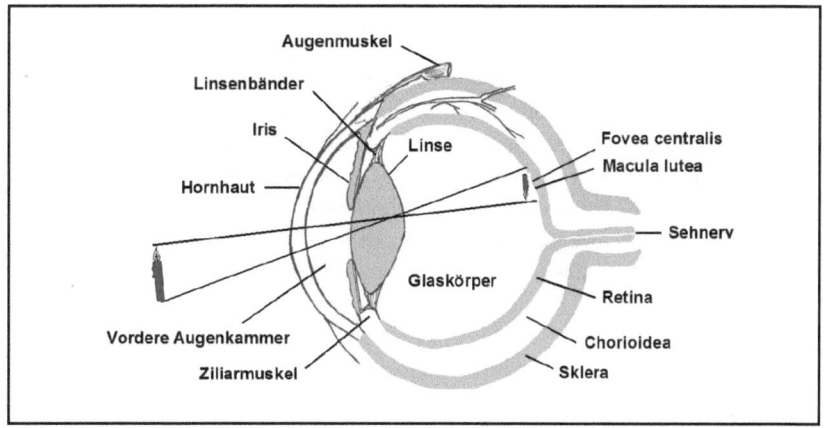

Abb. 13: *Schematischer Horizontalschnitt durch das rechte Auge des Menschen (mod. nach THEWS ET AL., 1999, S. 729)*

Der dioptrische Apparat des Auges ermöglicht die scharfe Abbildung unterschiedlich weit entfernter Objekte auf der Retina. Die Fähigkeit des Auges, die Brennweite der Linse zu verändern, bezeichnet die Biologie als *Akkommodation*. In der Akkommodationsruhe ist die elastische Linse durch den Zug der Linsenbänder derart abgeflacht, dass alle Gegenstände ab einer Entfernung von ungefähr 5 m scharf erscheinen. Für die Naheinstellung von Objekten bis 10 cm muss das Auge die Brennweite der Linse verkürzen. Hierzu kontrahieren sich die Ringmuskelfasern des Ziliarkörpers. Dies führt auf Grund der Eigenelastizität der Linse zu einer Lockerung der Linsenbänder und einer stärkeren Linsenwölbung. Durch die Formveränderung verfügt die Linse über eine kürzere Brennweite (erhöhte Brechkraft) und kann dicht gelegene Gegenstände auf der Netzhaut scharf abbilden.

Das didaktisch ausgefeilte Konzept der Darstellung der menschlichen Anatomie, Physiologie und Pathophysiologie und die gute Verständlichkeit des Lehrbuchs von THEWS, MUTSCHLER und VAUPEL (1999) stellen die Garanten für den leichten Zugang zu den komplizierten medizinischen Grundlagen der Bewegung und der Motorik dar. Unter Sportstudierenden gleichermaßen beliebt ist das mittlerweile in der 29. Auflage vorliegende Lehrbuch der renommierten Herausgeber SCHMIDT, LANG und THEWS (2005). Die komplexen Phänomene der Physiologie werden anschaulich, forschungsnah und prüfungsbezogen vermittelt. Studierende mit größerem Interesse an den physiologischen Phänomenen der Körperhaltung, der Bewegung und der Motorik des Menschen sprechen diese beiden hervorragenden Überblickswerke sicherlich sehr an.

Die Fixationsdauer, d. h., die relative Ruhe des Auges beträgt zwischen 50 ms und mehreren Sekunden. Das zeitliche Auflösungsvermögen des Auges umfasst 15-24 gesonderte Eindrücke pro Sekunde. Der optimale Reizabstand der Einzeleindrücke liegt bei etwa 60 ms. Ab ungefähr 25 Reizen pro Sekunde (Verschmelzungsfrequenz) erscheinen die Einzeleindrücke als Bewegung (z. B. „Daumenkino"). Die Latenzzeit für optische Reize beträgt 150-200 ms. Bis zu einer Winkelgeschwindigkeit von ca. 70 °/s kann das Auge bewegte Objekte exakt fixieren. Die Entfernung von Gegenständen schätzt der Mensch, indem er das Ausmaß der Akkommodation, die Unterschiedlichkeit der Netzhautbilder der beiden Augen und die Spannung der Augenmuskeln miteinander verrechnet.

Wesentliche Aspekte der Situationsafferenzen erfolgen im Alltag und Sport über das periphere Sehen. Das Hirn verarbeitet die am Rande des Gesichtskreises durch die Retina nur unscharf abgebildeten Informationen nahezu vollständig. Das Gesichtsfeld beträgt alters-, übungs- und farbabhängig in der Horizontalen etwa 170° (z. B. Handballer: ca. 181°; Fußballer: ca. 175°; Nichtspieler: ca. 167°), in der Vertikalen nach oben ungefähr 47° und in der Vertikalen nach unten ca. 65°. Die größten Gesichtsfelder bestehen für die Wahrnehmung weißer Reize, die kleinsten für die Farbe „grün" (MEINEL & SCHNABEL, 1998).

Akustisches Sinnessystem
Die Hauptfunktion des *akustischen Systems* liegt in der Erfassung von Eigen- und Fremdgeräuschen oder sprachlichen Informationen bei der Bewegungsbeschreibung und der Bewegungskorrektur. Nur wenige sportmotorische Fertigkeiten erzeugen spezifische Geräusche, deren Wahrnehmung für den Sportler von zentraler Bedeutung ist. Das Auftreten beim Jogging informiert über die momentane Laufgeschwindigkeit und die Art des Untergrunds. Das Auftippen des Handballs oder des Basketballs, das deutlich hörbare „Greifen" der Skikante im Schnee, das Rauschen des Wassers beim Windsurfen und Segeln, der Bewegungsrhythmus des Ruderblatteinsatzes oder das Wasserfassen der Ruderblätter unterrichten über den zeitlichen Verlauf der jeweiligen Bewegung.

Das menschliche Ohr gliedert sich in drei Teilbereiche. Das *äußere Ohr* fängt periodische Schwingungen (Töne, Klänge) und unperiodische Schallereignisse (Geräusche) auf und leitet diese durch den 3 cm langen äußeren Gehörgang zum Trommelfell. Dieses schließt das luftgefüllte *Mittelohr* (Paukenhöhle) ab. Versetzen Schalldruckschwankungen das Trommelfell in Schwingungen, verstärkt die innen am Trommelfell ansetzende Gehörknöchelkette (Hammer, Amboss, Steigbügel) die Schallenergie und überträgt diese über das ovale Fenster auf die lymphartige Flüssigkeit des *Innenohrs*.

Der eigentliche akustische Analysator, das *Cortische Organ*, liegt in der ungefähr 34 mm langen häutigen Schnecke (Cochlea) des Innenohrs (vgl. Abb. 14). Die Cochlea hängt an mehreren Bändern in der knöchernen Schnecke. Die Unterseite der häutigen Schnecke bildet die bindegewebsartige Basilarmembran, die ca. 23.000 Hörzellen mit jeweils 40 starren Sinneshärchen (Stereozilien) aufweist. Die Zilien der Hörzellen sind mit der über ihnen liegenden, gallertartigen Tektorialmembran verbunden. Die in Schwingung gebrachte Flüssigkeit des Innenohrs versetzt die Basilarmembran in Bewegung. Den angemessenen Reiz des Cortischen Organs stellt die Abbiegung der Sinneshärchen durch die Relativbewegung zwischen der Basilar- und Tektorialmembran dar. Die durch die Sinneshärchen ausgelösten bioelektrischen Aktionspotenziale übermitteln die sensorischen Nervenfasern (N. cochlea) an das Hörzentrum im Hirn.

Der Hörbereich des Menschen liegt zwischen 20 Hz und 20 kHz (1 kHz = 1.000 Schwingungen/s; Hund: 30 Hz bis 50 kHz; Fledermaus: 10 Hz bis 100 kHz). Ab dem 40. Lebensjahr verringert sich üblicherweise die obere Tonfrequenz. Die Latenzzeit für akustische Reize beträgt zwischen 100 ms und 180 ms.

Die *akustische Richtungswahrnehmung* setzt das Hören mit beiden Ohren bei fixiertem Kopf voraus. Schallwellen einer seitlichen Schallquelle erreichen das weiter entfernte Ohr später (Laufzeitdifferenz) und mit einer schwächeren Intensität. Die geringe Laufzeitdifferenz und die Unterschiede der Schallintensität in beiden Ohren reichen für die Lokalisation der Richtung der Schallquelle aus (Abweichung: ± 3°). Inwieweit sich die Schallquelle vor oder hinter dem Kopf befindet, differenzieren die Ohrmuscheln, die Schallereignisse hinter dem Ohr dämpfen. Durch die Kopfdrehung stellt der Mensch fest, in welcher Drehrichtung die Schallquelle leiser oder lauter wird.

Die *akustische Entfernungswahrnehmung* beruht auf den subjektiven Erfahrungen. Die Lautstärke eines Schallereignisses vermindert sich einerseits mit dem Quadrat der Entfernung, andererseits ändert sich mit zunehmender Entfernung der Schallquelle das Frequenzspektrum. Die hohen Frequenzen werden hierbei stärker gedämpft als die tiefen Frequenzen. Je weniger hohe Frequenzanteile das Schallspektrum aufweist, desto weiter entfernt liegt die Schallquelle.

4.2 Wie arbeiten propriozeptive Sinne?

Auch ohne die Kontrolle durch die Augen weiß der Mensch zu jedem Zeitpunkt, wie er seine Bewegung ausführt und welche Lage sein Körper und seine Extremitäten im Raum einnehmen. Hierfür verantwortlich sind die *Propriozeptoren*, insbesondere das Vestibularsystem (Linear- und Drehsinn) und die Stellungssinne der Körperperipherie.

Vestibularsystem

Das *Vestibularsystem* registriert den momentanen Status und die Veränderung der Körperhaltung, die Körperbewegung im Raum und die Dreh- und Linearbeschleunigung des Kopfs (vgl. Abb. 14). Eine zentrale Bedeutung erlangt das Vestibularsystem in den Sportarten mit hohen Anforderungen an das Gleichgewichts- und das räumliche Orientierungsvermögen wie beim Gerätturnen, Kunstradfahren, Eiskunstlaufen, Wasserspringen, Skateboard- oder Snowboardfahren. Darüber hinaus fällt dem Vestibularsystem die Aufgabe der Regulation der Blickstellung zu (z. B. Fixierung des Gesichtsfeldes bei Kopfbewegungen).

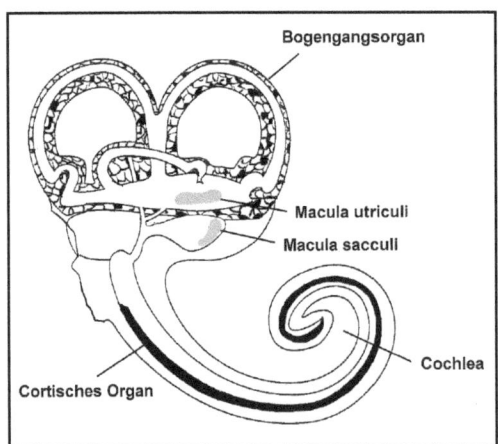

Abb. 14: *Schematische Darstellung des Vestibularsystems im Innenohr mit dem Raumlagesinnesorgan und dem Drehsinnesorgan (mod. nach* THEWS ET AL., *1999, S. 717)*

Das Vestibularsystem umfasst zwei morphologische Untereinheiten: die Maculaorgane (Macula utriculi, Macula sacculi) und das Bogengangsorgan. Die *Maculaorgane* bestehen aus zwei flüssigkeitsgefüllten Hohlräumen (Statosystemen), die am Boden einen Besatz von Sinneszellen mit winzigen Kalkkörperchen aufweisen (Statoliken, Ø 0.002 mm). Bei der Lageveränderung des Körpers zur Schwerkraft verbiegen sich die Sinneshaare entsprechend. Die auftretenen linearen Zug- und Druckveränderungen liefern den sinnesspezifischen Reiz der Macula-Organe (Latenzzeit: ca. 100 ms).

Bei der durch Translationsbewegungen ausgelösten Linearbeschleunigung und Linearverzögerung (*Linearsinn*) wirken auf die Macula-Organe verschiedene Kräfte. Die Horizontalbeschleunigung erregt die Sinneszellen der bei normaler Kopfstellung nahezu horizontal liegenden Macula utriculi (z. B. Geschwindigkeitsänderung beim Motorradfahren), während die Sinneszellen der bei normaler Körperhaltung nahezu senkrecht angeordneten Macula sacculi auf die Vertikalbeschleunigung ansprechen (z. B. Geschwindigkeitsänderung im Fahrstuhl). Das Erfassen der Linearbeschleunigung dient der Aufrechterhaltung einer bestimmten Körperhaltung und der Orientierung bei der Fortbewegung.

Das ebenfalls zum Vestibularsystem zählende *Bogengangsorgan* ermittelt die Rotationsbewegungen des menschlichen Körpers (*Drehsinn*; vgl. Abb. 14). Seine drei kreisförmigen, mit Flüssigkeit (Endolymphe) gefüllten Kanälchen (Bogengänge) entspringen dem Maculaorgan und sind derart nach den drei Raumrichtungen ausgerichtet, dass sie senkrecht aufeinander stehen. Die einander entsprechenden senkrechten Bogengänge des Drehsinnesorgans des linken und rechten Ohrs stehen ebenfalls senkrecht zueinander. Den Boden der drei Bogengänge besetzen in eine Gallertzunge (Cupula) eingebettete Sinneshaare.

Der adäquate Reiz für die Rezeptoren des Drehsinnesorgans entspricht der bei der Kopfbewegung in der entsprechenden Raumebene der Bogengänge auftretenen Winkelbeschleunigung: neigen (links-rechts), nicken (vorn-hinten) und drehen. Die Flüssigkeit der Bogengänge verbleibt infolge ihrer Trägheit zunächst in der Ruheposition, während die Bogengangswandungen weiterdrehen. Hierdurch wird die in die Flüssigkeit hineinreichende Cupula in die Gegenrichtung ausgelenkt. Es kommt zu einer Verbiegung der in die Cupula eingebetteten Sinneshaare und somit zu einer Aktivitätsänderung. Aus dem Beginn und dem Ende der Drehbewegung berechnet das Zentralnervensystem den Verlauf der Drehbewegung. Bei gleich bleibender Drehgeschwindigkeit folgt die Flüssigkeit im Inneren der Bogengänge der Drehbewegung. Bei kurzen Drehungen des Kopfs melden die Bogengangsafferenzen die aktuelle Drehgeschwindigkeit. Die Translationsbeschleunigung und die Gravitation beeinflussen das Drehsinnesorgan nicht. Die Bevorzugung einer Drehseite bei Eis- und Rollschuhläufern oder Turnern korreliert mit der jeweils geringeren Erregbarkeit des Vestibularorgans.

Stellungssinne der Körperperipherie
Die (re-)afferenten Kontrollmechanismen verlaufen über die in die Skelettmuskeln, die Sehnen, die Gelenkkapseln und die Haut eingebetteten bewegungsempfindlichen *Stellungssinne der Körperperipherie* (Tiefensensibilität). Diese erfassen den Widerstand gegen eine motorische Handlung, die passive und aktive Veränderung der Muskellänge und der Geschwindigkeit der Längenänderung, die Muskel- und Sehnenspannung oder die aktuelle Position der Gliedmaßen und ihre räumliche Stellung zueinander. Die hohe Leistungsfähigkeit der peripheren Stellungssinne beruht auf dem guten Differenzierungsvermögen und der Lage in unmittelbarer Nähe der Bewegungsorgane. Ausführliche anatomische und funktionale Beschreibungen der Stellungssinne der Körperperipherie findet der Leser bei THEWS ET AL. (1999).

Die Messung der Muskelspannung unter statischen und dynamischen Kontraktionsbedingungen übernehmen die *Muskelspindeln* (vgl. Kap. 3) und die im Muskel-Sehnen-Übergang liegenden dehnungsempfindlichen *Golgi-Sehnenorgane*. Jedes Sehnenorgan ist mit 20-25 Fasern der Arbeitsmuskulatur in Serie geschaltet und registriert die aktive oder passive Veränderung der Muskelspannung, jedoch nicht die muskulären Längenänderungen. Weniger gut reagieren die Golgi-Sehnenorgane auf äußeren Zug, jedoch hoch empfindlich auf geringe kontraktile Kräfte. Die Hauptaufgabe der Sehnenorgane besteht in der Kontrolle der Stärke der Muskelkontraktion, um das Muskel- und Sehnengewebe vor Überbeanspruchungen zu schützen.

Nicht selten liegen im Bereich der Golgi-Sehnenorgane schnell adaptierende *Vater-Pacini-Körperchen* (Vibrationssinn, Beschleunigungsdetektoren) zur Erfassung der Bewegungen mehrerer Muskelgruppen an einem Gelenk. Die 3-4 mm langen Rezeptoren (Ø 3-10 µm) besitzen die Fähigkeit, sehr kleine Vibrationsbewegungen (periodische Erschütterungen von 40-100 Hz) und geringe Bewegungsbeschleunigungen zu registrieren. Die einseitige Kompression oder die Verschiebung des Vater-Pacini-Körperchens um 0.002 mm löst bereits nachweisbare Reize aus. Demgegenüber bleibt der Gelenkrezeptor bei mehrseitiger Reizung oder langsamen Kompressionsschwankungen weit gehend inaktiv.

Die in den Gelenkkapseln liegenden langsam adaptierenden druck- und spannungssensiblen *Ruffini-Körperchen* (Druckrezeptoren) reagieren einerseits auf Veränderungen der Gelenkposition und der Geschwindigkeit der Veränderung der Gelenkstellung, andererseits dienen die Druckrezeptoren als Schutzmechanismus vor belastungsbedingten Verletzungen. Die durch die Muskelspannung gereizten Ruffini-Körperchen können sowohl zwischen aktiver und passiver Bewegung unterscheiden als auch aufzeigen, welche Kräfte auf die Bewegung einwirken. Die in die unbehaarte Haut (Kutis) eingebetteten eiförmigen *Meißner-Körperchen* befähigen den Menschen, sehr kleinräumige Bewegungen wahrzunehmen.

5 Sensorische Aspekte der Bewegungskontrolle im Überblick

Die *Kybernetik* befasst sich mit der Erklärung der Informationsübertragung und den Kontrolleigenschaften technischer Systeme und biologischer Funktionsprozesse. Nach biokybernetischen Kenntnissen besitzt der Mensch die Fähigkeit, bewegungsrelevante Informationen aus dem eigenen Körper und der Umwelt aufzunehmen, diese in bewusste psychologische Wahrnehmungen zu überführen und in die Bewegungskontrolle einzubeziehen. Die Biokybernetik differenziert die motorische Kontrolle nach zwei unterschiedlichen Prozessen: Steuerung (Open-Loop-Kontrolle) und Regelung (Closed-Loop-Kontrolle).

Während die *motorische Steuerung* im Wesentlichen auf zentralnervösen Bewegungsvorschriften beruht (vgl. Lektion 4), stützt sich die *motorische Regelung* auf die Verarbeitung sensorischer Rückmeldungen über die Umweltbedingungen und den Zustand des Bewegungsapparats. Kontinuierlich stattfindende Informationsprozesse und das Zusammenwirken verschiedener Elemente eines geschlossenen Regelkreises – Sollwert (Bewegungskommando), Istwert (Feedback), Exekutive (Entscheidungszentrum), Fehleraufdeckung, Effektor (Muskel-Skelett-System) und Stellgröße – gelten als die Garanten für den Ausgleich unvorhersehbarer Störungen der Bewegungsausführung.

An der Closed-Loop-Bewegungskontrolle beteiligen sich auf bestimmte physikalische oder chemische Reize spezialisierte Sinnesorgane. Die *Exterozeptoren* – visueller und akustischer Sinn – liefern Informationen über die Umwelt (Anweisungen des Trainers, Flugbahn des Balls usw.). Die körperinternen Bewegungsprozesse (Veränderung der Muskellänge, Gelenkstellung oder Muskelspannung, Wahrnehmung muskulärer Ermüdung, Lage des Körpers im Raum usw.) nimmt der Mensch über die *Propriozeptoren* wahr (Linearsinn, Drehsinn, kinästhetischer Sinn).

Sinnessysteme bestehen grundsätzlich aus drei funktionellen Komponenten: den eigentlichen Sinnesorganen zur Reizaufnahme und deren Umwandlung in Aktionspotenziale, der Weiterleitung der bioelektrischen Signale zu bestimmten Hirnzentren und der zentralnervösen Verarbeitung der physiologischen Wahrnehmungen in psychologische Wahrnehmungen. Die sensorischen Informationen über die Umweltbedingungen und den Zustand der eigenen Bewegungsorgane werden als *Afferenzen* bezeichnet. *Efferenzen* stellen von höheren Hirnzentren an die bewegungsausführenden Muskeln gesendete Instruktionen dar. Die *Reafferenzen* spezieller Sinnesorgane der Skelettmuskeln (Muskelspindeln), der Sehnen (Golgi-Sehnenorgane), der Gelenke oder der Haut (Vater-Pacini-Körperchen) geben Auskunft über den Verlauf und das Ergebnis der Bewegung.

Bei schnellen Bewegungsfertigkeiten (< 200 ms) stößt die Leistungsfähigkeit der Closed-Loop-Bewegungskontrolle an ihre natürlichen biologischen Grenzen, da die Verarbeitung der (re-)afferenten Signale eine bestimmte Zeitdauer benötigt. Hierfür verantwortlich erscheinen diverse physiologische Latenzen (Nervenleitgeschwindigkeit, zentralnervöse Verarbeitungsprozesse usw.), die dem Hirn die sensorischen Rückmeldungen erst nach Bewegungsende zur Verfügung stellen. Den Nachteil der zeitaufwändigen Informationsverarbeitung der Bewegungskontrolle gleicht die von Reafferenzen weit gehend unbeeinflusste Open-Loop-Kontrolle aus (vgl. Lektion 4).

Zentrale Begriffe

Afferenzen, Afferenzsynthese, Aktionspotenzial, akustischer Sinn, Bewegungsregelung, Bewegungssteuerung, Biokybernetik, Closed-Loop-Kontrolle, Drehsinn, Dreispeichermodell, Effektor, Efferenzen, Efferenzkopie, Exterozeptoren, Feedback, feedback control, feedforward control, Gedächtnis, Golgi-Sehnenorgan, Istwert, Kybernetik, Linearsinn, Meißner-Körperchen, Muskelspindel, Open-Loop-Kontrolle, Propriozeptoren, Raumlagesinnesorgan, Reafferenzen, Regelung, Regler, Ruffini-Körperchen, sensorisches Sinnessystem, Situationsafferenzen, Sollwert, Sollwert-Istwert-Vergleich, Stellgröße, Stellsinn, Steuerung, Vater-Pacini-Körperchen, Vestibularorgan, visueller Sinn.

Zur vertiefenden Weiterarbeit

SCHMIDT, R. F., LANG, F. & THEWS, G. (2005). *Physiologie des Menschen mit Pathophysiologie* (29. Aufl.). Heidelberg: Springer.

THEWS, G., MUTSCHLER, E. & VAUPEL, P. (1999). *Anatomie, Physiologie, Pathophysiologie des Menschen* (5. Aufl.). Stuttgart: Kohlhammer.

Literatur

ATKINSON, R. C. & SHIFFRIN, R. M. (1968). Human memory: A proposed system and its control processes. In K. W. SPENCE & J. T. SPENCE (Eds.), *The psychology of learning and motivation: Advances in research and theory.* (pp. 89–197). New York: Academic.

BERNSTEIN, N. A. (1967). *The coordination and regulation of movement.* Oxford: Pergamon Press.

BERNSTEIN, N. A. (1988). *Bewegungsphysiologie.* Leipzig: Barth.

CRUSE, H. (1981). *Biologische Kybernetik. Einführung in die lineare und nicht lineare Systemtheorie.* Weinheim: Wiley-VCH.

GABLER, H. (2000). Kognitive Aspekte sportlicher Handlungen. In H. GABLER, J. R. NITSCH & R. SINGER (Hrsg.), *Einführung in die Sportpsychologie* (S. 165–195). Schorndorf: Hofmann.

LOOSCH, E. (1999). *Allgemeine Bewegungslehre.* Wiebelsheim: Limpert.

MEINEL, K. & SCHNABEL, G. (1998). *Bewegungslehre – Sportmotorik. Abriß einer Theorie der sportlichen Methodik unter pädagogischem Aspekt* (9. Aufl.). Berlin: Volk und Wissen.

SCHMIDT, R. A. (1988). *Motor control and learning: A behavioral emphasis* (2nd ed.). Champaign: Human Kinetics.

SCHMIDT, R. F., LANG, F. & THEWS, G. (2005). *Physiologie des Menschen mit Pathophysiologie* (29. Aufl.). Heidelberg: Springer.
THEWS, G., MUTSCHLER, E. & VAUPEL, P. (1999). *Anatomie, Physiologie, Pathophysiologie des Menschen* (5. Aufl.). Stuttgart: Kohlhammer.
WOLLNY, R. (1993). *Stabilität und Variabilität im motorischen Verhalten. Theoretische Grundlagen und elektromyographische Überprüfung der Koordination und des Erlernens komplexer Bewegungsformen im Sport.* Aachen: Meyer & Meyer.

Fragen zur Lektion 3

1. Grenzen Sie die Begriffe *Afferenzen, Reafferenzen* und *Efferenzen* voneinander ab.
2. Welche beiden Grundkonzepte der Bewegungskontrolle favorisiert die biologische Kybernetik?
3. Skizzieren und erläutern Sie ein technisches Closed-Loop-System.
4. Benennen Sie die charakteristischen Merkmale der motorischen Closed-Loop-Kontrolle und beschreiben Sie diese am Beispiel der Regelung der Ellbogengelenkstellung durch die Muskelspindeln.
5. Welche Funktionen übernehmen das Ultrakurzzeit-, Kurzzeit- und Langzeitgedächtnis bei der Bewegungskontrolle?
6. Wie unterscheidet sich die physiologische Wahrnehmung von der psychologischen Wahrnehmung?
7. Was ist der gelbe Fleck?
8. Wie werden unterschiedlich weit entfernte Objekte auf der Netzhaut scharf abgebildet?
9. Wie funktioniert das akustische Sinnessystem?
10. Erläutern Sie die akustische Richtungs- und Entfernungswahrnehmung.
11. Welche Funktionen erfüllt das Vestibularsystem bei der Bewegungskontrolle?

Lektion 4
Informationsverarbeitung ist der Schlüssel zur Bewegung – Was sind zentralnervöse Aspekte der Bewegungskontrolle?

Die Frage, wie viel Bewegungskontrolle der Mensch braucht, klingt bizarr und erscheint unnötig, denn nichts ist dem Menschen neben seinem Körper so naturgegeben, wie die Koordination der eigenen Bewegung. Informatiker und Ingenieure konstruieren im Rahmen der schnellen Entwicklung der künstlichen Intelligenz, der Robotik und der Sensorik von Jahr zu Jahr zwar immer leistungsstärkere Roboter. Diese können Schachgroßmeister wie Karpow oder Kasparow besiegen, Kraftfahrzeuge zusammenbauen, Getränkedosen einsammeln, Fußböden säubern, Museumsführungen leiten, Boxkämpfe austragen oder Fußball spielen. Künstliche Wesen bedürfen jedoch weitgehend gleich bleibender Umweltbedingungen, deren vielschichtige Eigenschaften von ihren Konstrukteuren umfassend analysiert, strukturiert und zeitaufwändig programmiert werden müssen. Bislang kann kein Roboter autonom einfache Alltagsaufgaben bewältigen – wie für das morgendliche Frühstück ein Rührei zubereiten, inklusive Schinken schneiden und anbraten.

Bei sporttypischen Bewegungen bedenkt der Beobachter meist nicht, dass die zu Grunde liegenden Muskelkontraktionen der komplexen Integration einer Vielzahl ineinander greifender komplizierter Mechanismen und Funktionssysteme der Körperperipherie und des Hirns bedürfen. Bei der Kippe am Barren, dem Korbleger im Basketball oder dem Front Turn beim Snowboardfahren müssen die unbewussten Reflexe der Stützmotorik und die willkürlichen Bewegungsaktionen einer gemeinsamen zeitlichräumlichen Ordnung unterstehen. Darüber hinaus muss der Sportler während der Bewegungsausführung in angemessener Weise auf die vielfältigen Veränderungen der Umwelt reagieren. Nach neurobiologischen und psychologischen Kenntnissen fußt die Bewegungskoordination auf verschiedenen, parallel ablaufenden motorischen Kontrollmechanismen.

Die in Lektion 3 thematisierte Closed-Loop-Kontrolle (Bewegungsregelung) erzeugt auf der Grundlage sensorischer Rückmeldungsprozesse vor und während der Bewegungsausführung spezielle motorische Kontrollsignale. Bei schnellen Bewegungen stehen die sehr zeitaufwändig auszuwertenden sensorischen Informationen aus der Körperperipherie den entsprechenden Hirnzentren erst nach dem Bewegungsende zur

Verfügung. Diesen Nachteil der Closed-Loop-Kontrolle gleichen spezielle neuronale Mechanismen aus, die keiner (Re-)Afferenzen während der Bewegungsausführung bedürfen.

Bei der in Lektion 4 ausführlich behandelten *Bewegungssteuerung (Open-Loop-Kontrolle)* generiert das Zentralnervensystem vor dem Bewegungsbeginn eine auf die äußeren und körperinneren Bedingungen zweck- und zeitgerichtete Bewegungsvorschrift, die ohne sensorische Rückmeldungen die Bewegungsausführung koordiniert. Zu den wichtigsten Open-Loop-Kontrollmechanismen zählen neben den im Hirn gespeicherten, willkürlich einsetzbaren Bewegungsprogrammen, die auf bestimmte Umweltreize mit festgeschriebenen Verhaltensweisen reagierenden, unbewussten motorischen Reflexe und Bewegungsautomatismen. Ihre Hauptaufgaben umfassen die Kontrolle der Körperhaltung (z. B. Gleichgewichtsregulation) und den Schutz vor organismischen Überbeanspruchungen (z. B. Beugereflex, Dehnungsreflex; vgl. Kap. 3).

1 Was ist von dieser Lektion zu erwarten?

Über die Motorik des Menschen haben sich in der Neuroanatomie, der Biologie, der Psychologie, der Informatik, der Robotik und der Bewegungswissenschaft vielfältige Kenntnisse angesammelt, die für das Verständnis der zentralnervösen Strukturen, Mechanismen und Funktionsprozesse der willkürlichen Bewegungskoordination relevant erscheinen. Lektion 4 greift bedeutsame Aspekte der zentralnervösen Bewegungsorganisation auf: *Was zeichnet die Open-Loop-Bewegungskontrolle aus? Welchen Hirnstrukturen untersteht die Willkürmotorik? Welche neuronalen Mechanismen kontrollieren sporttypische Bewegungen? Wie repräsentiert das motorische Gedächtnis willkürliche Bewegungen? Wie werden Bewegungsprogramme organisiert? Inwieweit arbeiten sensorische Rückinformationen und motorische Programme bei der Bewegungskontrolle zusammen?*

Nach der Erklärung der wichtigsten neurobiologischen Mechanismen der Open-Loop-Bewegungskontrolle – Bewegungsprogramme, motorische Reflexe und motorische Automatismen (Kap. 2) – veranschaulicht Kapitel 3 die zentralen Komponenten eines Open-Loop-Systems an der Verkehrslenkung durch eine Lichtzeichenanlage und der menschlichen Bewegungssteuerung. Mit Kapitel 4 folgt ein Überblick über den neurobiologischen Wissensstand hinsichtlich der zentralnervösen Strukturen und Funktionsprozesse der Motorik. Kapitel 5 diskutiert die fassettenreichen psychologischen Vorstellungen und Befunde über die Existenz, die Inhalte (Kap. 5.1) und die Organisation motorischer Programme (Kap. 5.2). Auf das Zusammenspiel von zentral repräsentierten Bewegungsprogrammen und sensorischen Systemen geht die Monitoring-

Hypothese ein (Kap. 5.3). Das Abschlusskapitel 6 stellt die neurobiologischen und psychologischen Befunde über die Bewegungssteuerung im Überblick zusammen.

2 Welche Begriffe sind grundlegend?

Der Mensch bedient sich bei der Koordination schneller Bewegungen (< 200 ms) verschiedener neuronaler Kontrollmechanismen. Hierzu zählen die im motorischen Gedächtnis repräsentierten Bewegungsprogramme und die vorrangig auf der Rückenmarksebene lokalisierten, angeborenen motorischen Reflexe und Automatismen.

Nach der Open-Loop-Idee kontrollieren erlernte Gedächtnisinhalte eigenständig einfache und komplexe Bewegungsfertigkeiten, ohne während der Bewegungsausführung auf periphere Rückmeldungsprozesse zurückzugreifen. Zentralnervöse Bewegungsvorschriften bezeichnet die Bewegungswissenschaft in Anlehnung an die Informationswissenschaft als *Bewegungsprogramme, motorische Programme* oder *motorische Engramme*. KEELE (1968, S. 387) definiert ein Bewegungsprogramm als „a set of muscle commands that are structured before a movement sequence begins, and that allows the entire sequence to be carried out uninfluenced by peripheral feedback".

Charakteristisch für *motorische Programme* sind ihr ziel- und zeitgerichteter Handlungscharakter (Greifen, Zeigen, sporttypische Fertigkeiten usw.), die differenzierte Afferenzsynthese vor dem Bewegungsbeginn, die Antizipation zukünftiger Umweltveränderungen und die Existenz vorbereitender Prozesse der Bewegungsausführung. Die zentrale Annahme der Programmkonzepte besteht darin, dass Bewegungsprogramme sequenzielle oder hierarchisch geordnete Informationen über bestimmte Bewegungstechniken beinhalten. Hierzu zählen die zeitlich-räumliche Bewegungsstruktur und die Regulation der zahlreichen Freiheitsgrade des Bewegungsapparats.

Beim Fosbury-Flop oder beim Salto vorwärts im Gerätturnen müssen die Athleten nahezu alle Gelenke der kinematischen Bein-, Rumpf- und Armkette, d. h. bis zu 240 Freiheitsgrade, koordinieren. Weitere Freiheitsgrade ergeben sich aus der Gleichgewichtserhaltung, der Elastizität der Muskeln, Sehnen und Bänder, den sich verändernden bewegungs- und umweltbedingten Kräften oder den Wert- und Erfolgsorientierungen des Individuums. Darüber hinaus müssen Bewegungsprogramme beschreiben, wie der Organismus auf unerwartete Umweltveränderungen reagieren soll. Beim alpinen Skilauf betrifft dies die nur bedingt vorhersehbare Veränderung der Schneebeschaffenheit der Piste. In einem Trail muss der Mountainbikefahrer ständig kleinere und größere Hindernisse umfahren oder überwinden.

Die *motorische Einheit* bezeichnet den funktionellen Verbund zwischen einem im Vorderhorn des Rückenmarks gelegenen motorischen Neuron (Axon) und der von ihm innervierten Muskelfasern (vgl. Abb. 15). Das Innervationsverhältnis der motorischen Einheiten hängt davon ab, wie komplex, wie exakt oder mit welcher muskulären Kraft der Mensch die Bewegung ausführt. Nach THEWS ET AL. (1999) gilt als Faustregel, dass die Skelettmuskeln für fein abgestufte, kleinräumige Bewegungen kleinere motorische Einheiten besitzen (z. B. Augen-, Fingermuskulatur: 3-10 Muskelfasern pro α-Motoneuron) als diejenige Muskulatur, die grob abgestufte, großräumige Fertigkeiten und eine möglichst hohe Kraft erzeugt (z. B. Oberschenkel-, Rückenstrecker: bis 2.000 Muskelfasern pro -Motoneuron).

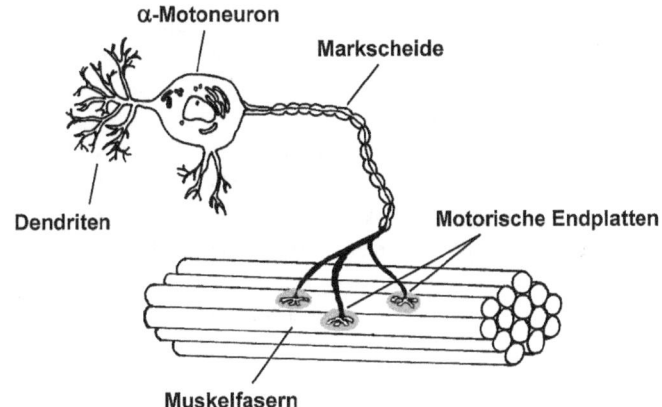

Abb. 15: *Schematische Darstellung einer motorischen Einheit*

Die einmalige Erregung des α-Motoneurons bedingt eine muskuläre Einzelzuckung. Aufeinander folgende Entladungen des α-Motoneurons führen zu einer Überlagerung der Einzelzuckungen und koordinierten Muskelkontraktionen (vgl. Lektion 11). Die Entladungsfrequenz der α-Motoneurone reguliert die Feinabstufung der Bewegung (Frequentierung), während die Anzahl der rekrutierten motorischen Einheiten die Grobabstufung der muskulären Kontraktion koordiniert (Rekrutierung).

Nach psychologischen und bioanatomischen Vorstellungen werden die motorischen Programme vor dem Bewegungsbeginn aus dem motorischen Gedächtnis abgerufen, an die Umweltbedingungen angepasst (Programmierung) und nach der Dekodierung der abstrakten Programminhalte in bioelektrische Aktionspotenziale über die efferenten Nervenbahnen an die motorischen Einheiten der Arbeitsmuskulatur gesendet. Während der Ausführung schneller Bewegungen kann der Mensch die ständig zur Verfügung stehenden (Re-)Afferenzen auf Grund der zeitintensiven zentralnervösen Auswertungsprozesse nicht berücksichtigen. Als weitere Nachteile der Open-Loop-Bewegungskontrolle gelten, dass mögliche Planungsfehler oder unvorhersehbare Störungen nicht während der Bewegungsrealisation kompensiert werden können und dass die Inhalte und die Organisation motorischer Programme ungeklärt bleiben.

Der zweite bedeutsame neuronale Mechanismus der Open-Loop-Bewegungskontrolle, die angeborenen *motorischen Reflexe* (motorische Reflexbögen), stellen gleich bleibende (stereotype), beliebig wiederholbare Reaktionen des Nervensystems auf bestimmte sensorische Umweltreize dar. Die Reizantworten bestehen aus unbewussten automatischen Bewegungen (Husten-, Kniesehnen-, Lidschlussreflex usw.). Die motorischen Reflexe zählen zu den Grundbausteinen der Kontrolle der Körperhaltung, der Fixierung der Gelenkstellung, der muskulären Aktivitätsbereitschaft und des Schutzes vor organismischen Überbelastungen, ohne hierfür zeitaufwändige zentralnervöse Informationsverarbeitungsprozesse zu benötigen. Darüber hinaus werden die motorischen Reflexe in die Koordination komplexer Bewegungsabläufe einbezogen. Beim Niedersprung wird die Wadenmuskulatur gedehnt und hierdurch reflektorisch kontrahiert, um das Körpergewicht abzufangen und den Sportler vor Verletzungen zu schützen.

Die unterschiedlichen motorischen Reflexe kategorisiert die Biologie nach der Anzahl der miteinander vernetzten neurophysiologischen Strukturen: *mono-* und *polysynaptische Reflexe*. Die einfachste neuronale Vernetzung, der *monosynaptische Reflex*, besteht aus einer einzelnen synaptischen Verschaltung eines afferenten und efferenten Neurons (vgl. Abb. 16). Die Erregbarkeit monosynaptischer Reflexe wird bekanntermaßen durch einen leichten Schlag mit dem Reflexhammer auf die Patellarsehne des M. quadriceps femoris unterhalb der Kniescheibe (Patella) überprüft (*Patellarsehnenreflex*). Der phasisch gedehnte Muskel reagiert auf den Schlag mit einer kurzen reflektorischen Kontraktion des M. quadriceps femoris (Strecker des Kniegelenks).

> Im Sitzen kann bei übergeschlagenem Bein der Patellarsehnenreflex unmittelbar am Vorschnellen des Unterschenkels beobachtet werden. Eine vergleichbare Reaktion löst der Schlag des Reflexhammers auf die Achillessehne aus, der zu einer Streckung im Fußgelenk führt (*Achillessehnenreflex*).

Die neuroanatomische Grundlage des Patellar- und Achillessehnenreflexes bildet der aus fünf Teilelementen bestehende *monosynaptische Reflexbogen* (syn. Eigenreflex, Dehnungsreflex, spinaler Reflexbogen): dehnungsempfindlicher Rezeptor (Muskelspindel), afferente Nervenbahn (Ia-Afferenz), Synapse im Vorderhorn des Rückenmarks (Reflexzentrum), efferente Nervenbahn (α-Motoneuron) und Effektor (Skelettmuskel; vgl. Abb. 16). Der monosynaptische Reflexbogen ist durch die feste Abfolge von Reizaufnahme (Rezeptor), Erregungsleitung (afferente Nervenbahn) und Reizreaktion (Effektor) gekennzeichnet. Bei einer plötzlichen Muskeldehnung (z. B. Schlag auf die Patellarsehne) dehnen sich die intrafusalen Fasern der Muskelspindeln. Hierdurch gelangt eine größere Anzahl von Erregungen über die schnell leitende afferente Ia-Nervenfaser (80-120 m/s) durch das Hinterhorn des Rückenmarks zum Reflexzentrum in der Vorderhornzelle. Dort bildet eine einzelne Synapse (monosynaptisch) den Übergang zur efferenten Nervenbahn (α-Motoneuron). Sein Neurit leitet die bioelektrischen Aktionspotenziale zur motorischen Einheit, die eine Einzelzuckung des Skelettmuskels auslöst. Einen derart einfachen Reflexbogen bezeichnet die Neuroanatomie als einen *monosynaptischen Eigenreflex*, da der Rezeptor (Muskelspindel) und der Effektor (Skelettmuskel) eine räumliche Einheit bilden.

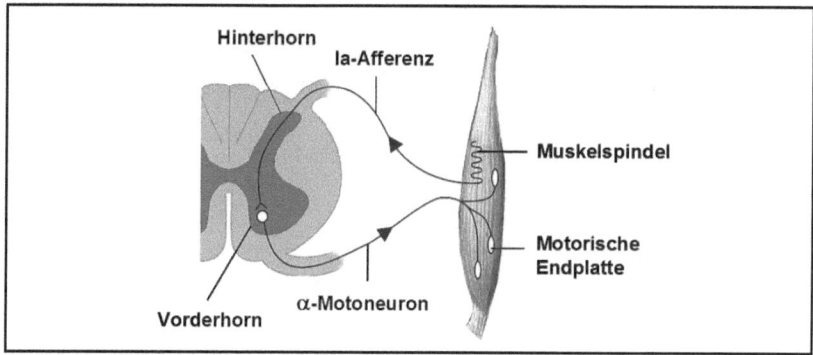

Abb. 16: *Schematische Darstellung des monosynaptischen Reflexbogens. Der Übersichtlichkeit halber ist nur ein Neuron jedes Typs abgebildet (mod. nach THEWS ET AL., 1999, S. 619).*

Zu den auffälligen Kennzeichen des monosynaptischen Eigenreflexes zählen die kurze Reflexzeit, d. h. die Zeit vom Beginn der Reizung bis zum Auftreten der motorischen Reaktion (30-60 ms), der spezialisierte Rezeptor (Muskelspindel), die Einzelzuckung des Muskels, die Unabhängigkeit von der Stärke des Auslösereizes, die geringe Ermüdbarkeit, die Unbewusstheit und die fehlende Adaptationsfähigkeit.

Neben dem muskulären Dehnungsreiz lösen auch andersartige sensorische Reize reflektorische Vorgänge aus. Beim Berühren heißer Gegenstände reagiert der menschliche Organismus durch die Reizung der Schmerz- und Wärmerezeptoren in der Haut mit einer schnellen Beugung im Schulter- und Ellbogengelenk, um die Körperextremität vom Reizort zu entfernen. Diese stereotype motorische Reaktion wird als *polysynaptischer Beugereflex* bezeichnet (vgl. Abb. 17). Hierbei schaltet die hintere Wurzel des Rückenmarks die afferenten Nervenbahnen zunächst auf ein Zwischenneuron (syn. Interneuron) um. Dieses Neuron verbindet nicht nur die afferente und efferente Nervenbahn eines Segments, sondern es verfügt auch über synaptische Umschaltungen (polysynaptisch) auf die α-Motoneurone benachbarter Segmente (z. B. Beugemuskulatur). Reflexvorgänge, bei denen der Rezeptor (Haut) und der Effektor (Muskel) in verschiedenen Organen liegen, zählen zu den *Fremdreflexen*. Im Gegensatz zum Eigenreflex löst der polysynaptische Fremdreflex komplexe koordinierte Muskelkontraktionen aus.

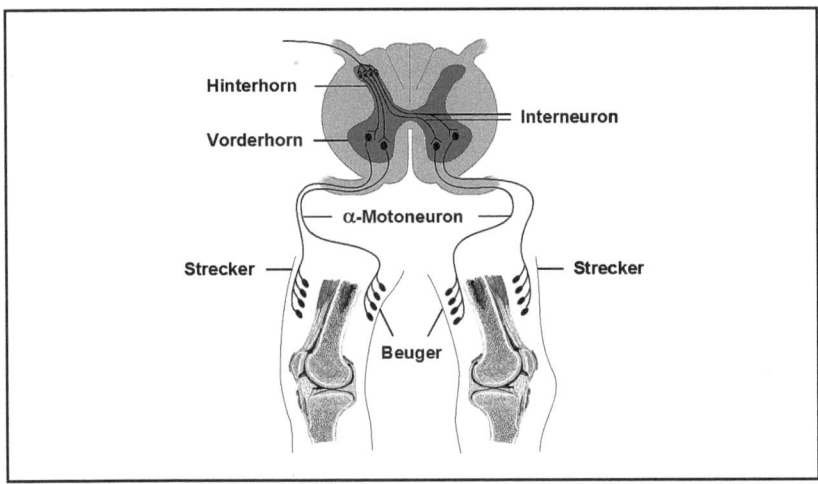

Abb. 17: *Schematische Darstellung des polysynaptischen Fremdreflexes. Der Übersichtlichkeit halber ist nur ein Neuron jedes Typs abgebildet (mod. nach THEWS ET AL., 1999, S. 624).*

Der längere nervale Leitungsweg und die mehrmaligen synaptischen Umschaltungen bedingen beim polysynaptischen Fremdreflex eine längere Reflexzeit als beim Eigenreflex (Plantarreflex: 40-80 ms; Lidschlussreflex: 70-180 ms). Zu den weiteren Charakteristika des polysynaptischen Fremdreflexes zählen die Verkürzung der Reflexzeit mit zunehmender Reizintensität, die starke Ermüdbarkeit und die ausgeprägte Adaptationsfähigkeit (z. B. Nasen- und Ohrenirritationen durch eine neue Brille). Bei unterschwelligen Reizen, die für sich allein keine reflexartige Reaktion auslösen, kommt es vielfach zu einer Reizsummation. Ein Beispiel ist das unterschwellige Jucken in der Nasenschleimhaut, das sich über die Zeit zu einem überschwelligen Niesreiz aufsummiert.

Der dritte wichtige neuronale Mechanismus der Bewegungssteuerung, der *motorische Automatismus* (automatische Bewegungen: Gehen, Laufen, Kauen usw.), stellt eine stereotype, ohne gerichtete Aufmerksamkeit ausgeführte, rhythmische Bewegung mit geringer kinematischer Variabilität dar. Die Kontrolle der motorischen Automatismen erfolgt über im Rückenmark oder Hirnstamm lokalisierte Rhythmusgeneratoren. Im Unterschied zu motorischen Reflexen können motorische Automatismen unter Beibehaltung der relativen Bewegungsstruktur mit unterschiedlichen Bewegungsamplituden und Bewegungsgeschwindigkeiten ausgeführt werden (KONCZAK, 2003).

3 Was charakterisiert die Open-Loop-Kontrolle?

Bei der *Open-Loop-Kontrolle* muss bekannt sein, „welcher Wert der Kontrollgröße dem gewünschten Wert der interessierenden Ausgangsvariable entspricht" (CRUSE, 1981, S. 57). Als ein anschauliches Beispiel steht der Zusammenhang zwischen der Geschwindigkeit eines Motorrollers und der Stellung des Gashebels. Stellt der Fahrer des Motorrollers die entsprechende Kontrollgröße am Gasgriff ein, ergibt sich im Prinzip die richtige Fahrgeschwindigkeit. Beeinflussen nicht vorhersehbare Störungen den fahrenden Motorroller (plötzlicher Gegenwind, starke Steigung der Straße usw.), kann das Open-Loop-System „Motorroller" die Wirkung der Störung – reduzierte Geschwindigkeit – nicht eigenständig kompensieren, da entsprechende Feedback- und Fehlerkorrekturmechanismen fehlen (z. B. Tempomat). Die Elemente und die Funktionsprozesse eines kybernetischen Open-Loop-Kontrollsystems (vgl. Abb. 18) verdeutlicht die Verkehrslenkung durch eine Lichtzeichenanlage.

Technische Open-Loop-Systeme basieren auf zwei eigenständigen Komponenten: der entscheidenden *Exekutive* und dem ausführenden *Effektor*. Bei der Verkehrslenkung durch eine Lichtzeichenanlage (Effektor) steuert ein vorab festgelegtes, starres Ablaufprogramm (Exekutive) die zeitliche Dauer der Rot- und Grünphasen der sich kreuzenden Verkehrsstraßen. Kommt es für eine der Straßen durch ein hohes, nicht vorhersehbares Verkehrsaufkommen zu einer Störung des Verkehrsflusses, kann die Lichtzeichenanlage keine situationsangemessene Modifikation der zeitlichen Dauer der Rot- und Grünphasen der einzelnen Straßen einleiten, da Open-Loop-Systemen spezielle Feedback- und Fehlerkorrekturmechanismen fehlen.

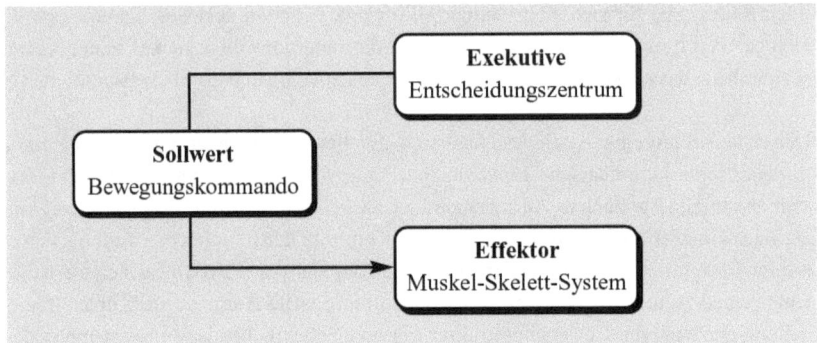

Abb. 18: *Schematisches Flussdiagramm eines einfachen Open-Loop-Systems*

Ablaufprogramme von Lichtzeichenanlagen müssen aber nicht derart unflexibel sein. Zur Vermeidung tageszeitlich wiederkehrender Verkehrsstaus, wie beim Arbeitsbeginn oder Arbeitsende eines großen Unternehmens, kann zu bestimmten Tageszeiten die stärker frequentierte Straße eine längere Grünphase erhalten. Während der Nachtzeit mit geringem Verkehrsaufkommen kann das Ablaufprogramm die Lichtzeichenanlage zur Vermeidung unnötiger Wartezeiten völlig abschalten. Die zeitlich befristete Bevorzugung einer Straße durch eine längere Grünphase oder die nächtliche Abschaltung der Lichtzeichenanlage muss aber bereits bei der Programmierung des Ablaufprogramms der Lichtzeichenanlage berücksichtigt werden.

Nach psychologischen und bewegungswissenschaftlichen Vorstellungen unterliegen schnelle Bewegungsausführungen bis ca. 200 ms und einer Geschwindigkeit von 8-10 m/s – wie die schnelle Gerade im Boxen, das Werfen eines Dartpfeils oder die reflexartigen Torwartreaktionen – der *Open-Loop-Kontrolle (Bewegungssteuerung)*. Die (re-)afferenten Informationen stehen dem Zentralnervensystem nur zeitverzögert zur Verfügung. Bei der Bewegungssteuerung gibt eine „höhere" Instanz des Zentralnervensystems (Exekutive) der Skelettmuskulatur (Effektor) durch spezielle motorische Kommandos (Stellgröße) vor, zu welchem Zeitpunkt, über welche Zeitdauer und mit welchem Krafteinsatz die Muskelkontraktionen erfolgen sollen. Vor dem Bewegungsbeginn schreibt ein motorisches Programm auf der Grundlage der Bewegungsaufgabe und der sensorischen Rückmeldungen die ablaufrelevanten Bewegungsdetails exakt fest. Anschließend werden die Programminhalte in Efferenzen überführt. Während der Bewegungsausführung nimmt das Zentralnervensystem, vergleichbar zur Closed-Loop-Kontrolle, zwar kontinuierlich (Re-)Afferenzen wahr, ohne diese aber für direkte Korrekturmaßnahmen nutzen zu können.

Beim Klavierspielen oder Boxen bedeutet dies, dass bestimmte Hirnareale die fortlaufend einfließenden sensorischen Rückmeldungen über die Position und die Bewegung der einzelnen Fingerglieder bzw. Körpergliedmaßen zwar analysieren, als ob sie „Ausschau" nach Ausführungsfehlern halten. Planungsfehler oder unvorhersehbare Störungen kann der Mensch auf Grund der kurzen Bewegungszeiten aber erst im nachfolgenden Versuch durch entsprechende Abänderungen des Programms korrigieren. Ein Abbruch der Bewegung ist nach der Initiierung des Bewegungsprogramms vielfach nicht möglich.

4 Welchen Hirnarealen untersteht die Bewegungsorganisation?

Traditionellerweise schreiben die Neuroanatomie und die Psychologie dem menschlichen Hirn bei der Koordination ziel- und zeitgerichteter Bewegungen eine hierarchische Funktionsweise zu. Hiernach greifen höhere Instanzen des Zentralnervensystems in die Kontrollprozesse niedriger Instanzen verändernd ein. Die nachfolgenden Abschnitte beschreiben diejenigen Hirnareale, die in einem funktionalen Zusammenhang mit der Vorabprogrammierung willkürlicher Bewegungen stehen. Die bioanatomischen Ausführungen über die motorischen Kontrollstrukturen des Hirns gehen auf eine Darstellung von BIRBAUER und SCHMIDT (2006) zurück. Bei neuroanatomischen Kenntnissen ist zu berücksichtigen, dass diese mehrheitlich auf modellhaften Annahmen und reduzierten Sichtweisen beruhen, die sicherlich die Gefahr der Überinterpretation bergen.

Das menschliche Hirn besteht aus zwei Hemisphären, die durch einen tiefen Einschnitt getrennt und durch den so genannten *Balken* mit ca. 200 Millionen Nervenfasern miteinander verbunden werden. Die Oberfläche des Hirns strukturieren durch Furchen getrennte Windungen (Lappenaufteilung). Zu den Hauptabschnitten des Hirns zählen das Vorder-, Mittel- und Rautenhirn. Für die Bewegungskoordination von zentraler Bedeutung sind das Vorderhirn mit den Basalganglien, dem Thalamus und dem Neokortex sowie das Rautenhirn mit dem Cerebellum (syn. Kleinhirn; vgl. Abb. 19).

Der *Neokortex* untergliedert sich nach funktionalen Gesichtspunkten in die primären sensorischen und motorischen Regionen und die Assoziationsareale der Großhirnrinde. Für die Bewegungskontrolle bedeutsam erscheinen der primär-somatosensorische Kortex (Parietallappen) und der benachbarte primär-motorische Kortex (Frontallappen). Anatomiebücher stellen diese beiden Hirnareale üblicherweise als „Homunculi" dar. Charakteristisch ist die landkartenartige überproportionale Abbildung derjenigen Körperregionen, die über besonders fein ausgeprägte sensorische oder motorische Fähigkeiten verfügen oder anders ausgedrückt, wie viel der Oberfläche der

Großhirnrinde einem bestimmten Körperteil zukommt. Abbildung 20 verdeutlicht am motorischen Homunculus, dass die Muskelgruppen des Gesichts, der Zunge, der Finger oder der Daumen eine ausgesprochen feine kortikale Auflösung erfahren. Demgegenüber sind die Regionen der Rumpfmuskulatur nur sehr klein und wenig gegliedert.

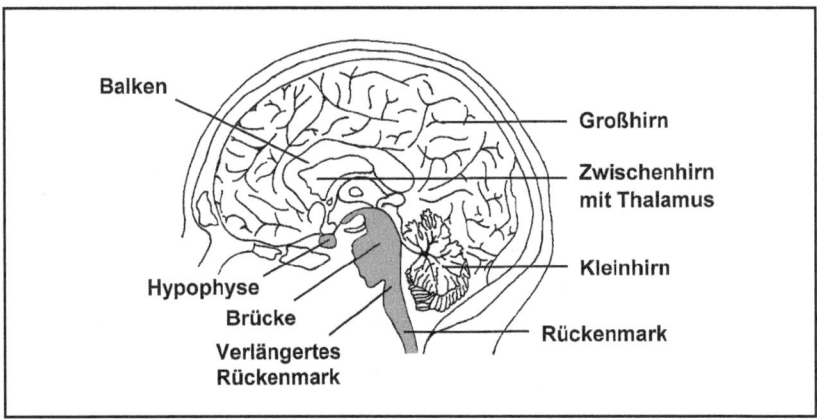

Abb. 19: *Strukturen des Zentralnervensystems des Menschen (mod. nach NETTER, 1997, S. 100)*

Am Entstehungsprozess des Handlungsantriebs willkürlicher Bewegungen, der Entscheidung über den Abruf eines Bewegungsplans und der Analyse der extero- und propriozeptiven Informationen, beteiligen sich die scharf abgegrenzten *subkortikalen Motivationsareale* und das *Entscheidungszentrum* (limbisches System, Frontalhirn; vgl. Abb. 21). Das Ergebnis dieses komplexen Informationsprozesses bildet die Grundlage für den Handlungsantrieb, also die Vorstellungen über das Bewegungsziel. Der *Handlungsantrieb* dient den *Assoziationsfeldern des motorischen Kortex* (Großhirnrinde, motorisches und prämotorisches Rindenfeld) zur Erstellung einer ersten groben Bewegungsvorstellung (Grobprogrammierung). Der wenig ausdifferenzierte Bewegungsplan wird für die zeitlich-räumliche Feinprogrammierung der motorischen Handlung an die Basalganglien und das Cerebellum übermittelt. Fallen die Assoziationsfelder des motorischen Kortex aus, entstehen Handlungsunfähigkeiten.

Die *Basalganglien* (Stammhirn), als eine Ansammlung von fünf subkortikalen Nucli, stellen die Verbindung zwischen den motorischen und sensorischen Arealen des Großhirns her. Sie empfangen kontinuierlich Informationen der Gleichgewichtsorgane, der Muskelspindeln, der Gelenkrezeptoren und der Hautrezeptoren. Die Hauptaufgabe der Basalganglien besteht in der Koordination langsamer und automatisierter Bewegungen sowie in der Festlegung der Bewegungsrichtung, der Bewegungsamplitude, der Bewegungsgeschwindigkeit und der muskulären Kraft. Darüber hinaus beteiligen sich die Basalganglien an der Regulation des Muskeltonus und der Halteund Stützmotorik. Die Schädigung der Basalganglien führt zu typischen motorischen Störungen wie der Bradykinese (Bewegungsverlangsamung), dem Tremor (unwillkürliche rhythmische Oszillationen), dem Rigor (erhöhte Muskelsteifigkeit) oder der Chorea (schnelle, abgehackte, unwillkürliche Bewegungen).

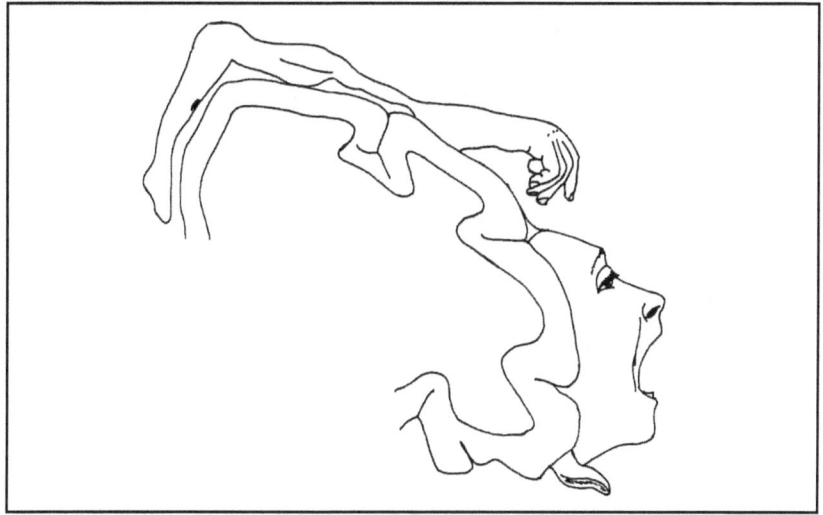

Abb. 20: *Somatografische Kartierung des motorischen Homunculus der menschlichen Großhirnrinde (mod. nach* SCHMIDT ET AL., *2005, S. 149)*

Das *Kleinhirn* (Cerebellum) wird parallel zu den Basalganglien in die Planung und die Durchführung der Bewegung einbezogen. Es erhält fortlaufend sensorische Informationen über die Stellung des Körpers im Raum und die Lage der einzelnen Körperextremitäten zueinander. Das Cerebellum übernimmt die zeitliche Strukturierung und die Überwachung schneller Bewegungen, die Feinkoordination langsamer Bewegungen, die Gleichgewichtsregulation und bei zielmotorischen Fertigkeiten die Kontrolle der stützmotorischen Bewegungsanteile. Der Ausfall des Kleinhirns führt zu einem taumelnden Gang (Dysarthrie), einem Unter- und Überschießen der motorischen Handlung (Dysmetrie) und bei schnellen Bewegungen zu einer unangemessenen Realisierung (Dysdiadochokinese).

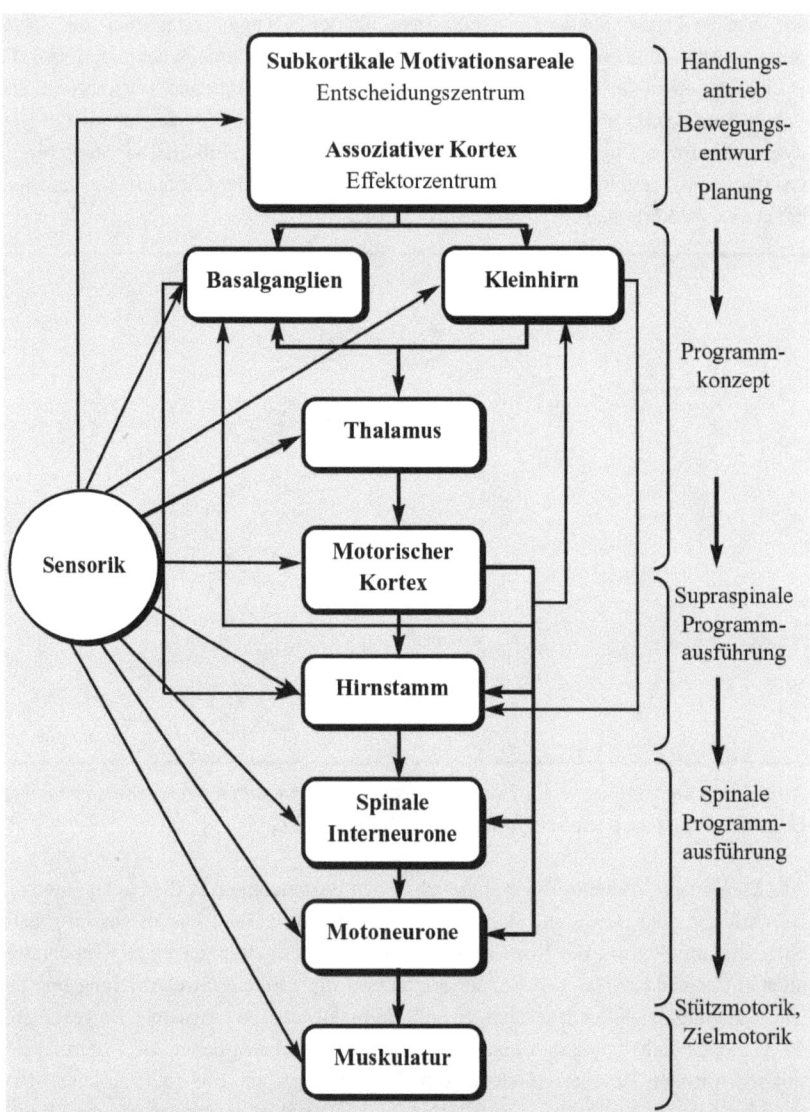

Abb. 21: *Blockdiagramm der spinalen und supraspinalen Zentren des Nervensystems mit ihren wichtigsten Verbindungen und Funktionen bei der Bewegungskontrolle (mod. nach THEWS ET AL., 1999, S. 626)*

Differenzierte neuroanatomische Kenntnisse liegen über die Funktion der drei anatomischen Unterareale des Kleinhirns vor. Das *Paläocerebellum* empfängt über die schnellen Nervenbahnen (70-130 m/s) Informationen aus den Assoziationsarealen (Auswahl des Bewegungsplans) und der Körperperipherie (Gleichgewichtssinn, Tiefensensibilität usw.). Durch den Vergleich der reafferenten und efferenten Informationen überprüft das Paläocerebellum, inwieweit die Bewegungsausführung mit dem ausgewählten Bewegungsprogramm (Efferenzkopie) übereinstimmt.

Bei Abweichungen vom geplanten Bewegungsverlauf werden Korrektursignale an die motorischen Zentren gesendet (Hirnstamm, Hirnrinde usw.). Neben der Bewegungskontrolle übernimmt das Paläocerebellum die situationsbezogene Feinabstimmung der Körperhaltung und der Zielmotorik. Das *Neocerebellum* erhält über die absteigenden Pyramidenbahnen die Efferenzkopie des ausgewählten Bewegungsplans. Durch die funktionelle Verschaltung von Paläocerebellum und Neocerebellum kann das motorische Programm an den momentanen Aktivitätszustand der bewegungsausführenden Muskulatur angepasst werden. Das *Archicerebellum* trägt maßgeblich zur Aufrechterhaltung des Körpergleichgewichts bei.

HENATSCH (1976a, b), KEELE und SUMMERS (1976) erbringen den Nachweis, dass bei der Aktivierung zielmotorischer Handlungen eine gleichsinnige Programmierung der α- und γ-Motoneurone stattfindet (α-γ-*Koaktivierung*). Hieraus folgt, dass für die jeweils zusammengehörenden Fasern der Pyramidenbahnen und der extrapyramidalen Bahnen ein im Hirn zu lokalisierender gemeinsamer Eingang bestehen muss. Motorische Programme scheinen demnach nicht nur Informationen für die extrafusale Arbeitsmuskulatur zu beinhalten (α-Aktivität), sondern auch spezifische Instruktionen für die intrafusalen Fasern der Muskelspindeln (γ-Aktivität) zur Überwachung der Bewegungsausführung.

Konkret regt das Bewegungsprogramm zur Aussendung supraspinaler Impulse an die α-Motoneurone an, die eine bestimmte Gruppe quer gestreifter Muskelfasern aktivieren (vgl. Lektion 3, Abb. 12). Zur gleichen Zeit veranlasst das γ-System die intrafusalen Fasern der Muskelspindeln zur Kontraktion. Dies führt über die Dehnung der Spindelmittelstücke zu elektrischen Aktionspotenzialen (Ia-Afferenzen), die zum Rückenmark gesendet werden und die ankommenden α-Kommandos modifizieren. Die α- und γ-Impulse bedingen zum einen die Kontraktion der Arbeitsmuskulatur, zum anderen verkürzen sich die Polregionen der Muskelspindeln synchron zur Arbeitsmuskulatur. Hierdurch wird ein Erschlaffen der Muskelspindel vermieden, sodass ihre Messempfindlichkeit auch während der Muskelkontraktion erhalten bleibt.

Das durch die Basalganglien und das Cerebellum an die aktuellen Umweltbedingungen angepasste Bewegungsprogramm gelangt zum *primär-motorischen Kortex* (Homunculus; vgl. Abb. 20). Dieses Hirnareal hat über die Pyramidenbahnen direkte Verbindungen mit den spinalen Neuronen im Rückenmark und über die extrapyramidalen Nervenbahnen indirekte Verbindungen mit dem Hirnstamm. Die Aufgaben des primärmotorischen Kortex umfassen sowohl die Kontrolle der Stützmotorik (Afferenzen) als auch der α- und γ-Motoneurone der Beuge- und Streckmuskulatur. Von den efferenten Bahnen der motorischen Kortexareale zweigen Seitenäste an den Thalamus ab (Efferenzkopie).

Die Transformation der abstrakten Programminformationen in bioelektrische Aktionspotenziale erfolgt in den Schaltstationen derjenigen Windung der Hirnrinde, die vor dem Sulcus centralis liegt. Hier beginnen Neurone, deren Axone (Pyramidenbahnen) über den Hirnstamm [Brücke (Pons), verlängertes Rückenmark (Medulla oblongata)] und das Rückenmark (Medulla spinalis) bis zu den motorischen Einheiten der aktivierten Skelettmuskeln ziehen (vgl. Abb. 19 und 21).

5 Was besagt die psychologische Programmidee?

Die in der Bewegungswissenschaft des Sports weit verbreitete psychologische Grundannahme, dass der Mensch bei der motorischen Kontrolle auf im Gedächtnis gespeicherte Bewegungsprogramme zurückgreift, die ohne periphere Feedbackmechanismen einfache und komplexe Bewegungen kontrollieren, wird seit Anfang des 20. Jahrhunderts fassettenreich vertreten. Die in der Neurobiologie, der experimentellen Psychologie und der sportwissenschaftlichen Motorikforschung realisierten Experimente zum Nachweis motorischer Programme lassen sich sechs forschungsmethodischen Argumentationslinien zuordnen. Bei kritischer Betrachtung der vorliegenden Einzelresultate stellen diese jedoch nur indirekte Belege für die Existenz und die spezifische Funktionsweise motorischer Programme dar.

1. *Deafferentierungsstudien* von LASHLEY (1917), PROVINS (1958), TAUB (1976) und KELSO (1977a, b) belegen, dass der Mensch bei der Deafferentierung der sensorischen Nervenbahnen (lokale Betäubung, Blutdruckmanschetten usw.) schnelle motorische Handlungen (< 200 ms) auch ohne periphere Rückmeldungen exakt mit unterschiedlichen Geschwindigkeiten oder Krafteinsätzen realisieren kann.
2. *Experimente zur Informationsverarbeitung* von SLATER-HAMMEL (1960) verdeutlichen, dass feedbackbasierte Informationsprozesse zu langsam sind, um die zahlreichen Details schneller Bewegungen wie das Klavierspielen, die Schlagtechniken der Rückschlagspiele oder die Bewegungsfolgen in den asiatischen Kampfsportarten angemessen festzulegen. Auf Grund des hohen Zeitbedarfs der

(re-)afferenten Verarbeitungsprozesse (120-200 ms) stehen die Rückmeldungen über die Bewegungsausführung erst nach dem Bewegungsende für mögliche Korrekturen zur Verfügung.
3. Untersuchungen über die *Veränderung sensorischer Rückmeldungslatenzzeiten* bestätigen, dass periphere Feedbackprozesse keine notwendigen Voraussetzungen für die Bewegungskontrolle darstellen. Auftretende Abweichungen von der vorgesehenen Bewegungsausführung kann der Mensch trotz der nachgewiesenen Mindestverarbeitungszeiten von ca. 120 ms für kinästhetische, von ca. 170 ms für akustische und von ca. 190 ms für visuelle Feedbackschleifen in weniger als 90 ms korrigieren (Überblick: WULF, 1995).
4. *Wahlreaktionszeitexperimente* weisen darauf hin, dass mit der Erhöhung der Bewegungskomplexität die Reaktionszeit signifikant ansteigt (vgl. Lektion 6, Kap. 2). Eine übliche Erklärung dieses Phänomens besteht darin, dass komplexe Fertigkeiten der Erzeugung umfassender Bewegungsprogramme bedürfen, und dass die Reaktionszeit unmittelbar von der Anzahl der sukzessiv oder simultan auszuführenden Bewegungselemente und der Länge der Programmierungszeit abhängt. ROTH (1989) und WOLLNY (1988) belegen mittels einer Variante des Wahlreaktionszeitverfahrens, der *Precuing-Methode* zur Einschätzung von Entscheidungsprozessen, dass die Veränderung der Wahlreaktionszeit bei Techniken aus dem Basketball, Handball, Hockey und Tischtennis in direkter Abhängigkeit zum Umfang der Vorinformationen über die Bewegungsausführung steht. Vorkenntnisse über einzelne Bewegungsparameter (Bewegungszeit, absoluter Krafteinsatz, Bewegungsrichtung, Auswahl bestimmter Körperextremitäten usw.) führen dann zu einer Verkürzung der Wahlreaktionszeit, wenn die auszuführende Bewegungsfertigkeit vorab bekannt ist.
5. *Doppeltätigkeits-Interferenzexperimente* von HEUER und MERZ (1979) und NEUMANN (1985) zeigen, dass mit zunehmender Übung und motorischer Automatismenbildung die wechselseitigen negativen Beeinflussungen zweier ähnlicher, simultan ausgeführter Bewegungsmuster abnehmen. Zu Beginn des Lernprozesses greifen beide Tätigkeiten möglicherweise auf dieselbe zentralnervöse Gedächtnisstruktur zurück. Im Verlauf des motorischen Übens entwickelt sich für die beiden Bewegungshandlungen ein jeweils spezifisch ausgerichtetes Bewegungsprogramm, das für die Kontrolle der anderen motorischen Fertigkeiten scheinbar nicht genutzt wird.
6. *Invarianzstudien* von MAKARENKO (1978), SCHMIDT (1980a, b), SHAPIRO, ZERNICKE, GREGOR und DIESTEL (1981), SUMMERS, SARGENT und HAWKINS (1984), ROTH (1989) und WOLLNY (1993) identifizieren invariante zeitliche und dynamische Relationen in der Bewegungsausführung, welche die Grundstruktur einer bestimmten Bewegungsfertigkeit nachweislich bestimmen.

5.1 Welche Informationen beinhalten motorische Programme?

Im Mittelpunkt des nachfolgenden Unterkapitels stehen die fassettenreichen Annahmen über die möglichen Inhalte motorischer Programme. Thematisiert werden die biologischen Oszillatoren, die Impuls-Timing-Idee, die Bang-Bang-Bewegungssteuerung und das Masse-Feder-Modell.

Biologische Oszillatoren

In bestimmten niederen Hirnabschnitten, im Rückenmark und in den peripheren Arealen der motorischen Neurone liegen selbstregulierende neuronale Netzwerke, so genannte *biologische Oszillatoren* (syn. Spinalgeneratoren, Mustergeneratoren; vgl. Abb. 22a). Die Neurone eines biologischen Oszillators können sich in Form eines Kreisprozesses kontinuierlich selbst erregen, wenn der Oszillator durch einen Reiz aktiviert wird (GRILLNER, 1975, 1990). Durch die Übertragung der nervalen Erregung auf agonistisch-antagonistisch arbeitende Muskeln kann der Oszillator eigenständig zyklische Bewegungen wie das Gehen, das Laufen, das Schwimmen oder das Rudern kontrollieren.

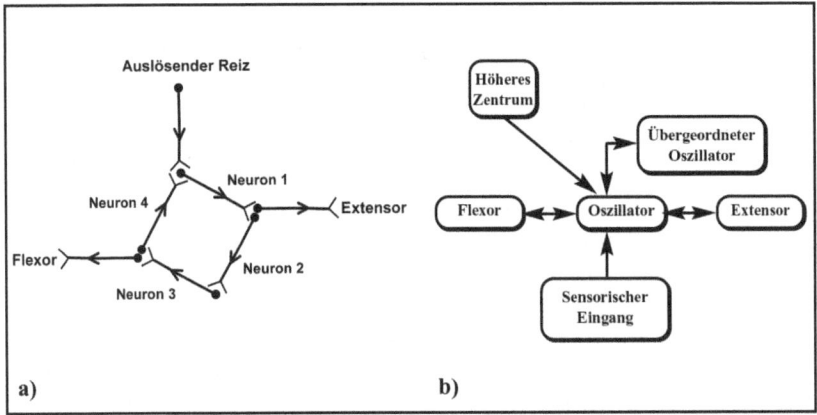

Abb. 22: *Bewegungssteuerung mittels biologischer Oszillatoren*
   a) *Struktur eines Oszillators (mod. nach* SCHMIDT & WRISBERG, *2000, S. 134)*
   b) *Oszillatorenmodell für die Gangart (mod. nach* SCHMIDT, *1988, S. 205)*

Ein im Rückenmark lokalisierter Oszillator könnte beispielsweise aus vier Neuronen bestehen, die den Flexor und den Extensor zeitlich abgestimmt erregen (vgl. Abb. 22a). Vorstellbar ist, dass durch einen körperinternen biochemischen oder bioelektrischen Reiz zunächst das Neuron 1 erregt wird, das wiederum das Neuron 2 aktiviert usw., bis das Neuron 4 erneut das Neuron 1 anregt. Weiterhin vorstellbar ist, dass zwischen dem Neuron 1 und einer den Flexor steuernden Nervenzelle und zwischen dem Neuron 3 und einer den Extensor steuernden Nervenzelle jeweils Synapsen bestehen. Jedes Mal, wenn das Neuron 1 das Neuron 2 aktiviert, wird auch die Nervenzelle zum Extensor erregt. Der gleiche Vorgang vollzieht sich zwischen dem Neuron 3 und der zum Flexor führenden Nervenzelle.

Neuronale Oszillatoren zur Kontrolle des Gehens oder des Laufens könnten durch „höhere" Instanzen des Zentralnervensystems oder durch das sensorische Feedback der bewegungsausführenden Körperextremitäten koordiniert werden. Komplexe Bewegungsfertigkeiten könnten der Kontrolle mehrerer Oszillatoren unterstehen, deren koordiniertes Zusammenspiel ein übergeordneter Oszillator überwacht (vgl. Abb. 22b).

Impuls-Timing-Idee
Die *Impuls-Timing-Idee* besitzt für die Erklärung der Funktionsweise alltäglicher und sporttypischer Bewegungen eine hohe Plausibilität. Hiernach beinhalten motorische Programme einige wenige abstrakte Zeit- und Kraftinformationen in Form von „Kraftstößen" (Impulse) an die bewegungsbeteiligte Muskulatur. Bei schnell ausgeführten Wurf-, Schuss- oder Stoßbewegungen, die am Bewegungsendpunkt nicht zur Ruhe kommen müssen, erzeugt für eine kurze Zeit – bis zur Hälfte des Bewegungswegs oder in Abhängigkeit von der Höhe der Reibungskraft auch länger – eine konstante Muskelkraft die Beschleunigung der Körperextremität. Am Ende des Beschleunigungswegs wird die Bewegung entweder durch die natürlichen Reibungskräfte und Trägheitskräfte abgebremst oder durch die Fliehkraft und Schwerkraft zum Ziel geführt. Liegt eine elastische Gegenkraft vor, bremst diese die motorische Handlung ab.

SCHMIDT (1988) und ROTH (1989) veranschaulichen die Impuls-Timing-Idee an der Analogie der „Kinderschaukel" (vgl. Abb. 23). Hiernach steuert ein einfaches zeitlich-dynamisches Kontrollsystem eine komplexe motorische Handlung. Der die Schaukel in Schwung bringende Vater stellt das Kontrollprogramm dar, das ausschließlich zeitlich abgestimmte Kraftstöße zur Initiierung und Aufrechterhaltung der Schaukelbewegung umfasst. Bei der Berechnung der Kraftstöße berücksichtigt der Vater die physikalischen Gegebenheiten (Trägheitskräfte, Drehmomente, Gravitationseffekte usw.).

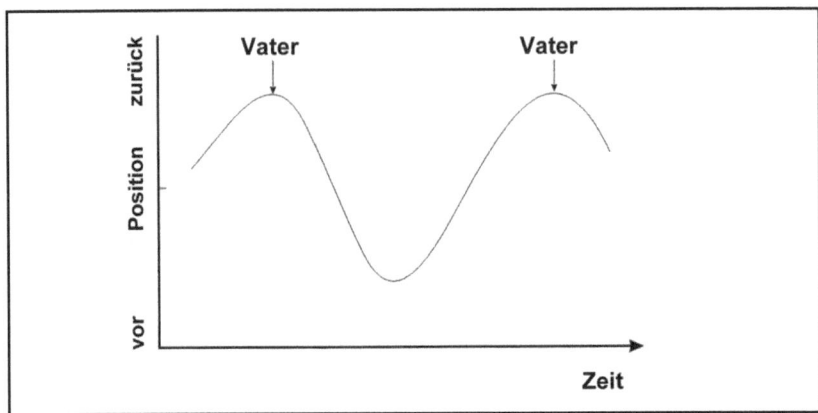

Abb. 23: *Bewegungsspur und Positionen einer Kinderschaukel als Funktion der Zeit (mod. nach SCHMIDT, 1988, S. 262)*

Die Bewegungsbahn der Schaukelbewegung ergibt sich aus den Wechselwirkungen zwischen den Kraft- und Zeitinformationen des Kontrollprogramms und den physikalischen Bedingungen. Die Kinderschaukel erfährt zunächst eine Phase der positiven Beschleunigung (bis Mitte der Bewegungsbahn), gefolgt von einer negativen Beschleunigung (bis zum Umkehrpunkt) und einer ähnlich strukturierten Rückwärtsbewegung.

Bang-Bang-Bewegungssteuerung
Hochautomatisierte unidirektionale Zielbewegungen, die mit maximaler Geschwindigkeit auszuführen sind und unmittelbar am geplanten Bewegungsendpunkt zur Ruhe kommen sollen – wie das Greifen nach einer Kaffeetasse oder die mit äußerster Präzision auszuführenden Schlag- und Trittbewegungen asiatischer Kampfsportler –, unterliegen wahrscheinlich der *Bang-Bang-Bewegungssteuerung* (MILSUM, 1966). Das Bewegungsprogramm kodiert nicht Zeit- und Kraftverläufe, sondern Gleichgewichtspunkte (equilibrium points) zwischen der Muskelspannung des Agonisten und des Antagonisten. Diese Kennwerte legen eine bestimmte Muskellänge und damit einen Bewegungsendpunkt eindeutig fest. Die erste Hälfte der motorischen Aktion unterliegt der Impuls-Timing-Steuerung, während die zweite Bewegungshälfte – das Abbremsen – die zusätzliche Krafterzeugung des Antagonisten reguliert.

Masse-Feder-Modell
Das *Masse-Feder-Modell* (mass-spring-, equilibrium-point-model) geht davon aus, dass unidirektionale Bewegungen nicht über zeitlich koordinierte Kraftstöße, sondern

über die Bewegungsendposition kontrolliert werden. In Analogie zu nichtlinearen physikalischen Federn scheint das Zentralnervensystem die viskoelastische Beschaffenheit der Muskel-, Sehnen- und Gelenkstrukturen zur Vereinfachung der Programminhalte zu nutzen. Nach dieser koordinationstheoretischen Vorstellung ist der Skelettmuskel in gewissen Grenzen dehnbar und kehrt immer wieder zum ursprünglichen Gleichgewichtszustand zurück. Die Körperextremität nimmt eine stabile Lage ein, wenn die Gelenkdrehmomente (Produkt von Muskelkraft und Hebelarm) in beiden Richtungen gleiche Werte zeigen. Eine Veränderung der muskulären Längen-Spannungsrelation führt zu einer Gelenkbewegung in Richtung der Muskelgruppe mit der größten elektrischen Erregung (ASATRYAN & FEL'DMAN, 1965; ROSENBAUM, 1991).

Wie der Mensch das Masse-Feder-Modell zur Bewegungskontrolle ohne Kenntnis der aktuellen Ausgangslage und der Programmierung der zeitlichen Ablaufmerkmale nutzen kann, veranschaulichen die Abbildungen 24a und b anhand der Koordination des Ellbogengelenks (Scharniergelenk). Die Beugemuskeln (Flexoren) und Streckmuskeln (Extensoren) repräsentieren die beiden Federn. In Abhängigkeit von der jeweiligen Länge und Stärke der Federn ergibt sich eine spezielle Gleichgewichtsposition des Ellbogengelenks. Für die Einnahme einer bestimmten Gelenkstellung muss das Bewegungsprogramm die Federlängen und die Federstärken derart einstellen, dass sich die Masse in der vorgesehenen Gelenkposition im Gleichgewicht befindet.

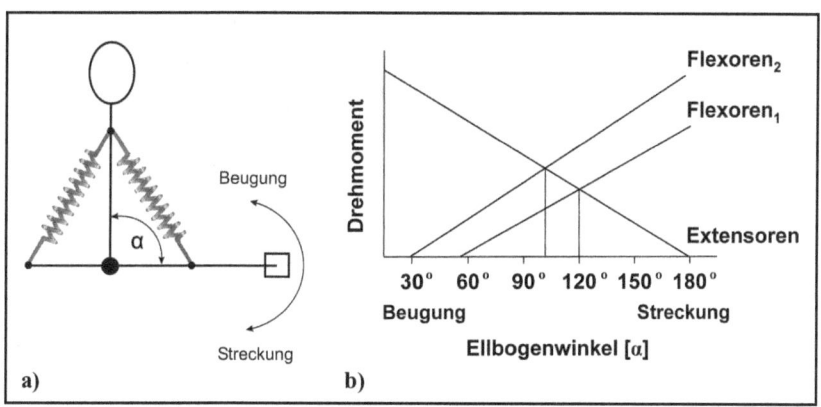

Abb. 24: *Masse-Feder-Modell (mod. nach SCHMIDT, 1988, S. 213)*
  a) *Skelettmuskeln als nichtlineare physikalische Federn*
  b) *Einfache Längen-Spannungsdiagramme für die Flexoren und Extensoren bei verschiedenen Ellbogenwinkeln (Der Aktivitätsanstieg der Flexoren verschiebt den Gleichgewichtspunkt von 120° nach 105°.)*

Die Masse-Feder-Hypothese stützen Experimente, in denen Versuchspersonen ohne visuelle und sensorische Kontrollmöglichkeiten der oberen Extremität (Deafferentierung) beherrschte Positionierungsbewegungen (z. B. mit einem Gegenstand auf nacheinander aufleuchtende Lämpchen zeigen) bei unvorhersehbarer Veränderung der Ausgangsstellung der Arme oder der Masse des zu bewegenden Gegenstandes dennoch das Ziel exakt erreichen. Unter Zugrundelegung der Impuls-Timing-Idee oder der Bang-Bang-Bewegungssteuerung müssten die Testpersonen die vorgegebenen Zielpunkte deutlich verfehlen (Überblick: WULF, 1989).

5.2 Wie werden Bewegungsprogramme organisiert?

Die psychologischen und bewegungswissenschaftlichen Vorstellungen über die Organisation motorischer Programme unterschieden sich lange Zeit erheblich voneinander. Das seit Mitte der 70er Jahre des 20. Jahrhunderts favorisierte Programmkonzept, das zwischen einigen wenigen festen Programmvarianten und variablen Programmparametern differenziert (vgl. Lektion 6, Kap. 3.2), ist das Ergebnis eines dreiphasigen Entwicklungsprozesses.

Memory-Drum-Hypothese

Vertreter der *Memory-Drum-Hypothese* von HENRY und ROGERS (1960) gehen bis Mitte der 70er Jahre analog der Funktionsweise elektronischer Computer von speziellen Bewegungsprogrammen aus, die alle zeitlichen und räumlichen Details der motorischen Handlung beinhalten. Im Langzeitgedächtnis existieren für die einzelnen Bewegungstechniken und deren Variationen jeweils eigenständige Koordinationsmuster (1:1-Speicherung).

Gegen die Memory-Drum-Hypothese sprechen drei schwerwiegende Argumente. Speichert das Hirn bestimmte Bewegungen als einzelne, eigenständige Bewegungsprogramme, stellt sich trotz der für das Hirn angenommenen enormen Anzahl von 10^{11} Neuronen mit 10^{15} Verbindungen das Problem der Speicherkapazität. Zweitens belegen kinemetrische und elektromyografische Bewegungsanalysen, dass scheinbar identisch ausgeführte, automatisierte Fertigkeiten wie eine Kaffeetasse greifen oder ein Tennisaufschlag von Versuch zu Versuch hinsichtlich der äußeren und körperinneren Bewegungsmerkmale geringfügig unterschiedliche Ablaufmuster erzeugen, die jeweils eigenständige Bewegungsprogramme voraussetzen (MÜLLER, 2001). Der hoch geübte Tennisaufschlag der Weltklassetennisspielerin Steffi Graf ist, obwohl er mit einem zuvor ausgeführten Versuch identisch zu sein scheint, in Bezug auf die Fußstellung, die Schlagstärke oder die neuromuskuläre Aktivität im Detail immer etwas verschieden von allen vorausgegangenen Aufschlägen. Gleichzeitig ist der Aufschlag aber nicht vollständig neu, da er den vorausgegangenen Versuchen stark ähnelt. Drittens kann die Memory-Drum-Hypothese nicht erklären, wie das Hirn im Verlauf motorischer Lernprozesse neue Bewegungsprogramme erstellt.

Hierarchisch-sequenzielle Bewegungsorganisation
Eine im Einklang mit neurobiologischen Kenntnissen stehende, *hierarchisch-sequenzielle Bewegungsorganisation* propagieren BERNSTEIN (1967), KEELE (1968) und DAUGS (1972). Hiernach speichert das Zentralnervensystem keine speziellen Bewegungsrepräsentationen, vielmehr fügen sich die motorischen Programme vor und während der Bewegungsausführung situationsspezifisch aus weniger komplexen Komponenten neu zusammen. Die einzelnen Unterprogramme bestehen aus angeborenen Signalreflexen, peripheren Servomechanismen oder Teilabschnitten beherrschter Willkürbewegungen. Letztere greifen auf tiefer liegende sequenzielle Unterbefehle zurück. Ein Beispiel für die hierarchisch-sequenzielle Organisation sportmotorischer Fertigkeiten gibt Abbildung 25 für den „beidhändigen Überkopfpass" im Basketball wieder.

Das motorische Programm „beidhändiger Überkopfpass" setzt sich aus verschiedenen, weniger komplexen Unterprogrammen zusammen. Diese laufen mehr oder weniger automatisch ab und steuern funktional abgeschlossene Fertigkeitsteile (z. B. „Abklappen des Handgelenks"). Die einzelnen Subroutinen (U1-U5) greifen auf tiefer liegende sequenzielle Unterbefehle zurück. Das Hochführen der Arme beinhaltet verschiedene Aktionen des Rumpfs, der Schulter, der Arme und der Hände.

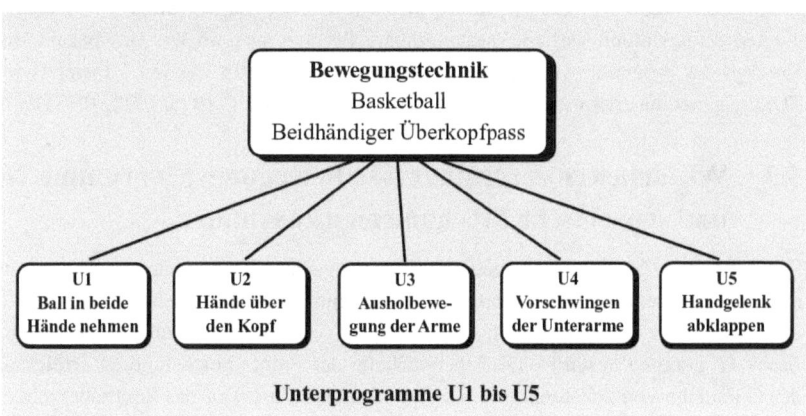

Abb. 25: *Hierarchisch-sequenzielle Organisation sportmotorischer Fertigkeiten am Beispiel des beidhändigen Überkopfpasses im Basketball*

Vergleichbar mit der 1:1-Speicherung der Bewegung weist die hierarchisch-sequenzielle Bewegungsorganisation ebenfalls eine entscheidende Schwachstelle auf. Müssen komplexe Bewegungsfertigkeiten aus gespeicherten Bewegungsmustern oder isolierten motorischen Sequenzen zusammengesetzt werden, erhöht ein derartiger Vorgang mit ansteigender Bewegungskomplexität die zentralnervöse Verarbeitungszeit.

Motorische Rahmenprogramme
Als Reaktion auf das 1:1-Speicherproblem des menschlichen Hirns und das sich aus der hierarchisch-sequenziellen Bewegungsorganisation ergebende Problem der überaus langen Programmierungszeiten rücken moderne Koordinationstheorien von der Vorstellung klassischer Programmkonzepte ab, nach der für jede spezifische Bewegung und deren Variationen ein eigenständiges motorisches Programm besteht oder neu aufgebaut werden muss. Obwohl die Nervenvernetzungen nachweislich komplexer Art sind und keine eindeutigen Kenntnisse darüber bestehen, wie hoch die absolute Speicherkapazität tatsächlich anzusetzen ist, wird auf Grund der nahezu unendlichen Anzahl motorischer Bewegungsformen und der an prinzipielle Endlichkeitsgrenzen stoßenden zentralen Speicherstrukturen von einem ökonomischeren neuronalen Speicherprinzip ausgegangen.

In Analogie zu modernen Softwareprogrammen beinhalten motorische Programme nicht alle Details einer speziellen motorischen Fertigkeit, sondern nur einige wenige generelle Verallgemeinerungen, so genannte unveränderbare Programminhalte (syn. Programminvarianten). Ihre Anpassung an die jeweils vorherrschenden Umweltbedingungen erfolgt durch variable, austauschbare Programmparameter. Das bekannteste Konzept der Programm- und Parametertrennung stellt die in Lektion 6 thematisierte Theorie generalisierter motorischer Programme von SCHMIDT (1975, 1976, 1988) dar.

5.3 Wie arbeiten zentralnervöse Bewegungsprogramme und sensorische Mechanismen zusammen?

Die auf KEELE (1982) zurückgehende *Monitoring-Hypothese* beschreibt das Zusammenspiel von zentral repräsentierten Bewegungsprogrammen (Open-Loop-Kontrolle) und sensorischen Rückinformationen. Hiernach werden Bewegungen durch motorische Programme gestartet. Die Überwachung der Programmausführung erfolgt auf der Grundlage von Afferenz- und Reafferenzinformationen an das Zentralnervensystem. Entdeckt das Überwachungssystem bedeutsame Fehler in der Programmausführung, erfolgen entsprechende Bewegungskorrekturen, wenn die Bewegungszeit dies zulässt.

SCHMIDT (1988) und ROTH (1989) unterscheiden zwei Hauptformen der Ablaufkontrolle motorischer Programme: die Überwachung der fehlerfreien Ausführung des vorab festgelegten Bewegungsprogramms (response execution) und die Überwachung der Auswahl des motorischen Programms (response selection).

Die erste Hauptform der Ablaufkontrolle motorischer Programme – die *Überwachung der fehlerfreien Ausführung des vorab festgelegten Bewegungsprogramms* – differenziert zwei Arten der Ausführungskorrekturen, bei denen das Bewegungsprogramm vollständig erhalten bleibt. Bei der ersten Art, den *Korrekturen geringer, nicht vorhersehbarer Störungen in der Umsetzung des Bewegungsprogramms* – wie die Kompensation kleiner Unebenheiten des Geländes beim Gehen, Laufen, Fahrradfahren oder alpinen Skilauf durch die Skelettmuskeln – dominieren die Ia-Afferenzen und als schneller Korrekturmechanismus die α-γ-Koaktivierung (schneller Dehnungsreflex: 30 ms; langsame transkortikale Schleife: 50-80 ms).

Den größeren Zeitbedarf von ungefähr 200 ms für die zweite Art der Ausführungskontrolle – *Korrekturen von Ungenauigkeiten in der zentralnervösen Bewegungsprogrammierung* – bedingen zeitaufwändige kortikale Sollwert-Istwert-Vergleiche (vgl. Kap. 3). Mögliche Sollwert-Istwert-Differenzen leiten direkte Anpassungen des ausgewählten Bewegungsprogramms an die veränderten Umweltbedingungen ein, indem die Bewegungsrichtung, die Bewegungsgeschwindigkeit, die Kraftdosierung oder die Gelenkwinkelstellung leicht modifiziert werden. Beim Snowboardfahren dienen die Ausgleichsbewegungen der Arme und des Oberkörpers der Kompensation kleiner Gleichgewichtsstörungen (Istwert), um möglichen Stürzen entgegenzuwirken (Sollwert).

Die zweite Hauptform der Ablaufkontrolle motorischer Programme – die *Überwachung der Auswahl der Bewegungsprogramme* – verlangt umfassende willkürliche Planungs- und Entscheidungsprozesse. SCHMIDT (1988) und ROTH (1989) differenzieren wiederum zwei Korrekturarten. Die *Korrekturen von Fehlern in der Auswahl der Programmparameter* modifizieren die Parameterkennwerte auf Grund der wahrgenommenen kurzfristigen Umweltveränderungen. Der Badmintonspieler stellt beispielsweise während der Ausholbewegung fest, dass es für einen Punktgewinn von Vorteil wäre, die bereits festgelegte Schlagrichtung kurzfristig von links nach rechts abzuwandeln, um angemessen auf das veränderte Stellungsspiel des Gegenspielers zu reagieren.

ROTH (1989) ermittelte für die Modifizierung verschiedener Programmparameterwerte beim Handballsprungwurf (Wurfrichtung: von rechts nach links, von tief nach hoch), beim Tennisvorhandschlag (Schlagrichtung: von rechts nach links; Schlaglänge: von kurz nach lang) und beim Volleyballschmetterschlag (Schlagrichtung: von diagonal nach longline; Schlaglänge: von kurz nach lang) einen Zeitbedarf zwischen 380 ms und 490 ms. Veränderungen der vorab festgelegten Parameterwerte können aber nur dann realisiert werden, wenn der Sportler deren Notwendigkeit 400-500 ms vor dem Ende der Bewegungsausführung erkennt. Für die vollständige Neuprogrammierung motorischer Fertigkeiten (Tennis: vom Slice zum Topspin; Volleyball: vom Schmetterschlag zum Lop) – *Korrekturen von Fehlern in der Auswahl des Bewegungsprogramms* – belegt ROTH (1989) eine deutlich längere Zeitdauer von etwa 560-750 ms.

6 Zentralnervöse Aspekte der Bewegungskontrolle im Überblick

Schnelle Bewegungen (< 200 ms) realisiert der Mensch nahezu ohne Rückgriff auf sensorische Rückmeldungen durch vorab festgelegte efferente Muskelanweisungen. Zu den unbewussten Mechanismen der *Open-Loop-Bewegungskontrolle* zählen die auf bestimmte Umweltreize mit genetisch festgeschriebenen Verhaltensweisen reagierenden motorischen Reflexe (z. B. monosynaptischer Eigenreflex, polysynaptischer Fremdreflex) und die *motorischen Automatismen*. Die willkürliche Bewegungskontrolle erfolgt durch zentralnervös repräsentierte *motorische Programme*.

Biologische Open-Loop-Systeme umfassen drei Komponenten: die *Exekutive* (Entscheidungszentrum), den *Sollwert* (zeitlich-dynamisches Bewegungskommando) und den *Effektor* (Muskel-Skelett-System). Nach der in der Bewegungsforschung weit verbreiteten *Programmidee* werden vor dem Bewegungsbeginn aus dem motorischen Gedächtnis vorstrukturierte sequenzielle oder hierarchisch geordnete Informationen über bestimmte Bewegungsabläufe abgerufen, exakt an die vorherrschenden Umweltbedingungen angepasst (Programmierung) und nach der Dekodierung der abstrakten Programminhalte in bioelektrische Aktionspotenziale (Efferenzen) über die efferenten Nervenbahnen an die motorischen Einheiten übermittelt. Als Hauptnachteil der Open-Loop-Bewegungskontrolle gilt, dass der Mensch eventuelle Planungsfehler bei der Programmerstellung oder unvorhersehbare Störungen nur sehr eingeschränkt oder überhaupt nicht kompensieren kann.

Nach neurobiologischen Befunden zeigen sich die *subkortikalen Motivationsareale*, das *Entscheidungszentrum* (limbisches System, Frontalhirn) und die *Assoziationsfelder des motorischen Kortex* für den motorischen Handlungsantrieb, die Entscheidung über den Abruf des Bewegungsplans und die Analyse der sensorischen Informationen verantwortlich. Die zeitlich-räumliche Feinjustierung der im *motorischen Gedächtnis* gespeicherten, wenig ausdifferenzierten Bewegungspläne findet in den Basalganglien und im Cerebellum (Kleinhirn) statt. Die *Basalganglien* übernehmen die Koordination langsamer und automatisierter Bewegungen, die Festlegung der muskulären Kraft, der Richtung, der Amplitude und der Geschwindigkeit der motorischen Handlung. Das *Cerebellum* nimmt Einfluss auf die zeitliche Strukturierung schneller Bewegungen, die Feinkoordination langsamer Fertigkeiten und die Gleichgewichtsregulation. Der *primär-motorische Kortex* (Homunculus) sendet die ausdifferenzierten motorischen Programme nach ihrer Umwandlung in bioelektrische Aktionspotenziale über absteigende Bahnen unter Einbindung des *Hirnstamms* und des *Rückenmarks* an die Skelettmuskeln.

Belege für die *Existenz motorischer Programme* liefern Deafferentierungsstudien, Untersuchungen zur Informationsverarbeitung, Wahlreaktionszeitexperimente und Invarianzstudien. Über die speziellen *Inhalte motorischer Programme* bestehen ausgesprochen fassettenreiche Annahmen. Der Bogen spannt sich von *biologischen Oszillatoren*, die sich nach Aktivierung durch biochemische oder bioelektrische Reize kontinuierlich selbst erregen, über zentralnervöse *Impuls-Timing-* und *Bang-Bang-Mechanismen*, die zeitlich-dynamisch strukturierte Informationen als Impulse an die relevante Muskulatur senden, bis hin zu *Masse-Feder-Modellen*, die über die Veränderung der muskulären Längen-Spannungsrelation zwischen Agonisten und Antagonisten die Gelenkbewegung kontrollieren.

Unter den zahlreichen kontrovers diskutierten Vorstellungen über die *Organisation motorischer Programme* dominiert das *Programmkonzept* von SCHMIDT (1975, 1988), das feste zeitlich-dynamische Programminvarianten und leicht veränderbare metrische Programmparameter unterscheidet (vgl. Lektion 6). Im Gegensatz zu den Vorstellungen vergangener Jahre, nach denen langsame Bewegungen allein der Closed-Loop-Regelung (vgl. Lektion 3) und schnelle Bewegungsausführungen ausschließlich der Open-Loop-Steuerung unterstehen (vgl. Lektion 4), favorisiert die moderne Bewegungsforschung hybride Modelle (vgl. Lektion 6).

Zentrale Begriffe

Automatismen, α-γ-Koaktivierung, Bang-Bang-Bewegungssteuerung, Basalganglien, Beugereflex, Bewegungsprogramm, Bewegungssteuerung, Cerebellum, Deafferentierung, Dehnungsreflex, Eigenreflex, Engramm, Fremdreflex, hierarchisch-sequenzielle Bewegungsorganisation, Hirnstamm, Homunculus, Ia-Afferenz, Impuls-Timing-Idee, Kleinhirn, limbisches System, Masse-Feder-Modell, Memory-Drum-Hypothese, Monitoring-Hypothese, monosynaptischer Dehnungsreflex, motorischer Automatismus, motorische Einheit, motorischer Reflex, motorisches Programm, Neokortex, Open-Loop-Kontrolle, Oszillator, polysynaptischer Reflex, primär-motorischer Kortex, Reflexbogen, Steuerung, 1:1-Speicherung.

Zur vertiefenden Weiterarbeit

BIRBAUER, N. & SCHMIDT, R. F. (2006). *Biologische Psychologie.* (6. Aufl.). Heidelberg: Springer.
SCHMIDT, R. A. (1988). *Motor control and learning: A behavioral emphasis* (2nd ed.). Champaign: Human Kinetics.
THEWS, G., MUTSCHLER, E. & VAUPEL, P. (1999). *Anatomie, Physiologie, Pathophysiologie des Menschen* (5. Aufl.). Stuttgart: Kohlhammer.
WOLLNY, R. (1993). *Stabilität und Variabilität im motorischen Verhalten. Theoretische Grundlagen und elektromyographische Überprüfung der Koordination und des Erlernens komplexer Bewegungsformen im Sport.* Aachen: Meyer & Meyer.

Literatur

ASATRYAN, D. G. & FEL'DMAN, A. G. (1965). Functional tuning of nervous system with control of movement or maintenance of a steady posture. I. Mechanographic analysis of the work of the joint on execution of a postural task. *Biophysics, 10*, 925–935.
BERNSTEIN, N. A. (1967). *The coordination and regulation of movement.* London: Pergamon Press.
BIRBAUER, N. & SCHMIDT, R. F. (2006). Biologische Psychologie (6. Aufl.). Heidelberg: Springer.
CRUSE, H. (1981). *Biologische Kybernetik. Einführung in die lineare und nicht lineare Systemtheorie.* Weinheim: Verlag Chemie.
DAUGS, R. (1972). Bewegungsstruktur und (senso-)motorischer Lernprozeß. In K. KOCH, G. BERNHARD & D. UNGERER (Hrsg.), *Motorisches Lernen – Üben – Trainieren* (S. 217–228). Schorndorf: Hofmann.
GRILLNER, S. (1975). Locomotion in vertebrates: Central and reflex interaction. *Physiological Review, 55*, 247–304.
GRILLNER, S. (1990). Neurobiology of vertebrate motor behavior. From flexion reflexes and locomotion to manipulative movements. In G. M. Edelmann, W. E. GALL & W. M. COWAN (Eds.), *Signal and sense. Local and global order in perceptual maps* (pp. 187–208). New York: Wiley.
HENATSCH, H. D. (1976a). Bauplan der peripheren Kontrollen. In O. H. GAUER, K. KRAMER & R. JUNG (Hrsg.), *Sensomotorik* (S. 193–263). München: UTB.
HENATSCH, H. D. (1976b). Zerebrale Regulation der Sensomotorik. In O. H. GAUER, K. KRAMER & R. JUNG (Hrsg.), *Sensomotorik* (S. 265–420). München: UTB.
HENRY, F. M. & ROGERS, D. E. (1960). Increased response latency for complicated movements and a „memory drum" theory of neuromotor reaction. *Research Quarterly, 31*, 448–458.

HEUER, H. & MERZ, F. (1979). *Einfluß von psychischen Belastungen auf das Erlernen und die Struktur motorischer Handlungen.* Marburg: Philipps-Universität Marburg.
KEELE, S. W. (1968). Movement control in skilled motor performance. *Psychological Bulletin, 70,* 387–403.
KEELE, S. W. (1982). Learning and control of coordinated motor patterns: The programming perspective. In J. A. KELSO (Ed.), *Human motor behavior – an introduction* (pp. 161–186). Hillsdale: Erlbaum.
KEELE, S. W. & SUMMERS, J. J. (1976). The structure of motor program. In G. E. STELMACH (Ed.), *Motor control: Issues and trends* (pp. 109–142). New York: Academic Press.
KELSO, J. A. (1977a). Coding processes and motor control. An integrated approach. In D. L. LANDERS & R. W. CHRISTINA (Eds.), *Psychology of motor behavior and sport* (pp. 225–242). Champaign: Human Kinetics.
KELSO, J. A. (1977b). Motor control mechanisms underlying human movement reproduction. *Journal of Experimental Psychology: Human Perception and Performance, 3,* 529–543.
KONCZAK, J. (2003). Neurophysiologische Grundlagen der Motorik. In H. MECHELING & J. MUNZERT (Hrsg.), *Handbuch Bewegungswissenschaft – Bewegungslehre* (S. 81–104). Schorndorf: Hofmann.
LAHSLEY, K. S. (1917). The accuracy of movement in the absence of excitation from the moving organ. *The American Journal of Physiology, 43,* 169–194.
MAKARENKO, L. P. (1978). *Schwimmtechnik.* Berlin: Sportverlag.
MILSUM, J. H. (1966). *Biological control systems analysis.* New York: McGraw-Hill.
MÜLLER, H. (2001). *Ausführungsvariabilität und Ergebniskonstanz.* Lengerich: Pabst Science Publishers.
NETTER, F. H. (1997). *Atlas der Anatomie des Menschen.* Bern: Novartis.
NEUMANN, O. (1985). Die Hypothese begrenzter Kapazität und die Funktion der Aufmerksamkeit. In O. NEUMANN (Hrsg.), *Perspektiven der Kognitionspsychologie* (S. 185–229). Heidelberg: Springer.
PROVINS, K. A. (1958). The effect of peripheral nerve block in the appreciation and execution of finger movements. *Journal of Physiology, 143,* 55–61.
ROSENBAUM, D. A. (1991). *Human motor control.* San Diego: Academic Press.
ROTH, K. (1989). *Taktik im Sportspiel.* Schorndorf: Hofmann.
SCHMIDT, R. A. (1975). A schema theory of discrete motor skill learning. *Psychological Review, 82,* 225–260.
SCHMIDT, R. A. (1976). The schema as a solution to some persistent problems in motor learning theory. In G. E. STELMACH (Ed.), *Motor control: Issues and trends* (pp. 41–65). New York: Academic Press.
SCHMIDT, R. A. (1980a). On the theoretical status of time in motor program representations. In G. E. STELMACH & J. REQUIN (Eds.), *Tutorials in motor behavior* (pp. 145–166). Amsterdam: North Holland.

SCHMIDT, R. A. (1980b). Past and future issues in motor programming. *Research Quarterly for Exercise and Sport, 512*, 122–140.
SCHMIDT, R. A. (1988). *Motor control and learning: A behavioral emphasis* (2nd ed.). Champaign: Human Kinetics.
SCHMIDT, R. F., LANG, F. & THEWS, G. (2005). *Physiologie des Menschen mit Pathophysiologie* (29. Aufl.). Heidelberg: Springer.
SCHMIDT, R. F. & WRISBERG, C. A. (2000). *Motor learning and performance* (2nd ed.). Champaign: Human Kinetics.
SHAPIRO, D. C., ZERNICKE, R. F., GREGOR, R. J. & DIESTEL, J. D. (1981). Evidence for generalized motor programs using gait pattern analysis. *Journal of Motor Behavior, 13*, 33–47.
SLATER-HAMMEL, A. T. (1960). Reliability, accurary and refractoriness of a transit reaction. *Research Quarterly, 31*, 217–228.
SUMMERS, J. J., SARGENT, G. I. & HAWKINS, S. R. (1984). Rhythm and the timing of movement sequences. *Psychological Research, 46*, 197–219.
TAUB, E. (1976). Movements in nonhuman primates deprived of somatosensory feedback. *Exercise and Sport Sciences Review, 4*, 335–374.
THEWS, G., MUTSCHLER, E. & VAUPEL, P. (1999). *Anatomie, Physiologie, Pathophysiologie des Menschen* (5. Aufl.). Stuttgart: Kohlhammer.
WOLLNY, R. (1988). Zur Struktur motorischer Programmierungsprozesse im Basketballspiel. In R. DAUGS (Hrsg.), *Neuere Aspekte der Motorikforschung* (S. 205–217). Clausthal-Zellerfeld: dvs.
WOLLNY, R. (1993). *Stabilität und Variabilität im motorischen Verhalten. Theoretische Grundlagen und elektromyographische Überprüfung der Koordination und des Erlernens komplexer Bewegungsformen im Sport.* Aachen: Meyer & Meyer.
WULF, G. (1989). Schema theory and mass-spring control of movements: An attempt at integration. *Sportwissenschaft, 19*, 204–215.
WULF, G. (1995). Lernen von generalisierten motorischen Programmen und Bewegungsrepräsentationen. In L. JÄNKE & H. HEUER (Hrsg.), *Interdisziplinäre Bewegungsforschung* (S. 498–537). Lengerich: Pabst.

Fragen zur Lektion 4

1. Wie unterscheiden sich motorische Programme von motorischen Reflexen und motorischen Automatismen?
2. Beschreiben Sie den Aufbau und die Funktionsweise des monosynaptischen Dehnungsreflexes und des polysynaptischen Beugereflexes.
3. Was versteht die Biologie unter der Frequenzierung und der Rekrutierung der motorischen Einheiten der Skelettmuskeln und der inter- und intramuskulären Koordination?
4. Erläutern Sie die wesentlichen Komponenten und Funktionsprozesse der Open-Loop-Kontrolle motorischer Handlungen.
5. Welche empirischen Befunde und Argumente sprechen für die zentralnervöse Bewegungssteuerung?
6. Beschreiben Sie die Funktionen des Cerebellums, der Basalganglien und des motorischen Homunculus bei der Bewegungskontrolle.
7. Was wird unter der α-γ-Koaktivierung der Skelettmuskeln verstanden?
8. Kennzeichnen Sie die Arbeitsweise biologischer Oszillatoren.
9. Wie unterscheiden sich die Impuls-Timing-Idee und die Bang-Bang-Bewegungssteuerung voneinander?
10. Welchen Erklärungswert besitzt das Masse-Feder-Modell für die Bewegungssteuerung?
11. Benennen Sie experimentelle Befunde für die Existenz motorischer Programme.
12. Diskutieren Sie die verschiedenen Vorstellungen über die Organisation motorischer Programme.
13. Wie erklärt die Monitoring-Hypothese die Überwachung des Ablaufs motorischer Programme?

Lektion 5
Lernmaschine Mensch zum Lernen bringen – Wie werden elementare motorische Fertigkeiten vermittelt?

Der Mensch kann als ein Lebewesen angesehen werden, das sich ständig verändert und sich fortlaufend der vorherrschenden materialen und sozialkulturellen Umwelt anpasst. Die Auseinandersetzung mit den vielfältigen Umweltbedingungen führt zu individuellen Erfahrungen und überdauernden Verhaltensweisen, indem Informationen wahrgenommen, gespeichert und abgerufen werden. Die Erforschung der Gesetzmäßigkeiten des kognitiven und motorischen Verhaltens fasziniert in der ersten Hälfte des 20. Jahrhunderts besonders die behavioristisch orientierten Verhaltensforscher PAWLOW (1849-1936), THORNDIKE (1877-1949), WATSON (1878-1950) und SKINNER (1904-1990).

Behavioristen versuchen auf der alleinigen Grundlage naturwissenschaftlicher Analysen äußerer Verhaltensmerkmale allgemein gültige Lerngesetze aufzustellen und Lehrtechnologien zur Beeinflussung des kognitiven und motorischen Handelns von Tieren und Menschen zu entwickeln. Nach behavioristischen Vorstellungen basiert das kognitive und motorische Lernen ausschließlich auf Reiz-Reaktionskopplungen. Demgegenüber bleiben Gedächtnismechanismen und Motivationsprozesse in Reiz-Reaktionstheorien (syn. stimulus-response-Theorien, S-R-Theorien) kategorisch unberücksichtigt. Doch selbst behavioristische Untersuchungsbefunde weisen einfachste Reiz-Reaktionsverbindungen als theoretisch derart komplex aus, dass PAWLOW, THORNDIKE, WATSON und SKINNER ihren Versuchstieren – Hunde, Katzen, Mäuse, Ratten und Tauben – gewisse, nicht direkt beobachtbare Kognitionen zugestehen müssen.

Mit den von Behavioristen ausgeklammerten sozialkognitiven Mechanismen und Funktionsprozessen des kognitiven und motorischen Lernens beschäftigt sich erstmals der kanadische Lernpsychologe Albert BANDURA (geb. 1925). Seine *Theorie des Lernens am Modell* leitet in den 70er Jahren die „kognitive Wende" in der Lernpsychologie ein und lässt massive Zweifel an der Gültigkeit der von Behavioristen aufgestellten Lerngesetze aufkommen.

1 Was ist von dieser Lektion zu erwarten?

Lektion 5 stellt die frühen behavioristischen Reiz-Reaktionstheorien und das Konzept des Lernens am Modell vor. Die im angloamerikanischen Sprachraum bis Mitte des 20. Jahrhunderts entwickelten lernpsychologischen Ansätze der klassischen Verhaltensforschung greift das vorliegende Lehrbuch deshalb auf, weil ihre theoretischen Grundlagen zum einen spezielle Empfehlungen für die Schulung der elementaren motorischen Fertigkeiten begründen. Zum anderen gelten Reiz-Reaktionstheorien als die historischen „Wurzeln" der in Lektion 6 exemplarisch behandelten, sehr erfolgreichen Informationsverarbeitungsansätze.

Kapitel 2 erläutert neben den Begriffen Glauben, Wissen, Meinung und Lernkurve die Merkmale einer idealen wissenschaftlichen Theorie und die Systematisierung der lernpsychologischen Grundformen der Aneignung einfacher Bewegungsfertigkeiten. Unter der Leitfrage *Wie funktioniert die „Lernmaschine Mensch"?* grenzt Kapitel 3 idealtypisch verschiedene traditionelle Lernkonzepte voneinander ab. Hierzu zählen die kontiguitätstheoretische (klassische Konditionierung), die verstärkungstheoretische (instrumentelle und operante Konditionierung) und die sozialkognitive Position (Lernen am Modell). Eine Beschreibung der bis zum Vorschulkindalter (6./7. Lebensjahr) bewährten methodisch-didaktischen Vermittlungsverfahren der Aneignung elementarer motorischer Fertigkeiten – das *Shaping* (stufenweise Annäherung an die Zielfertigkeit), das Chaining (Verkettung beherrschter Teilbewegungen) und die gezielte *Darbietung von Modellverhalten* – findet der Leser in Kapitel 4. Wie in den vorausgehenden Lektionen fasst das Abschlusskapitel die wichtigsten Inhalte zusammen und geht auf die Hauptunterschiede zwischen der klassischen, instrumentellen und operanten Konditionierung ein.

2 Welche Begriffe sind grundlegend?

Der Begriff *Glauben* stellt eine durch Erfahrungen oder fremde Bezeugungen geprägte, unsichere Vorstellung des Individuums über bestimmte Tatsachen oder Zusammenhänge der Wirklichkeit dar. Die Begründungen des „für wahr gehaltenen" können nur indirekt erfolgen. Im Gegensatz zum Glauben steht das *Wissen* als die Gesamtheit aller organisierten Informationen eines Individuums, durch die es bewusst und sinnvoll auf Reize der Umwelt reagieren kann. Das Wissen ist nicht durch Argumente zu widerlegen, während *Meinungen* zwar wahr sein können, jedoch diskutabel sind. Zu den Wissensformen zählen beispielsweise das Faktenwissen, das Wissen über Theorien und Konzepte und deren Eigenschaften oder das Wissen über semantische Beziehungen (räumliche Beziehungen: Behälter und Inhalt; Kausalbeziehungen: Blitz und Donner usw.).

Bei einer *Theorie* handelt es sich um eine „durch das Denken geschaffene Verknüpfung beobachtbarer Tatsachen zu einem in sich widerspruchslosen Zusammenhang von Gründen und Folgen" (TRAXEL, 1964, S. 309). Als Kennzeichen idealer wissenschaftlicher Theorien gelten:

- die logisch widerspruchsfreie *Systematisierung* (gesetzmäßige Beziehungen zwischen mehreren Variablen),
- der *Erklärungswert* (Herausstellung der Bedingungen für das Eintreten von Ereignissen und Ableitung von exakten Vorhersagen über die Bedingungen, unter denen das Ereignis eintritt),
- die *Falsifizierbarkeit* (Formulierung empirisch überprüfbarer Hypothesen) und
- die *Nachprüfbarkeit* der postulierten Gesetzmäßigkeiten (TRAUTNER, 1997).

Sportmotorische Lernprozesse charakterisieren neben einem auffälligen Leistungsanstieg einerseits zeitlich konstant verlaufende *Lernstadien*, die keinen oder zumindest einen unbedeutenden Leistungsfortschritt (Leistungsstagnation) annehmen lassen. Die Ursachen liegen im Übergang von einem niedrigeren auf ein nächsthöheres Fertigkeitsniveau begründet. Bei der Leistungsstagnation kann es sich aber auch um die persönliche Leistungsgrenze des Sportlers handeln (*Deckeneffekt*). Andererseits können sportmotorische Lernprozesse *regressive Lernphasen* aufweisen, die einen zeitlich befristeten Leistungsrückgang anzeigen. Regressive Lernphasen treten im Spitzensport typischerweise bei der Technikumstellung auf.

Den individuell unterschiedlichen Verlauf lernbedingter motorischer Verhaltensveränderungen veranschaulichen grafische Lernkurven. Den *linearen Kurvenverlauf* (Abb. 26a) kennzeichnet ein proportionaler Lernzuwachs. Beim *negativ beschleunigten Lernverlauf* (Abb. 26b) bestehen anfänglich schnelle Lernfortschritte. Der Umfang des Lernzuwachses nimmt jedoch mit der Zunahme der Lerndurchgänge beständig ab. Oder anders formuliert, je mehr sich die motorische Leistung des Sportlers dem Lernziel annähert, desto schwieriger werden äußerlich sichtbare Lernfortschritte erzielt. Dieses Phänomen tritt besonders augenfällig bei Spitzensportlern auf, deren sportmotorische Techniken und Leistungen nahezu maximal ausgebildet sind. Eine weitere Leistungsverbesserung kann der Lernende vielfach nur durch eine deutliche Steigerung des Trainingsumfangs erzielen. Den *positiv beschleunigten Kurvenverlauf* (Abb. 26c) charakterisiert ein zunächst geringer, im Verlauf des Lernprozesses zunehmender Lernzuwachs. Der *s-förmige Lernverlauf* (Abb. 26d) zeigt zu verschiedenen Zeitpunkten positive oder negative Lernzuwächse.

Was sind zentralnervöse Aspekte der Bewegungskontrolle? 117

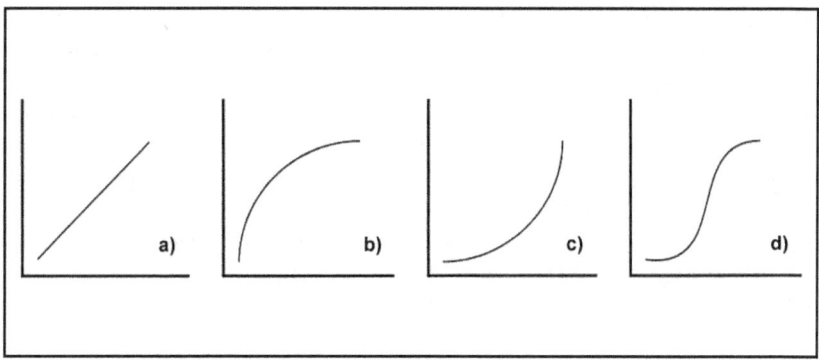

Abb. 26: *Idealisierte Verläufe motorischer Lernkurven*
a) *linearer,* **b)** *negativ beschleunigter* **c)** *positiv beschleunigter und*
d) *s-förmiger Lernverlauf*

Die *Grundformen der Aneignung elementarer motorischer Fertigkeiten* – die Habituation, die klassische, instrumentelle und operante Konditionierung sowie das Lernen am Modell – lassen sich, wie in Tabelle 4 angeführt, nach dem jeweiligen Anteil der lernrelevanten kognitiven Prozesse hierarchisch ordnen.

Tab. 4: *Systematisierung der Grundformen der Aneignung elementarer motorischer Fertigkeiten (mod. nach* KLIX, *1973, S. 354)*

Art des Lernens	Anteil kognitiver Prozesse
Habituation	gering
Klassische Konditionierung	
Instrumentelle Konditionierung	
Operante Konditionierung	
Lernen am Modell	hoch

Die bereits in Lektion 1 thematisierte *Habituation* stellt die unbewusste Gewöhnung der Sinnesorgane an wiederholt einwirkende Reizkonstellationen dar, die für den Menschen keine aktuell nützlichen Informationen beinhalten (nächtlicher Straßenlärm, Rauschen der Meeresbrandung, Ticken des Weckers usw.). Habituelle Adaptationen der sensorischen Systeme dienen der Freisetzung zentralnervöser Verarbeitungskapazitäten und dem Schutz vor Reizüberflutungen. Bei sportlichen Fertigkeiten erfolgt die Gewöhnung vornehmlich bewegungsspezifisch. Weitläufig bekannt sind die vestibulären Anpassungen von Eiskunstläufern an Drehbeschleunigungen um die Körperlängsachse oder die Reduzierung der motorischen Schutzreflexe bei Torwarten und Abwehrspielern in der Sportart Handball.

Die in Tabelle 4 aufgeführten vier traditionellen Lerntheorien – die klassische, instrumentelle und operante Konditionierung und das Lernen am Modell – lassen sich drei lerntheoretischen Grundpositionen zuordnen. Diese bündeln jeweils spezielle lernpsychologische Aussagen über die Voraussetzungen und die Prozesse der Veränderung kognitiver und motorischer Verhaltensweisen.

- Der *kontiguitätstheoretische Standpunkt* – klassische Konditionierung – beschreibt die Beziehungen zwischen einem Verhalten und den vorausgehenden Bedingungen. Der Mensch lernt, auf einen neutralen Umweltreiz mit einer spezifischen reflektorischen Verhaltensweise zu reagieren. Als Voraussetzung für das Zustandekommen kognitiver und motorischer Lernprozesse gilt die zeitlich-räumliche Nähe zwischen einem bestimmten Reiz und einer speziellen Reaktion.
- Die *verstärkungstheoretischen Ansätze* – instrumentelle und operante Konditionierung – betrachten die Zusammenhänge zwischen dem Verhalten und dessen unmittelbaren Konsequenzen, welche die Wahrscheinlichkeitsquote des Auftretens einer bestimmten Verhaltensweise verändern. Als zentraler Lernfaktor gilt das aktive, suchende Verhalten des Menschen, das sich selbst verstärkt oder durch die Umwelt verstärkt wird.
- Die *sozialkognitiven Konzepte* erklären das Lernen am Modell (syn. Beobachtungslernen, Imitationslernen). Hiernach nutzt der Mensch die subjektiven Beobachtungen der Verhaltensweisen anderer Personen für die Ausgestaltung des eigenen Handelns.

3 Was besagen die „historischen" Vorläufer moderner Informationsverarbeitungsansätze?

Der bekannteste „historische" Vorläufer der in der Bewegungsforschung ausgesprochen erfolgreichen Informationsverarbeitungsansätze (vgl. Lektion 6) – der *Behaviorismus* – betrachtet den Menschen als ein passives, umweltabhängiges Lebewesen, das wie eine Marionette auf die Stimuli des Puppenspielers reagiert. Als eine Art informationsverarbeitende „Lernmaschine" nimmt das Individuum die Reize der Umwelt wahr (Input) und überführt diese durch Kombination, Kodierung oder Vergleich in vorhersagbare Reaktionen (Output; vgl. Abb. 27). Unter einem *Reiz* versteht der Begründer des Behaviorismus, John Broadus WATSON (1968, S. 39), „jedes Objekt in der allgemeinen Umwelt oder jede Veränderung in den Geweben selbst, die durch den physiologischen Zustand des Lebewesens bedingt ist, [...]. Unter einer *Reaktion* verstehen wir alles, was das Lebewesen tut."

Abb. 27: *„Black Box"-Modell psychologischer Reiz-Reaktionstheorien*

Das nicht direkt beobachtbare Innenleben der „Lernmaschine Mensch" – wie das Bewusstsein, die Erlebnisse, die Motivationsprozesse und die motorischen Kontrollmechanismen – klammern Behavioristen nahezu vollständig aus. Die Funktionsweise und die Gesetzmäßigkeiten des Innenlebens des Menschen – die *Black Box* – wird naturwissenschaftlich allein aus dem Input und die hierdurch ausgelösten quantitativen Verhaltensmerkmale (Output) erschlossen. Als Grundbausteine des Bewegungsverhaltens gelten angeborene motorische Reflexe (Überblick: SPADA, ERNST & KETTERER, 1992; LEFRANÇOIS, 1994).

Die nachfolgenden Abschnitte skizzieren zunächst die Annahmen der kontiguitäts- (klassische Konditionierung: PAWLOW, 1927) und verstärkungstheoretischen Position (instrumentelle Konditionierung: THORNDIKE, 1913; operante Konditionierung: SKINNER, 1953). Anschließend wird am Beispiel der Theorie des Lernens am Modell von BANDURA (1976, 1986) die sozialkognitive Sichtweise erläutert.

Kontiguitätstheoretische Position

Der kontiguitätstheoretischen Position wird die *klassische Konditionierung* – Lernen durch bedingte Reflexe – zugeordnet. Diese Lernperspektive stellt eine frühe Form der experimentellen Erforschung elementarer kognitiver und motorischer Lernprozesse dar. Bekannt wurde das lerntheoretische Grundprinzip „Auslösung eines Reflexes durch einen anderen als den natürlichen Reiz" durch den russischen Physiologen Iwan Petrowitsch PAWLOW. Seine Studien zur chemischen Zusammensetzung der Verdauungssäfte von Hunden wurden im Jahre 1904 nicht nur mit dem Nobelpreis belohnt, sie führten auch zu der bahnbrechenden Entdeckung der Lernpsychologie, dass in der angeborenen Reiz-Reaktionsverbindung „Futter und Speichelfluss" der *unbedingte Reiz* (Futter) durch einen *bedingten Reiz* (syn. neutralen, konditionierten Reiz), beispielsweise einen Glockenton oder Lichtreiz, ersetzt werden kann.

Abbildung 28 zeigt den typischen Versuchsaufbau zur klassischen Konditionierung, mit dem PAWLOW (1927) nachweist, dass seine Versuchshunde beim bloßen Riechen der Nahrung speicheln (unbedingte Reaktion). Ertönt bei der Futtergabe ein Glockenton, löst nach einigen Paarungen von Futter und Glockenton allein der Klang der Glocke (konditionierter Reiz) die Speichelsekretion aus (konditionierte Reaktion). Vergleichbare Verhaltensphänomene zeigen auch Menschen. Beispielsweise aktiviert bereits die gedankliche Vorstellung einer wohlschmeckenden Speise (z. B. Lesen der Speisekarte) die Speicheldrüsen.

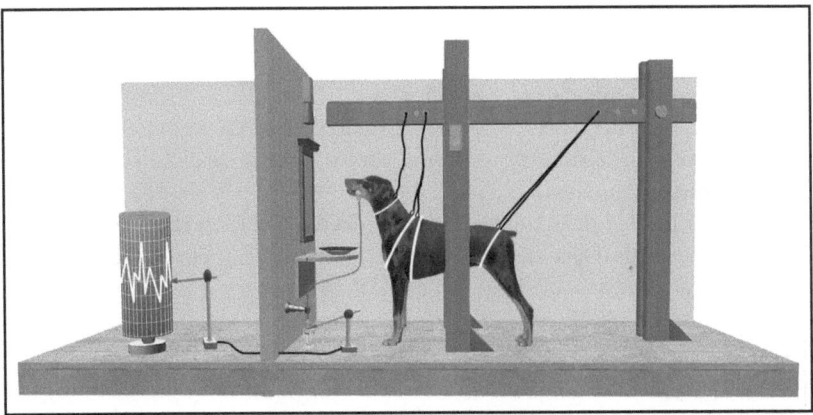

Abb. 28: *Versuchsaufbau zur klassischen Konditionierung (mod. nach SPADA ET AL., 1992, S. 328)*

Ein einfaches Experiment zur klassischen Konditionierung des Lidschlussreflexes zeigt auf, wie beim Menschen aus einer unbedingten Reaktion eine konditionierte Reaktion entsteht. Der Lidschlussreflex kann mittels eines durch einen Strohhalm geleiteten kurzen Luftstoßes auf das Auge experimentell ausgelöst werden. Erfolgt in enger zeitlicher Nachbarschaft mit dem reflexauslösenden Luftstoß (nach 0.1-0.5 s) ein kurzer Pfeifton, reagiert die Versuchsperson nach etwa 20-maliger Kopplung von Luftstoß und Pfeifton allein auf den Pfeifton (konditionierter Reiz) mit dem Lidschlussreflex (konditionierte Reaktion; *Lerngesetz der Reizwiederholung*).

Die konditionierte Reaktion tritt nicht nur beim ursprünglichen konditionierten Pfeifton auf, sondern auch bei ähnlichen Pfeif- oder Summtönen (*Lerngesetz der Reizgeneralisierung*). Der Organismus kann aber auch lernen, auf zwei ähnliche Reize unterschiedlich zu reagieren (*Lerngesetz der Reizdiskrimination*). Wird nach dem Erwerb der konditionierten Reaktion der Pfeifton mehrmals ohne erneute Kopplung mit dem durch den Strohhalm geleiteten Luftstoß gegeben, antwortet das Augenlid immer seltener auf den Pfeifton. Die konditionierte Reaktion verblasst allmählich (*Lerngesetz der Reizextinktion*). Tritt der Pfeifton nach einiger Zeit wieder in zeitlichräumlicher Nähe mit dem Luftstoß auf, braucht es deutlich weniger Übungszeit bis zur vollen Ausprägung der Verknüpfung des konditionierten Reizes (Pfeifton) und der konditionierten Reaktion (Lidschlussreflex; *Lerngesetz der Spontanerholung*).

Die klassische Konditionierung erscheint auf den ersten Blick für das Bewegungslernen im Sport sehr speziell, da PAWLOW motorische Verhaltensweisen ausschließlich auf angeborene Reflexe zurückführt und durch das klassische Konditionieren keine neuen Verhaltensweisen aufgebaut werden können. Erlernt wird lediglich, mit etablierten Reaktionen auf neue Reize zu antworten. Ein wesentlicher Teil der Bedeutung der klassischen Konditionierung kommt im Alltag und im Sport dem Erwerb emotionaler und motivationaler Einstellungen gegenüber zuvor neutralen Objekten zu.

Bekannt sind die Furchtreaktionen beim bloßen Hören der Geräusche eines Zahnarztbohrers oder die Angstreaktionen von Schülern beim Anblick des Sprungkastens, an dem sie sich im Sportunterricht wiederholt leicht verletzt haben. Die individuell erworbenen Furcht- und Angstreaktionen gegenüber bestimmten Umweltbedingungen unterliegen ausschließlich biografischen Erfahrungen. Ein „berühmtberüchtigtes" Experiment zur klassischen Konditionierung emotionaler Einstellungen führte WATSON mit seinem einjährigen Sohn Albert durch (vgl. Tab. 5).

Tab. 5: *Der Fall des kleinen Albert WATSON – Konditionierung von Furcht- und Angstreaktionen*

Der Fall des kleinen Albert WATSON

Der einjährige Albert besaß als Spielkameraden eine zahme weiße Ratte, auf die er positiv emotional reagierte. Um aufzuzeigen, dass der Mensch emotionale Reaktionen erlernt, konditionierte WATSON bei seinem Sohn Albert eine negative Emotion auf die weiße Ratte. WATSON erzeugte immer dann mit einem Hammerschlag auf einen Stahlstab ein lautes, Furcht erregendes Geräusch, wenn der kleine Albert die Ratte gerade streicheln wollte. Hierauf zuckte der Junge zurück, begann zu weinen und krabbelte davon. Die Reizkombination „weiße Ratte und lautes Geräusch" wiederholte WATSON mehrmals. Jedes Mal zeigte der einjährige Albert die gleichen Angstreaktionen. Nach mehreren Tagen präsentierte WATSON seinem Sohn die Ratte ohne das laute Geräusch. Schon der alleinige Anblick der Ratte, aber auch anderer pelzartiger Gegenstände führten beim kleinen Albert zu intensiven Angstreaktionen (WATSON & RAYNER, 1920). Mittlerweile haben sich in der Wissenschaft die ethischen Standards glücklicherweise verändert, sodass derartige Experimente nicht mehr genehmigt werden.

Verstärkungstheoretische Position

Als Begründer der verstärkungstheoretischen Position gilt Edward Lee THORNDIKE (1913), der die Theorie der *instrumentellen Konditionierung* – Lernen durch Versuch und Irrtum – formulierte. Im Unterschied zur klassischen Konditionierung, bei der ein neutraler Reiz durch die Verknüpfung mit einer angeborenen Reaktion verhaltensrelevant wird, lösen bei der instrumentellen Konditionierung internale Reize (z. B. Triebe, Motive) das Verhalten aus. Das Erlernen von Reiz-Reaktionsverbindungen erfolgt unbewusst nach dem *Prinzip von Versuch und Irrtum* (Trial and Error). Eine neue Reiz-Reaktionsverbindung festigt sich durch die auf die Reaktion folgende positive oder negative Konsequenz.

Die experimentellen Studien zur instrumentellen Konditionierung finden typischerweise mit hungrigen Katzen statt, die in einem Problemkäfig sitzen (vgl. Abb. 29a). Das Futter steht für die Versuchstiere gut sichtbar, aber nicht direkt erreichbar außerhalb des Käfigs. Die Käfigtür kann von den Katzen beispielsweise mittels eines verdeckten Mechanismus durch Zug an einer von der Decke herabhängenden Schlaufe geöffnet werden. Zu Beginn des Experiments versuchen die Katzen, das Futter durch die Spalten des Käfigs zu erreichen. Dabei treten die Versuchstiere zufällig mit der Vorderpfote in die von der Decke herabhängende Schlaufe und öffnen hierdurch die Käfigtür. Die Katzen benötigen zunächst eine sehr lange Zeitdauer, um mit der richtigen Handlung das Futter zu erreichen (Abb. 29b). Im Verlauf des Experiments verringert sich der Zeitaufwand für das Öffnen der Käfigtür zunehmend. Zum Untersuchungsende treten die Katzen zielstrebig in die von der Decke herabhängende Schlaufe, sobald sie vom Versuchsleiter in den Problemkäfig gesetzt werden.

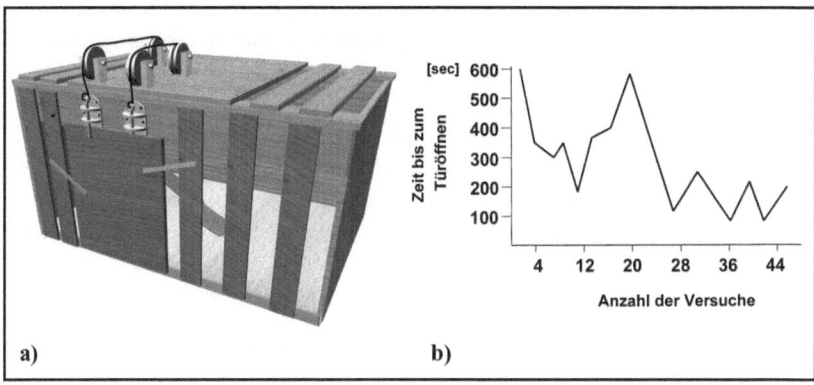

Abb. 29: *Versuchsaufbau und Ergebnisse zur instrumentellen Konditionierung von Katzen (mod. nach DOMJAN, 1998, S. 124)*
   a) *Schematische Darstellung des Problemkäfigs für Katzen (Beschreibung siehe Text)*
   b) *Darstellung eines typischen Lernverlaufs*

THORNDIKE (1913) fasst die experimentellen Befunde zur instrumentellen Konditionierung zu drei Gesetzmäßigkeiten des Lernens zusammen. Diese besagen im Einzelnen, dass sich instrumentell erlernte Reiz-Reaktionsverbindungen unbewusst nach den Gesetzen des *Lernens durch Versuch und Irrtum* und der *Verstärkung des Verhaltens* herausbilden. Nach dem *Gesetz der Auswirkung* (law of effect) verknüpft sich unter verschiedenen Reaktionen diejenige Handlung stärker mit einer bestimmten Situation, der ein befriedigender Zustand folgt (Überblick: BOWER & HILGARD, 1983).

Die behavioristische Auffassung, dass sich kognitives und motorisches Lernen durch spezielle Verstärkungsmechanismen herausbildet, wird durch den wichtigsten Vertreter der *Theorie der operanten Konditionierung* – Lernen durch Verstärkung und Bekräftigung – den Psychologen Burrhus Frederic SKINNER (1953), präzisiert. Als Grundprinzip der Verhaltenskontrolle gilt die planmäßige Gestaltung der Lernprozesse durch spezielle Verstärkungsreize. Wenn einer Reaktion ein verstärkender Reiz folgt, erhöht sich die Wahrscheinlichkeit, dass der Mensch oder das Versuchstier dieses spezielle Verhalten in gleichen oder ähnlichen Situationen bevorzugt zeigt. Belohnungen

124 Lektion 5

und Bestrafungen erhöhen bzw. verringern die Wahrscheinlichkeitsquote des Auftretens einer bestimmten Verhaltensweise.

> *Das inhaltlich und didaktisch hohen Ansprüchen genügende „Lehrbuch Allgemeine Psychologie" von* SPADA *(1992) behandelt die Grundlagen der Lernpsychologie. Anhand aktueller Forschungsfragen wird kompetent und ausführlich in das wissenschaftliche Denken, die historischen Zusammenhänge, die kognitions- und neurowissenschaftliche Analyse sowie die psychologischen Forschungsergebnisse der Psychologie des Lernens eingeführt. Das bei Psychologiestudenten hoch geschätzte Lehrbuch von* LEFRANÇOIS *(1994) setzt sich ausgesprochen kritisch und unterhaltsam mit den klassischen und modernen Theorien der Lernpsychologie auseinander. Sehr ansprechend und einprägsam sind die fassettenreichen Übertragungen auf die alltäglichen Bereiche des Lebens.*

Zur Erforschung der operanten Konditionierung modifiziert SKINNER (1953) den Problemkäfig von THORNDIKE zur „SKINNER-Box" (vgl. Abb. 30a). Im Normalfall handelt es sich hierbei um einen gegen äußere Störgeräusche abgeschirmten Versuchskasten, in dem sich hungrige Mäuse, Ratten oder Tauben durch Betätigen eines Hebels mit kleinen Futterpillen versorgen können. Zusätzlich ist die SKINNER-Box mit einer Lichtquelle oberhalb des Futterhebels und einem elektrifizierbaren Bodengitter ausgestattet. Hierdurch kann das Hebeldrücken eine Bestrafung in Form von Stromschlägen oder eine Belohnung durch den Abbruch kontinuierlicher Stromschläge auslösen.

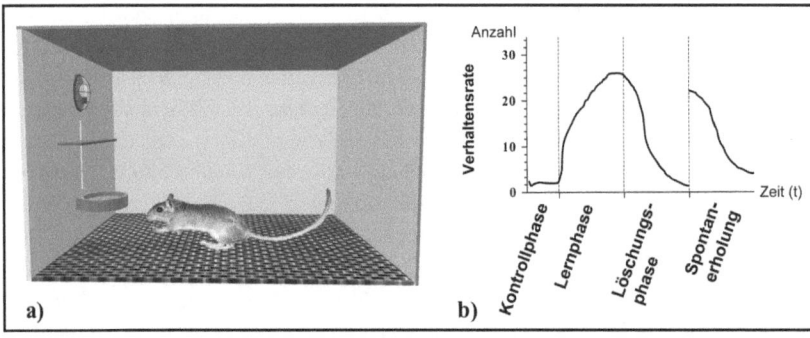

Abb. 30: *Versuchsaufbau und Ergebnisse zur operanten Konditionierung von Mäusen und Ratten*
  a) *Schematische Darstellung der Skinner-Box (Beschreibung siehe Text)*
  b) *Darstellung der verschiedenen Phasen der operanten Konditionierung*

Die empirischen Untersuchungen zur operanten Konditionierung umfassen analog zum Vorgehen der klassischen und instrumentellen Konditionierung vier experimentelle Phasen (vgl. Abb. 30b).

- Die erste Untersuchungsphase – *Ermittlung der Grundrate* (Kontrollphase) – registriert, wie häufig die Versuchstiere die zu konditionierende Verhaltensweise „Hebeldrücken pro Zeiteinheit" ohne Verstärkung ausführen.
- In der anschließenden Phase des Aufbaus der operanten Konditionierung – *experimentelle Verstärkungsphase* (Lernphase, Trainingsphase) – belohnt eine Futterpille das Hebeldrücken. Im Verlauf der Lernphase zeigen die Versuchstiere allmählich eine gezielte Betätigung des Hebels.
- Der dritte Untersuchungsabschnitt dient der *Löschung der erlernten Reaktion* (syn. Extinktion), in der das Zielverhalten nicht weiter verstärkt wird. Am Ende der Löschungsphase tritt der ursprüngliche Konditionierungseffekt bei der Mehrzahl der Versuchstiere nicht mehr auf.
- Im Anschluss an die Experimentalpause zeigen die Versuchstiere in der Phase der *Spontanerholung* wieder das konditionierte Verhalten „Hebeldrücken", zwar in geringerer Ausprägung als zum Ende der Lernphase jedoch deutlich erhöht zur Grundrate.

Eine zusätzliche experimentelle Phase, das *diskriminative Belohnungstraining*, begegnet der Tendenz zur Reizgeneralisierung. Das Versuchstier wird nur dann für die Betätigung des Hebels mit einer Futterpille belohnt, wenn die Lichtquelle oberhalb der Futterklappe aufleuchtet.

Inwieweit Tiere und Menschen eine neue Reiz-Reaktionsverbindung erlernen, hängt bei der instrumentellen und operanten Konditionierung von der Verstärkung des Verhaltens ab. Behavioristen unterscheiden vier Verstärkungsformen (vgl. Abb. 31). Folgt dem gezeigten Verhalten eine für das Individuum angenehme Konsequenz (*positive Verstärkung*) oder wird ein unangenehmer Reiz entfernt (*negative Verstärkung*), erhöht dies die Auftretenswahrscheinlichkeit, dass eine Versuchsperson eine spezielle Verhaltensweise wiederholt. Demgegenüber werden Reaktionen mit unangenehmen Verhaltenskonsequenzen mit großer Wahrscheinlichkeit nicht wieder in gleichen oder ähnlichen Situationen gezeigt. Unangenehme Verhaltenskonsequenzen rufen Behavioristen durch zwei Formen der Bestrafung hervor. Bei der *positiven Bestrafung* wird die Verhaltensunterdrückung durch einen unangenehmen Reiz und bei der *negativen Bestrafung* durch die Wegnahme eines nur schwer erträglichen Reizes erreicht. Generell gilt, dass verstärktes Verhalten löschungsresistenter ist als durch Bestrafung konditionierte Verhaltensweisen. Negativ verstärktes Verhalten wirkt löschungsresistenter als positiv verstärktes Verhalten.

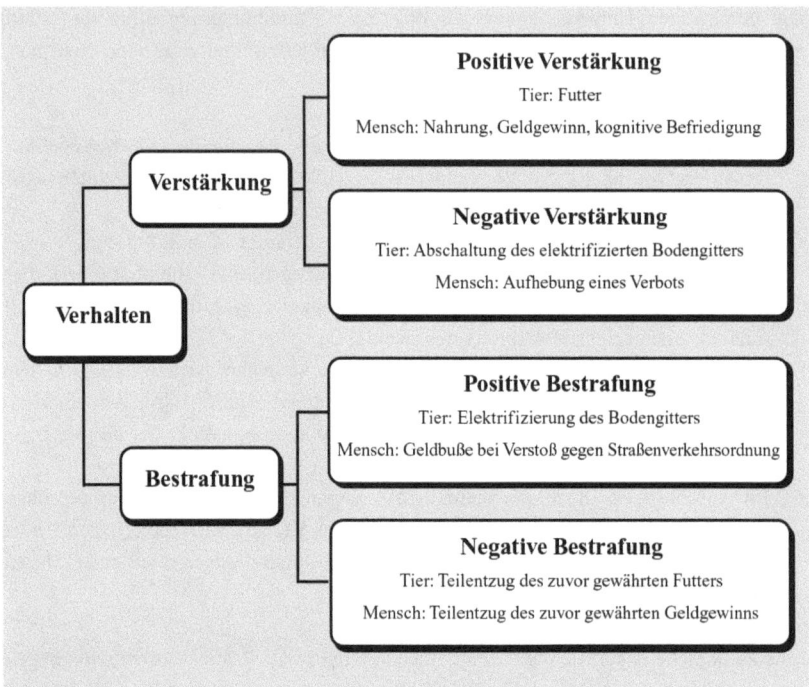

Abb. 31: *Formen der Verstärkung und der Bestrafung kognitiver und motorischer Verhaltensweisen*

Sozialkognitive Position

Motorische Lernprozesse können auch stattfinden, ohne dass der Mensch die Bewegung übt und die Konsequenzen seines Verhaltens direkt erfährt. Plötzlich, ohne äußere Anleitung beherrschte einfache und komplexe Bewegungstechniken sind im Alltag und in der Sportpraxis keine ungewöhnlichen Phänomene. Beispielsweise zeigen Kinder exakte Abbilder des motorischen Verhaltens anderer Personen. Sie werfen, fangen oder schießen Bälle auf Anhieb in der annähernd richtigen Art und Weise. Werden die Kinder danach befragt, wer ihnen die spezielle Bewegungsfertigkeit beigebracht hat, antworten sie häufig, dass sie die Fertigkeit bei anderen beobachtet und sie einfach nachgemacht hätten. Die Effizienz des Beobachtungslernens ist derart offensichtlich, dass behavioristische Wissenschaftler die zu Grunde liegenden Bewusstseins-, Gedächtnis- und Motivationsprozesse des Individuums nicht übersehen oder ausklammern können.

Das auf Albert BANDURA (1976, 1986) zurückgehende *sozialkognitive Lernkonzept* verbindet die Grundannahmen der klassischen und operanten Konditionierung durch die Annahme kognitiver Vermittlungsprozesse miteinander. Nach der Theorie des *Lernens am Modell* unterliegt der Erwerb motorischer Verhaltensweisen nicht ausschließlich Reiz-Reaktionsverbindungen und Verhaltenskonsequenzen, sondern zusätzlich der bewussten oder unbewussten Wahrnehmung des Verhaltens eines Modells. Einen Grundpfeiler der sozialkognitiven Position stellt die informationstheoretische Vorstellung dar, dass der Mensch einem komplexen Informationsverarbeitungssystem gleicht, das die Verhaltensweisen seiner Mitmenschen beobachtet und imitiert. „Damit Beobachtungslernen stattfindet, muß der Beobachtende das Modell aufmerksam beobachten, das beobachtete Verhalten behalten können sowie fähig und motiviert sein, es auszuführen" (LANGFELDT, 1996, S. 107).

Im Sport versuchen Kinder ebenso wie Jugendliche oder Erwachsene, sich spezifische Bewegungstechniken durch die Beobachtung und die Nachahmung des Verhaltens realer Modellpersonen (Eltern, Erwachsene, Geschwister, andere Kinder usw.) oder symbolischer Vorbilder (Filme, Fernsehen, Bilder, Bücher usw.) anzueignen. Tischtennisspieler verbessern ihre Spielleistungen nicht nur durch intensives Training, sondern auch durch die Beobachtung anderer Spieler oder der eigenen Spielweise (z. B. Videoaufzeichnung).

Das Lernen am Modell unterscheidet sich von der Konditionierung dadurch, dass der Beobachter nicht zwangsläufig Bewegungserfahrungen sammeln muss und dass äußere Verstärkungsreize (z. B. Lob des Trainers) als nicht zwingend notwendig erachtet werden, da der Mensch über die Fähigkeit der Selbstverstärkung und der Selbstbestrafung seines Verhaltens verfügt. Bei der Aneignung elementarer motorischer Fertigkeiten gilt das Lernen am Modell als gleichermaßen effizient wie das intensive motorische Üben.

4 Wie sieht die Schulung elementarer motorischer Fertigkeiten aus?

Elementare motorische Fertigkeiten wie das Springen, das Werfen, das Schießen, das Fangen oder das Klettern erwerben Kinder üblicherweise bis zum Ende des Vorschulkindalters (6./7. Lebensjahr; vgl. Lektion 8). Bis zu dieser Altersstufe können die motorischen Grundmuster nicht über bereits beherrschte Bewegungsfertigkeiten oder Sequenzen vermittelt werden. Als methodische Lehrverfahren eignen sich das in der frühkindlichen sozialen Erziehung bewährte *Shaping*, das *Chaining* oder die gezielte *Darbietung von Modellverhalten*. Für die Vermittlung sporttypischer Bewegungstechniken (Dreifach-salto im Wasserspringen, Wasserstart im Windsurfen, Kippe am Hochreck usw.) können diese drei Lehrmethoden nicht angewendet werden. Hier empfehlen sich die in Lektion 7 thematisierten methodischen Vereinfachungsstrategien und Vermittlungshilfen.

Shaping
Bei der von SKINNER entwickelten Lehrmethode des *Shapings* handelt es sich um die schrittweise Hinführung zu einer neuen Bewegungsfertigkeit, „bei der aufeinander folgende Annäherungen differentiell verstärkt werden" (LEFRANÇOIS, 1994, S. 41). Anstatt wie bei der instrumentellen Konditionierung zu warten, bis das Kind die Gesamtbewegung zufällig zeigt, verstärkt der Sportlehrer beim Shaping zu Beginn des Lernprozesses diejenigen Teilaspekte spontan gezeigter Verhaltensweisen, die der Zielbewegung näherungsweise entsprechen. Im weiteren Lernverlauf werden nur noch der Kriteriumsbewegung ähnliche Verhaltensweisen berücksichtigt. Am Ende des Lernprozesses muss das Kind die verschiedenen Einzelteile entweder zusammenfügen oder das Zielverhalten in einer bestimmten Art und Weise zeigen, um weitere Belohnungen zu erhalten. Tabelle 6 beschreibt die Vermittlung der elementaren Bewegungstechnik „Wegschlagen eines Gymnastikballs" durch die Lehrmethode des Shapings.

Tab. 6: *Vermittlung der elementaren motorischen Fertigkeit „Wegschlagen eines Gymnastikballs" durch die Lehrmethode des Shapings (SIMONS & KRAUSE, 1977, zitiert in ROTH, 1983, S. 178)*

„Der Lehrer wartet, bis der Schüler spontan einen Abschnitt der zu erlernenden Fertigkeit produziert bzw. ein Verhalten zeigt, das ungefähr in die gewünschte Richtung zielt. Beim Wegschlagen könnte dies etwa das Hochwerfen des Balls sein oder eine Bewegung, die dem Unterarmwurf ähnlich ist. Sobald der Lehrer eine solche Annäherung an das Endverhalten erkennt, verstärkt er die entsprechenden Aktionen des Schülers. Bei jeder richtigen Wiederholung lobt er das Kind (kontinuierliche Verstärkung), bis dieser Fertigkeitsabschnitt unter Kontrolle gebracht worden ist. Hat er das erreicht, dann entzieht der Lehrer die Bekräftigung. Der Schüler wird in dieser Löschungsphase das vorher belohnte Bewegungsteil noch einige Male wiederholen und schließlich dazu übergehen, seine Reaktionen abzuwandeln. Von den dabei gezeigten verschiedenartigen Aktivitäten verstärkt der Lehrer nun diejenige, die wenigstens ein Element mehr des angestrebten Endverhaltens beinhaltet, diesem also schon ähnlicher ist [...]. Auf die auch jetzt wieder mehrfach wiederholte Bekräftigung folgt erneut eine Löschungsphase, das Warten auf Bewegungen, die dem Ziel noch näher kommen, eine erneute Bekräftigung usw., bis schließlich die gewünschte Technik des Ball-Wegschlagens ausgeformt ist."

Chaining

Aus mehreren Sequenzen bestehende einfache Bewegungsformen wie das Gehen, Werfen oder Schwimmen können nicht nur durch das Shaping, sondern ebenfalls durch die Lehrmethode des *Chainings* (syn. Verkettung beherrschter Teilbewegungen) geschult werden. Die Fertigkeitsausformung erfolgt durch den geplanten Aufbau mehrgliedriger Verhaltensketten (Reiz-Reaktionssequenzen). Im Unterschied zum Shaping muss das Kind die einzelnen Teilbewegungen der Zielfertigkeit aber bereits beherrschen. Darüber hinaus legt der Sportlehrer die Reihenfolge der Lernschritte fest. Zu den äußeren Lernbedingungen der Lehrmethode des Chainings zählen die Reizkontiguität, die Wiederholung und die Verstärkung des motorischen Verhaltens.

> Die Tierdressur erzielt durch das Chaining spektakuläre Erfolge. Weitläufig bekannt sind die Bravourleistungen von mundharmonikaspielenden Heidelberger Robben, wasserballspielenden Duisburger Delfinen, balljonglierenden Zirkuspudeln oder Affen, Hunden, Schweinen und Seehunden, die in Fernsehserien menschliche Verhaltensweisen zeigen.

Wie die Sequenzen einer elementaren Bewegungsfertigkeit als Reiz-Reaktionssequenzen zusammenhängen, veranschaulicht in Abbildung 32 wiederum das Beispiel der Aneignung des „Wegschlagens eines Gymnastikballs" (ROTH, 1983). Vor jeder Einzelhandlung bekommt der Schüler sensorische Rückmeldungen über die Ausgangsbedingungen (intrinsisches Feedback; SR1-SR5; vgl. Abb. 32a). Er sieht, „daß der Ball jetzt flach in der Hand liegt (visuelle Rückmeldung), er spürt den Ball in seiner Hand (taktile Rückmeldung) und er erhält vor allem (meist nicht bewußt werdende) Meldungen aus seinem Bewegungsapparat (kinästhetische Rückmeldung)" (ROTH, 1983, S. 160). Die sprachlichen Anweisungen des Sportlehrers (S1-S5) erfolgen unmittelbar vor der gewünschten Einzelsequenz. Auf das intrinsische Feedback folgt ein äußerer diskriminativer Hinweisreiz zur Auslösung der nachfolgenden Teilbewegung. „Die Rückmeldung (z. B. SR2) und die verbalen Instruktionen (z. B. S3) erfüllen damit die Bedingung der Kontiguität des Reizes" (ROTH, 1983, S. 160).

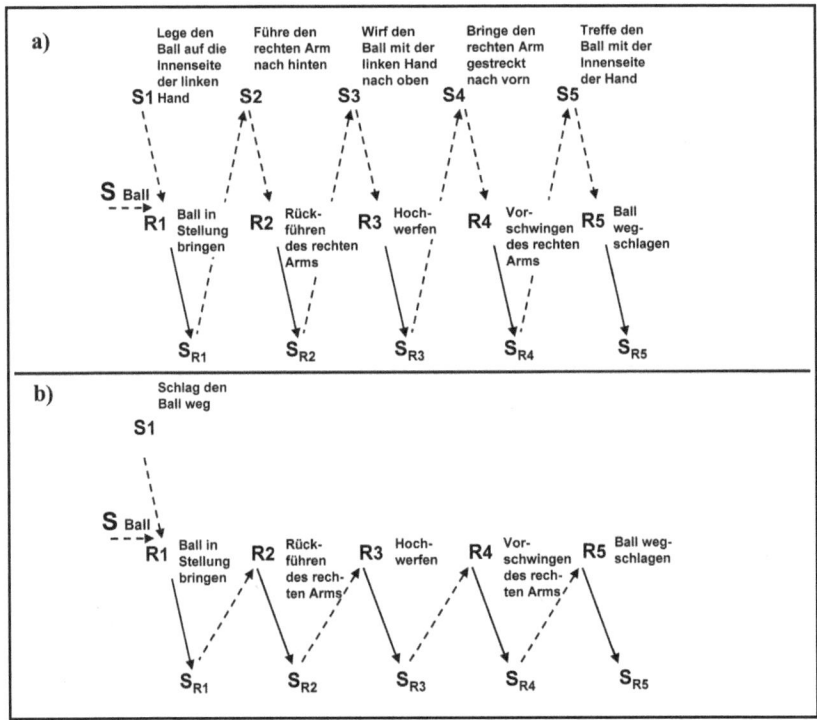

Abb. 32: *Verhaltenskettenbildung für die Aneignung der elementaren Bewegungsfertigkeit „Wegschlagen eines Gymnastikballs" (mod. nach ROTH, 1983, S. 159-160)*
a) *Sprachliche Instruktionen (S1-S5)*
b) *Erlernte Verhaltenskette (R1-R5)*

Bei mehrmaliger Wiederholung der Reizsubstitution wird jede Einzelbewegung durch die sensorischen Rückmeldungen der vorangegangenen Teilbewegung eingeleitet (vgl. Abb. 32b). Nach der Auslösung des ersten Stimulus („Schlag den Ball weg") läuft die gesamte motorische Verhaltenskette autonom und vollständig ab. Gegen die Lehrmethode des Chainings führen die in Lektion 6 vorgestellten Informationsverarbeitungsansätze allerdings eine Vielzahl plausibler theoretischer Argumente und empirischer Untersuchungsbefunde an.

Gezielte Darbietung von Modellverhalten
Menschen eignen sich neue motorische Fertigkeiten nicht nur durch aktives Ausprobieren und Üben an, sondern auch durch die „passive" Beobachtung des Bewegungs-

verhaltens anderer Menschen. BANDURA (1986) untergliedert den Vermittlungsprozess zwischen den Reizen des Vorbildes und dem Verhalten des beobachtenden Individuums in zwei Hauptphasen mit jeweils zwei Subprozessen: die *kognitive Aneignungsphase* des modellierten Verhaltens (Aufmerksamkeits- und Gedächtnisprozesse) und die *motivational gesteuerte Ausführungsphase* (Reproduktions- und Motivationsprozesse). Abbildung 33 stellt den mehrstufigen Prozess des Lernens am Modell schematisch dar.

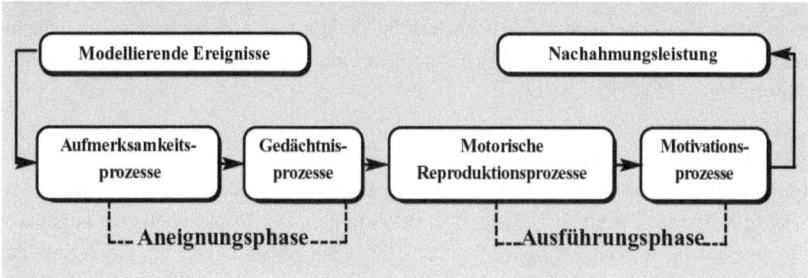

Abb. 33: *Schematische Darstellung des Lernens am Modell (mod. nach* BANDURA, *1986)*

Aufmerksamkeitsprozesse in der Beobachtungsphase. Zunächst muss der Beobachter die wesentlichen Merkmale des Modellverhaltens bewusst oder unbewusst wahrnehmen. Die Lenkung der Aufmerksamkeit auf bestimmte Bewegungsaspekte fördert das zu beobachtende Verhalten (Auffälligkeit, Bedeutsamkeit, Attraktivität, Differenziertheit, Komplexität usw.), das Vorbild (Alter, Geschlecht, besondere Fähigkeiten, sozialer Status usw.), die speziellen Eigenschaften des Beobachters (Wahrnehmungskapazität, Einstellungen, Erwartung, Motivationsgrad usw.) und die Beobachtungssituation (z. B. begleitende Verbalisierung der Beobachtung).

Verarbeitungs- und Gedächtnisprozesse. Für die Nachahmung des modellierten Verhaltens erscheinen zentralnervöse Behaltensprozesse und Repräsentationen notwendig, da die beobachtete Handlung möglicherweise erst zu einem späteren Zeitpunkt reproduziert wird. Die zentralnervöse Kodierung der wahrgenommenen Verhaltensmuster erfolgt wahrscheinlich in symbolischer Form durch zwei Repräsentationssysteme: direkte Abfolge bildhafter Vorstellungen (Bewegungsbilder, visuelle Repräsentation) und/oder sprachliche Beschreibung (Sprachsymbole, verbale Repräsentation). Wenn beispielsweise die Zubereitung einer „heißen Zitrone" erlernt wird, müssen die notwendigen Teilschritte – das Erhitzen des Wassers, das Auspressen der Zitrone, das Mischen des heißen Wassers mit dem Zitronensaft und das Abschmecken der heißen

Zitrone mit Zucker – im Gedächtnis als Sprachsymbole gespeichert werden. Generell gelten verbale Repräsentationen visuellen als überlegen. Eine Ausnahme bildet die vornehmlich visuell repräsentierte Kodierung motorischer Fertigkeiten (GERST, 1971).

Die weitere Verschlüsselung des beobachteten Verhaltens umfasst die Klassifizierung, die Organisation und die Zusammenfassung der Modellreize. Liegt eine Vielzahl modellierter Reaktionen vor, abstrahiert der Mensch übergeordnete Regeln und bildet spezielle Gedächtniskodes zur Anleitung der Reproduktion des beobachteten Verhaltens. Modellierte Bewegungsmuster speichert der Lernende dann besser im Gedächtnis, wenn diese mehrmals gedanklich durchgearbeitet oder ausprobiert werden können (ROTH, 1983; TRAUTNER, 1992).

Motorische Reproduktionsprozesse. Für das Lernen am Modell von zentraler Bedeutung erscheinen das aktive Einüben der modellierten Reaktionsmuster und die unmittelbare Korrektur der ersten Bewegungsausführungen. Der Effektivitätsgrad kognitiver Organisationsprozesse der beobachteten Bewegung hängt davon ab, inwieweit das Individuum über zentrale motorische Komponenten des Modellverhaltens verfügt. „Wenn Beobachtern einige der notwendigen Teile nicht zur Verfügung stehen, können die konstituierenden Elemente zuerst modelliert werden, um dann zur Nachahmung schrittweise zu immer schwierigeren Zusammensetzungen ausgebaut zu werden" (BANDURA, 1976, S. 29).

Besondere Schwierigkeiten bereiten komplexe Bewegungen, wenn die konditionellen oder koordinativen Voraussetzungen fehlen oder zentrale Komponenten der Modellbewegung nur schwer wahrgenommen oder beschrieben werden können (z. B. Kehlkopfbewegungen bei Opernsängern, Kippbewegungen im Gerätturnen, Kanteneinsatz beim Skifahren, Powerhalse beim Windsurfen; SINGER & MUNZERT, 2000).

Motivationsprozesse zur Verhaltensausführung. Nicht alle durch Beobachtungen erlernten motorischen Verhaltensweisen setzt der Mensch unmittelbar um. Von großer Bedeutung für die Reproduzierung der beobachteten Handlung sind fördernde und lenkende Motivations- und Bekräftigungsprozesse wie externale Bekräftigungen, direkte Anreize durch das Vorbild und Selbstbekräftigungen des Beobachters. „Darüber hinaus können die antizipierten Folgen dabei helfen, das zu behalten, was durch Beobachtung gelernt wurde" (BANDURA, 1976, S. 51).

5 Vermittlung elementarer motorischer Fertigkeiten im Überblick

Der *Behaviorismus* stellt nicht nur die wichtigste lernpsychologische Forschungsrichtung der ersten Hälfte des 20. Jahrhunderts dar, sondern auch den „historischen" Vorläufer der in der Bewegungsforschung sehr erfolgreichen Informationsverarbeitungsansätze (vgl. Lektion 6). Behavioristen wie PAWLOW, THORNDIKE, WATSON oder SKINNER kennzeichnen den Menschen als ein passives, informationsverarbeitendes Wesen, das auf bestimmte Reize der Umwelt mit einem vorhersagbaren Verhalten reagiert (*Reiz-Reaktionstheorie*). Das motorische Handeln wird als Reiz-Reaktionsmuster verstanden. Die Gesetzmäßigkeiten des Bewegungslernens versuchen Behavioristen, ausschließlich über naturwissenschaftliche Beobachtungen äußerer Verhaltensphänomene zu erschließen. Die körperinternen motorischen Mechanismen und Funktionsprozesse der Motorik bleiben unberücksichtigt.

Die *instrumentelle* und *operante Konditionierung* (verstärkungstheoretische Ansätze) können im Gegensatz zur *klassischen Konditionierung* (kontiguitätstheoretische Position) nicht nur zur Kopplung einer beherrschten Reaktion an eine bestimmte Situation eingesetzt werden, sondern auch zur Herausarbeitung neuartiger motorischer Verhaltensformen. Die instrumentelle und operante Konditionierung unterscheidet sich dadurch, dass bei der instrumentellen Konditionierung der Lernende nur eine einzelne oder einige wenige Bewegungsfertigkeiten ausführen darf. Zudem kann die Wiederholung des Verhaltens nicht ohne die Anwesenheit des Sportlehrers, Übungsleiters oder Trainers erfolgen, die den Übenden für jeden Versuch in die Ausgangssituation zurücksetzen. In der operanten Lernsituation kann der Sportler die Zielfertigkeit oder andere Bewegungsformen zeigen und diese beliebig oft wiederholen. Das motorische Lernen unterliegt allein der Verstärkung durch den Lehrer. Tabelle 7 listet die wesentlichen Unterschiede zwischen der klassischen, instrumentellen und operanten Konditionierung auf.

In den 70er Jahren des 20. Jahrhunderts beenden die *sozialkognitiven Lernkonzepte* die langjährige Vormachtstellung behavioristischer Modellvorstellungen und leiten die „kognitive Wende" in der Lernpsychologie ein. Nach der *Theorie des Lernens am Modell* von BANDURA (1976, 1986) stellt das motorische Lernen einen aktiven, selbstbestimmten Veränderungsprozess dar. Spezielle Bewegungsfertigkeiten erwirbt der Mensch durch die Beobachtung und die Nachahmung des Verhaltens anderer Personen oder symbolischer Vorbilder. Der Beobachter muss hierbei weder eigene Bewegungserfahrungen sammeln noch benötigt er äußere Verstärkungsreize.

Tab. 7: *Unterschiede zwischen der klassischen, instrumentellen und operanten Konditionierung*

Abgrenzende Merkmale	Klassische Konditionierung	Instrumentelle Konditionierung	Operante Konditionierung
Körperinterne Lernbedingungen	Unkonditionierter Reflex	Reizgesteuertes Versuchs- und Irrtumsverhalten	Spontanaktivität des Lernenden
Äußere Lernbedingungen	Reizkontiguität und Wiederholung	Verstärkung oder Bestrafung	Verstärkung oder Bestrafung
Lernform	Passiv	Aktiv	Aktiv
Lerninhalt	Beziehung zwischen den Reizereignissen	Beziehung zwischen Situationsreiz und Reaktion	Assoziation von Verhalten und Verstärkung
Verhaltensaufbau	Assoziation	Adaptation durch Streben nach Sinngenuss und Verstärkung	Adaptation durch Streben nach Sinngenuss und Verstärkung
Verhaltensreaktion	Keine Konsequenzen	Direkte Konsequenzen	Direkte Konsequenzen
Versuchsaufbau	Einzelne Reaktion	Einzelne Reaktion	Zahlreiche Reaktionen
Verhaltenswiederholung	Beschränkt	Beschränkt	Beliebig
Kritischer Reiz	Vor der Reaktion	Nach der Reaktion	Nach der Reaktion

Während die praktisch-methodische Eignung der behavioristisch begründeten Lehrmethoden des Shapings (stufenweise Annäherung an die Zielfertigkeit) und des Chainings (Verkettung beherrschter Teilbewegungen) einerseits und der gezielten Darbietung von Modellverhalten andererseits von Eltern, Erzieherinnen in Kindergärten und Grundschullehrern eindeutig bestätigt wird, stehen die klassischen lerntheoretischen Erklärungsversuche der erfolgreichen Vermittlung elementarer motorischer Fertigkeiten nur selten im Fokus bewegungswissenschaftlicher Betrachtungen oder sie werden sehr konträr diskutiert. Vorrangig untersucht werden sportmotorische Techniken wie der Korbleger, das Diskuswerfen oder der Stabhochsprung. Diese sind derart komplex, dass sie nur schwer oder überhaupt nicht durch die schrittweise Verhaltensmodifikation, die Bildung einfacher linearer Verhaltensketten oder durch die Beobachtung des motorischen Verhaltens anderer Personen erworben werden können. Hierzu eignen sich eher die in Lektion 7 beschriebenen Vereinfachungsstrategien der Aneignung und der Optimierung sporttypischer Fertigkeiten.

Zentrale Begriffe

Behaviorismus, Bekräftigungslernen, Beobachtungslernen, Black-Box-Modell, Chaining, Deckeneffekt, gezielte Darbietung von Modellverhalten, Glaube, Habituation, Konditionierung, kontiguitätstheoretische Position, law of effect, Lernen am Modell, Lerngesetz, Lernkurve, Lernphase, Reaktion, Reflex, Reiz, Reizdiskrimination, Reizextinktion, Reizgeneralisation, Reiz-Reaktionskopplung, Reiz-Reaktionstheorie, Shaping, SKINNER-Box, sozialkognitive Position, Stimulus, stimulus-responce theory, Verhaltensketten, Verstärkung, verstärkungstheoretische Position, Versuch und Irrtum.

Zur vertiefenden Weiterarbeit

LEFRANÇOIS, G. R. (1994). *Psychologie des Lernens* (3. Aufl.). Heidelberg: Springer.
SPADA, H., ERNST, A. & KETTERER, W. (1992). Klassische und operante Konditionierung. In H. SPADA (Hrsg.), *Lehrbuch Allgemeine Psychologie* (S. 323–372). Bern: Huber.

Literatur

BANDURA, A. (1976). *Lernen am Modell.* Ansätze zu einer sozial-kognitiven Lerntheorie. Stuttgart: Klett-Cotta.
BANDURA, A. (1986). *Social foundations of thought and action: A social cognitive theory.* Englewood: Prentic-Hall.
BOWER, G. H. & HILGARD, E. R. (1983). *Theorien des Lernens.* Stuttgart: Klett-Cotta.
DOMJAN, M. (1998). *The principles of learning and behaviour.* Pacific Grove: Brooks.
GERST, M. S. (1971). Symbolic coding processes in observational learning. *Journal of Personality and Social Psychology, 19*, 7–17.
KLIX, F. (1973). *Information und Verhalten.* Berlin: Deutscher Verlag der Wissenschaften.
LANGFELDT, H.-P. (1996). *Psychologie.* Berlin: Luchterhand.
LEFRANÇOIS, G. R. (1994). *Psychologie des Lernens* (3. Aufl.). Heidelberg: Springer.
PAWLOW, I. P. (1927). *Conditioned reflexes.* London: Oxford University Press.
ROTH, K. (1983). Motorisches Lernen. In K. WILLIMCZIK & K. ROTH (Hrsg.), *Bewegungslehre* (S. 141–239). Reinbek: Rowohlt.
SINGER , R. & MUNZERT, J. (2000). Psychologische Aspekte des Lernens. In H. GABLER, J. R. NITSCH & R. SINGER (Hrsg.), *Einführung in die Sportpsychologie* (S. 247–288). Schorndorf: Hofmann.
SKINNER, B. F. (1953). *Science and human behavior.* New York: Mac Millan.
SPADA, H., ERNST, A. & KETTERER, W. (1992). Klassische und operante Konditionierung. In H. SPADA (Hrsg.), *Lehrbuch Allgemeine Psychologie* (S. 323–372). Bern: Huber.
THORNDIKE, E. L. (1913). *The psychology of learning.* New York: Mac Millan.
TRAUTNER, H. M. (1992). *Lehrbuch der Entwicklungspsychologie. Grundlagen und Methoden. Bd. 1* (2. Aufl.). Göttingen: Hogrefe.
TRAUTNER, H. M. (1997). *Lehrbuch der Entwicklungspsychologie. Theorien und Befunde. Bd. 2* (2. Aufl.). Göttingen: Hogrefe.
TRAXEL, W. (1964). *Einführung in die Methodik der Psychologie.* Bern: Huber.
WATSON, J. B. (1968). *Behaviorismus.* Köln: Kiepenheuer und Witsch.
WATSON, J. B. & RAYNER, R. (1920). Conditioned emotional reactions. *Journal of Experimental Psychology, 3*, 1–14.

Fragen zur Lektion 5

1. Beschreiben Sie typische Verläufe sportmotorischer Lernprozesse.
2. Benennen Sie die wissenschaftstheoretisch begründeten Merkmale einer „idealen" Theorie.
3. Was verstehen Behavioristen unter der Lernmaschine Mensch und der Black Box?
4. Grenzen Sie die Grundannahmen der kontiguitätstheoretischen, verstärkungstheoretischen und sozialkognitiven Position voneinander ab.
5. Was besagt die behavioristische Reiz-Reaktionstheorie?
6. Wie sieht das generelle Versuchsdesign zur klassischen Konditionierung aus?
7. Erläutern Sie die behavioristischen Lerngesetze der Reizwiederholung, der Reizgeneralisation und der Reizdiskrimination.
8. Wie funktioniert das motorische Lernen nach dem Prinzip von Versuch und Irrtum?
9. Beschreiben Sie die experimentellen Phasen der operanten Konditionierung.
10. Kennzeichnen Sie die verschiedenen Formen der Verstärkung und der Bekräftigung menschlicher Verhaltensweisen.
11. Was unterscheidet die klassische, instrumentelle und operante Konditionierung voneinander?
12. Charakterisieren Sie die Theorie des Lernens am Modell von BANDURA.
13. Wie können elementare motorische Fertigkeiten durch die Lehrmethoden des Shapings und der gezielten Darbietung von Modellverhalten geschult werden?

Lektion 6
Bewegung fängt im Kopf an –
Welche Strategie der Bewegungsrepräsentation ist Erfolg versprechend?

Mit der „kognitiven Wende" in der Lernpsychologie verlieren ab den 70er Jahren des 20. Jahrhunderts die behavioristischen Vorstellungen über die Bewegungskontrolle und das motorische Lernen weit gehend an Bedeutung. Massiv infrage gestellt wird die eingeschränkte Betrachtung des motorischen Verhaltens als alleiniger Reiz-Reaktionsprozess, bei dem kognitive Entscheidungs- und Kontrollprozesse ebenso kategorisch unberücksichtigt bleiben wie die zentralnervösen und peripheren Strukturen, Mechanismen und Funktionsprozesse der Informationsverarbeitung. Moderne Lern- und Kontrolltheorien betrachten den Menschen als ein aktives, informationsverarbeitendes Wesen, das spezielle Konzepte über die eigene Person und die Umwelt entwickelt. Das Forschungsinteresse zentriert sich auf die Erklärung der zentralnervösen Repräsentation der Bewegung, des motorischen Lernens und der psychologischen Wahrnehmungs- und Aufmerksamkeitsprozesse. Primäre Zielsetzung ist die Erweiterung des eingeschränkten behavioristischen „Black Box"-Modells um die kognitiven Verarbeitungsprozesse der Verschlüsselung, der Speicherung, der Umwandlung und des Abrufs verhaltensrelevanter Informationen (vgl. Abb. 34).

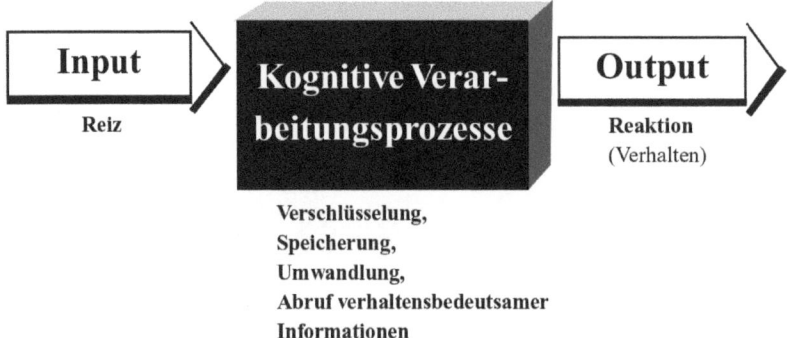

Abb. 34: *Erweiterung des behavioristischen „Black Box"-Modells um kognitive Verarbeitungsprozesse*

Populärwissenschaftliche Publikationen erwecken seit einigen Jahren zwar die Illusion, dass die Rätsel der Strategie der Bewegungsrepräsentation weit gehend gelöst sind. Hiervon ist die Wissenschaft aber noch weit entfernt. Neurologen können zwar zusammen mit Radiologen die Strukturen der „Wetware" des menschlichen Hirns mit bildgebenden Verfahren wie der Positronenemissionstomografie (PET) oder der funktionellen Magnetresonanztomografie (fMRT) differenziert abbilden. Doch dürfen die ermutigenden Befunde nicht darüber hinwegtäuschen, dass die neurobiologische Funktionsweise und die psychologische Bedeutung der „Wetware" des Hirns für die Bewegungskontrolle und das motorische Lernen nahezu unergründet bleiben.

Aus der Informationswissenschaft entlehnte Modelle wie digitale binäre Kodes oder parallel arbeitende neuronale Netzwerke (vgl. Kap. 3.3.2) werden seit mehr als 30 Jahren zur Erklärung der menschlichen Informationsverarbeitung herangezogen. Kaum aus den „Kinderschuhen" entwachsen, hinterfragt eine Vielzahl plausibler Alternativen derartige Vorstellungen über die Motorik. Eine widerspruchsfreie Theorie der Bewegungskontrolle oder des motorischen Lernens liegt trotz des beachtenswerten neurobiologischen, psychologischen und bewegungswissenschaftlichen Kenntniszuwachses nicht vor. Vermehrt infrage gestellt wird, inwieweit eine einzelne Theorie oder einige wenige grundlegende Funktionsmechanismen alle Aspekte der Motorik und des motorischen Lernens plausibel erklären können.

1 Was ist von dieser Lektion zu erwarten?

Lektion 6 informiert am Beispiel der Informationsverarbeitungsansätze (motor approaches) über die in den letzten drei Jahrzehnten in der sportwissenschaftlichen Bewegungsforschung favorisierten koordinations- und lerntheoretischen Grundannahmen über die Kontrolle und den Neuerwerb einfacher und komplexer Bewegungsfertigkeiten. Aufgegriffen werden folgende Fragestellungen: *Welche körperinternen Voraussetzungen gewährleisten die Beherrschung sporttypischer Bewegungstechniken? Welche koordinationstheoretischen Vorstellungen liegen über die Stabilität und die Variabilität des motorischen Verhaltens vor? Wie werden die verschiedenen Lern- und Kontrolltheorien kategorisiert? Wie passt der Mensch beherrschte Bewegungstechniken an die sich nicht vorhersehbar verändernden Umweltbedingungen an? Inwieweit können einzelne Theorien oder einige wenige Grundannahmen die Motorik und das motorische Lernen erklären?*

Zunächst erwartet den Leser mit Kapitel 2 eine kurz gefasste Einführung in die wichtigsten Begriffe der Informationsverarbeitungstheorien: prozessorientierte und ergebnisorientierte Erklärungsansätze, Reaktionszeit, Reizidentifikation, Reaktionsauswahl,

Reaktionsprogrammierung und Verarbeitungskapazität. Anschließend stellt Kapitel 3 bedeutsame psychologische und bewegungswissenschaftliche Vorstellungen über die Komplexität des motorischen Systems vor. Das in der Bewegungswissenschaft des Sports weit verbreitete motorische Regelkreismodell von MEINEL und SCHNABEL (1998) gilt als ein idealtypisches Beispiel für die *Idee der Programmvorsteuerung mit kontinuierlicher Systemregelung* (mixed approaches; Kap. 3.1). Einfache motorische Programme dienen der Initiierung einleitender Bewegungssequenzen. Die kontinuierliche Anpassung der Bewegungsausführung an die sich verändernde Umwelt übernehmen rückkopplungsdeterminierte Regelkreise.

Das überaus erfolgreiche *Konzept der Programm- und Parametertrennung* (mixed approaches) beschreibt Unterkapitel 3.2 an der Theorie generalisierter motorischer Programme (GMP-Theorie) von R. A. SCHMIDT (1975, 1976, 1988). Dieser koordinationstheoretische Ansatz wird aufgegriffen, weil seine Vorstellungen über die Mechanismen und die Funktionsprozesse der Bewegungskontrolle umfassend an alltäglichen und sporttypischen Bewegungsformen empirisch überprüft wurden. Nach der GMP-Theorie steuert ein einzelnes motorisches Rahmenprogramm eine Klasse von Bewegungen mit gleicher zeitlich-dynamischer Struktur (z. B. Handballsprungwurf aus unterschiedlichen Distanzen). Zu den Programminhalten zählen einige wenige invariante zeitliche und dynamische Bewegungskennwerte, die durch spezielle Ausführungsparameter an die jeweiligen situativen Bedingungen angepasst werden können.

Unterkapitel 3.3 skizziert aktuelle *Gegenpositionen zu den mixed approaches* wie die ökopsychologischen Handlungstheorien (TURVEY, 1977, 1991), den Konnektionismus (ROJAS, 1999, 2004) und die Modularitätshypothese (FODOR, 1983). Gemeinsames Kennzeichen ist der Verzicht auf zentralnervöse Bewegungsprogramme zu Gunsten der Selbstorganisation der Motorik und spezialisierter lokaler motorischer Mechanismen. Die Inhalte und die Unzulänglichkeiten der Informationsverarbeitungsansätze gibt das Abschlusskapitel 4 wieder.

2 Welche Begriffe sind grundlegend?

Die Theorien und experimentellen Befunde zur Motorik und zum motorischen Lernen systematisiert die sportbezogene Bewegungswissenschaft üblicherweise nach ergebnisorientierten und prozessorientierten Erklärungsansätzen. Während *ergebnis-(anwendungs-) orientierte Konzepte* die Effekte der Variation äußerer Lernbedingungen hinsichtlich der Nützlichkeit, der Effizienz und der Gestaltung von Lerninstruktionen und Übungsprozessen untersuchen (vgl. Lektion 7, Kap. 3), geht es *prozess-(grundlagen-) orientierten Ansätzen* um die Aufklärung der körperinternen motorischen Kontrollmechanismen und Funktionsprozesse (vgl. Kap. 3). Der Mensch wird in Anlehnung an kybernetische und kommunikationstheoretische Vorstellungen als ein ausgiebiger Informationsverarbeiter angesehen, der ständig Afferenzen und Reafferenzen aufnimmt, diese mit seinem Wissen in Beziehung setzt, um hieraus situationsadäquate Handlungen abzuleiten. Die vollendete Beherrschung motorischer Fertigkeiten hängt von der Fähigkeit ab, zwischen einer Vielzahl verschiedener Reize sinnvoll zu unterscheiden und Informationen schnell zu übermitteln, zu speichern und abzurufen.

Als zuverlässiger Indikator für die Dauer der Entscheidungsfindung gilt die *Reaktionszeit*. Dieses Merkmal beschreibt das Zeitintervall zwischen der Reizaufnahme und der sichtbaren motorischen Reaktion auf den dargebotenen Reiz. Die Reaktionszeit des Menschen auf taktile Signale beträgt 0.09-0.18 s, auf akustische Signale 0.1-0.27 s und auf optische Signale 0.1-0.35 s. Reaktionszeitstudien von HICK (1952), HYMAN (1953), HENRY und ROGERS (1960) oder SCHMIDT (1988) legen für die Bewegungskontrolle die Vorstellung einer Dreistufigkeit der Informationsverarbeitung nahe: die Reizidentifikation, die Reaktionsauswahl und die Reaktionsprogrammierung (vgl. Abb. 35). Dieser Informationsverarbeitungsprozess muss in serieller (syn. sequenzieller) Abfolge durchschritten werden, „um auf eine gegebene Reizkonstellation eine angemessene Reaktion zu erhalten" (ROTH & HOSSNER, 1999, S. 178).

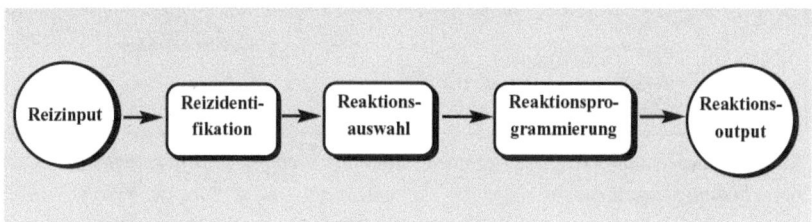

Abb. 35: *Dreistufigkeit der Informationsverarbeitung (mod. nach SCHMIDT, 1988, S. 77)*

Die erste Stufe der Informationsverarbeitung, die *Reizidentifikation* (stimulus identification) betrifft die Wahrnehmung der bewegungsrelevanten körperinternen und umweltbezogenen Reizkonstellationen. Den Zeitbedarf für die Reizidentifikation bestimmt die Anzahl der Reiz-Reaktionsalternativen, die Komplexität und die Dauer der Reaktion. Das Zeitintervall wird desto größer, je kleiner die Reizintensität und je größer die Reizkomplexität ist. Für Badminton-, Volleyball-, Tennis- oder Tischtennisspieler ist es von Vorteil, wenn sie mehrere Aufschlagvarianten beherrschen. Hierdurch zwingen sie den Gegenspielern unterschiedliche Antwortmöglichkeiten auf, die ihr Informationsverarbeitungssystem belasten oder ihre Reaktionszeit verlängern.

Die zweite Stufe der Informationsverarbeitung, die *Reaktionsauswahl* (response selection) umfasst die Selektion des motorischen Programms. Nach dem Gesetz von HICK steigt der Zeitbedarf mit der Anzahl der Antwortalternativen nahezu linear an (HICK, 1952). Oder anders ausgedrückt, je mehr Entscheidungen der Athlet treffen muss, desto größer wird die Reaktionszeit (vgl. Abb. 36a).

Auf der dritten Stufe der Informationsverarbeitung, der *Reaktionsprogrammierung* (response programming) erfolgt die Umsetzung des ausgewählten Bewegungsprogramms durch das Zentralnervensystem und die Skelettmuskulatur. Nach dem Gesetz von FITTS nimmt der Zeitbedarf für die Bewegungsprogrammierung mit der Komplexität und den Geschwindigkeits- und Präzisionsanforderungen der motorischen Fertigkeit zu (FITTS, 1954).

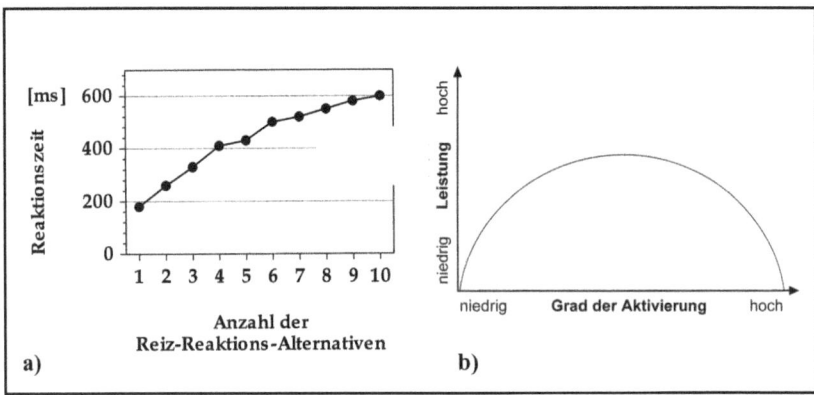

Abb. 36: *Gesetzmäßigkeiten der Informationsverarbeitung und der zentralnervösen Verarbeitungskapazität*
    a) Gesetz von HICK. Wahlreaktionszeiten (ms) in Abhängigkeit von den Antwortalternativen (mod. nach ROTH & HOSSNER, 1999, S. 180)
    b) Yerkes-Dodson-Regel (mod. nach YERKES & DODSON, 1908, S. 461)

Informationsverarbeitungstheorien gehen prinzipiell davon aus, dass die drei Stufen der Informationsverarbeitung – Reizidentifikation, Reaktionsauswahl und Reaktionsprogrammierung – in Abhängigkeit vom Grad des aktuellen Aktivierungsniveaus, unterschiedliche zentralnervöse Verarbeitungskapazitäten verlangen. Die höchsten kognitiven und motorischen Lernleistungen erzielt der Mensch nach der *Yerkes-Dodson-Regel* (umgedrehte U-Funktion; vgl. Abb. 36b) bei einem mittleren Aktivierungsgrad (YERKES & DODSON, 1908). „Die Limitierung zeigt sich besonders deutlich, wenn man versucht, zwei oder mehrere Aufgaben gleichzeitig auszuführen. Hierbei treten typischerweise Interferenzen auf, d. h. die erzielten Leistungen in beiden Aufgaben fallen geringer aus als bei getrennter Bearbeitung" (ROTH & HOSSNER, 1999, S. 183).

3 Welche Theorie kann die Bewegungskontrolle angemessen erklären?

Bis Ende der 70er Jahre des 20. Jahrhunderts beschreibt eine Vielzahl kontrovers diskutierter *Open-Loop-Theorien* (Bewegungssteuerung; LASHLEY, 1917, 1951; HENRY & ROGERS, 1960; KEELE, 1968) und *Closed-Loop-Theorien* (Bewegungsregelung; VON HOLST, 1954; ANOCHIN, 1967, 1969; BERNSTEIN, 1967, 1988; ADAMS, 1968, 1971, 1976; SOKOLOV, 1969; MEINEL, 1977; UNGERER, 1977) die zwischen der Reizdarbietung und dem beobachtbaren motorischen Handeln liegenden Komponenten und Funktionsprozesse der Bewegungskontrolle. In der aus heutiger Sicht relativ unfruchtbaren Auseinandersetzung ging es primär um die Frage, inwieweit die Motorik allein autonomen Gedächtnisrepräsentationen (Open-Loop-Kontrolle) oder peripheren Wahrnehmungsprozessen (Closed-Loop-Kontrolle) untersteht.

Gerade als die grundsätzliche Kontroverse zwischen Zentralisten und Peripheralisten durch die aufstrebenden Konzepte der Programmvorsteuerung mit kontinuierlicher Systemregelung und der Programm- und Parametertrennung (*mixed approaches;* PEW, 1974; SCHMIDT, 1975, 1976, 1988; MEINEL, 1977; MEINEL & SCHNABEL, 1998; vgl. Kap. 3.1 u. 3.2) als überwunden galt, entzündete sich Mitte der 80er Jahre eine neue heftige Debatte mit ökopsychologischen Handlungstheorien (action approaches; Kap. 3.3.1), konnektionistischen Ansätzen (Kap. 3.3.2) und modularistischen Konzepten (Kap. 3.3.3). Diese kritisieren die explizite Determination der Körperperipherie durch zentralnervöse Repräsentationen (*Hierarchie*). Favorisiert wird die Eigenständigkeit der Peripherie (*Heterarchie*) und die weit gehende Selbstorganisation des motorischen Verhaltens.

Tabelle 8 benennt die Charakteristika der beiden wichtigsten Grundpositionen der mixed approaches und deren koordinationstheoretischen Gegenspieler. Das Konzept der Programmvorsteuerung mit kontinuierlicher Systemregelung erläutert das motorische Regelkreismodell von MEINEL und SCHNABEL (1998; MEINEL, 1977; Kap. 3.1). Die Theorie generalisierter motorischer Programme von SCHMIDT (1975, 1976, 1988) steht als ein geradezu idealtypisches Beispiel für die Grundidee der Programm- und Parametertrennung (Kap. 3.2). Ausgewählte Gegenpositionen zu den mixed approaches bespricht Unterkapitel 3.3.

Tab. 8: *Informationstheoretische Grundkonzepte der Bewegungskontrolle*

Konzepte der Bewegungskontrolle	Repräsentation der Bewegung	Anpassung an die situativen Bedingungen
	Konzept der Programmvorsteuerung mit kontinuierlicher Systemregelung	
Motorisches Regelkreismodell	Zeitlich-dynamische Rahmen, Unter- und Korrekturprogramme	Regelkreisprozesse Zeitliche, dynamische und räumliche Bewegungsparameter
MEINEL & SCHNABEL (1977; 1998)	Sensorische Sollwertschätzungen der Bewegungsausführung	(Bewegungsumfang, Winkelwerte der Körpergelenke)
	Konzept der Programm- und Parametertrennung	
GMP-Theorie	Invariante Zeit- und Kraftrelationen	Zeitliche, dynamische und räumliche Bewegungsparameter
SCHMIDT (1975; 1988)		(Gesamtbewegungszeit, Gesamtkrafteinsatz, Bewegungsrichtung, Muskelauswahl)
	Koordinationstheoretische Gegenpositionen zu den mixed approaches	
Ökologische Handlungstheorie TURVEY (1977)	Invariante koordinative Strukturen Qualitative topologische Größen	Periphere neuronale Schaltkreise; Target- und Manner-Parameter (time to contact, distance to contact, torque to contact, work to contact)
Konnektionismus ROJAS (1999; 2004)	Spezifische Aktivitätszustände der Knoten eines Neuronennetzes	Synapsengewichtung Aktivierungszustand der Neurone
Modularitätshypothese FODOR (1983)	Modulare motorische Output-Systeme	Visuelle Informationen (time to contact Parameter)

Welche Strategie der Bewegungsrepräsentation ist Erfolg versprechend? 145

3.1 Wie funktioniert die Programmvorsteuerung mit kontinuierlicher Systemregelung?

Die Konzepte der *Programmvorsteuerung mit kontinuierlicher Systemregelung* (mixed approaches) betrachten den Menschen als ein dynamisches, selbstorganisierendes Wesen, das seine motorischen Handlungen auf der Basis eng kooperierender, zentralnervöser und peripherer Teilsysteme und Funktionsprozesse kontrolliert. Vereinfacht ausgedrückt entstehen Willkürbewegungen durch die Aneinanderreihung einzelner motorischer Sequenzen, die zu Bewegungsbeginn durch rudimentäre motorischer Programme initiiert werden. Parallel hierzu erzeugt ein übergeordnetes Hirnzentrum auf der Grundlage der biografischen Erfahrungen des Individuums mit ähnlichen motorischen Aufgabenstellungen und Umweltsituationen spezielle sensorische Referenzwerte für die Korrektheit der Bewegungsausführung (Extrapolation in die Zukunft). Die Sollwerte werden während der Realisierung der motorischen Handlung mit den (Re-)Afferenzen (Istwerte) verglichen (Closed-Loop-Kontrolle; vgl. Lektion 3). Bei Sollwert-Istwert-Differenzen passen spezielle Korrekturprogramme die Bewegung so lange an die aktuellen Bedingungen des motorischen Systems und der Umwelt an, bis keine Fehlermeldungen mehr auftreten. Den größten Bekanntheitsgrad besitzt in der deutschsprachigen Sportwissenschaft das in Abbildung 37 schematisierte *motorische Regelkreismodell* von MEINEL und SCHNABEL (1998; MEINEL, 1977).

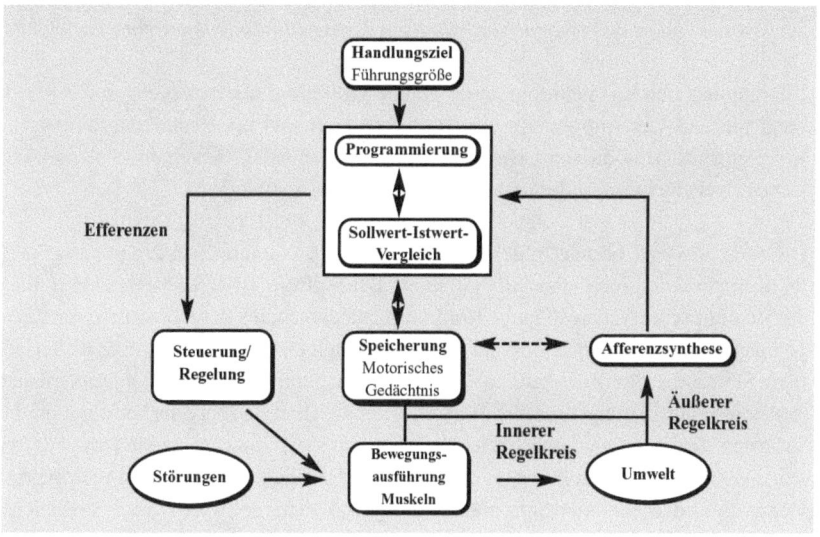

Abb. 37: *Blockschaltbild des motorischen Regelkreismodells von MEINEL und SCHNABEL (mod. nach MEINEL & SCHNABEL, 1998, S. 42)*

Die koordinationstheoretischen Annahmen über die Kontrollprozesse willkürlicher Bewegungen stützen die beiden Autoren auf die deskriptiv-phänomenologischen Bewegungsanalysen des sowjetischen Neurophysiologen BERNSTEIN (1967, 1988) und grundlegende biokybernetisch-psychologische Kenntnisse (VON HOLST & MITTELSTAETT, 1950). Zu den Schlüsselelementen der Bewegungsorganisation zählen die vorab strukturierten rudimentären motorischen Programme die sensorischen Sollwertschätzungen der Bewegungsausführung, das Feedback, die Fehleraufdeckung, die wechselseitig miteinander verbundenen zentralnervösen (Programmvorsteuerung) und peripheren Kontrollstrategien (spinalmotorische Systemregelung), die Korrekturprogramme sowie ein mehr oder minder großer Anteil kognitiver, motivationaler, volitiver und emotionaler Einflussfaktoren.

Das Handlungsziel (Führungsgröße) wird der Skelettmuskulatur über die effektorischen Instruktionen (Bewegungsprogramme) aus dem Zentralnervensystem übermittelt (vgl. Abb. 37). Die im motorischen Gedächtnis gespeicherten rudimentären Rahmenprogramme beinhalten grobe Informationen über die zeitliche und dynamische Gliederung der Bewegung und die sensorischen Sollwertschätzungen der Korrektheit der Bewegungsausführung. Beim Freiwurf im Basketball prägt das Handlungsziel „Korbtreffer" die Bewegungsstruktur. Bevor der Basketballspieler die Vorbereitungsphase des Freiwurfs einleitet, entscheidet er sich für ein spezielles, den Ablauf des Freiwurfs bestimmendes motorisches Programm. Viele Sportler erproben zunächst mental die Bewegungsvorausnahme und beginnen erst dann mit der eigentlichen motorischen Handlung.

Die rudimentären Rahmenprogramme werden im Verlauf der Bewegung durch Regelvorgänge und Unterprogramme weiter differenziert und bei Bedarf durch spezielle Korrekturmuster modifiziert. Die Realisation des geplanten Bewegungsziels gewährleisten zwei eng miteinander verbundene Koordinationsstrategien.

Die *erste Strategie* besteht in der Konstanthaltung des motorischen Programms durch die Kompensation möglicher Störvariablen. Bei Sollwert-Istwert-Differenzen initiiert das Zentralnervensystem so lange Korrekturmaßnahmen, bis die Körperextremität den vorausgeplanten Zielpunkt erreicht hat. Geringfügige Anpassungen an unvorhersehbare Störungen des Bewegungsablaufs erfolgen durch kurzfristige Veränderungen des Bewegungsumfangs und der Winkelwerte einzelner Körpergelenke, ohne die invarianten zeitlichen und dynamischen Bewegungsmerkmale zu verändern. Für die situative Anpassung der Bewegungsprogramme bestehen zwischen dem motorischen Gedächtnis, der Bewegungsprogrammierung und dem Sollwert-Istwert-Vergleichsmechanismus enge Wechselbeziehungen. Die propriozeptive Informationsaufnahme (Linearsinn, Drehsinn, kinästhetische Sinne) erfolgt über den inneren Regelkreis, die exterozeptive Reizaufnahme (visuelles, akustisches System) über den äußeren Regelkreis. Ist die Kompensation der Störung durch adaptive Programmumstellungen nicht zu erreichen, greift die *zweite Koordinationsstrategie*, die qualitative Reorganisation des motorischen Programms.

Das motorische Regelkreismodell von MEINEL und SCHNABEL kann nach dem heutigen Wissensstand der Motorikforschung die Koordination langsamer (> ca. 200 ms) oder auf einem konstanten Wert zu haltende Bewegungen angemessen erklären. Bei schnell ausgeführten motorischen Handlungen (bis ca. 200 ms) ist das Zeitintervall zu kurz, um Fehler aufzudecken und Korrekturmaßnahmen zu initiieren. Die überaus schnellen Bewegungstechniken der Zweikampfsportarten wie die Gerade von Max Schmeling oder Henry Maske (80-100 ms) sind hierfür gute Beispiele. Massive Kritik erfährt das Konzept der Programmvorsteuerung mit kontinuierlicher Systemregelung hinsichtlich der implizit angenommenen unbegrenzten Speicherkapazität des menschlichen Hirns, da für jede motorische Aktion ein eigenständiges Startprogramm und eine sensorische Referenz für die Korrektheit der Bewegungsausführung bestehen soll (1:1-Speicherung; vgl. Lektion 4).

3.2 Was besagt das Konzept der Programm- und Parametertrennung?

Die Grundidee der *Programm- und Parametertrennung* (mixed approaches) geht auf die im Bereich der Psychomotorik entwickelte Theorie *generalisierter motorischer Programme* von R. A. SCHMIDT (1975, 1976, 1988) zurück. In beeindruckender Weise verbindet die GMP-Theorie neurophysiologische Kenntnisse und scheinbar divergierende Open- und Closed-Loop-Elemente miteinander (vgl. Abb. 38). Ausgangspunkt ist die parallele Informationsverarbeitung in einem zwingend notwendigen Open-Loop-Modul und einem potenziellen Closed-Loop-Modul.

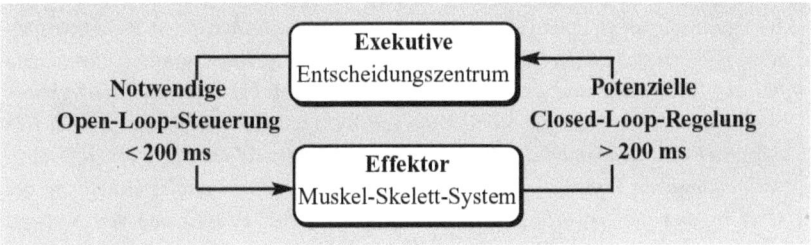

Abb. 38: *Schematische Darstellung eines motorischen Kontrollsystems mit paralleler Informationsverarbeitung in einem Open- und Closed-Loop-Modul*

Generalisierte motorische Programme beschreibt SCHMIDT in Analogie zu den Algorithmen elektronischer Computer als vorab strukturierte Gedächtnisrepräsentationen, die zwei Arten von Spezifikationen näher bestimmen. Die eine Art, die nicht austauschbaren Programmkomponenten (*Programminvarianten*), schreiben die zeitliche und dynamische Bewegungsstruktur fest. Die situative Anpassung der motorischen Rahmenprogramme erfolgt durch eine zweite Art von Spezifikationen, die variabel zu bestimmenden *Programmparameter*. Bei ausreichender Bewegungszeit kann das generalisierte motorische Programm während der Ausführung auf der Grundlage des Vergleichs der erwarteten und tatsächlichen sensorischen Konsequenzen innerhalb bestimmter Grenzen korrigiert werden.

Der ursprüngliche Gültigkeitsbereich der Theorie generalisierter motorischer Programme umfasst einfache, schnelle Bewegungen (150-200 ms) und langsame Positionierungsfertigkeiten (200 ms bis 5 s). Eine wesentliche Erweiterung erfährt die GMPTheorie durch die umfassende Übertragung auf die komplexen Bewegungstechniken des Sports durch ROTH (1989: Handballschlagwurf) und WOLLNY (1993: Bewegungsfertigkeiten der rhythmischen Sportgymnastik, Kippaufschwung im Gerätturnen, sportliches Gehen, Aufschlag und Vorhandschlag im Tennis).

Obwohl verschiedene Autoren die GMP-Theorie in den letzten Jahren berechtigterweise kritisieren und die empirische Befundlage in Teilbereichen widersprüchlich ist, zeigen ihre logische Geschlossenheit und empirisch überprüfbaren Vorhersagen über die Motorik offensichtliche Stärken. Für das Lehren und Lernen im Sport zählt das koordinationstheoretische Modell von SCHMIDT zu den erfolgreichsten psychologischen Theorien über die Bewegungskontrolle. Aus den koordinationstheoretischen Grundannahmen lassen sich zahlreiche praxistaugliche methodische Strategien für die Vereinfachung sportmotorischer Lern- und Optimierungsprozesse ableiten und plausibel begründen (vgl. Lektion 7).

Wer ganz allgemein etwas über die zentralnervösen Mechanismen, Funktionsprozesse und Gesetzmäßigkeiten oder die neuromuskulären Anpassungserscheinungen bei der Aneignung und der Koordination sporttypischer Bewegungsfertigkeiten nachlesen möchte, kann die Monografie von WOLLNY (1993) studieren. Ausführlich dargestellt werden neben den in der Bewegungswissenschaft des Sports diskutierten motorischen Kontroll- und Lerntheorien die elektromyografische Prüfung der Übertragung der Theorie generalisierter motorischer Programme von SCHMIDT (1988) auf sporttypische Bewegungsfertigkeiten.

Die Grundlagen der Theorie generalisierter motorischer Programme bilden drei eng miteinander verbundene Annahmekerne: die Impuls-Timing-Hypothese (Inhalte motorischer Programme), die Gestaltkonstanz-Hypothese (Benennung der Programmparameter) und die Schema Theory of Discrete Motor Skill Learning (situationsangemessene Parameterauswahl).

Impuls-Timing-Hypothese
Empirisch prüfbare Vorstellungen über die Inhalte motorischer Rahmenprogramme liefert die *Impuls-Timing-Hypothese* (vgl. Lektion 4, Kap. 5.1). Mit Bezug auf den physikalisch-mechanischen Impulsbegriff wird festgeschrieben, wann die einzelnen Aktivitätsphasen der bewegungsausführenden Skelettmuskeln beginnen und enden und mit welchen Intensitäten die muskulären Krafteinsätze erfolgen sollen.

Auf den alpinen Skilauf übertragen, muss der Sportler vor dem Bewegungsbeginn unter Berücksichtigung der physikalischen und körperlichen Gegebenheiten – wie Hangneigung, Schneeart oder Winkelstellung der Körpergelenke – zahlreiche Bedingungsfaktoren festlegen. Beim parallelen Grundschwingen betrifft dies den Bewegungsumkehrpunkt einer Schwungfolge, die Bewegungsgeschwindigkeit und den jeweiligen Bogenradius für die Einzelschwünge.

Nach der Impuls-Timing-Hypothese beinhalten generalisierte motorische Programme drei invariante Zeit- und Kraftrelationen, die eine bestimmte Klasse ähnlich strukturierter Bewegungen festlegen (z. B. Überkopfwurf im Basketball aus unterschiedlichen Distanzen). Zu den Programminvarianten zählen das Sequencing, das relative Timing und die relativen Krafteinsätze.

Das *Sequencing* – Reihenfolge der Einzelimpulse und relative Impulsabstände – beschreibt die Reihung der Muskelaktivierungen und die Proportionen ihrer zeitlichen Abstände zueinander. Bei der Hitch-Kick-Technik im Weitsprung startet die Bewegung durch die beiden kurz aufeinander folgenden Einzelimpulse A und C (vgl. Abb. 39). Ihnen folgen in einer bestimmten zeitlichen Relation die sechs Einzelimpulse B bis H. Als vorab programmierte Relationen der Impulsabstände gelten beispielsweise $A_{Impulsbeginn}$ bis $B_{Impulsbeginn}$ in Relation zu $A_{Impulsbeginn}$ bis $D_{Impulsbeginn}$ oder $A_{Impulsbeginn}$ bis $B_{Impulsbeginn}$ in Relation zu $A_{Impulsbeginn}$ bis $H_{Impulsbeginn}$.

Das *relative Timing* – relative Impulsdauer – betrifft die zeitliche Dauer der bewegungssteuernden Muskelaktivitäten, die durch die Verhältnisse der Einschaltdauer der Einzelimpulse festgelegt wird. Für das in Abbildung 39 dargestellte Impulsmuster der Hitch-Kick-Technik gelten exemplarisch die acht Quotienten $A_{Impulsdauer}$ zu $B_{Impulsdauer}$ ... zu $H_{Impulsdauer}$.

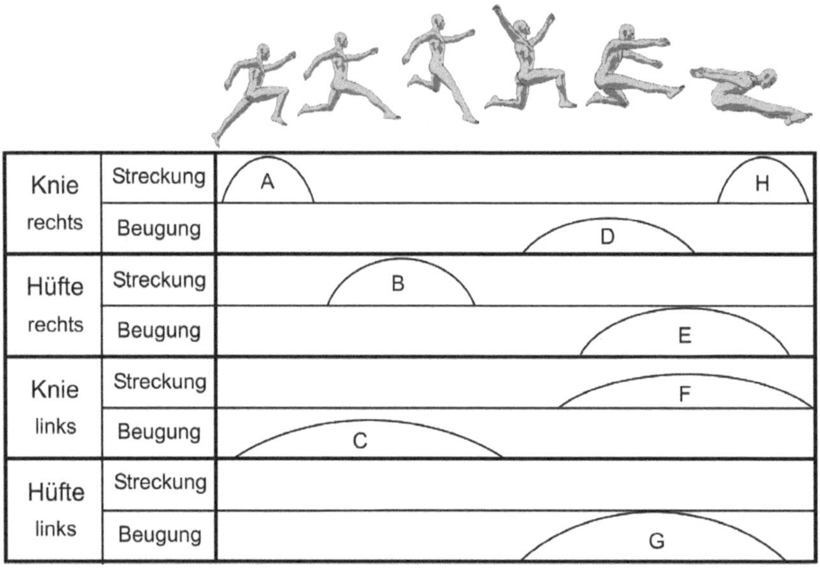

Abb. 39: *Impuls-Timing-Programm für die Hitch-Kick-Technik im Weitsprung (mod. nach* GÖHNER, *1999, S. 172)*

Die *relativen Krafteinsätze* – relative Impulshöhen – als die Relationen der während der Ausführung der Hitch-Kick-Bewegung erzeugten Muskelkräfte (Amplitudenhöhe) kennzeichnet Abbildung 39 durch die Quotienten $A_{\text{Impulshöhe}}$ zu $B_{\text{Impulshöhe}}$ zu ... $H_{\text{Impulshöhe}}$.

Gestaltkonstanz-Hypothese
Ausgehend von der Impuls-Timing-Idee, steuert ein einzelnes generalisiertes motorisches Programm eine bestimmte Bewegungsklasse. Welche spezielle Fertigkeitsausprägung ausgeführt wird, legen nach der *Gestaltkonstanz-Hypothese* (shape constancy hypothesis) leicht modifizierbare *metrische Programmparameter* fest (filling in parameter). Als die wichtigsten Parameter benennt SCHMIDT die *Gesamtbewegungszeit* (movement time) und den *Gesamtkrafteinsatz* (force). Diese beiden Ausführungsparameter passen die zeitlich-dynamische Relation des Impuls-Timing-Musters an die aktuellen äußeren und körperinneren Bedingungen an und bestimmen die absoluten Zeit- und Kraftwerte. Das motorische Rahmenprogramm kann hierdurch innerhalb gewisser Grenzen wie bei einem Gummiband in zeitlicher (horizontaler) und dynamischer (vertikaler) Hinsicht proportional gedehnt oder gestaucht werden, ohne die invarianten Programmkennwerte zu verändern (vgl. Abb. 40).

Welche Strategie der Bewegungsrepräsentation ist Erfolg versprechend? 151

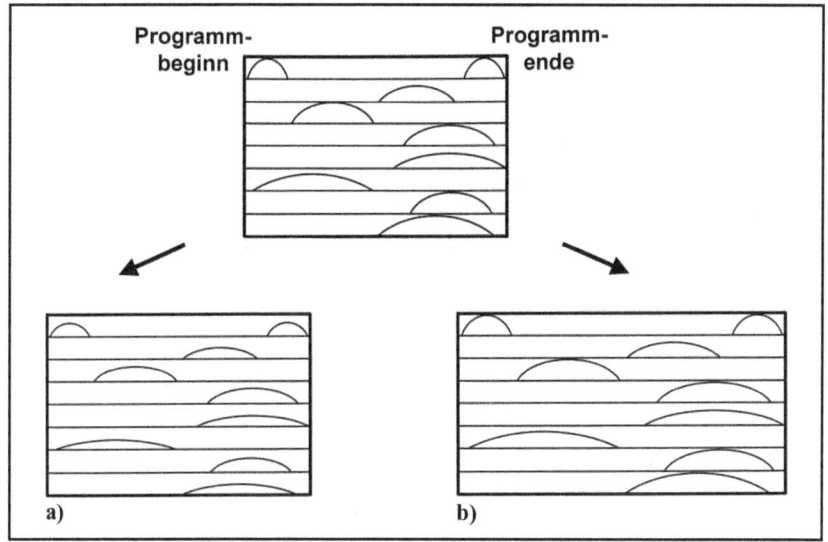

Abb. 40: *Parametrisierung des Impuls-Timing-Musters ohne Veränderung der invarianten Programmkennwerte (mod. nach* ROTH, *1990, S. 15)*
   a) *Proportionale vertikale Kraftstauchung*
   b) *Proportionale horizontale Bewegungszeitstreckung*

Zur Klassenbreite generalisierter motorischer Programme liegen experimentelle Studien zum Schwimmen (BOBER & CZABANSKI, 1975; MARARENKO, 1978), Handballschlagwurf (ROTH, 1989) oder Tennisvorhandschlag vor (WOLLNY, 1993). Für das sportliche Gehen in der Leichtathletik belegt WOLLNY (1993) mit der Untersuchungsmethode der Elektromyografie (vgl. Lektion 11) für den im Training üblichen Geschwindigkeitsbereich (8-10 km/Std.) und die Wettkampfgeschwindigkeit (12-14 km/Std.) die Invarianz des Sequencings und des relativen Timings.

Neben den beiden Programmparametern Gesamtbewegungszeit und Gesamtkrafteinsatz benennt SCHMIDT vier weitere leicht zu verändernde Programmparameter: die *Muskelauswahl* (spezifische Muskelgruppen), den *Bewegungsumfang* und zwei *räumliche Bewegungsparameter*: Bewegungsrichtung und Gelenkwinkel. Der Tennisspieler kann den Vorhandschlag durch Veränderung einzelner Programmparameterwerte unter Beibehaltung der invarianten Programmbestandteile mit einer hohen oder geringen Beschleunigung des Schlägerkopfs, parallel (longline) oder diagonal (cross) und mit dem rechten oder linken Arm realisieren.

Die in Abbildung 41 dargestellten elektromyografischen Resultate einer Invarianzstudie zum Tennisvorhandschlag longline gelten als Einzelbelege für die Unabhängigkeit motorischer Rahmenprogramme von der ausgewählten Muskulatur. Konkret wurden leistungssportliche Tennisspielerinnen instruiert, den Vorhandschlag mit der linken und rechten Körperseite zu realisieren. Die elektromyografischen Analysen belegen signifikante Übereinstimmungen im Sequencing und relativen Timing der bewegungsausführenden Skelettmuskeln der beiden Körperseiten. Vergleichbare elektromyografische Befunde liegen für verschiedene Bewegungstechniken der rhythmischen Sportgymnastik vor (WOLLNY, 1993).

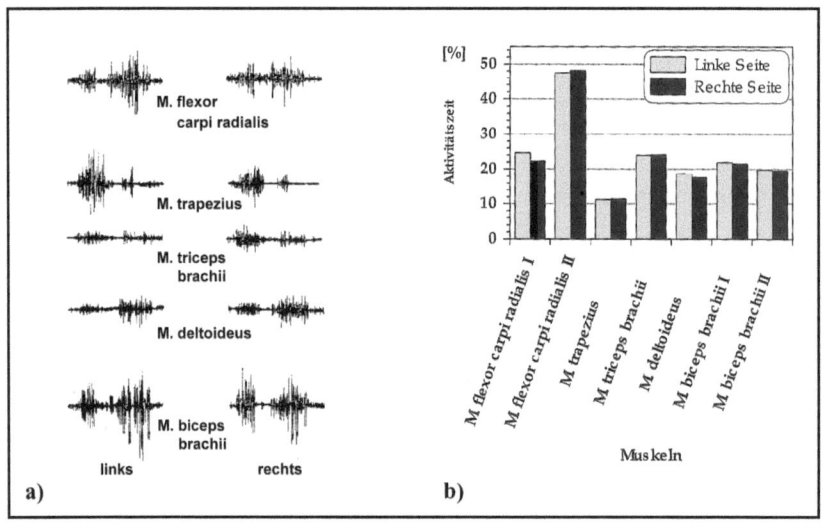

Abb. 41: *Elektromyografische Studie zur Muskelunabhängigkeit generalisierter motorischer Programme beim Tennisvorhandschlag longline (mod. nach WOLLNY, 1993, S. 173)*
  a) *Elektromyogramme der linken und rechten Körperseite einer Versuchsperson*
  b) *Prozentuale Muskelaktivitätszeiten der linken und rechten Körperseite einer Versuchsperson*

Schema Theory of Discrete Motor Skill Learning von SCHMIDT
Bedeutsam für die situative Anpassung der Impuls-Timing-Programme postuliert SCHMIDT (1988) in der *Schema Theory of Discrete Motor Skill Learning* zwei voneinander unabhängige Gedächtnisinstanzen, so genannte *motorische Schemata*. Im Allgemeinen stellen *Schemata* spezifische Wissensstrukturen dar, die typische Zusammenhänge eines Realitätsbereichs wie das generelle Aussehen eines Flugzeugs strukturieren. Im Verlauf des Lernprozesses präzisiert der Mensch einzelne Variablen des

Schemas „Flugzeug" wie den Typ oder die Antriebsart durch konkrete Kennwerte (Flugzeugtyp: Segelflugzeug, Doppeldecker, Sportflugzeug, Kampfjet; Antriebsart: Propeller, Düsentriebwerk). Nach der Schematheorie von SCHMIDT baut der Mensch für jedes generalisierte motorische Programm zwei eigenständige Gedächtnisinstanzen auf: das Wiedergabeschema und das Wiedererkennungsschema.

Das *Wiedergabeschema* (recall schema) ist für die Selektion angemessener Parameterkennwerte (Gesamtbewegungszeit, Gesamtkrafteinsatz, Muskelauswahl, Gelenkwinkel usw.), das Einlesen der ausgewählten Parameterkennwerte in das motorische Rahmenprogramm und die Kontrolle schneller Bewegungen (150-200 ms) zuständig. Außerhalb des Verantwortungsbereichs des Wiedergabeschemas liegt es, inwieweit die Auswahl eines bestimmten Parameterwerts taktisch richtig oder falsch ist (ROTH, 2005).

Das motorische Wiedergabeschema entwickelt sich aus den Beziehungen zwischen den Informationen über das erreichte Bewegungsergebnis (x_i), den in das Bewegungsprogramm eingelesenen Parameterwerten (y_i) und den Erfahrungen über die situativen Ausgangsbedingungen (z_i). Diese drei Informationsbausteine werden nach jedem Übungsversuch zu einem x_i-y_i-z_i-Datenpunkt zusammengefasst. Mit zunehmender Bewegungserfahrung verdichtet sich die Punktwolke, ordnet sich nach bedeutsamen situativen Bedingungsklassen und abstrahiert zu Regelgeraden. Je besser die Vorstellung einer Regel über den Zusammenhang zwischen dem Bewegungsergebnis und der Parameterspezifizierung wird, desto zuverlässiger können situationsangemessene Parameterwerte abgeleitet werden, auch wenn diese niemals zuvor in dieser Weise realisiert wurden.

Die schematischen Regeln der Wiedergabeschemata stellen ROTH und SAHRE (1990) als Regressionsgeraden in einem zweidimensionalen Koordinatensystem dar (vgl. Abb. 42). Der x-Wert entspricht dem Bewegungsergebnis, während auf der y-Achse der Programmparameterwert abgetragen wird. Jeder Bewegungsversuch ist anhand eines einzelnen x-y-Koordinatenpunkts eindeutig zu identifizieren. Bei der Parameterauswahl wird das geplante Bewegungsergebnis *B* auf der x-Achse abgetragen und in Abhängigkeit von den Ausgangsbedingungen die am besten zutreffende Regel ausgewählt (z. B. *S1-S4*). Die Vorhersage und die Berechnung des Parameterwerts basiert auf dem mathematischen Prinzip der linearen Regression, indem die Punktwolke durch die hineingelegte Gerade nach dem Prinzip der kleinsten Abweichungsquadrate annähernd zu beschreiben versucht wird. Bei bekanntem Bewegungsergebnis (x-Wert) schätzt die Gleichung y = a x + b einen situationsangemessenen Parameterwert *A*.

154 Lektion 6

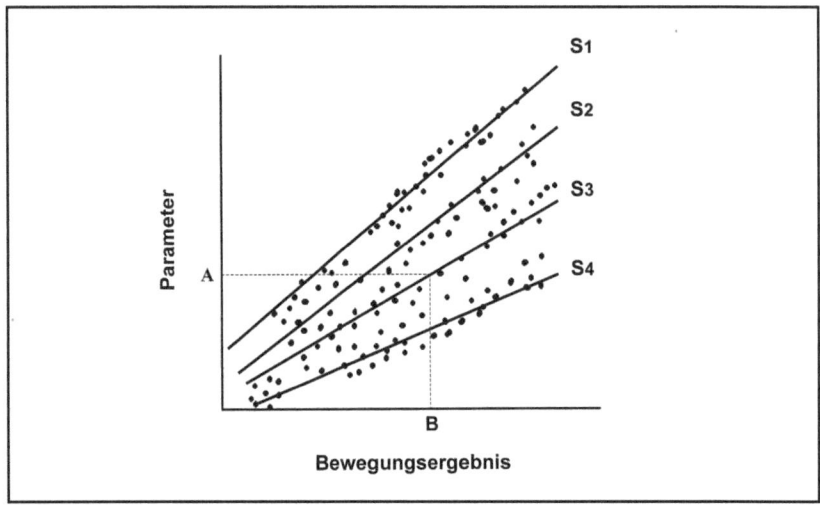

Abb. 42: *Motorisches Wiedergabeschema mit den Einzelregeln S1-S4 (mod. nach* ROTH & SAHRE, *1990, S. 22)*

Dem *Wiedererkennungsschema* (recognition schema) unterliegt die Spezifikation des gewünschten Outputs des Bewegungsprogramms, die Fehlerkorrektur der zentralnervösen Bewegungsprogrammierung und die Kontrolle langsamer Bewegungen (200 ms bis 5 s). Eine wichtige Funktion kommt dem Wiedererkennungsschema bei der Korrektur von Fehlern in der zentralnervösen Bewegungsprogrammierung zu. Seine Regeln entwickeln sich aus den Erfahrungen mit den situativen Ausgangsbedingungen, den Informationen über das Bewegungsergebnis und dem sensorischen Feedback der Bewegungsausführung. Die sensorischen Sollwertschätzungen des gewünschten Ergebnisses vergleicht der Mensch während der Bewegungsausführung mit den exterozeptiven und propriozeptiven Rückmeldungen. Bei auftretenden Sollwert-Istwert-Differenzen werden entsprechende Korrekturmaßnahmen veranlasst.

Trotz vielfältiger Plausibilitätsannahmen und zahlreicher empirischer Bestätigungen sind die Prädiktionen der GMP- und Schematheorie von SCHMIDT nicht ohne kritische Widersprüche geblieben. Bemängelt wird insbesondere das Fehlen fundierter Aussagen über die Aneignung und die Auswahl motorischer Rahmenprogramme und Schemata. Die Erklärung der Bewegungskontrolle beginnt bei SCHMIDT erst nach der Bereitstellung des motorischen Rahmenprogramms mit der Spezifizierung der Parameterwerte durch das Wiedergabeschema. Des Weiteren fehlen konkrete Antworten auf die Frage, welche neurobiologischen Strukturen des Zentralnervensystems sich an der

Bildung generalisierter motorischer Programme beteiligen. Darüber hinaus stehen den Evidenzen für die Bestätigung der GMP- und Schematheorie neuere koordinationstheoretische und experimentelle Befunde aus der Neurobiologie, der Psychologie und der Sportwissenschaft gegenüber, die nicht in allen Punkten mit den Annahmen von SCHMIDT über die Bewegungskoordination zu vereinbaren sind (HEUER, 1984; WULF, 1985, 1989; MUNZERT, 1987, 1989; VOGT, 1988). Schließlich wird kritisiert, dass die von SCHMIDT spezifizierten metrischen Programmparameter aus kybernetischer und biomechanischer Sicht nicht ausreichen, um zielgerichtete Bewegungen angemessen zu koordinieren.

3.3 Wer kritisiert die mixed approaches?

Die charakteristischen Merkmale der drei wichtigsten koordinationstheoretischen Gegenpositionen zu den mixed approaches – die ökopsychologischen Handlungstheorien, der Konnektionismus und die Modularitätshypothese – betreffen den Verzicht auf zentral gespeicherte Bewegungsrepräsentationen und die Betonung radikaler Closed-Loop-Vorstellungen über die Bewegungsorganisation. Propagiert werden die Selbstorganisation der Motorik und spezielle invariante Umweltinformationen, die mit geringen kognitiven Verarbeitungsprozessen direkt in die Bewegungskontrolle eingehen.

Nach den Vorstellungen *ökopsychologischer Handlungstheorien* (action approaches; Kap. 3.3.1) unterliegt die Bewegungskontrolle selbstorganisierten biologischen Strukturen, die durch höhere Zentren des Zentralnervensystems aktiviert werden und eine feststehende aufgabenspezifische Muskelgruppierung autonom steuern. Die so genannten koordinativen Strukturen werden jeweils vor und während der Bewegungsausführung nach dem Baukastenprinzip aus fundamentalen Rohbausteinen zusammengefügt (Überblick: TURVEY, 1991). Der *Konnektionismus* (Kap. 3.3.2) untersucht die Bewegungsorganisation mithilfe künstlicher autonomer Neuronennetze, die keine zentralen kortikalen Kontrollinstanzen verlangen (Überblick: ROJAS, 1999). Die *Modularitätshypothese* von FODOR (1983) favorisiert die lokale partiell-modulare Bewegungsregulation (Kap. 3.3.3; Überblick: ROTH & HOSSNER, 1999).

3.3.1 Wie erklären ökopsychologische Handlungstheorien die Bewegungskoordination?

Gemeinsamer Ausgangspunkt der im Detail voneinander abweichenden *ökopsychologischen Handlungstheorien* (action approaches) ist der Versuch, folgende drei Annahmen und Kenntnisse über die Motorik miteinander in Einklang zu bringen:

- den Einfluss verschiedener Constraints (Zwänge) auf die Bewegungsorganisation,
- die direkte basale Kopplung von visueller Wahrnehmung, Denken und Bewegung und
- das Degrees of Freedom-Problem des menschlichen Bewegungsapparats.

Physiologische, psychische, biomechanische und *situative Constraints* scheinen maßgeblich die essenziellen Charakterzüge menschlicher Willkürbewegungen und die Grenzen der Bewegungsmöglichkeiten des Individuums zu bestimmen (TURVEY, 1977, 1991; GIBSON, 1979, 1982). In vielen Sportdisziplinen haben sich unter Berücksichtigung des jeweiligen Regelwerks, der organismischen Voraussetzungen der Athleten und der situativen Rahmenbedingungen bestimmte, von Experten immer wieder zur Lösung sportartspezifischer Aufgaben bevorzugte Bewegungsausführungen bewährt. Beispielsweise gestatten in der Sportart Squash die räumlichen Begrenzungen des Squashcourts keine ausgedehnten Aushol- und Ausschwungbewegungen, wie sie beim Tennisspieler beobachtet werden können.

Nach TURVEY (1977, 1991) und GIBSON (1979, 1982) besteht auf der basalen Ebene eine enge, wechselseitige *Kopplung von visueller Wahrnehmung, Denken und Bewegung*. Durch visuelle Wahrnehmungsprozesse können Informationen über die Angebote und Merkmale der Umwelt (z. B. optimale und kritische Punkte), die raum-zeitlichen Relationen zwischen Mensch und Umwelt (body-, action-scaled information), die Fremdbewegungen oder die Eigenschaften des eigenen Bewegungsverhaltens in weniger als 100 ms ohne bewusste Aufmerksamkeits- und Verarbeitungsprozesse aufgenommen und direkt für die Bewegungsplanung und -realisierung genutzt werden.

Beispielsweise kann der Mensch über den visuellen *time to contact Parameter* τ exakt die Zeit bestimmen, die ein sich dem Auge annähernder Gegenstand bis zum Auftreffen auf die Netzhaut benötigt. Die Zeitdauer wird unmittelbar anhand der Vergrößerung des Abbildes des beobachteten Gegenstandes auf der Netzhaut ermittelt (LEE, 1976). Weitere alltägliche und sporttypische Handlungsprobleme des sich bewegenden Menschen veranschaulicht Abbildung 43 anhand der Einschätzung der individuellen Beinlängen- und Stufenhöhenrelationen und der Körperproportionen.

Das *Degrees of Freedom-Problem* weist darauf hin, dass der menschliche Bewegungsapparat über eine weitaus größere Anzahl an Körpergelenken und Skelettmuskeln verfügt, als für die Lösung einer bestimmten Bewegungsaufgabe notwendig erscheint. Die Grundeinheit der Bewegungskontrolle stellt nach BERNSTEIN (1967, 1988) der einzelne Muskel dar, der einen Freiheitsgrad aufweist (Kontraktion-Relaxation). Die Freiheitsgrade eines Körpergelenks lassen sich aus der Anzahl der an ein Gelenk angreifenden Muskeln berechnen. Bei isolierten Armbewegungen müssen insgesamt 26 Freiheitsgrade kontrolliert werden (10 Schultermuskeln, sechs Muskeln des Ellbogengelenks, vier Muskeln für die Drehung im Ellbogengelenk, sechs Muskeln des Handgelenks). Demnach müssten Bewegungsprogramme für jede isolierte Armbewegung 26 Muskelaktivitätskennwerte beinhalten. Berücksichtigt man darüber hinaus, dass während der Bewegungsausführung nicht der gesamte Skelettmuskel, sondern nur eine wechselnde Anzahl motorischer Einheiten aktiviert wird, müsste das motorische Programm ca. 2.600 Freiheitsgrade kontrollieren (vgl. TURVEY, FITCH & TULLER, 1982). Diese Zahl erhöht sich um ein Vielfaches, wenn die Armbewegung in ein komplexes Bewegungsgefüge eingebunden wird. STELMACH und DIGGELS (1982) ermitteln für das menschliche Motoriksystem 2^{127} Kombinationsmöglichkeiten.

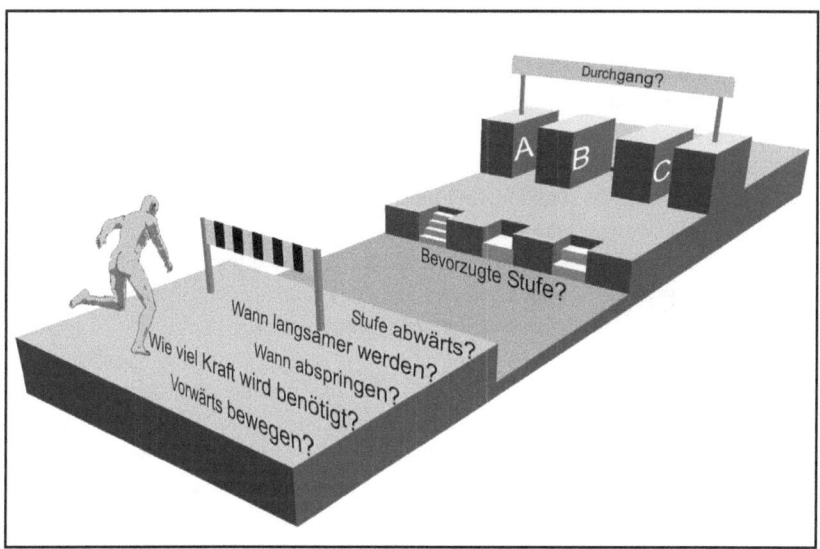

Abb. 43: *Handlungsprobleme des sich bewegenden Menschen (mod. nach TURVEY & KUGLER, 1984, S. 375)*

Die in der Bewegungswissenschaft des Sports häufig diskutierte *Ecological Theory of Action with Reference to Vision* von TURVEY (1977, 1991) verbindet in anschaulicher Weise die Annahmen und Kenntnisse über das Degrees of Freedom-Problem des Bewegungsapparats, die bewegungsbeeinflussenden Constraints und die direkte basale Kopplung von visueller Wahrnehmung, Denken und Bewegung miteinander.

Nach TURVEY basiert die Bewegungsregulation nicht auf zentralnervösen Gedächtnisrepräsentationen (top down), sondern höhere Hirnzentren aktivieren durch einzelne Impulse hierarchisch tiefer liegende, selbstorganisierte *koordinative Strukturen* (bottom up). Diese regulieren mit minimaler Intelligenz die enorme Anzahl der kinematischen Freiheitsgrade des Bewegungsapparats, indem sie eine feststehende, aufgabenspezifische Muskelgruppierung autonom steuern. Die Analogie der Handlungsweise eines Marionettenspielers, der die zahlreichen Freiheitsgrade seiner Marionette mit der geringeren Anzahl der Freiheitsgrade seiner Hand über eine entsprechende Kombination der funktionalen Verbindungen der Marionettenfäden koordiniert, stellt ein plausibles Erklärungsmodell für die generelle Funktionsweise koordinativer Strukturen dar.

TURVEY beschreibt *koordinative Strukturen* als abstrakte Formulierungen der essenziellen Kennwerte der motorischen Fertigkeit. Die Bewegungsinformationen scheinen als invariante qualitative topologische Kenngröße – räumlich-zeitliche Geometrie der Bewegung – vorzuliegen. Vergleichbar mit biochemischen Proteinen, die aus einer komplizierten, vielschichtigen, gitterartigen Verbindung einzelner chemischer Elemente entstehen und als funktionelle Einheiten viele biologische Prozesse regulieren, unterliegt die Bewegungskontrolle einer komplexen gitterförmigen, hierarchischsequenziellen Organisation. Einzelne koordinative Strukturen einer Ebene können untereinander und mit diversen koordinativen Strukturen höherer Ebenen gitterartig zu speziellen Bewegungsfertigkeiten zusammengesetzt werden.

Am Beispiel des Gehens illustriert TURVEY, wie die hierarchisch-sequenzielle Bewegungsorganisation das Degrees of Freedom-Problem des menschlichen Bewegungsapparats lösen helfen könnte. Für die Kontrolle einer bestimmten Fortbewegungsart reichen zwei Freiheitsgrade im Kommandosignal aus, das von einem höheren Zentrum des Zentralnervensystems an hierarchisch tiefer liegende autonome Systeme (z. B. koordinative Strukturen, Oszillatoren; vgl. Lektion 4) gesendet wird. Das erste Signal spezifiziert die Fortbewegungsrichtung (vorwärts oder rückwärts), das zweite Signal die aktuelle Durchschnittsgeschwindigkeit.

Die situative Anpassung (Tuning) der invarianten koordinativen Strukturen an die Umwelt, das Bewegungsziel und die internen Störgrößen erfolgt durch zwei Arten von Tuning-Parametern. Zielorientierte *Target-Parameter* (z. B. time to contact, direction to contact, distance to contact) rufen eine räumlich-zeitliche Anpassung an das Ziel oder das Objekt der Bewegung hervor. *Manner-Parameter* (z. B. torque to contact, impulse to contact, work to contact) definieren die Art und Weise der Bewegungsausführung (schnell – langsam, sprunghaft – allmählich, hart – sanft usw.). Die Kennwerte der Tuning-Parameter können auf Grund der angenommenen direkten basalen Kopplung visueller Wahrnehmungs- und motorischer Handlungsprozesse mit einem minimalen Beitrag an zentraler Aufmerksamkeit unmittelbar aus der Umwelt entnommen werden.

Nach dem derzeitigen Forschungsstand stellen ökologische Handlungstheorien (action approaches) nur eine von mehreren, plausibel erscheinenden Modellvorstellungen über die motorischen Kontrollstrategien dar. Bis heute ist es den Handlungstheoretikern nicht gelungen, eindeutige empirische Nachweise ihrer Annahmen über die menschliche Bewegungsorganisation zu erbringen. In diesem Punkt befinden sich die action approaches in guter Nachbarschaft mit den in Kapitel 3.1 und 3.2 diskutierten Konzepten der Programmvorsteuerung mit kontinuierlicher Systemregelung oder der Programm- und Parametertrennung (mixed approaches).

3.3.2 Wie denkt der Konnektionismus über die motorische Kontrolle?

Die Kritik des Konnektionismus am Konzept der Programm- und Parametertrennung von SCHMIDT (1976, 1988) richtet sich vor allem gegen die Computermetapher. Für Computer ist, mit Ausnahme neuartiger Parallelrechner, eine schnelle serielle (schrittweise) Verarbeitungsweise charakteristisch, während das Zentralnervensystem des Menschen eine langsame, hochgradige, parallele (gleichzeitige) Informationsverarbeitung bevorzugt. Zudem können Computer nur dann ordnungsgemäß funktionieren, wenn keine Software- oder Hardwarefehler vorliegen. Trotz der bekannten, relativ hohen Fehleranfälligkeit einzelner Strukturelemente verarbeitet das menschliche Hirn die wahrgenommenen Informationen als Ganzes weit gehend korrekt. Sogar der Ausfall kleiner Hirnstrukturen führt nicht zwangsläufig zu einer auffälligen Verschlechterung der Hirnleistung (Überblick: GÖHNER, 1999; ROJAS, 1999).

Der *Konnektionismus* versucht, die menschliche Bewegungsorganisation mittels des spezifischen Verhaltens informationsverarbeitender künstlicher Neuronensysteme (syn. neuronale Netze, Neuronennetze) zu erklären. Neuronale Netze charakterisieren zum einen die große Anzahl sehr einfacher Verarbeitungseinheiten und die ausschließlich lokal vorliegenden Informationen. Diese werden ohne eine zentrale Instanz durch hochgradig parallele und verteilte Datentechniken schnell bearbeitet und gespeichert. Zum anderen können Neuronennetze komplexe nichtlineare Zusammenhänge erkennen und Regeln erlernen. Als Vorbild für die realitätsnahe, computergestützte Nachbildung biologischer Neuronennetze dienen die Anatomie und die Funktionsweise der Neurone des menschlichen Hirns (Überblick: ROJAS, 1999).

Die *Neurone des Hirns* bestehen aus einem ca. 0.25 mm großen Zellkörper, einem bis zu 1 m langen Axon und kurzen, stark verästelten Verzweigungen (*Dendriten*).

Das Axon ermöglicht die Weiterleitung der im Zellkörper entstehenden bioelektrischen Aktionspotenziale zu den Dendriten und den Zellkörpern benachbarter Neurone. *Synapsen* dienen als Berührungsstellen zwischen den zusammengeschalteten Nervenzellen (vgl. Abb. 44a). Die Hauptaufgabe der Neurone des Hirns besteht in der Umwandlung der zahlreichen Eingangssignale in ein einzelnes Ausgangssignal.

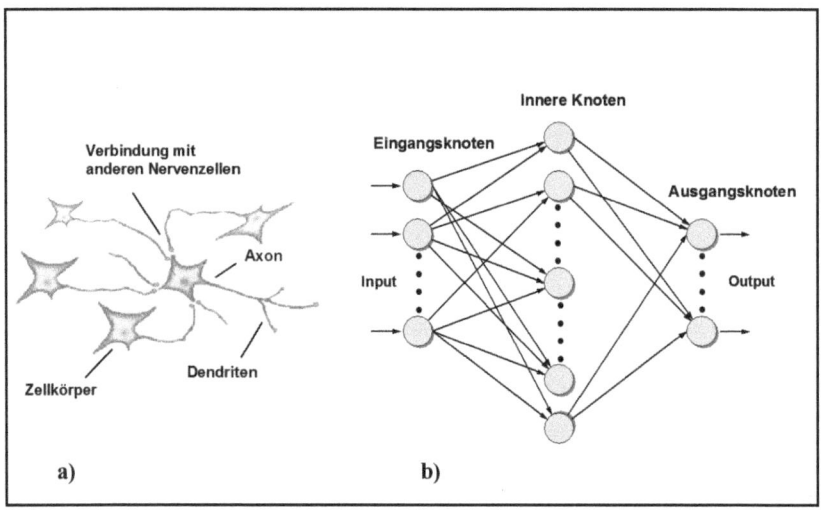

Abb. 44: *Biologische und künstliche Neurone (mod. nach MICROSOFT, 2002)*
  a) *Verbund biologischer Nervenzellen*
  b) *Künstliches neuronales Netz*

Die vom Zellkörper des Neurons über synaptische Verbindungen aufgenommenen Eingangsreize können vor ihrer Weiterleitung, in Abhängigkeit von der momentanen „Gewichtung" der einzelnen Synapsen, verstärkt oder abgeschwächt werden. Ihre Wirkung summiert sich, wenn eine größere Anzahl von Synapsen gleichzeitig aktiv wird. Setzen am Zellkörper mehr hemmende als erregende Synapsen an, sinkt die Erregbarkeit des Neurons. Biologische Neuronennetze stellen zwar keine starren Neuronenverbindungen dar, da die einzelnen Neurone zu verschiedenen Zeiten unterschiedlichen Neuronenverbänden angehören können. Je häufiger aber eine bestimmte Gruppe von Neuronen gleichzeitig erregt wird, desto stärker bildet sich ihre individuelle Vernetzung aus (hebbsche Lernregel; HEBB, 1949). Erfolgreiche Bewegungsausführungen hinterlassen spezifische Aktivierungen der Neurone, die der Mensch wahrscheinlich als überdauernde Gewichtungen speichert.

Wie funktionieren computergestützte künstliche Neuronennetze? In mathematische Modelle gefasste Neuronensysteme setzen sich aus drei elementaren Verarbeitungsschichten zusammen: der Eingabeschicht, der verborgenen inneren Schicht und der Ausgabeschicht (vgl. Abb. 44b). Jede Neuronenschicht kann aus einer unterschiedlichen Anzahl von Neuronen (Knoten) bestehen. Jeder Knoten einer Schicht kann mit allen Knoten benachbarter Schichten verbunden sein. Nebeneinander liegende Neurone können auch untereinander oder nur mit über- oder nachgeordneten Neuronen vernetzt sein. Die Verbindungen zwischen den Neuronen sind gerichtet: von der Eingabeschicht über die verborgene innere Schicht zur Ausgabeschicht.

Mathematische Vektoren informieren die Neurone der Eingangsschicht über bestimmte Umweltbedingungen. In Abhängigkeit von der Eingabeart (erregend oder hemmend) können die Neurone verschiedene Aktivierungszustände besitzen. Diese werden durch „Gewichte" dargestellt (positive Zahlenwerte: erregende Verbindung; negative Zahlenwerte: hemmende Verbindung). Inwieweit das Signal übermittelt wird, symbolisiert die Zahl 1 (ja) oder 0 (nein). Die Übertragungsstärke an den Synapsen kennzeichnet eine rationale Zahl zwischen -1 und 1. Durch bestimmte Aktivierungsregeln (Addition, Multiplikation usw.) kann die Erregung an einem speziellen Dendritenzweig aufrechterhalten, abgeschwächt oder unterdrückt werden. Das Ergebnis der Informationsverarbeitung durch die verborgene innere Schicht bilden die Neurone der Ausgabeschicht ab. Aus mathematischer Sicht führen künstliche Neuronennetze eine Vektortransformation von einem Eingabevektor in einen Ausgabevektor durch (Überblick: ROJAS, 1999, 2004).

Eine wichtige Eigenschaft neuronaler Netze ist die Lernfähigkeit. Diese wird durch zwei Hauptarten von Algorithmen (Lernregeln) ermöglicht: überwachtes (*Backpropagation*) und unüberwachtes, selbstorganisiertes Lernen.

Das *überwachte Lernen* (supervised learning) passt die zunächst zufälligen Synapsengewichte der verschiedenen Schichten so lange durch zielgerichtete Trainingsdaten an, bis die gewünschte Informationsverarbeitung relativ stabil übernommen wird und die eingegebenen Daten mit denen der Ausgabeschicht weit gehend übereinstimmen. Die bekannteste Lernregel, der *Backpropagation-Algorithmus* von PARKER (1985), optimiert die Neuronengewichte dadurch, indem der Ausgabevektor mit dem vorgegebenen Ergebnis verglichen und der mögliche Ausgabefehler rückwärts zu den vorangehenden Neuronenschichten übermittelt wird. Das überwachte Lernen weist deutliche Parallelen zum sportlichen Techniktraining auf. „Das Ziel kann z. B. ein Korbwurf im Basketball sein, der immer wieder geübt und dessen Lernprozeß durch Rückmeldungen des Übungsleiters unterstützt wird. Nach etwas Üben ist der Sportler in der Lage, aus anderen Positionen oder mit anderen Bällen den Korb zu treffen" (WILLIMCZIK & SCHILDMACHER, 1999, S. 114).

KÜNZELL (1996) simuliert mittels eines neuronalen Netzes die Aneignung und die Optimierung des Positionswurfs im Basketball. Die Aufgabe des künstlichen Netzes besteht darin, aus unterschiedlichen Entfernungen (3, 5, 7 und 9 m) durch die Kombination von Abflugwinkel (40-60°) und Abfluggeschwindigkeit (7-11 m/s) einen Korbtreffer zu erzielen. Durch die Vorgabe von sechs Netzgruppen mit unterschiedlichen Umgebungsbedingungen – geringe Kontextinterferenz (verschiedene Aufgaben, getrennt in einzelnen Blöcken) bis hohe Kontextinterferenz (verschiedene Aufgaben unmittelbar hintereinander) – stellt KÜNZELL vergleichbar mit dem menschlichen Lernen fest, dass eine höhere Kontextinterferenz beim Lernen in künstlichen Neuronennetzen zu besseren Resultaten führt.

Dem *unüberwachten, selbstorganisierten Lernen* (unsupervised learning) fehlen der Unterweiser, die vorgegebene Zielvariable und der zurückgemeldete Fehler. Die weit verbreiteten Neuronennetze von KOHONEN (1988, 2005) verbinden jedes Neuron mit allen benachbarten Neuronen. Die Festlegung spezieller Synapsengewichte unterliegt einem selbstgesteuerten Lernprozess. Primäres Ziel ist die Ausbildung eines Clusters, dessen Neurone auf bestimmte Umweltinformationen mit ähnlichen Merkmalen reagieren. Derartige Neuronencluster werden üblicherweise als räumliche neuronale Muster dargestellt, als so genannte *topografische oder selbstorganisierte Merkmalskarten*. In der Ausgabeschicht kann ein „Winner-Takes-All-Algorithmus" dafür sorgen, dass nur das am meisten erregte Neuron aktiviert wird. Welches Neuron auf welches Cluster reagiert, untersteht der Selbstorganisation des KOHONEN-Netzes (Überblick: KÜNZELL, 1996; WILLIMCZIK & SCHILDMACHER, 1999).

Zu den alltäglichen Anwendungsfeldern künstlicher neuronaler Netze zählen die Bildverarbeitung im Rahmen der Mustererkennung (Handschriften, Gesichter, Fingerabdrücke usw.) oder die Simulation visueller Anwendungen (Abstandsmessungen bei Kraftfahrzeugen, Sicherheitskontrollen auf Flughäfen usw.). Die sportbezogene Bewegungswissenschaft verwendet neuronale Netze zur Erforschung der Motorik (z. B. reflektorische Kontrolle der Körperhaltung, willkürliche Bewegungskontrolle, Lokomotion; Überblick: WILLIMCZIK & SCHILDMACHER, 1999) und des Technikerwerbstrainings (KÜNZELL, 1996, Basketballpositionswurf), der Mustererkennung komplexer sporttypischer Fertigkeiten (SCHÖLLHORN & BAUER, 1997, 1999, Diskuswurf, Laufstil), der Bewertung der Bewegungsausführung (EIMERT, 1998, O-Brien-Technik) oder der Modellierung biomechanischer Phänomene (RITTER, 1987, Stabbalancieren auf bewegter Unterlage).

Insgesamt sind die konnektionistischen Erkenntnisse der Bewegungswissenschaft des Sports gering und wenig anwendungsorientiert. Schwierigkeiten bereiten die Kodierung und die Umsetzung bewegungswissenschaftlicher Problemstellungen und die

Entwicklung allgemein verbindlicher Modelle sporttypischer Bewegungen. Abzuwarten bleibt, welche Bedeutung der Konnektionismus für die sportbezogene Anwendungsforschung erlangt (WILLIMCZIK & SCHILDMACHER, 1999).

3.3.3 Was besagt die Modularitätshypothese?

Die ursprünglich in der Kognitionspsychologie entwickelte, aber durchaus auf die Belange der Bewegungswissenschaft zu übertragende *Modularitätshypothese* von FODOR (1983) verbindet in idealtypischer Weise die funktionalen Aspekte des kognitiven und motorischen Verhaltens mit den neuroanatomischen und konnektionistischen Kenntnissen über die biologischen Strukturen und Funktionsmechanismen des Zentralnervensystems miteinander. Theoretischer Ausgangspunkt ist die Annahme einer lokalen, partiell-modularen Bewegungsorganisation. Komplexe, zielgerichtete Handlungen gelingen deshalb, weil autonome (Teil-)Systeme (Module) weit gehend ohne Einflussnahme des Hirns die Wahrnehmungs- und die Bewegungskontrolle übernehmen. Nach der Modularitätshypothese besteht eine Dreiteilung der Bewegungsregulation: modulare Input- und Outputmodule und nichtmodulare zentrale Systeme (vgl. Abb. 45).

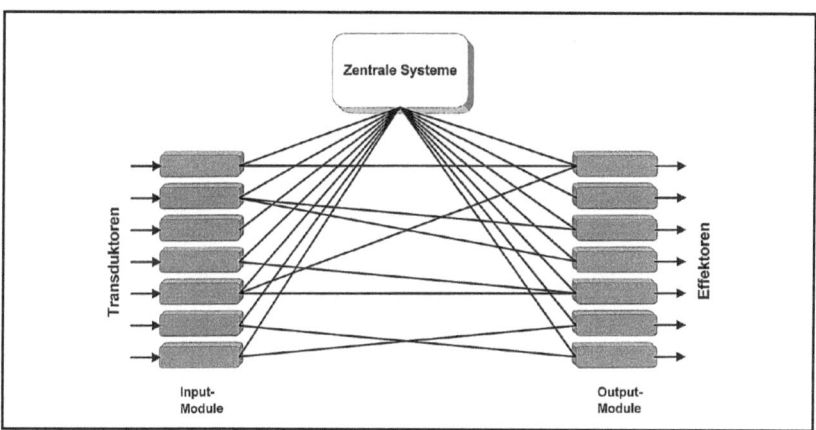

Abb. 45: *„Hohlköpfige" modulare Input- und Outputsysteme und „scharfsinnige", nichtmodulare zentrale Systeme (mod. nach ROTH & HOSSNER, 1999, S. 215)*

Für die extero- und propriozeptive Wahrnehmung bestehen auf der Eingabeseite „hohlköpfige" *modulare Inputmodule*, die Abbilder der realen Welt und des Körperinneren (Afferenzen, Reafferenzen) liefern. Zu ihren charakteristischen Merkmalen zählen:
- die feste neurobiologische Struktur (farbempfindliche Zapfenzellen des Auges, bewegungsempfindliches Vestibularsystem usw.),

- die genetische Determination (z. B. Wahrnehmung von Farben durch das Hirnareal V4),
- die Domänenspezifität (z. B. Analyse von Farben oder Bewegungen),
- die Autonomie (z. B. ungestörte Wahrnehmung von Farben bei gestörter Bewegungswahrnehmung),
- die informationelle Einkapselung (z. B. keine Störung der Farbwahrnehmung durch Bewegungswahrnehmung),
- die schnelle Informationsverarbeitung (z. B. direkte Wahrnehmung der Farbe „rot") und
- das spezifische Ausfallmuster (z. B. Verlust der Wahrnehmung von Farben bei Ausfall des Hirnareals V4; ROTH & HOSSNER, 1999).

Die Resultate der modularen Inputmodule werden nachgeschalteten „scharfsinnigen" *nichtmodularen zentralen Systemen* übermittelt. Zu ihren Charakteristika zählen die Domänenneutralität, die willkürliche Kontrolle, der unbegrenzte Informationsaustausch, die Assoziation mit neuralen Strukturen und die Langsamkeit. Auf der Ausgabeseite stehen analog den Inputmodulen domänenspezifische, autonome, schnelle, „hohlköpfige", *modulare motorische Outputmodule*. Diese übertragen die Informationen an die Effektorsysteme (z. B. Skelettmuskulatur). Im Gegensatz zu den Informationsverarbeitungsansätzen geht die Modularitätshypothese davon aus, dass die zentralen Systeme nicht verpflichtend sind, da zusätzliche direkte Informationswege zwischen den Input- und Outputsystemen angenommen werden (vgl. Abb. 45). Diese schnellen Verbindungen entstehen durch Lernen und umfangreiches Üben.

Die Übertragung der Modularitätshypothese von FODOR auf die sportwissenschaftliche Motorikforschung, mit der gleichsam die empirische „Jagd nach Motorikmodulen" (ROTH, 1995, S. 12) einsetzt, geht auf HOSSNER (1995) zurück. Seine Untersuchungsreihen mit sporttypischen Bewegungsformen liefern erste Hinweise für die Existenz eines technikunspezifischen modularen Systems der zeitlichen Bewegungsstrukturierung. Hierzu zählen die Fähigkeiten der Festlegung prozentualer Bewegungszeiten, der Regulation der Fortbewegungsgeschwindigkeit, des Erbringens einer hohen Bewegungspräzision (Zielgenauigkeit) und der zeitlichen Strukturierung der Bewegung. Oder anders ausgedrückt: Der Erwerb und die Optimierung der Fähigkeiten der zeitlichen Bewegungsstrukturierung erfolgt unabhängig davon, welche spezielle motorische Fertigkeit erlernt und geübt wird.

Auf der Grundlage der empirischen Befunde zur Modularität der Motorik entwerfen HOSSNER (1997), HOSSNER und KORTMANN (1999) einen pragmatischen „Baukasten" für das Techniktraining im Spitzenvolleyball.

Tab. 9: *Situationsklassen des leistungsorientierten Volleyballspiels und zugeordnete Technikbausteine (mod. nach* HOSSNER *&* KORTMANN, *1999, S. 122)*

	Situationsklassen Technikbausteine	Aufschlag als Sprungaufschlag	Annahme nach Sprungaufschlägen	Zuspiel im Sprung bei gutem ersten Pass	Feldabwehr von Blockabprallern
1	Zuspielort vorwegnehmen				
2	Zuspielrichtung vorwegnehmen				
3	Zuspielweite vorwegnehmen				X
4	Schlagrichtung vorwegnehmen				X
5	Blockposition vorwegnehmen			X	
6	Blockposition beobachten				X
7	Laufwege beobachten			X	X
8	Spielpunkt des Balls vorwegnehmen	X	X	X	X
9	Bewegungswinkel zum Ball anpassen	X	X	X	X
10	Bewegungstempo zum Ball anpassen	X	X	X	X
11	Laufweg zum Ball anpassen	X	X	X	X
12	Zuspielrichtung anpassen			X	
13	Zuspieltempo anpassen			X	
14	Schlagwinkel anpassen	X			
15	Anwurfhöhe steuern	X			
16	Körperschwerpunkt ausbalancieren		X		X
17	Krafteinsatz steuern	X	X	X	X
18	Ball im Blick behalten	X	X	X	X
19	Sich verfügbar machen		X	X	X
20	Absprungwinkel anpassen	X		X	
21	In der Luft sein				

Ausgangspunkt ist die Überlegung, dass sich Bewegungsfertigkeiten aus angeborenen und erworbenen Motorikmodulen (Technikbausteinen) zusammensetzen, die bei verschiedenen Bewegungsfertigkeiten eingesetzt werden können. Der volleyballspezifische Baukasten umfasst einen Pool von 21 Technikbausteinen (vgl. Tab. 9, 2. Spalte), aus deren Kombination sich innerhalb von 16 Situationsklassen verschiedene Fertigkeiten des leistungsorientierten Volleyballspiels (Technikgebäude) zusammenstellen lassen. Die 21 Technikbausteine konnten im Rahmen von Leistungstests der aktuellen Bundesligaspieler mehrheitlich empirisch bestätigt werden. Tabelle 9 ordnet vier ausgewählten Situationsklassen des Spitzenvolleyballs – „Aufschlag als Sprungaufschlag", „Annahme nach Sprungaufschlägen", „Zuspiel im Sprung bei gutem ersten Pass" und „Feldabwehr von Blockabprallern" – die entsprechenden Technikbausteine zu. Die jeweiligen Einzelbausteine kann der Volleyballspieler auch für andere, wenn auch nicht für alle 16 volleyballspezifischen Situationsklassen verwenden.

4 Strategien der Bewegungsrepräsentation im Überblick

Das primäre Forschungsinteresse der *Informationsverarbeitungsansätze* (motor approaches) richtet sich auf die Aufklärung der kognitiven Prozesse der Verschlüsselung, der Speicherung, der Umwandlung und des Abrufs verhaltensrelevanter Informationen. Nach den Befunden experimenteller Reaktionszeitstudien untersteht die menschliche Bewegungskontrolle einem dreistufigen Informationsprozess von *Reizidentifikation, Reaktionsauswahl* und *Reaktionsprogrammierung*. Geleitet durch die kontrovers diskutierten psychologischen, neurobiologischen, kybernetischen und bewegungswissenschaftlichen Vorstellungen über die Inhalte und die Organisation motorischer Kontrollmechanismen, lassen sich die unterschiedlichen Informationsverarbeitungsansätze drei Modelltypen zuordnen.

Nach den *Konzepten der Programmvorsteuerung mit kontinuierlicher Systemregelung* (mixed approaches; z. B. MEINEL & SCHNABEL, 1998) beruht die Bewegungskoordination auf eng kooperierenden zentral repräsentierten Kontrollstrukturen und peripheren Regelkreismechanismen. Rudimentäre motorische Programme lösen erste Bewegungssequenzen aus. Die anschließende Bewegungsanpassung an die unvorhersehbaren Umweltveränderungen beim Fahren in der Buckelpiste, beim Brandungssurfen oder beim Segelfliegen untersteht rückkopplungsdeterminierten Regelkreisprozessen.

Die *Konzepte der Programm- und Parametertrennung* (mixed approaches) gehen in Analogie zu den Algorithmen digitaler Computer davon aus, dass motorische Programme einige wenige nichtaustauschbare zeitlich-dynamische Strukturelemente (Programminvarianten) beinhalten, die eine empirisch abgrenzbare Klasse ähnlicher Bewegungsfertigkeiten kontrollieren. Die Anpassung der unvollständigen Rahmenprogramme an die aktuellen Umweltbedingungen erfolgt durch variable, austauschbare Programmparameter. Ein bekanntes Beispiel stellt die *Theorie generalisierter motorischer Programme* von R. A. SCHMIDT (1975, 1988) dar.

Die verschiedenen koordinationstheoretischen *Gegenpositionen zu den mixed approaches* propagieren deutlich abweichende Hypothesen über die Bewegungskoordination und die spezifischen Inhalte motorischer Kontrollstrukturen. Nach der Auffassung der *ökologischen Handlungstheorien* (action approaches, z. B. TURVEY, 1991), des *Konnektionismus* (z. B. ROJAS, 1999, 2004) oder der *Modularitätshypothese* (z. B. FODOR, 1983) untersteht die Motorik nicht höheren Hirnzentren (top down), sondern einer durch tiefer gelegene Systeme und invariante Umweltinformationen (z. B. time to contact Parameter τ) kontrollierten Selbstorganisation (bottom up).

Eine plausible, widerspruchsfreie Theorie der Bewegungskontrolle liegt trotz zahlreicher ermutigender Ansätze nicht vor. Die auf der theoretischen Ebene geführte Auseinandersetzung zwischen den verschiedenen koordinationstheoretischen Ansätzen erscheint aus heutiger Sicht relativ unfruchtbar. Die stark differierenden Auffassungen über die Motorik sind vornehmlich auf unterschiedliche „levels of analysis", voneinander abweichende empirische Terrains oder verschiedenartige einander überlappende Kontrollmechanismen zurückzuführen. Weder die Theorie generalisierter motorischer Programme noch die ökologischen Handlungstheorien, der Konnektionismus oder die Modularitätshypothese können die menschliche Bewegungskoordination in ihrer ganzen Breite und Tiefe erfassen und alle empirischen Kenntnisse repräsentieren. Die einzelnen Ansätze sollten sich in der nahen Zukunft verstärkt mit den Unzulänglichkeiten der eigenen Grundannahmen auseinander setzen. „Die Unterschiede in der Inspiration, der Konzeption und der Methodologie sollten dabei gegenseitig akzeptiert und die Wege zu einer (späteren) empirischen Konfrontation offengehalten werden" (ROTH, 1989, S. 40).

Insgesamt weisen die kontrovers diskutierten theoretischen Argumentationsstränge und die empirischen Befunde über die Funktionsweise der Bewegungskontrolle darauf hin, dass motorische Verhaltensweisen wahrscheinlich verschiedenartigen einander überlappenden, zentralnervösen und peripheren Kontrollstrategien unterliegen. Die Ebene der Bewegungskontrolle scheint dabei eng mit der zu lösenden motorischen Aufgabe (Präzision versus Zeitdruck), den situativen Bedingungen (offen versus geschlossen), der zeitlichen Bewegungsstruktur des Bewegungsverlaufs (rhythmisch versus arhythmisch), dem Lernniveau des Sportlers (ungeübt versus hoch geübt) und den individuellen Aufmerksamkeitsanforderungen verbunden zu sein. Motorische Rahmenprogramme, motorische Schemata, koordinative Strukturen, neuronale Netze und modulare Outputsysteme stellen in diesem Sinne vorstellbare Kontrollmechanismen dar. Sinnvoll erscheint die Abwendung von technischen, computerorientierten Modellierungen menschlicher Informationsprozesse hin zu einer stärkeren Berücksichtigung der biologischen funktionalen Realität und der Klärung organismischer Mechanismen der Informationsverarbeitung.

Zentrale Begriffe

Action approaches, Algorithmus, generalisierte motorische Programme (GMP), Gesetz von FITTS, Gesetz von HICK, Gestaltkonstanzhypothese, Handlungstheorie, Impuls-Timing-Hypothese, Informationsverarbeitungsansätze, Invarianten, Konnektionismus, koordinative Strukturen, Manner-Parameter, mixed approaches, Modularitätshypothese, motor approaches, neuronales Netzwerk, ökologische Handlungstheorien, Programminvarianten, Programmparameter, Programm- und Parametertrennung, Programmvorsteuerung mit kontinuierlicher Systemregelung, recall schema, recognition schema, Reaktionszeit, relative Kraft, relatives Timing, Schema, Schematheorie, Sequencing, Target-Parameter, Theorie generalisierter motorischer Programme (GMP-Theorie), time to contact, Tuning-Parameter, Verarbeitungskapazität, Wiedererkennungsschema, Wiedergabeschema, YERKES-DODSON-Regel.

Zur vertiefenden Weiterarbeit

GÖHNER, U. (1999). *Einführung in die Bewegungslehre des Sports. Teil 2: Bewegerlehre des Sports.* Schorndorf: Hofmann.

MEINEL, K. & SCHNABEL, G. (1998). *Bewegungslehre – Sportmotorik. Abriß einer Theorie der sportlichen Methodik unter pädagogischem Aspekt* (9. Aufl.). Berlin: Volk und Wissen.

ROTH, K. (1999). Die funktionalen Betrachtungsweisen. In K. ROTH & K. WILLIMCZIK (Hrsg.), *Bewegungswissenschaft* (S. 127–226). Reinbek: Rowohlt.

SCHMIDT, R. A. (1988). *Motor control and learning: A behavioral emphasis* (2nd ed.). Champaign: Human Kinetics.

WOLLNY, R. (1993). *Stabilität und Variabilität im motorischen Verhalten. Theoretische Grundlagen und elektromyographische Überprüfung der Koordination und des Erlernens komplexer Bewegungsformen im Sport.* Aachen: Meyer & Meyer.

Literatur

ADAMS, J. A. (1968). Response feedback and learning. *Psychological Bulletin*, 70, 486–504.

ADAMS, J. A. (1971). A closed-loop theory of motor learning. *Journal of Motor Behavior, 3*, 111–149.

ADAMS, J. A. (1976). Issues for a closed-loop theory of motor learning. In G. E. STELMACH (Ed.), *Motor control: Issues and trends* (pp. 87–107). New York: Academic Press.

ANOCHIN, P. K. (1967). *Das funktionelle System als Grundlage der physiologischen Architektur des Verhaltensaktes.* Jena: Fischer.

ANOCHIN, P. K. (1969). Cybernetics and the integrative activity of the brain. In M. COLE & I. MALTZMAN (Eds.), *A handbook of contemporary soviet psychology* (pp. 830–856). New York: Basic Books.

BERNSTEIN, N. A. (1967). *The coordination and regulation of movement.* Oxford: Pergamon Press.

BERNSTEIN, N. A. (1988). *Bewegungsphysiologie.* Leipzig: Barth.

BOBER, T. & CZABANSKI, B. (1975). Changes in breaststroke techniques under different speed conditions. In L. LEWWILLIE & J. P. CLARYS (Eds.), *Swimming II* (pp. 188–193). Baltimore: University Park Print.

EIMERT, E. (1998). *Beobachten und Klassifizieren von sportlichen Bewegungen mit neuronalen Netzen.* Tübingen: IFS der Universität Tübingen.

FITTS, P. M. (1954). The information capacity of the human motor system in controlling the amplitude of movement. *Journal of Experimental Psychology, 47*, 381–391.

FODOR, J. A. (1983). *The modularity of mind.* Cambridge: MIT Press.

GIBSON, J. J. (1979). *The ecological approach of the visual perception.* Boston: Houghton Mifflin.

GIBSON, J. J. (1982). *Wahrnehmung und Umwelt.* München: Urban & Schwarzenberg.

GÖHNER, U. (1999). *Einführung in die Bewegungslehre des Sports. Teil 2: Bewegerlehre des Sports.* Schorndorf: Hofmann.

HEBB, D. O. (1949). *The organization of behaviour. A neuropsychological approach.* New York: Whiley and Sons.

HENRY, F. M. & ROGERS, D. E. (1960). Increased response latency for complicated movements and a „memory drum" theory of neuromotor reaction. *Research Quarterly, 31*, 448–458.

HEUER, H. (1984). On re-scaleability of force and time in aiming movements. *Psychological Research, 46*, 73–86.

HICK, W. E. (1952). On the rate of gain of information. *Quarterly Journal of Experimental Psychology, 4*, 11–26.

HOSSNER, E.-J. (1995). *Module der Motorik.* Schorndorf: Hofmann.
HOSSNER, E.-J. (1997). Der Rückschlagbaukasten: ein integratives Konzept für das Techniktraining. In B. HOFFMANN & P. KOCH (Hrsg.), *Integrative Aspekte in Theorie und Praxis der Rückschlagspiele* (S. 25–39). Ahrensburg: Czwalina.
HOSSNER, E.-J. & KORTMANN, O. (1999). Techniktraining im Spitzenbereich: ein Baukastensystem wird erfüllt. In F. DANNEMANN (Hrsg.), *Volleyball '96. Facetten des Spiels* (S. 119–139). Ahrensburg: Czwalina.
HYMAN, R. (1953). Stimulus information as a determinat of reaction time. *Journal of Experimental Psychology, 45*, 188–196.
KEELE, S. W. (1968). Movement control in skilled motor performance. *Psychological Bulletin, 70*, 387–403.
KOHONEN, T. (1988). *Self-organization and associative memory.* Heidelberg: Springer.
KOHONEN, T. (2005). *Self-organizing maps.* Heidelberg: Springer.
KÜNZELL, S. (1996). *Motorik und Konnektionismus. Neuronale Netze als Modell interner Bewegungsrepräsentation.* Köln: bsp.
LASHLEY, K. S. (1917). The accuracy of movement in the absence of excitation from the moving organ. *The American Journal of Physiology, 43*, 169–194.
LASHLEY, K. S. (1951). The problem of serial order in behavior. In L. A. JEFFRESS (Ed.), *Cerebral mechanisms in behavior* (pp. 112–136). New York: Wiley.
LEE, D. N. (1976). A theory of visual control of breaking based on information about time to collision. *Perception, 5*, 437–459.
MARARENKO, L. P. (1978). *Schwimmtechnik.* Berlin: Volk und Wissen.
MEINEL, K. (1977). *Bewegungslehre* (2. Aufl.). Berlin: Volk und Wissen.
MEINEL, K. & SCHNABEL, G. (1998). *Bewegungslehre-Sportmotorik. Abriß einer Theorie der sportlichen Methodik unter pädagogischem Aspekt* (9. Aufl.). Berlin: Volk und Wissen.
MICROSOFT CORPORATION (2002). *Encarta Enzyklopädie.* Redmond: Microsoft.
MUNZERT, J. (1987). Schema-Repräsentationen bei der sensumotorischen Regulation. *Sportwissenschaft, 17*, 411–422.
MUNZERT, J. (1989). *Flexibilität des Handelns. Theoretische Überlegungen und experimentelle Untersuchungen zum Konzept des Motorikschemas.* Köln: bsp.
PARKER, D. B. (1985). *Learning-logic.* Cambridge: MIT Press.
PEW, R. W. (1974). Human perceptual-motor performance. In B. H. KANTOWITZ (Ed.), *Human information processing: Tutorials in performance and cognition* (pp. 1–39). New York: Erlbaum.
RITTER, H. (1987). *Selbstorganisierte neuronale Karten.* München: ISW der Universität München.
ROJAS, R. (1999). *Theorie der neuronalen Netze* (7. Aufl.). Heidelberg: Springer.
ROJAS, R. (2004). *Neural Networks* (4th ed.). Heidelberg: Springer.
ROTH, K. (1989). *Taktik im Sportspiel.* Schorndorf: Hofmann.

ROTH, K. (1990). Ein neues „ABC" für das Techniktraining im Sport. *Sportwissenschaft, 20*, 9–26.
ROTH, K. (1995). Vorwort. In E.-J. HOSSNER, *Module der Motorik* (S. 11–12). Schorndorf: Hofmann.
ROTH, K. (Hrsg.). (2005). *Grundvorlesung „Bewegung und Training".* Heidelberg: ISSW. (Zugriff am 3. Oktober 2005 unter www.issw.uni-heidelberg.de/downloads/lehrveranstaltungen/vgesamt.pdf.9).
ROTH, K. & HOSSNER, E.-J. (1999). Die funktionalen Betrachtungsweisen. In K. ROTH & K. WILLIMCZIK (Hrsg.), *Bewegungswissenschaft* (S. 127–226). Reinbek: Rowohlt.
ROTH, K. & SAHRE, E. (1990). Gesetzmäßigkeiten der sportlichen Bewegung. In P. RÖTHIG & S. GRÖßING (Hrsg.), *Bewegungslehre: Kursbuch für die Sporttheorie in der Schule* (3. Aufl.) (S. 9–54). Wiesbaden: Limpert.
SCHMIDT, R. A. (1975). A schema theory of discrete motor skill learning. *Psychological Review, 82*, 225–260.
SCHMIDT, R. A. (1976). The schema as a solution to some persistent problems in motor learning theory. In G. E. STELMACH (Ed.), *Motor control: Issues and trends* (pp. 41–65). New York: Academic Press.
SCHMIDT, R. A. (1988). *Motor control and learning: A behavioral emphasis* (2nd ed.). Champaign: Human Kinetics.
SCHÖLLHORN, W. & BAUER, H.-U. (1997). *Linear vs. nonlinear classification of complex time course patterns.* Kopenhagen: ECSS-Congress.
SCHÖLLHORN, W. & BAUER, H.-U. (1999). Zwei verlaufsorientierte Ansätze zur Erkennung individueller Bewegungsstile mit neuronalen Netzen. In V. ZSCHORLICH (Hrsg.), *Prävention und Rehabilitation* (S. 249–254). Ahrensburg: Czwalina.
SOKOLOV, E. N. (1969). The modeling properties of the nervous system. In M. COLE & I. L. MALTZMANN (Eds.), *A handbook of contemporary soviet psychology* (pp. 671–704). New York: Basic Books.
STELMACH, G. E. & DIGGELS, V. A. (1982). Motor equivalence and distributed control: Evidence for nonspecific muscle commands. *The Behavioral and Brain Science, 5*, 566–567.
TURVEY, M. T. (1977). Preliminaries to a theory of action with reference to vision. In R. Shaw & J. BRANSFORD (Eds.), *Perceiving, acting and knowing: Toward an ecological psychology* (pp. 211–265). Hillsdale: Erlbaum.
TURVEY, M. T. (1991). Action and perception from an ecological point of view. In R. DAUGS, H. MECHLING, K. BLISCHKE & N. OLIVIER (Hrsg.), *Sportmotorisches Lernen und Techniktraining. Bd. 1* (S. 78–95). Schorndorf: Hofmann.
TURVEY, M. T., FITCH, H. L. & TULLER, B. (1982). The Bernstein perspective: I. The problems of degrees of freedom and context-conditioned variability. In J. A. KELSO (Ed.), *Human motor behavior: An introduction* (pp. 239–252). Hillsdale: Erlbaum.

TURVEY, M. T. & KUGLER, P. N. (1984). An ecological approach to perception an action. In H. T. WHITING (Ed.), *Human motor actions. Bernstein reassessed.* Amsterdam: North-Holland.

UNGERER, D. (1977). *Zur Theorie des sensomotorischen Lernens* (3. Aufl.). Schorndorf: Hofmann.

VOGT, S. (1988). *Einige gestaltpsychologische Aspekte der zeitlichen Organisation zyklischer Bewegungsabläufe.* Bremen: Universität Bremen.

VON HOLST, E. (1954). Relation between the central nervous system and the peripheral organs. *British Journal Animal Behavior, 2,* 89–94.

VON HOLST, E. & MITTELSTAETT, H. (1950). Das Reafferenzprinzip. *Naturwissenschaft, 37,* 464–476.

WILLIMCZIK, K. & SCHILDMACHER, A. (1999). Ganzheitliche Betrachtungsweisen. In K. ROTH & K. WILLIMCZIK (Hrsg.), *Bewegungswissenschaft* (S. 75–126). Reinbek: Rowohlt.

WOLLNY, R. (1993). *Stabilität und Variabilität im motorischen Verhalten. Theoretische Grundlagen und elektromyographische Überprüfung der Koordination und des Erlernens komplexer Bewegungsformen im Sport.* Aachen: Meyer & Meyer.

WULF, G. (1985). *Bewegungsproduktion und Bewegungsevaluation.* Schorndorf: Hofmann.

WULF, G. (1989). Schema theory and mass-spring control of movements: An attempt at integration. *Sportwissenschaft, 19,* 204–215.

YERKERS, R. M. & DODSON, J. D. (1908). The relation of strength of stimulus to rapidity of habitformation. *Journal of Comparative Neurology and Psychology, 18,* 459–482.

Fragen zur Lektion 6

1. Charakterisieren Sie die Mehrstufigkeit der menschlichen Informationsverarbeitung.
2. Was besagen die Gesetze von HICK und FITTS?
3. Erläutern Sie die Kernannahmen der Informationsverarbeitungstheorien.
4. Skizzieren Sie das Konzept der Programmvorsteuerung mit kontinuierlicher Systemregelung von MEINEL und SCHNABEL (1998).
5. Was besagt die GMP-Theorie von R. A. SCHMIDT (1988)? Gehen Sie auf die Begriffe Impuls-Timing-Modell, Programminvarianten, Programmparameter und Gestaltkonstanzhypothese ein.
6. Welche Unterschiede bestehen zwischen motor, mixed und action approaches?
7. Benennen Sie die charakteristischen Merkmale theoretischer Gegenpositionen zur Idee der Programm- und Parametertrennung.
8. Was verstehen ökopsychologische Handlungstheorien unter koordinativen Strukturen, natürlichen Bewegungsregeln und invarianten Umweltinformationen?
9. Was besagt die Annahme der direkten basalen Kopplung visueller Wahrnehmungsprozesse und motorischer Handlungsprozesse?
10. Wie erklärt der Konnektionismus die Bewegungskontrolle?
11. Beschreiben Sie die generelle Struktur und Funktionsweise künstlicher Neuronennetze.
12. Wodurch unterscheidet die Modularitätshypothese „hohlköpfige", modulare Input- und Outputsysteme von „scharfsinnigen", nichtmodularen, zentralen Systemen?

Lektion 7
Frühe Übung macht den Meister –
Wie werden sportmotorische Fertigkeiten vermittelt?

Hochintelligente besitzen gegenüber weniger intelligenten Menschen die neurophysiologisch nachweisbaren Vorteile, dass sie komplexe kognitive Aufgaben mit einer geringeren Hirnaktivität lösen und das Hirn offenbar effizienter nutzen können. Derartige Befunde verleiten zu der voreiligen Schlussfolgerung *Lernen und Üben bringt nichts*. Dem ist jedoch nicht so. Die Neurowissenschaftler GRABNER und NEUBAUER und die Kognitionspsychologin STERN (2003) belegen, dass auch weniger intelligente Menschen in ihrem Fachgebiet gleich gute Leistungen erbringen wie Hochintelligente. Darüber hinaus unterscheiden sich die Muster der Hirnaktivierung verschieden intelligenter Menschen nicht wesentlich voneinander, so lange vertraute kognitive Aufgaben gelöst werden. In dieselbe Richtung weisen psychologische Lernstudien mit Vor- und Grundschulkindern. Lernfortschritte scheinen nicht ausschließlich von der Intelligenz der Kinder abzuhängen, sondern Übung und Vorerfahrungen können eine niedrigere Intelligenz durchaus kompensieren. Umgekehrt kann aber fehlendes Wissen nicht durch eine hohe Intelligenz ausgeglichen werden.

Im Sport korrelieren die Qualität und die Exzellenz komplexer Bewegungstechniken ebenfalls in bemerkenswerter Weise mit den individuellen Vorerfahrungen und den Umfängen des motorischen Übens. Spitzenturner zeigen mit scheinbar großer Leichtigkeit komplizierteste, jedermann erstaunende Bewegungskunststücke. Ihrer virtuosen Fähigkeiten wegen gelten sie als Menschen mit einer außergewöhnlichen motorischen Begabung. Damit aus dieser besonderen Begabung ein herausragender Turner wird, ist jedoch umfangreiche und frühzeitige Übung notwendig.

Verhaltenswissenschaftler fragen heute weniger nach dem Prozentsatz der anlage- und umweltbedingten Intelligenz des Individuums, sondern das frühe Erkennen, Fördern und Ausbilden angeborener Eigenschaften und Begabungen gelten als wichtige Entwicklungsaspekte. Für die Praxis des Lehrens und Lernens im Sport besteht das unvollständig gelöste Problem, dass disziplinspezifische Bewegungstechniken vielfach nicht direkt und ganzheitlich vermittelt und geübt werden können, da der Sportler zahlreichen Überforderungen ausgesetzt ist. Hierzu zählen die kurze Bewegungszeit, die große Komplexität und die hohe Organisation sportmotorischer Fertigkeiten ebenso wie die schnell wechselnden oder sehr variablen Situationsbedingungen.

Was in der Methodenlehre des Sports zur Erleichterung der Aneignung und der Optimierung sporttypischer Bewegungstechniken vorliegt, sind pragmatische Lehrverfahren und Praxiserfahrungen erfolgreicher Sportlehrer, Trainer oder Übungsleiter. Allgemein bewährt haben sich die Vereinfachung der Lern- und Übungsbedingungen (z. B. Geländearrangement oder flache Hänge beim alpinen Skilauf; Kastentreppe beim Weitsprung), die Zerlegung der Zielbewegung in einzelne, isoliert zu übende Sequenzen (Weitsprung: Anlauf, Absprung, Landung), die Unterstützung der zeitlich-dynamischen Strukturmerkmale der Bewegung (rhythmische, kinästhetische Hilfen) oder die Modifizierung der leicht veränderbaren Ausführungsparameter (Üben mit reduziertem Krafteinsatz, Slow-Motion-Üben).

1 Was ist von dieser Lektion zu erwarten?

Lektion 7 des vorliegenden Lehrbuchs wendet sich den Vereinfachungs- und Unterstützungsstrategien des Neuerwerbs und der Optimierung sportmotorischer Fertigkeiten zu. Hierbei kann der Sportler durch die Bewegungslänge, die Bewegungsbreite, die Ausprägung der Programmparameter oder die Länge oder Breite der Schemaregeln überfordert werden. Die aufgegriffenen Vereinfachungsprinzipien begründen sich zu einem großen Teil durch die in Lektion 6 vorgestellte Theorie generalisierter motorischer Programme von SCHMIDT (1988). Zur Erinnerung: Die Aneignung von Sporttechniken entspricht dem Neuerwerb im Hirn gespeicherter generalisierter Bewegungsprogramme, die einige wenige invariante, zeitlich-dynamische Strukturmerkmale der Sporttechnik festlegen. Die situationsspezifische Feinanpassung der grob strukturierten Rahmenprogramme übernehmen leicht veränderbare metrische Programmparameter.

Kapitel 2 konkretisiert, was die Bewegungswissenschaft des Sports unter der Aneignung, dem Überlernen, der Optimierung und der Automatisierung sporttypischer Fertigkeiten versteht und welche Kenntnisse zur Informationspräsentation, zur Informationsrückmeldung und zur Gestaltung der Übungsbedingungen im Sport vorliegen. Kapitel 3 gibt Antworten auf die Frage: *Welche Bedingungen des Übens machen eine erfolgreiche Übung aus?* Der Akzent des Unterkapitels 3.1 liegt auf der Darstellung der in zahlreichen Sportdisziplinen erprobten Schulungsmaßnahmen zur Aneignung und zum Überlernen komplexer Bewegungstechniken. Hervorgehoben werden die vier Prinzipien der Verkürzung der Programmlänge, der Verringerung der Programmbreite, der Unterstützung der Programminvarianten und der Veränderung der variablen Programmparameter. Abschnitt 3.1.1 bespricht die theoretischen Grundlagen und die speziellen Vorgehensweisen der in der Sportpraxis weit verbreiteten methodischen Übungsreihen. Im Mittelpunkt des Unterkapitels 3.2 stehen die methodischen Maßnahmen des sportlichen Optimierungs- und Automatisierungstrainings. Was der Leser auf

Grund der vielschichtigen Lehr- und Lernprozesse im Sport und der zahlreichen potenziellen Überforderungen des Sportlers nicht erwarten kann, sind detaillierte Rezepte für die Schulung der sportmotorischen Fertigkeiten. Kapitel 4 fasst die wichtigsten Vereinfachungs- und Hilfemaßnahmen des sportlichen Anfänger- und Fortgeschrittenentrainings zusammen.

2 Welche Begriffe sind grundlegend?

Das Techniktraining im Sport zentriert sich auf vier Inhaltsbereiche: die Aneignung, das Überlernen, die Optimierung und die Automatisierung sportmotorischer Fertigkeiten (vgl. Abb. 46). Die sukzessiv aufeinander folgenden frühen Phasen des motorischen Lernens, die *Aneignung* (syn. Neulernen, Erwerb) und das *Überlernen sportmotorischer Grundmuster* zielen auf die gedankliche Erfassung der Bewegungsaufgabe, den Aufbau neuer motorischer Programme, die ersten Bewegungsrealisierungen und das sichere Beherrschen der Bewegungsaufgabe in der Grobform unter günstigen Lernbedingungen (Überblick: ROTH, 1991a; SCHÄDLE-SCHARDT, 2000). Den frühen motorischen Lernprozess kennzeichnen ein übermäßiger Krafteinsatz, eine große motorische und psychische Unsicherheit, ein unzweckmäßiger Rhythmus, eine geringe Präzision und eine fehlende Konstanz der Bewegungsausführung.

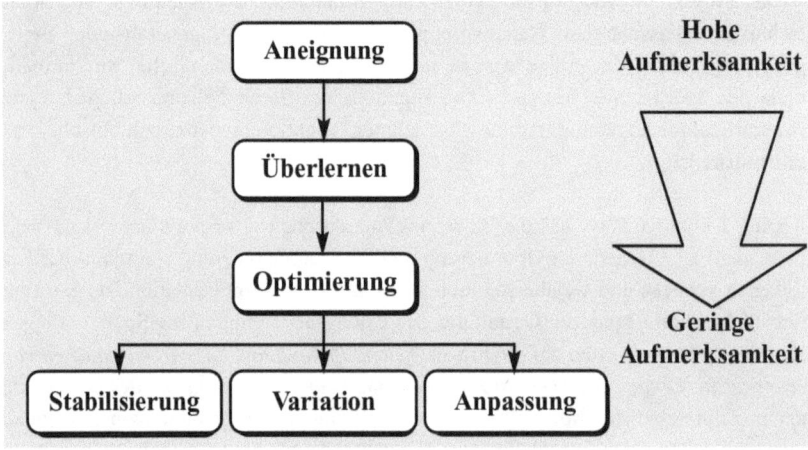

Abb. 46: *Zentrale Inhalte des sportlichen Techniktrainings*

Das *Optimierungstraining sporttypischer Fertigkeiten* beginnt mit der sicheren Beherrschung der Kriteriumsbewegung in der Grobform. Die Bewegungswissenschaft des Sports differenziert drei Unterformen: die *Stabilisierung sportmotorischer Handlungen* mit einem eng umgrenzten Bewegungsspektrum (geschlossene Fertigkeiten) und die *Variation* oder die *Anpassung sporttypischer Bewegungsfertigkeiten* an eingeschränkt vorhersehbare oder sich ständig verändernde Umweltbedingungen (offene Fertigkeiten; vgl. Lektion 1).

Die sportbezogene Fachliteratur stellt die *Automatisierung von Sporttechniken* üblicherweise als eine weitere eigenständige Trainingsform dar, die sowohl bei der Aneignung als auch der Optimierung sportlicher Fertigkeiten stattfindet und nicht endgültig abgeschlossen werden kann (DAUGS, 1993; ROTH, 2003). Ziel ist die Ausbidung motorischer Automatismen, d. h. einer vom Bewusstsein unabhängigen „Selbststeuerung" der Bewegung. Motorische Handlungen werden jedoch nie in einem absoluten Sinn „automatisch", sondern nur hinsichtlich bestimmter Aufmerksamkeitskomponenten, die für ihre Realisierung nicht erforderlich erscheinen (vgl. DAUGS, 1993). Die Automatisierung verläuft auf einem vertikalen Kontinuum zwischen den Polen hohe und geringe Aufmerksamkeit als prozessualer Übergang von einer schlecht koordinierten, aufmerksamkeitskontrollierten Motorik zu einer gut koordinierten, automatisch kontrollierten Motorik. Die frei werdende Aufmerksamkeit kann der Sportler bei der Stabilisierung sportmotorischer Verhaltensweisen beispielsweise für die Präzisierung und Festigung von Detailfunktionen der Bewegung und bei der Variation oder Anpassung sporttypischer Bewegungen zur differenzierteren Wahrnehmung der Umweltbedingungen nutzen (siehe auch WIEMEYER & WOLLNY, 2017, 2019).

Sportmotorische Lehr- und Lernprozesse analysieren Bewegungswissenschaftler vornehmlich hinsichtlich der Informationspräsentation, der Informationsrückmeldung und der Gestaltung der Übungsbedingungen. Trotz zahlreicher Forschungsaktivitäten liegen nur wenige plausible, klar abgegrenzte Resultatsmuster vor. Den empirischen Wissensstand kennzeichnen mehrheitlich widersprüchliche, nicht eindeutige oder nur begrenzt verallgemeinerbare Befunde. Woran es aus Sicht der Sportpraxis mangelt, sind wissenschaftliche Analysen der Nützlichkeit, Effizienz und Ökonomie bestimmter Lehr- und Lerntechniken.

Die *Informationspräsentation* erfolgt mittels verbaler Beschreibungen und visueller Demonstrationen der zu vermittelnden Bewegungstechnik. Unter funktionalen Gesichtspunkten dient die Informationspräsentation der Wissensvermittlung, der Vororientierung oder der Aufmerksamkeitslenkung. Evaluiert werden Unterrichtsmedien (Foto-, Film-, Videotechniken, Bildkarten, Umrisszeichnungen, Lehrhilfen usw.), sprachliche und bildliche Instruktionen (Texte, Metaphern, Bilder usw.), Selbstinstruktionen, Fremddemonstrationen oder Kommunikationsprinzipien (UNGERER, 1977; DAUGS & REINHARD, 1984; BLISCHKE, 1986; SCHALLER, 1987; DAUGS, BLISCHKE, OLIVIER & MARSCHALL, 1989; EFFENBERG, 1996; HÄNSEL, 2002).

> Die Zeitschrift „sportpsychologie" wendet sich in einem Schwerpunktheft (5/1991) den Besonderheiten des Techniktrainings im Sport zu. Die vier Einzelbeiträge von ROTH, HOSSNER, ROCKMANN-RÜGER und SZYMANSKY greifen die Binnendifferenzierung des sportlichen Techniktrainings, die lerntheoretischen Modellvorstellungen zu den zentralen Aufgabenbereichen des Techniktrainings, die methodischen Prinzipien des Techniktrainings und die Außenbeziehungen des Technik-Taktik-Trainings auf.

Prinzipiell gilt, dass die effiziente Informationsvorgabe nicht nur durch ein ausgesprochen hohes Maß an Individualität bezüglich der spezifischen Fähigkeiten, der Persönlichkeitsmerkmale, des Entwicklungsstandes und des Anspruchsniveaus des Lernenden und der Situationsangemessenheit bestimmt wird, sondern auch verschiedene Quantitäts- und Qualitätskriterien erfüllen muss. Tabelle 10 listet Merksätze zur Informationspräsentation hinsichtlich des Demonstrationsstandorts, der Demonstrationsgeschwindigkeit, der Wortwahl, der Lautstärke, der Betonung und der disziplinspezifischen Fachsprache auf (vgl. ROTH, 1984).

Die *Informationsrückmeldung* umfasst verbale, visuelle und taktile Maßnahmen in Form realer Demonstrationen, Lehrbildreihen, Lehrfilme, Videorückmeldungen oder personaler Bewegungshilfen (Zug-, Schub-, Dreh-, Gleichgewichtshilfen). Zu den sportrelevanten Forschungsergebnissen zählt, dass *Korrekturen* (kombinierte Sollwert-Istwert-Rückmeldungen) nachweislich effektiver sind als *Kommentare* (isolierte Sollwert- oder Istwertpräsentationen). Dabei sollte der Trainer das quantitative Feedback (z. B. Weitsprung: *5 cm* den Absprungbalken übergetreten) der qualitativen Rückmeldung (z. B. Weitsprung: *etwas* den Absprungbalken übergetreten) vorziehen. Korrekturanweisungen sollten in Abhängigkeit von der Aufgabenkomplexität, vom Entwicklungsstand und den Bewegungsvorerfahrungen des Sportlers zwar möglichst präzise, jedoch nicht überdifferenziert erfolgen.

Das Feedback über das Bewegungsergebnis (*knowledge of result*) und das Feedback über die Bewegungsausführung (*knowledge of performance*) sollte in 30-70 % der Übungsversuche erteilt werden. Bei der zeitlichen Abfolge der Übungsversuche und der Feedbackinformationen gilt ein *Prä-Feedback-Intervall* (Abstand zwischen Versuch und Feedback) von 5-30 s und ein *Post-Feedback-Intervall* (Abstand zwischen Feedback und dem folgenden Versuch) von mindestens 15 s als lernförderlich (DAUGS & REINHARD, 1984; DAUGS, 1988; ROCKMANN-RÜGER, 1991; FEHRES, 1992; SCHERLER & SCHIERZ, 1992). Tabelle 11 führt bedeutsame Merksätze zur Informationsrückmeldung auf (vgl. ROTH, 1985b).

Tab. 10: *Merksätze zur Informationspräsentation*

- Der Demonstrationsstandort sollte derart gewählt werden, dass der Sportler die zentralen Bewegungsmerkmale gut beobachten kann.
- Die Aufmerksamkeit ist auf eindeutig zu erkennende Bewegungsmerkmale zu lenken (Fußspitze, Hüftwinkel, Bewegungsumkehrpunkt usw.).
- Die Bewegungsdemonstrationen sollten langsam und schwerpunktbetont erfolgen. Slow-Motion-Vorführungen dürfen die dynamische Bewegungsstruktur nicht verfälschen.
- Das Herausstellen falscher Bewegungsbilder sollte vermieden werden.
- Zur Bewegungsdemonstration eignen sich der Sportlehrer und beliebte Schüler, da Schüler am meisten von den Menschen lernen, die sie mögen.
- Bewegungstechniken müssen beschrieben und erklärt werden.
- Die Bewegungsdemonstrationen sollten mit gezielten Hinweisen verbunden werden.
- Metaphern helfen, die Bewegungsvorstellung des Lernenden zu präzisieren (z. B. Trampolinturnen: „Springe wie ein Pfeil nach oben!").
- Fotos, Bildreihen, Videoaufnahmen lassen die typischen Bewegungsphasen besser erkennen und verdeutlichen.
- Neue Hinweise sollten mit bekannten Informationen verknüpft werden.
- Die Aufnahmefähigkeit des Lernanfängers wird durch mehr als zwei neue Informationen überfordert.
- Die Wortwahl, Lautstärke und Betonung müssen den Absichten entsprechen.
- Lautes, rhythmisiertes Sprechen, instrumentale Begleitung und Sonifikation (mehrdimensionale Vertonung) verdeutlichen die dynamische Bewegungsstruktur.
- Der Sportler ist frühzeitig mit der disziplinspezifischen Fachsprache vertraut zu machen.

Für die *Gestaltung der Übungsbedingungen der Aneignung* und des *Überlernens sportlicher Bewegungstechniken* liegen trotz des in den letzten Jahren zunehmenden Forschungsinteresses nur wenige theoretisch und empirisch begründete Entscheidungshilfen vor. Bewegungswissenschaftler untersuchen mehrheitlich die Grundsätze der methodischen Übungsreihen (FETZ, 1988) oder alternativer Vermittlungsverfahren wie massiertes versus verteiltes Üben, Ganzheitsmethode versus Teillernmethode (DAUGS ET AL., 1989) oder monotone versus variable Lehrverfahren (HOSSNER, 1995; ROTH, 2003). Eindeutige Befunde für die Bevorzugung einer bestimmten Lehrmethode bestehen nicht. DAUGS und REINHARD (1984) zeigen anhand der Reanalyse von 52 Untersuchungen auf, dass verteiltes Üben zu besseren Lernerfolgen führt als massierte

Vorgehensweisen. MAGILL (1981, zit. in ROTH, 1985a) empfiehlt für Bewegungen mit hohen Organisationsanforderungen und geringem Komplexitätsgrad die Ganzheitsmethode, während bei geringem Organisationsniveau und hohem Komplexitätsgrad die Teillernmethode das geeignete Lehrverfahren darstellt.

Tab. 11: *Merksätze zur Informationsrückmeldung*

• Der Sportler benötigt für die Verarbeitung der Reafferenzen über die eigene Bewegungsausführung mindestens drei Sekunden. Die Bewegungsempfindungen verblassen nach etwa einer Minute.
• Bei Anfängern sollte zunächst nur der Hauptfehler der Bewegungsausführung korrigiert werden.
• Die Bewegungsfehler und deren Ursachen sollten möglichst kurz, aber präzise beschrieben werden.
• Nicht jeder Übungsversuch muss korrigiert werden. Es sind diejenigen Versuche auszuwählen, in denen die Bewegungsfehler besonders deutlich auftreten.
• Dem Athleten sollte nach der Rückmeldung genügend Zeit zur Informationsverarbeitung zur Verfügung stehen.
• Zwischen Versuch und Rückmeldung sollte der Lernende keine anderen Bewegungsaufgaben ausführen.

Für die *Gestaltung der Übungsbedingungen der Optimierung sportmotorischer Fertigkeiten* liegen, abgesehen von einigen pragmatischen Vereinfachungsstrategien und eher intuitiven Meinungen erfolgreicher Sportpraktiker zur schnellen, ökonomischen Lösung sportmotorischer Lernprobleme, nahezu keine theoretischen und empirischen Kenntnisse vor (Überblick: ROTH, 1996).

3 Welche Bedingungen machen aus Üben eine erfolgreiche Übung?

Ausgehend von den Forschungsbefunden zur Theorie generalisierter motorischer Programme und zur Schema Theory of Discrete Motor Skill Learning von SCHMIDT (1975, 1976, 1988; vgl. Lektion 6) und deren Übertragung auf den Bereich des Sports, widmet sich Kapitel 3 zunächst den methodisch-praktischen Vereinfachungsprinzipien des Neuerwerbs von Sporttechniken (3.1). Anschließend werden die erprobten Methodenkonzepte zur schrittweisen Vermittlung neuer sportmotorischer Fertigkeiten (3.1.1) und des Optimierungs- und Automatisierungstrainings (3.2) in den Blick genommen.

> *Die in den Kapiteln 3.1 und 3.2 dargelegten Vereinfachungsstrategien zur Aneignung, Optimierung und Automatisierung komplexer Bewegungstechniken des Sports basieren in ihren wesentlichen Zügen auf den ausführlich begründeten Überlegungen von ROTH (1988, 1990, 1991a, b) und den methodisch-praktischen Inhalten der Grundvorlesung „Bewegung und Training" am Institut für Sport und Sportwissenschaft der Ruprecht-Karls-Universität Heidelberg (ROTH, 2005).*

3.1 Welche Strategien erleichtern den Neuerwerb sportmotorischer Fertigkeiten?

Bei der Aneignung neuer Bewegungstechniken wird der Anfänger häufig – wie in Kapitel 1 beschrieben – durch die kurze Bewegungszeit, die große Bewegungsdynamik, die große Komplexität (viele hintereinander geschaltete motorische Anforderungen), die hohe Organisation sportmotorischer Fertigkeiten (zahlreiche gleichzeitige motorische Anforderungen) und die variablen, schnell wechselnden Situationsbedingungen übermäßig beansprucht. Derartige Überforderungen versuchen die in Tabelle 12 aufgelisteten Vereinfachungsstrategien zu reduzieren. Hierbei handelt es sich um die Präzisierung und Weiterentwicklung bewährter Methodenkonzepte des Sports: die Prinzipien der Verkürzung der Programmlänge (Bewegungslänge), der Verringerung der Programmbreite (Bewegungsbreite), der Unterstützung der Programminvarianten und der Veränderung der Kennwerte der variablen Programmparameter.

Verkürzung der Programmlänge. Wird der Anfänger damit überfordert, mehrere Sequenzen einer Bewegungstechnik schnell hintereinander auszuführen, d. h., ist die Bewegung zu lang (hoher Komplexitätsgrad), greift das Prinzip der Verkürzung der Programmlänge. Diese Erleichterungsmaßnahme wird dann lernwirksam, wenn die Fertigkeit aus isolierten, sukzessiv zu realisierenden Sequenzen besteht. Der Schüler übt die einzelnen Bewegungssequenzen zunächst einzeln und fügt sie anschließend zur

Zielfertigkeit zusammen. Die Verkürzung der Programmlänge beschreibt ROTH (1990, S. 13) bildhaft mit der Schnittführung einer Programmschere. „Wenn die zu erwerbenden invarianten Elemente durch die Aufgliederung nicht verändert werden sollen, darf in keinen der Einzelimpulse ‚hineingeschnitten' werden. Die ‚Schere' ist nur an jenen Stellen anzusetzen, an denen es nicht erforderlich ist, viele verschiedene Impulse zeitlich simultan zu koordinieren" (vgl. Abb. 47).

Tab. 12: *Vereinfachungsprinzipien beim Neuerwerb sportmotorischer Fertigkeiten*

Überforderungsaspekt	Vereinfachungsprinzip	Anwendungsfelder
Bewegungslänge	Verkürzung der Programmlänge	Hohe Bewegungskomplexität Zahlreiche, hintereinander geschaltete Bewegungsteile
Bewegungsbreite	Verringerung der Programmbreite Unterstützung der Programminvarianten	Hohe Bewegungsorganisation Zahlreiche, gleichzeitig auszuführende Bewegungsteile Hohe räumliche, zeitliche und dynamische Präzisionsanforderungen
Ausprägung der Programmparameter	Veränderung der variablen Programmparameter Slow Motion Geringerer Krafteinsatz	Kurze Bewegungszeit Hohe Bewegungsgeschwindigkeit Hohe dynamische Anforderungen

Das Vereinfachungsprinzip der Verkürzung der Programmlänge funktioniert besonders gut bei azyklischen Bewegungen, jedoch nur bedingt bei zyklischen Fertigkeiten, da beim Laufen, Rudern oder Radfahren die einzelnen Bewegungssequenzen zu eng miteinander verzahnt sind. Zyklische Bewegungen der rechten und linken Körperhälfte (Brustschwimmen, Skilanglauf, Nordic Walking usw.) können durch die Verkürzung der Programmlänge ebenfalls nicht geschult werden. Ausnahmen bilden sportmotorische Techniken mit asynchronem Einsatz der oberen und unteren Körperextremitäten (Delfinschwimmen, Jazztanz usw.). Abbildung 48 veranschaulicht die Programmzergliederung bei azyklischen Bewegungen am Beispiel der elektromyografischen Innervationsmuster der Speichgriffkippe am Barrenende im Gerätturnen. Dargestellt sind die in zeitlicher Hinsicht vergleichbaren Impuls-Timing-Muster der Beinschwungbewegung innerhalb der Speichgriffkippe (Abb. 48a) und einer Vorübung zum Kennenlernen des Abbremsens der Beinaktion während der Zielfertigkeit (Abb. 48b).

Wie werden sportmotorische Fertigkeiten vermittelt? **183**

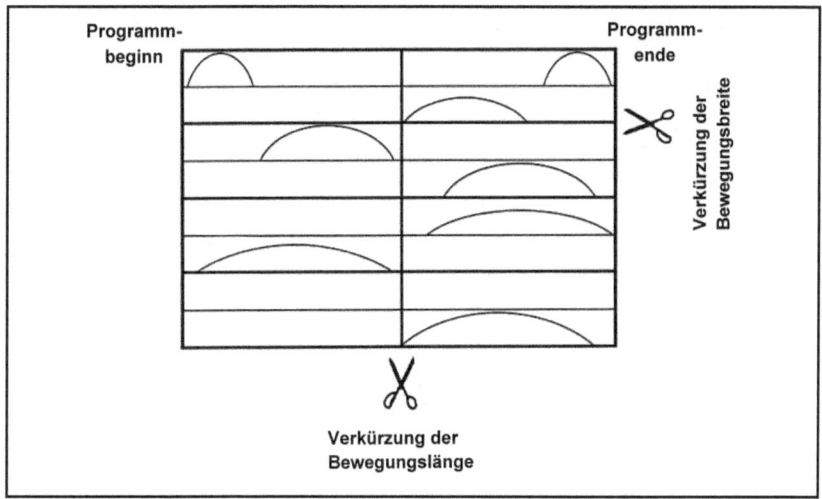

Abb. 47: *Prinzipien der Verkürzung der Bewegungslänge (vertikale Programmschere) und der Verringerung der Bewegungsbreite (horizontale Programmschere; mod. nach* ROTH, *1990, S. 13)*

Verringerung der Programmbreite. Bei simultan auszuführenden Sequenzen, d. h., der Athlet muss mehrere Bewegungsteile gleichzeitig realisieren (hoher Organisationsgrad), ermöglicht es die horizontale Schnittführung der Programmschere, ausgewählte Bewegungsabschnitte einzeln zu erwerben (ROTH, 1990; vgl. Abb. 47). Nicht geeignet ist die Verringerung der Programmbreite bei sportmotorischen Fertigkeiten, deren Einzelsequenzen in enger Wechselwirkung zueinander stehen (Schraubensalto, Arm- und Beinbewegung bei der Powerhalse im Windsurfen usw.).

Wer an den generellen methodischen Aspekten des Lehrens und Lernens schwieriger geschlossener und offener Fertigkeiten des Sports interessiert ist, dem liefert das Grundlagenwerk der BIELEFELDER SPORTPÄDAGOGEN *(2003) zahlreiche praxisorientierte Anregungen.*

Unterstützung der Programminvarianten. Bei Bewegungsfertigkeiten mit einem hohen Organisationsgrad können die invarianten Programmbestandteile durch externe Ausführungshilfen sinnvoll unterstützt werden. Zur Verdeutlichung der strukturellen Bewegungsmerkmale eignen sich indirekte akustische Rhythmusvorgaben (Anlauf beim Speerwurf, Bodenkontakte beim Dreisprung, Schwungbeineinsatz beim Fosbury-Flop usw.), visuelle Orientierungshilfen zur Kennzeichnung des räumlich-zeitlichen

Bewegungsverlaufs (z. B. Markierungspunkte zur Schrittgestaltung beim Hochsprung, Korbleger, Speerwurf) oder direkte, bewegungsunterstützende Maßnahmen (z. B. kinästhetische, taktile Hilfen). Des Weiteren können die Präzisionsanforderungen der Bewegungsaufgabe verringert oder anders ausgedrückt, „die Fehlertoleranzen für die Realisierung der Invarianten erhöht werden" (ROTH, 1990, S. 14; Softball statt Tennisfilzball, Langbank statt Schwebebalken, breite Anfängerski statt schmale Rennski usw.). Derartige Maßnahmen begrenzen die bei ungeübten Bewegungen durch unsystematische Technikvariationen auftretenden motorischen Freiheitsgrade auf das zu erlernende Impuls-Timing-Muster.

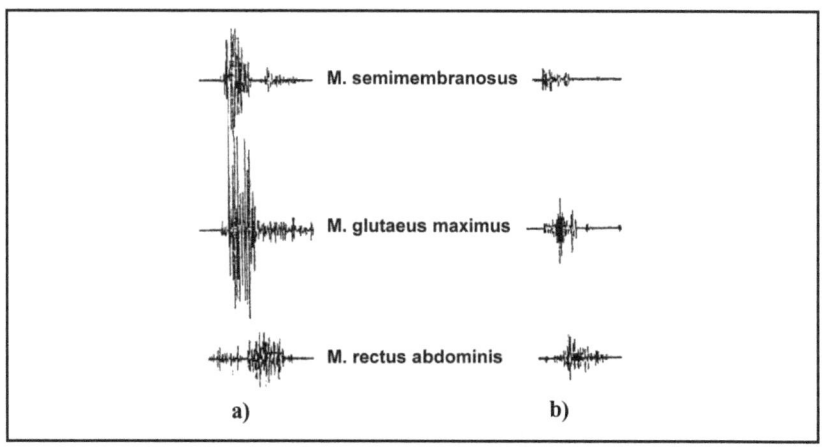

Abb. 48: *Elektromyogramme der Speichgriffkippe am Barrenende im Geräteturnen (mod. nach SCHOCK & WOLLNY, 1995, S. 101)*
  a) *Beinaktion während der Speichgriffkippe*
  b) *Übungsform zum Kennenlernen des Abbremsens der Beinaktion während der Zielfertigkeit*

Veränderung der variablen Programmparameter. Zu einer Überforderung der Lernanfänger kann die große Bewegungsgeschwindigkeit, die geringe Bewegungsdauer oder der hohe Krafteinsatz der Zielfertigkeit führen. Nach der Gestaltkonstanzhypothese von SCHMIDT (1988) können durch die Veränderung der zeitlichen und dynamischen Programmparameterwerte wirkungsvolle Erleichterungen der Bewegungsausführung erzielt werden (vgl. Lektion 6, Abb. 40). Zu den bewährten Maßnahmen der Veränderung der variablen Programmparameter zählen die Sprunghilfen im Geräteturnen oder die Kastentreppe beim Weitsprung (Verlängerung der Bewegungszeit), das Angehen statt Anlaufen beim Korbleger im Basketball (Geschwindigkeitsreduzierung) oder kleinere und leichtere Sportgeräte (Verringerung des Krafteinsatzes). Beim parallelen Grundschwingen im alpinen Skilauf kann die Bewegungszeit durch schnelle Kurzschwünge oder weite, langsame Softschwünge variiert werden, ohne die zeitlichen und dynamischen Programminvarianten nachhaltig zu verändern.

3.1.1 Was sind methodische Übungsreihen?

Die auf Johannes GUTSMUTHS (1759-1839), Friedrich JAHN (1778-1852) und Adolf SPIES (1810-1858) zurückgehende *Teillernmethode* erlangt in allen Sportdisziplinen große methodische Beachtung. Ausgangspunkt ist die Idee der Lernzielhierarchie. Hiernach wird der Lernanfänger von einem niedrigen Fertigkeitsniveau auf die nächsthöhere Könnensstufe geführt. Schwierige Bewegungstechniken kann der Sportlehrer, Übungsleiter und Trainer durch die Erleichterung der situativen Bedingungen, die Modifizierung oder die Zergliederung der Zieltechnik in ihrer Komplexität systematisch reduzieren. Defizite im konditionellen Bereich kompensieren Lehr-, Ausführungs- oder Unterstützungshilfen (Raum-, Geräte-, Regelvariationen, Hilfestellung usw.). Die einzelnen Sequenzen der Zielfertigkeit werden zunächst isoliert vermittelt und anschließend schrittweise zur Kriteriumsbewegung erweitert. In gleicher Weise baut der Sportpraktiker die anfänglichen Lehr- und Unterstützungshilfen allmählich ab. Das schrittweise Vorgehen soll Überforderungen vermeiden und den Lernenden in vielfältiger Weise motivieren, da bei der Beherrschung der einzelnen Teilbewegungen jeweils erneut Erfolgserlebnisse entstehen.

Systematische, kleinschrittige Übungsfolgen zum Aufbau sporttypischer Bewegungstechniken, die verschiedene Vereinfachungsmaßnahmen miteinander verbinden, bezeichnet die Bewegungswissenschaft des Sports als *methodische Übungsreihen* (MÜR; FETZ, 1988). Die Grundvoraussetzung für ihren erfolgreichen Einsatz besteht darin, dass der Lernende über ein umfangreiches Repertoire an elementaren Bewegungsgrundmustern verfügt. Unter Zugrundelegung der allgemein akzeptierten Grundsätze „vom Leichten zum Schweren" oder „vom Einfachen zum Komplexen" unterscheidet ROTH drei Methodenkonzepte (1983, 2005): die serielle methodische Übungsreihe, die funktionale methodische Übungsreihe und die zunehmend in Vergessenheit geratene, praktisch bewährte, programmierte methodische Übungsreihe. Diese drei Arten von methodischen Übungsreihen greifen, im Detail betrachtet, einzelne der in Kapitel 3.1 dargestellten Vereinfachungsprinzipien der Aneignung sportmotorischer Fertigkeiten auf.

Serielle methodische Übungsreihe

Serielle methodische Übungsreihen liegen dann vor, wenn der Sportlehrer die Elemente eines methodischen Schulungsprogramms nach der Abfolge der Bewegungsteile von vorne nach hinten anordnet (ROTH, 2003, 2005). Die Bewegungszergliederung und das Üben der Sequenzen folgt der zeitlich-räumlichen Ordnung der Zielbewegung. Lerntheoretische Begründungen für die Zergliederung bestehen nicht. Die Sportpraxis vertraut verallgemeinerten Unterrichtserfahrungen und dem Prinzip der Verkürzung der Programmlänge. Die einzelnen Bewegungsteile stellen lernrelevante Einheiten dar, die isoliert vermittelt und allmählich zur Kriteriumsfertigkeit zusammengesetzt werden. Sportpraktiker beginnen häufig mit der einleitenden Bewegungssequenz.

Anschließend schulen sie den nachfolgenden Teilabschnitt und verknüpfen diesen mit der einleitenden Bewegungssequenz. Dieser Vorgang wiederholt sich so lange mit den weiteren Sequenzen der motorischen Fertigkeit, bis der Schüler die Gesamtbewegung beherrscht. Beispiele finden sich vor allem in der Leichtathletik (z. B. Schrittweitsprung: BAUERSFELD & SCHRÖTER, 1998; Diskuswurf: JONATH, KREMPEL, HAAG & MÜLLER, 1995).

Funktionale methodische Übungsreihe

Die *funktionale methodische Übungsreihe* zergliedert die Bewegungsfertigkeit unter dem Gesichtspunkt ihrer Bedeutung für das Erreichen des Bewegungsziels von der Mitte nach außen. Bewährt haben sich die inhaltlich verwandte chronologische Phasengliederung nach MEINEL und SCHNABEL (1998) und die hierarchische Funktionsphasengliederung nach GÖHNER (1974, 1975, 1979). Beide Gliederungsverfahren vertrauen den Prinzipien der Verkürzung der Programmlänge und der Veränderung der variablen Programmparameter.

Die *chronologische Phasengliederung* nach MEINEL und SCHNABEL (1998; MEINEL, 1960) favorisiert für *azyklische Bewegungen* eine dreigeteilte Ablaufstruktur: Vorbereitungs-, Haupt- und Endphase (vgl. Abb. 49). Die Abgrenzung der drei Bewegungsphasen orientiert sich an äußerlich beobachtbaren, qualitativen Merkmalen.

Die funktional abhängige *Vorbereitungsphase* schafft die optimalen Voraussetzungen für die erfolgreiche Durchführung der motorischen Zielaufgabe. Dies geschieht durch eine Auftakt- oder Ausholbewegung in Gegenrichtung zur Hauptbewegung, beispielsweise beim Weit- und Dreisprung durch das Absenken des Körperschwerpunkts oder beim Ballweitwurf durch die Ausholbewegung des Wurfarms. Einige Bewegungstechniken zeigen zusätzlich zur Auftakt- oder Ausholbewegung eine Anlauf-, Angleit- oder Abschwungbewegung. In Abhängigkeit von speziellen taktischen Anforderungen (z. B. Finten) kann der Athlet die Auftakt- oder Ausholbewegung auch unterdrücken.

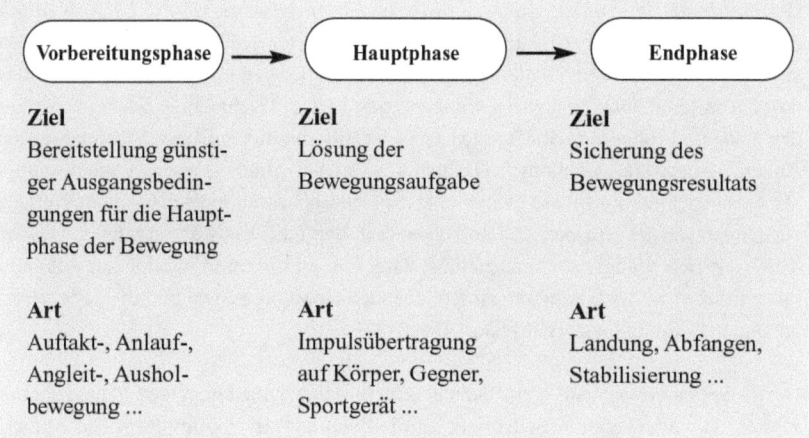

Abb. 49: *Dreiphasengliederung azyklischer Bewegungen (mod. nach* MEINEL & SCHNABEL, *1998, S. 83)*

Die auf die Vorbereitungsphase unmittelbar folgende, funktional unabhängige *Hauptphase* der Bewegung dient der Lösung der motorischen Aufgabe. Diese kann zum einen darin bestehen, „dem gesamten Körper einen Bewegungsimpuls zu erteilen und diesen rationell auszunutzen" (MEINEL & SCHNABEL, 1998, S. 78). Zum anderen wird „ein Endglied der Gliederkette des Körpers durch einen Kraftimpuls beschleunigt und dadurch einem Gerät oder Gegner ein Bewegungsimpuls erteilt" (S. 78). Die *Endphase* der Bewegung bringt den Körper des Sportlers vielfach von einer labilen Gleichgewichtsposition in ein stabiles Gleichgewicht, um beispielsweise beim Speerwerfen das Übertreten der Abwurflinie zu verhindern.

Für *zyklische Bewegungen* propagieren MEINEL und SCHNABEL eine zweigeteilte Ablaufstruktur von Haupt- und Zwischenphase. Die Endphase des vorhergehenden Zyklus verschmilzt mit der Vorbereitungsphase des folgenden Zyklus zu einer *Zwischenphase*. Bei langsamen Bewegungen, Auftaktaktionen oder nach der letzten Wiederholung der Hauptphase lassen auch zyklische Fertigkeiten eine Dreigliederung erkennen. Wird beim Rudern mit einer „sehr niedrigen Schlagzahl (Schlagfrequenz) gerudert, dann ist es nicht schwer, den zweiten Teil des Vorrollens und das Aufdrehen der Blätter als Vorbereitungsphase, den Aushub der Blätter und den ersten Teil des Rollweges mit dem Aufrichten des Rumpfes als Endphase zu erkennen. Hauptphase ist jeweils die Wasserarbeit einschließlich des Wasserfassens. Bei hohen Schlagzahlen (Schlagfrequenzen) dagegen erscheinen Endphase und nachfolgende Vorbereitungsphase zu einer Einheit verschmolzen" (MEINEL & SCHNABEL, 1998, S. 87).

Die *hierarchische Funktionsphasengliederung* nach GÖHNER (1975, 1979) unterteilt die sportmotorischen Fertigkeiten nach der hierarchischen Tiefenstruktur. Der Autor unterscheidet zwischen funktional unabhängigen Bewegungsphasen (Hauptfunktionsphasen; Stabhochsprung: Überqueren der Latte; Tischtennis: Schläger berührt den Ball) und funktional abhängigen Phasen (Hilfsfunktionsphasen; Stabhochsprung: Anlauf, Absprung, Landung; Tischtennis: Aushol- und Ausschwungbewegung). „Unter einer Funktionsphase soll jener Geschehensabschnitt eines Bewegungsverlaufs verstanden werden, für den sich aufzeigen läßt, daß das, was während dieses Geschehens vom Bewegungssystem ausgeführt wird, eine bestimmte Funktion hat – im Hinblick auf die mit der Bewegung zu erreichenden Bewegungsziele und die dabei einzuhaltenden Bedingungen" (GÖHNER, 1979, S. 119).

Die *Hauptfunktionsphase* kennzeichnet den funktional unabhängigen Bewegungsabschnitt, dem eine zentrale Bedeutung für die Erfüllung der sportmotorischen Aufgabe zukommt. Im Gegensatz zur chronologischen Phasengliederung nach MEINEL und SCHNABEL (1998) zeigen nicht alle azyklischen Bewegungen die gleiche Funktionsstruktur. Jede sportliche Bewegungstechnik besitzt aber mindestens eine Hauptfunktionsphase. Für den parallelen Grundschwung im alpinen Skilauf ergibt sich die Hauptfunktionsphase aus der Überlagerung von zwei voneinander unabhängigen Funktionsphasen: dem Drehabstoß (dynamischer Abdruck von den Skikanten mit beidbeiniger Streckung) und dem Aufkanten der Ski. Die Hauptfunktionsphase kann aber auch aus der Überlagerung von zwei voneinander abhängigen Funktionsphasen entstehen: Kanten und Drehen des Snowboards.

Funktional abhängige Bewegungsabschnitte bezeichnet GÖHNER als *Hilfsfunktionsphasen*. Unter Beachtung der zeitlichen Abfolge der Bewegungsteile ist der Hauptfunktionsphase eine *vorbereitende Hilfsfunktionsphase erster Ordnung* vorgeschaltet. Diese dient dem Erlangen eines günstigen Ausgangszustandes, um eine bestimmte Raumposition (Tennis: Laufen zum Ball), eine spezielle Körperposition (Fosbury-Flop: Innenlage beim Anlauf) oder einen bestimmten Bewegungszustand einzunehmen (Fosbury-Flop: rhythmisch beschleunigter Anlauf und Absenkung des Körperschwerpunkts). Der Hilfsfunktionsphase *erster Ordnung* können Hilfsfunktionsphasen zweiter und dritter Ordnung vorgeschaltet sein.

Unterstützende Hilfsfunktionsphasen laufen zeitgleich zur Hauptfunktionsphase ab (Wurf: die Armbewegung unterstützende Rumpfaktion). *Abschließende* und *überleitende Hilfsfunktionsphasen* überführen den in der Hauptfunktionsphase erreichten instabilen Bewegungszustand in einen stabilen Zustand (gehockter Salto: die Körperstreckung zum Ruhezustand) oder in eine neue Fertigkeit. Hilfsfunktionsphasen sind zwar über die Bewegungsaufgaben zu begründen, die Sportler müssen diese aber nicht zwangsläufig erfüllen.

Der Vorteil der hierarchischen Funktionsphasengliederung besteht darin, dass die Anzahl der Hilfsfunktionsphasen nicht feststeht und eine differenzierte Zergliederung möglich ist. Als nachteilig gelten der große Analyseaufwand zur Bestimmung der spezifischen Funktion und des Nutzens einzelner Bewegungsphasen für die Zielfertigkeit (GROSSER, HERMANN, TUSKER & ZINTL, 1987).

Die nachfolgenden Abschnitte verdeutlichen am Beispiel des Tischtennis-Rückhand-Topspins die hierarchische Funktionsphasengliederung nach GÖHNER und die typischen Lehrstufen des Schulungsprogramms. Die lernrelevante Abfolge der Vermittlung der einzelnen Bewegungsphasen orientiert sich an der jeweiligen Bedeutung für die Lösung der Bewegungsaufgabe. Beim Rückhandtopspin entspricht das „Treffen des Balls" der Hauptfunktionsphase, um dem Tischtennisball eine bestimmte Geschwindigkeit, Flugrichtung und Rotationsrichtung zu geben. Die *erste Lehrstufe* vermittelt unter Nichtbeachtung weiterer Bewegungsabschnitte die Hauptfunktionsphase der Zielfertigkeit. Unmittelbar auf die Hauptfunktionsphase folgt die Schulung der Hilfsfunktionsphase erster Ordnung, die das „Treffen des Balls" vorbereitet (Ausholbewegung des Schlagarms).

Die *zweite Lehrstufe* dient der Verbindung der Hauptfunktionsphase mit der vorbereitenden Hilfsfunktionsphase erster Ordnung (Erreichen einer bestimmten Raum- oder Körperposition). Die *dritte* und die *weiteren Lehrstufen* binden unterstützende Hilfsfunktionsphasen zweiter Ordnung (Rumpf in Bewegungsrichtung) und überleitende Hilfsfunktionsphasen ein (Abfangen der Schlagbewegung), um den Bewegungsablauf funktional zu festigen. Praxiserfahrungen weisen darauf hin, dass die fehlerhafte Ausführung des Tischtennis-Rückhand-Topspins selten in der Hauptfunktionsphase begründet liegt, sondern in einzelnen Hilfsfunktionsphasen wie der Ausgangsstellung, der Hüftdrehung, der Gewichtsverlagerung oder des Ellbogeneinsatzes (WINTERBOER, 2005).

Programmierte methodische Übungsreihe
Die in den 70er Jahren des 20. Jahrhunderts entwickelte und lange Zeit bewährte *programmierte methodische Übungsreihe mit linearem kleinschrittigen Aufbau* (programmierte Instruktion) gerät in der aktuellen Theoriediskussion und Sportpraxis zunehmend in Vergessenheit. Dies liegt einerseits daran, dass kaum eine andere motorische Lerntheorie derart heftig und kontrovers diskutiert wurde wie das Modell der Sensomotorik von UNGERER (1977). Andererseits greifen aktuelle bewegungswissenschaftliche Lehrbücher die Methode der „programmierten Instruktion" nahezu nicht mehr auf.

Das lernpsychologische Fundament der „programmierten Instruktion" bilden die theoretischen Grundannahmen des operanten Konditionierens von SKINNER (1953;

vgl. Lektion 5, Kap. 3) und die Theorie des sensomotorischen Lernens von UNGERER (1977; DAUGS, 1972, 1979). Ausgangspunkt ist die koordinationstheoretische Vorstellung, dass sporttypische Fertigkeiten aus Sequenzen motorischer Elementarzeichen bestehen. Die empirisch zu belegenden, kleinsten Bewegungssegmente, die *sensomotorischen Sequenzen* („Lernstoffatome") gewinnen UNGERER und DAUGS durch die Zergliederung der Gesamtbewegung.

Eine sensomotorische Sequenz begrenzt zwei Entscheidungsstellen oder Richtungsentscheidungen. Die Einzelsequenzen können simultan (gleichzeitig) oder sukzessiv (nacheinander) verknüpft werden. Eine herausgehobene Bedeutung kommt den Schlüsselsequenzen zu, die andere Sequenzen auslösen. Unabdingbare Voraussetzung für den Aufbau einer Sequenzkette ist es, dass der Lernende über ein Grundrepertoire an sensomotorischen Sequenzen verfügt. Abbildung 50 zeigt die drei sensomotorischen Sequenzen S_1-S_3 der Schwungbeinbewegung bei der Hitch-Kick-Technik im Weitsprung.

Für den motorischen Lehr- und Lernprozess bedeutsam ist die zwischen dem Sequenz- und dem Sprachalphabet angenommene Isomorphie (gleiche Struktur). Hierbei werden die Sequenzen S_1 bis S_3 der Hitch-Kick-Technik im Weitsprung mit den drei Informationen I_1 bis I_3 verbunden.

I_1: Spring ab *und* kicke während des Absprungs das Schwungbein.

I_2: Spring ab, kicke während des Absprungs das Schwungbein *und* führe es rückwärts.

I_3: Spring ab, kicke während des Absprungs das Schwungbein, führe es rückwärts *und* dann zur Landung.

Die Instruktionen und die Rückmeldungen über die Bewegungsrealisierung erfolgen mittels standardisierter Basaltexte und visueller Sollwertpräsentationen (Lehrbildreihen, Lehrkarten, Wandtafeln, Videosequenzen, Computer usw.). *Basaltexte* stellen knapp formulierte Verbalisierungen der wichtigsten Schlüsselsequenzen dar. Diese sollten die Schüler in weniger als 40 s durcharbeiten können (vgl. Abb. 51). Bei der Hitch-Kick-Technik im Weitsprung reicht die Beschreibung der drei oben benannten Schwungbeinsequenzen S_1 bis S_3 aus, um den Verlauf der Zielfertigkeit hinreichend zu kennzeichnen.

Der Basaltext der ersten Programmkarte des Lehrprogramms zur Hitch-Kick-Technik im Weitsprung beginnt mit der sprachlichen Verbindung der vom Lernenden beherrschten Absprungaktion und der Kickbewegung: „Spring ab *und* kicke während des Absprungs das Schwungbein." Durch die Verknüpfung der beiden bekannten Bewegungsteile mittels des Bindewortes „und" entsteht eine neuartige, zuvor nicht beherrschte Sequenzkopplung. Der Basaltext ist nur dann verständlich, wenn die Lernenden die Begriffe „Kicken" und „Schwungbein" inhaltlich verstehen. Nach jedem Versuch erhält der Übende durch den Lehrer oder gute Mitschüler direkte Rückmeldungen, inwieweit das Lernresultat der Vorgabe der Programmkarte entspricht. In Abhängigkeit vom Erfolg oder Misserfolg der Bewegungsausführung wendet sich der Schüler der weiterführenden Lernkarte oder einer zusätzlich zu bearbeitenden Korrekturkarte zu. Der Anfänger nimmt die Informationen der Korrekturkarte auf, übt den fehlerhaft realisierten Bewegungsabschnitt und wird erneut korrigiert. Die weiteren Programmschritte fügen so lange neue Bewegungssequenzen an die erworbenen Sequenzverbindungen an, bis der Schüler die Zielfertigkeit vollständig realisiert.

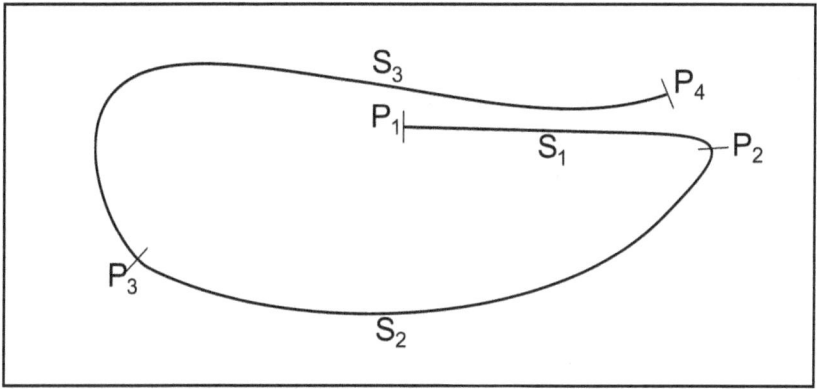

Abb. 50: *Schematische Darstellung der Bewegungsbahn des Schwungbeinknöchels bei der Hitch-Kick-Technik im Weitsprung (mod. nach* UNGERER, *1977, S. 130)*
Sequenz $_1$ (P_1-P_2): Vorwärtsbewegung (Streckung) des Schwungbeins
Sequenz $_2$ (P_2-P_3): Rückführung des Schwungbeins
Sequenz $_3$ (P_3-P_4): Landebewegung des Schwungbeins

Programmierte methodische Übungsreihen findet der Leser für das Schwimmen (Delfinschwimmen: BLISCHKE, DAUGS & NEUBER, 1980), das Gerätturnen (Felgaufschwung: RÖTTGER, 1974), die Leichtathletik (Weitsprung: UNGERER, 1977; Fosbury-Flop, Stabhochsprung: KRUBER, FUCHS, CORDES, 1975; Ballwurf, Diskuswurf, Kugelstoßen, Speerwurf: KRUBER & FUCHS, 1978, vgl. Abb. 51) und verschiedene andere Sportarten.

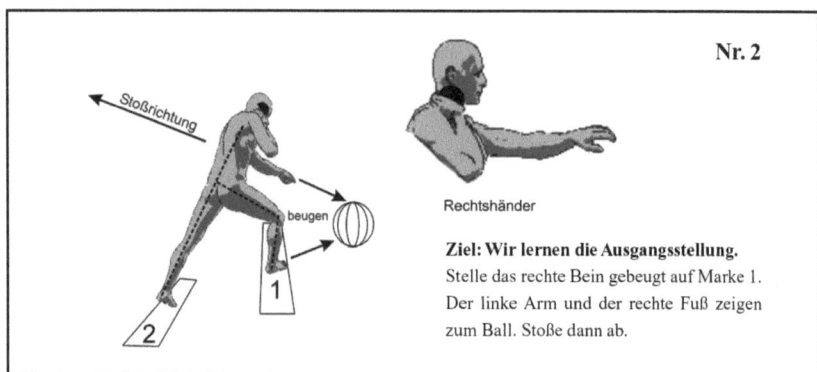

Abb. 51: *Programmierte Lernkarte Nr. 2 zum Standstoß für Rechtshänder „Wir lernen die Ausgangsstellung" (mod. nach* KRUBER & FUCHS, *1978, S. 53–59)*

Lernkarte 1: Standstoß: Wir lernen, die Kugel zu halten.
Lernkarte 2: Standstoß: Wir lernen die Ausgangsstellung.
Lernkarte 3: Standstoß: Wir lernen die Beinstreckung.
Lernkarte 4: Standstoß: Wir lernen die Rumpfdrehung.
Lernkarte 5: Stoßen aus dem Angleiten: Wir lernen das Rückwärtsvorrutschen.
Lernkarte 6: Stoßen aus dem Angleiten: Wir verbessern die Kugelstoßbewegung.

Zu den Hauptvorteilen des programmierten Lernens zählen, dass jeder Schüler während der Unterrichtsstunde kontinuierlich Lernaktivitäten zeigt, sein Lerntempo selbst bestimmen kann und unmittelbar nach der Bewegungsausführung eine Rückmeldung über die Bewegungsausführung erhält. Die wesentlichen Nachteile der programmierten Instruktion liegen darin begründet, dass der Lehrer nicht flexibel auf das individuelle Lernverhalten oder die vielschichtigen Über- oder Unterforderungen der Lernanfänger eingehen kann.

3.2 Welche Strategien erleichtern die Optimierung und Automatisierung sportmotorischer Fertigkeiten?

An die Phase der Aneignung und des Überlernens sportmotorischer Fertigkeiten schließen sich die Optimierung und die weitere Automatisierung der Bewegungstechnik an. Das *Optimierungstraining* differenziert – wie in Kapitel 2 beschrieben – drei eigenständige Unterformen: die Stabilisierung geschlossener Fertigkeiten und die Variation oder die Anpassung offener Fertigkeiten.

Das jeweils „parallel" stattfindende *Automatisierungstraining* konzentriert sich auf die Veränderung der Informationsverarbeitung mit dem Ziel der allmählichen Freisetzung der zu Beginn des Lernprozesses bewegungsgebundenen Aufmerksamkeitsanteile. Die freigesetzten Aufmerksamkeitskapazitäten kann der Sportler im Optimierungstraining aufgabenbezogen nutzen. Die Automatisierung versus Optimierung sportmotorischer Techniken basiert auf einer umgedrehten Logik „dem Weglenken oder Hinlenken von Aufmerksamkeit" (ROTH, 2005, S. 132). Dies hat zur Folge, dass mit derselben Übung nicht gleichzeitig die Automatisierung und die Optimierung sporttypischer Bewegungen geschult werden kann. Die folgenden Abschnitte gehen auf die Besonderheiten des sportlichen Optimierungs- und Automatisierungstrainings ein.

Stabilisierungstraining

Das Stabilisierungstraining richtet sich auf die Verbesserung der Ergebniskonstanz und den Erhalt eines gewissen disziplinspezifischen Variabilitätsmaßes geschlossener Fertigkeiten (vgl. Abb. 52). Hierdurch soll der Sportler die Bewegungsausführung besser an die situativen Bedingungen anpassen können (Schwimmen: Wasserqualität, Indoorversus Outdoorwettkampfstätten; Gerätturnen: Beschaffenheit der Turngeräte; Badminton: Beleuchtungsverhältnisse; Leichtathletik: Beschaffenheit der Wettkampfanlage, Wetterbedingungen usw.) oder gegen externe oder körperinterne Störungen abschirmen können (Zuschauer, körperliche Ermüdung usw.).

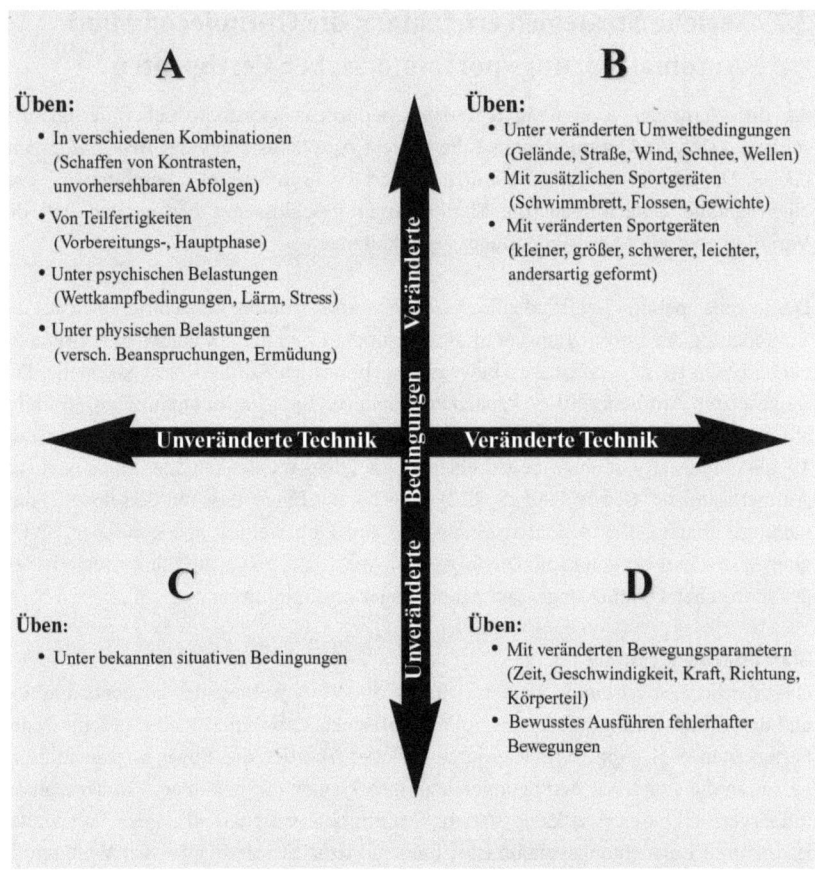

Abb. 52: *Übungsbeispiele für das Stabilisierungstraining (mod. nach* ROTH*, 2005, S. 136)*

Für das Stabilisierungstraining favorisiert ROTH (2005) auf das Bewusstsein gerichtete, *bewegungsungebundene Lehrverfahren* (mentales, autogenes Training, Verbalisierungstraining usw.) und *bewegungsgebundene Vermittlungsmethoden* (Kontrastübungen, Stress, Wettkampftraining, Aufmerksamkeitslenkung auf bedeutsame Bewegungsteile usw.). Abbildung 52 beschreibt exemplarisch verschiedene bewegungsgebundene Übungsformen. Im Mittelpunkt steht die Schulung der Konzentration des Sportlers auf die Knotenpunkte oder bestimmte Details der Bewegung (Feld A) oder die Verbesserung der Anpassungsfähigkeit geschlossener Fertigkeiten (Feld B und D).

Variations- und Anpassungstraining

Das *Variations-* und *Anpassungstraining* der offenen sportmotorischen Fertigkeiten zentriert sich auf die Präzisierung und die situative Angleichung der Bewegungsgrundmuster. Hierfür lassen sich aus der in Lektion 6 erläuterten Schema Theory of Discrete Motor Skill Learning von SCHMIDT (1988) bedeutsame Erleichterungs- und Hilfemaßnahmen zur Reduktion der Bewegungsvariabilität ableiten: Beispielsweise wenn die Länge oder die Breite der Schemaregeln die entscheidende Überforderung darstellt, also der Sportler die Auswahl der Programmparameterwerte übersichtlich geordnet und gedanklich nachvollziehbar trainieren soll. Zu den wesentlichen Vereinfachungsprinzipien zählen die Verkürzung der Schemaregel, die Positionskonstanz und die Ergebniskonstanz (vgl. Tab. 13).

Tab. 13: *Vereinfachungsprinzipien beim Variations- und Anpassungstraining*

Überforderungsaspekt	Vereinfachungsprinzip	Anwendungsfelder
Länge der Schemaregel	Verkürzung der Schemaregel Dehnungs- und Stauchungsgrad	Hohe Komplexität der Schemaregeln Hohe Parametervariabilität
Breite der Schemaregel	Positionskonstanz Ergebniskonstanz	Hohe Organisation der Schemaregeln Gleichzeitige Variation der Ausgangsposition und des Ergebnisses

Verkürzung der Schemaregel. Für die frühe Phase des Optimierungstrainings empfiehlt ROTH (1990, 2005) die Verkürzung der Länge der Schemaregeln. Zunächst gilt es, im Rahmen der Beschränkung der Variabilität der Bewegungsausführung einzelne Teilregeln für begrenzte Parametervariationen zu vermitteln. Mit zunehmendem Könnensniveau erweitert der Sportlehrer die Schemaregel schrittweise bis zur gewünschten Länge. Die in Abbildung 53 dargestellten Übungen zum Überkopfclear im Badminton berücksichtigen nur einzelne, zwischen S_1 und S_2 liegende Ausgangspositionen (A_1-A_4) und Bewegungsergebnisse (E_1-E_4).

196 Lektion 7

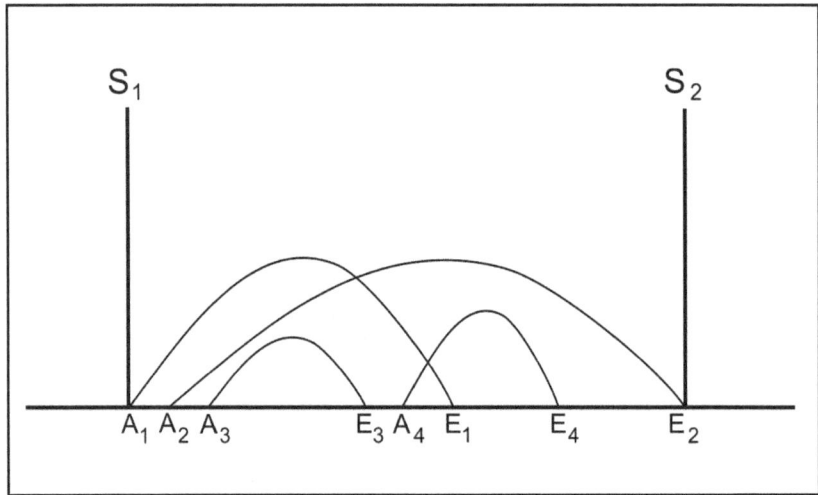

Abb. 53: *Verkürzung der Schemaregel (Beschreibung siehe Text; mod. nach ROTH, 1990, S. 18)*

Positionskonstanz und Ergebniskonstanz. Stellt die Breite der Schemaregeln das entscheidende Überforderungsmerkmal dar, d. h., „wenn die gleichzeitige Variation der beiden Regeldimensionen ‚Ausgangsposition' und ‚erwünschtes Ergebnis' dem Anfänger Probleme bereiten" (ROTH, 1990, S. 19), eignen sich Übungsformen zum Auswahlprozess der Programmparameterwerte. Der Sportler kann entweder die Ausgangsposition oder das Bewegungsresultat konstant halten.

Nach dem *Prinzip der Positionskonstanz* (vgl. Abb. 54a) werden bei gleich bleibender Ausgangsposition (A) durch die Variation der Gesamtbewegungszeit, des Gesamtkrafteinsatzes, der bewegungsausführenden Muskeln oder des Bewegungsumfangs variable Bewegungsergebnisse (E_1-E_4) erzielt. Bei der Optimierung des Überkopfclears im Badminton spielt der Trainer dem Spieler den Badmintonball immer auf dieselbe Spielfeldposition im Badminton zu. Das Rückspiel erfolgt unter Veränderung des Gesamtkrafteinsatzes auf unterschiedlich weit entfernt liegende Zielfelder.

Nach dem *Prinzip der Ergebniskonstanz* (vgl. Abb. 54b) schulen unveränderte Bewegungsergebnisse (E) die Assoziationen zwischen verschiedenen Ausgangspositionen (A_1-A_4) und der horizontalen oder vertikalen Streckung der Impuls-Timing-Muster (z. B. „lang" gespielte Bälle).

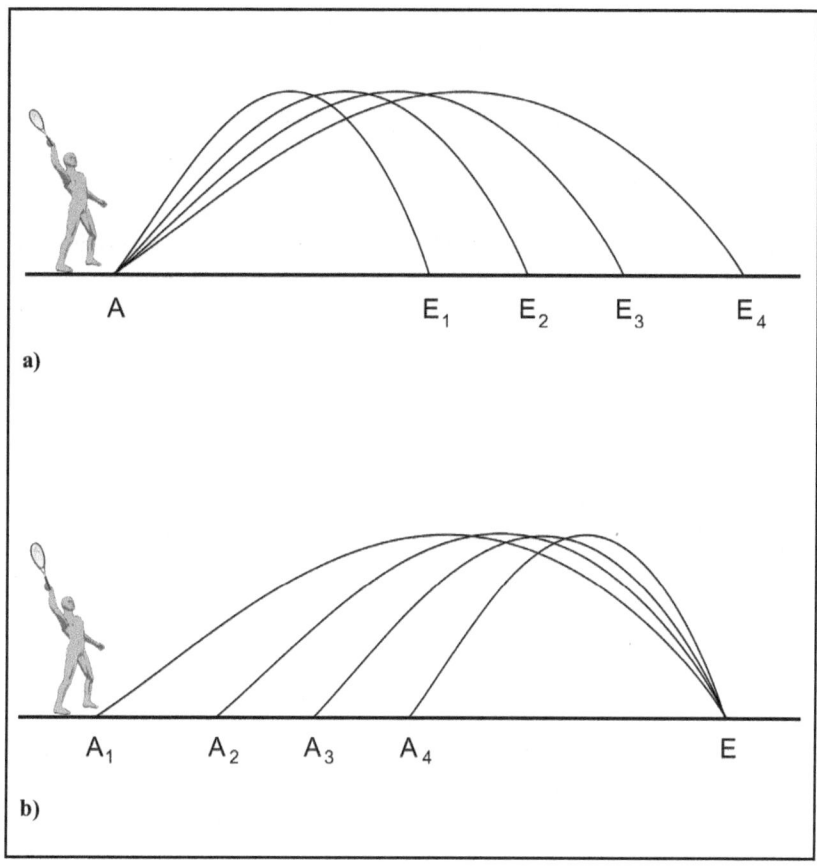

Abb. 54: *Reduktion des Organisationsgrades der Schemaregeln (Beschreibung siehe Text; mod. nach ROTH, 1990, S. 19)*
    a) *Prinzip der Positionskonstanz*
    b) *Prinzip der Ergebniskonstanz*

Die nachfolgenden Praxisbeispiele aus dem alpinen Skilauf stellen sportartspezifische Übungen zur Positions- und Ergebniskonstanz vor (SCHOCK & WOLLNY, 1995). Die ausgewählten Übungsformen zur Positionskonstanz schulen unter gleich bleibenden situativen Bedingungen durch variantenreiche Aufgabenstellungen unterschiedliche technisch-koordinative Bewegungsergebnisse. Hierzu eignet sich ein Slalomkurs mit gleichmäßig weit gesteckten Richtungstoren.

- Umfahren der Tore mit offenen und geschlossenen Umsteigetechniken.
- Umfahren der Tore mit Paralleltechniken (paralleles Grundschwingen, Tiefschwünge).
- Umfahren der Tore mit zunächst geringem und im zweiten Teil des Slalomkurses mit höherem Risiko.
- Umfahren der Tore mit Mischtechniken.

Die skispezifischen Übungsformen zur Ergebniskonstanz dienen der situativen Anpassung einer speziellen Skitechnik (z. B. paralleler Grundschwung) an unterschiedliche Schneebedingungen (Pulver-, Tief-, Alt-, Firnschnee, präparierte, unpräparierte Skipiste), Hangneigungen (steil, flach) oder Skigeräte (Big Foot, Firngleiter, Kurz-, Carving-, Ergo-, Anfängerski).

- Fahren auf leicht geneigten bis steilen präparierten Hängen.
- Fahren im flachen, unpräparierten Gelände.
- Fahren auf unterschiedlichen Schneearten.
- Fahren bei konstant wechselnden Bedingungen (z. B. von steiler, präparierter in flache, unpräparierte Piste).
- Fahren in wechselnden Geländeformen.
- Rhythmisches Fahren mit verschiedenen Schwungvarianten.

Beim Erlernen der präzisen, situationsangemessenen Variation oder Anpassung offener Fertigkeiten an eingeschränkt vorhersehbare oder sich ständig verändernde Umweltbedingungen darf der Trainer die zeitlich-dynamische Struktur der Hauptfunktionsphase der Zielbewegung nicht abwandeln. Demgegenüber können die vorbereitenden Hilfsfunktionsphasen zur Schulung der Programmparameter strukturell variiert werden. Die erste Gruppe der von ROTH (2005) vorgeschlagenen Übungsformen zielt auf die Modifizierung der vorbereitenden Hilfsfunktionsphasen. Hierbei werden einzelne Bewegungsabschnitte verändert, ersetzt oder weggelassen, während die Ablaufform der Hauptfunktionsphase der Kriteriumsbewegung vollständig erhalten bleibt. „Der Sprungwurf bleibt ein Sprungwurf unabhängig von der Art der Ballannahme, von der Anlaufrichtung, von der Schrittzahl [oder] der Art des Absprungs (links, rechts, beidbeinig)" (ROTH, 2005, S. 137).

Die zweite Gruppe von Übungsformen betrifft die Modifizierung der leicht veränderbaren Bewegungsparameter (vgl. Gestaltkonstanzhypothese, Lektion 6). Die Zielfertigkeit wird hinsichtlich der Bewegungsgeschwindigkeit (mehr oder weniger schnell), der Bewegungsdynamik (mehr oder weniger dynamisch) oder der bewegungsausführenden Muskeln (z. B. Speerwurf, Handgelenkstellung: Wurfrichtung; Armführung:

Abwurfposition) systematisch variiert. Die Schulung kann auch den Parameterwechsel zwischen Haupt- und Hilfsfunktionsphase umfassen. Im Beispiel des Handballsprungwurfs wird ein „wenig dynamischer Sprung (Hilfsphase) mit einer dynamischen Wurfbewegung (Hauptphase), ein schneller Anlauf (Hilfsphase) mit einem verzögerten Wurf (Hauptphase) [...] verbunden, die das Treffen eines hohen/halbhohen Wurfziels zur Folge hat" (ROTH, 2005, S. 138).

Für das Variations- und Anpassungstraining erscheint der kurzfristige Wechsel der Vereinfachungsprinzipien der Positions- und Ergebniskonstanz (variables Üben) vorteilhafter als der gleichzeitige Einsatz (monotones Üben) oder der ständige kumulative Wechsel. Lernförderlich sind die randomisierte Darbietung verschiedener Übungsvariationen, das massierte Üben bei diskreten Bewegungsaufgaben (z. B. Würfe und Schüsse ohne Pause), das verteilte Üben bei kontinuierlichen Fertigkeiten (z. B. Gleichgewichtsaufgaben mit Pausen) und häufige, kurze Übungseinheiten anstatt seltener, langer Übungsphasen.

Automatisierungstraining

Die zentralen Zielsetzungen des *Automatisierungstrainings* sportmotorischer Fertigkeiten legen die ressourcentheoretischen Modellvorstellungen der kognitiven Psychologie nahe (Überblick: KAHNEMAN, 1973). Nach der Theorie multipler spezifischer Ressourcen (z. B. WICKENS, 1980) bestehen verschiedene, unabhängig voneinander organisierte zentralnervöse Verarbeitungsressourcen. Diese kann der Mensch modalitätenspezifisch (z. B. akustische und visuelle Sinnesmodalitäten) und zeitgleich störungsfrei realisieren. MANZEY (1988) konnte in einer Reihe von Interferenzstudien die für den Sport bedeutsame Trennung motorischer versus perzeptiv-kognitiver Verarbeitungsressourcen empirisch belegen.

Auf das Automatisierungstraining sportmotorischer Fertigkeiten übertragen, sind „Übungen einzusetzen, bei denen die Aufmerksamkeit von den Bewegungsausführungen weggelenkt bzw. weggenommen wird" (ROTH, 2005, S. 133). Im Stabilisierungstraining kann der Athlet die freigesetzte Aufmerksamkeitskapazität zur gezielten Verbesserung der Ergebniskonstanz nutzen. Bei der Schulung der Variation oder der Anpassung offener Bewegungstechniken dienen die zusätzlich zur Verfügung stehenden Aufmerksamkeitsressourcen der präzisen Veränderung der Bewegungsgrundmuster.

Als methodische Maßnahme zur Freisetzung bewegungsgebundener Aufmerksamkeitsanteile eigenen sich *Doppel- und Mehrfachaufgaben*. Parallel zur Zielbewegung stellt der Trainer kognitive oder motorische Zusatzaufgaben, die einen Teil der Aufmerksamkeit des Sportlers von der zu übenden Sporttechnik weglenken sollen.

Die Zusatzanforderungen können sportartunspezifisch (einfache Zählaufgaben: von 100 in Dreierschritten rückwärts zählen; Memorierung von Begriffen usw.) oder disziplinspezifisch ausgerichtet sein (visuelle, akustische, kinästhetische Wahrnehmungsaufgaben, taktische Entscheidungsanforderungen usw.).

Nach den Befunden experimenteller Studien von SZYMANSKI (1997a, b) zum Techniktraining im Badminton, Tischtennis und Volleyball erscheint es sinnvoll, direkt nach der Phase der Technikaneignung mit der zielgerichteten Automatisierung der Kriteriumsbewegung zu beginnen. Das Zusammenspiel technisch-taktischer Inhalte schult bevorzugt moderate, schrittweise eingesetzte taktische Zusatzaufgaben. Zur Effektivierung der Bewegungstechnik im Wettkampf empfiehlt es sich, die Übungsbedingungen spieltypisch und situationsadäquat zu gestalten. Treten Überforderungen des Sportlers auf, sollte der Trainer die Schwierigkeit der zeitgleich zu bewältigenden Aufgabenstellungen vermindern (Technik: Variabilität der Bewegungsaufgabe; Taktik: einfache, begrenzte, individualtaktische Entscheidungen).

4 Schulung sportmotorischer Fertigkeiten im Überblick

Die Schulung neuartiger sporttypischer Bewegungstechniken umfasst die Phase der motorischen *Aneignung* bis zur erstmaligen Demonstration der Zielfertigkeit und die direkt anschließende Phase des *Überlernens*, die mit der verlässlichen Beherrschung der Kriteriumsbewegung unter günstigen Bedingungen in der Grobform endet. Parallel hierzu verläuft die Automatisierung von Teilabschnitten der Bewegung mittels *kognitiver oder motorischer Zusatzaufgaben*. Ziel ist die allmähliche Freisetzung bewegungsgebundener Aufmerksamkeitsanteile des Sportlers. Die freigesetzten Aufmerksamkeitskapazitäten kann der Lernende während des Aneignungs- und Überlerntrainings zur Ausdifferenzierung und Präzisierung der Zielfertigkeit nutzen.

Neue sportmotorische Fertigkeiten können in der Mehrzahl der Fälle nicht ganzheitlich vermittelt werden, da der Sportler zahlreichen Überforderungen – wie kurze Bewegungszeit, hohe Präzision, Komplexität und Organisation der Bewegung, große körperliche Belastungen, schnell wechselnde oder sehr variable Situationsbedingungen – ausgesetzt ist. Zu den in der Sportpraxis bewährten vier Vereinfachungsstrategien der Aneignung und des Überlernens komplexer Bewegungstechniken zählen die Verkürzung der Bewegungslänge, die Verringerung der Bewegungsbreite, die Unterstützung der Programmvarianten und die Veränderung der variablen Programmparameter. Die in allen Sportarten weit verbreiteten methodischen Übungsreihen kombinieren verschiedene Vereinfachungsmaßnahmen miteinander. Im Lernverlauf nimmt der Lehrer die Erleichterungen nach den Grundsätzen „vom Leichten zum Schweren" oder „vom Einfachen zum Komplexen" Schritt für Schritt zurück. Zu den bekanntesten schrittweisen Lehrwegen zählen die *serielle methodische Übungsreihe, die funktionale methodische Übungsreihe und die programmierte methodische Übungsreihe.*

Das zentrale Vorgehen der *Optimierung sportmotorischer Fertigkeiten* ist die Wiederholung grob beherrschter, noch störanfälliger Bewegungen unter den speziellen Zielstellungen des Stabilisierungs-, Variations- oder Anpassungstrainings. Das *Stabilisierungstraining* dient der Verbesserung der Ergebniskonstanz geschlossener Fertigkeiten. Erreicht wird dies durch die weit gehende Abstimmung der Bewegungsausführung auf die vorherrschenden Umweltbedingungen und die Abschirmung des Sportlers gegenüber äußeren und inneren Störungen. Bewährt haben sich auf das Bewusstsein gerichtete, bewegungsungebundene (z. B. mentales oder autogenes Training) und bewegungsgebundene Vermittlungsverfahren (z. B. Kontrastübungen) zur Schulung der Anpassungsfähigkeit der Bewegung oder der Konzentration der Athleten auf spezielle Details der Bewegungsfertigkeit.

Das *Variations-* und *Anpassungstraining* in den offenen Sportdisziplinen soll den Sportler dazu befähigen, die beherrschten Bewegungsgrundmuster optimal auf eingeschränkt vorhersehbare bzw. sich ständig verändernde Umweltbedingungen abzustimmen. Grundsätzlich lassen sich zwei Inhaltsbereiche unterscheiden. Im Sinne des *Vereinfachungsprinzips der Verkürzung der Schemaregel* steht zunächst die Vermittlung eng umgrenzter Parametervariationen im Mittelpunkt. Strukturell modifizieren oder ganz ersetzen kann der Trainer die vorbereitenden Hilfsfunktionsphasen der Bewegung und die einzelnen Bewegungsparameter. Demgegenüber darf der Trainer oder Sportler die Ablaufstruktur der Hauptphase der Bewegungen nicht verändern oder weglassen. Die *Vereinfachungsprinzipien* der *Positionskonstanz* und der *Ergebniskonstanz* zielen auf die Begrenzung des Ausmaßes der Bewegungsvariabilität auf nur einige wenige Möglichkeiten. Primär geschult wird die Auswahl der Programmparameterwerte (z. B. Gesamtbewegungszeit, Gesamtkrafteinsatz, Muskelauswahl, Bewegungsumfang) unter Beibehaltung der Ausgangsposition oder des Bewegungsergebnisses.

Das parallel stattfindende *Automatisierungstraining* durch *kognitive oder motorische Doppel- und Mehrfachaufgaben* soll die Optimierung sportmotorischer Fertigkeiten sinnvoll ergänzen. Die freigesetzten Aufmerksamkeitskapazitäten kann der Athlet im Stabilisierungstraining für die gezielte Präzisierung und Festigung der Bewegungstechniken und im Variations- oder Anpassungstraining für die differenzierte Wahrnehmung der Umweltbedingungen einsetzen.

Die empirischen Forschungsbemühungen der Bewegungswissenschaft des Sports zur Gestaltung sportmotorischer Lern- und Lehrprozesse richten sich in erster Linie auf die Nützlichkeit, die Effizienz und die Routinisierbarkeit der *Informationspräsentation*, der *Informationsrückmeldung* und der *Übungsbedingungen*. Trotz zahlreicher experimenteller Studien liegen nur wenige plausible, klar abgegrenzte und eindeutige empirische Resultate vor.

Zentrale Begriffe

Aneignung sportmotorischer Fertigkeiten, Anpassung sportmotorischer Fertigkeiten, Automatisierung sportmotorischer Fertigkeiten, Automatismen, azyklische Bewegungen, Doppelaufgaben, funktionale methodische Übungsreihe, Funktionsphasen, Hauptfunktionsphase, hierarchische Funktionsphasengliederung, Hilfsfunktionsphase, Informationspräsentation, Informationsrückmeldung, knowledge of performance, knowledge of result, methodische Übungsreihe, Optimierung, Post-Feedback-Intervall, Prä-Feedback-Intervall, programmierte methodische Übungsreihe, Programmbreite, Programmlänge, Schemabreite, Schemalänge, sensomotorische Sequenz, serielle methodische Übungsreihe, Stabilisierung sportmotorischer Fertigkeiten, Überlernen, Variation sportmotorischer Fertigkeiten, Vereinfachungsprinzipien, zyklische Bewegungen.

Zur vertiefenden Weiterarbeit

BIELEFELDER SPORTPÄDAGOGEN (Hrsg.). (2003). *Methoden im Sportunterricht* (4. Aufl.). Schorndorf: Hofmann.

ROTH, K. (1990). Ein neues „ABC" für das Techniktraining im Sport. *Sportwissenschaft, 20*, 9–26.

Literatur

BAUERSFELD, K.-H. & SCHRÖTER, G. (1998). *Grundlagen der Leichtathletik* (5. Aufl.). Berlin: Sportverlag.

BIELEFELDER SPORTPÄDAGOGEN (Hrsg.). (2003). *Methoden im Sportunterricht* (4. Aufl.). Schorndorf: Hofmann.

BLISCHKE, K. (1986). *Zur Bedeutung bildhafter und verbaler Informationen für die Ausbildung einer Bewegungsvorstellung*. Berlin: Freie Universität Berlin.

BLISCHKE, K., DAUGS, R. & NEUBERG, E. (1980). *Theorie und Praxis des Lehrprogrammeinsatzes im Schwimmunterricht*. Darmstadt: Allgemeiner Deutscher Hochschulverband.

DAUGS, R. (1972). Bewegungsstruktur und (senso-)motorischer Lernprozeß. In K. KOCH, G. BERNHARD & D. UNGERER (Hrsg.), *Motorisches Lernen – Üben – Trainieren* (S. 217–228). Schorndorf: Hofmann.
DAUGS, R. (1979). *Programmierte Instruktion und Lerntechnologie im Sportunterricht.* München: Minerva.
DAUGS, R. (1988). Zur Optimierung des Techniktrainings durch Feedback-Techniken. In H. MECHELING, J. SCHIFFER & K. CARL (Hrsg.), *Theorie und Praxis des Techniktrainings* (S. 124–140). Köln: Sport und Buch Strauß.
DAUGS, R. (1993). Automatismen und Automatisierung in der menschlichen Motorik. In R. DAUGS & K. BLISCHKE (Hrsg.), *Aufmerksamkeit und Automatisierung in der Sportmotorik* (S. 32–55). Sankt Augustin: Academia.
DAUGS, R., BLISCHKE, K., OLIVIER, N. & MARSCHALL, F. (1989). *Beiträge zum visuomotorischen Lernen.* Schorndorf: Hofmann.
DAUGS, R. & REINHARD, CH. (1984). Zur Steuerung des Techniktrainings durch Videorückmeldung. In R. ANDERSEN & G. HAGEDORN (Hrsg.), *Die Steuerung des Sportspiels in Training und Wettkampf* (S. 112–127). Ahrensburg: Czwalina.
EFFENBERG, A. (1996). *Sonifikation – Ein akustisches Informationskonzept zur menschlichen Bewegung.* Schorndorf: Hofmann.
FEHRES, K. (1992). *Videogestütztes Techniktraining im Sport.* Köln: Sport und Buch Strauß.
FETZ, F. (1988). *Allgemeine Methodik der Leibesübungen* (8. Aufl.). Frankfurt: Limpert.
GÖHNER, U. (1974). Zur Strukturanalyse sportmotorischer Fertigkeiten. *Sportwissenschaft, 4*, 115–135.
GÖHNER, U. (1975). Lehren nach Funktionsphasen I und II. *Sportunterricht, 1*, 4–8, 45–50.
GÖHNER, U. (1979). *Bewegungsanalysen im Sport.* Schorndorf: Hofmann.
GRABNER, R., STERN, E. & NEUBAUER, A. (2003). When intelligence loses its impact: neural efficiency during reasoning in a familiar area. *International Journal of Psychophysiology, 49*, 89–98.
GROSSER, M., HERMANN, H., TUSKER, F. & ZINTL, F. (1987). *Die sportliche Bewegung. Anatomische und biomechanische Grundlagen.* München: BLV.
HÄNSEL, F. (2002). *Instruktionspsychologie motorischen Lernens.* Frankfurt am Main: Lang.
HOSSNER, E.-J. (1995). *Module der Motorik.* Schorndorf: Hofmann.
JONATH, U., KREMPEL, R., HAAG, E. & MÜLLER, H. (1995). *Leichtathletik 3. Werfen und Mehrkampf.* Reinbek: Rowohlt.
KAHNEMAN, D. (1973). *Attention and effort.* Englewood Cliff: Prentice-Hall.
KRUBER, D. & FUCHS, E. (1978). *Programmiertes Lehren und Lernen im Sportunterricht. Kugelstoß, Ballwurf, Speerwurf, Diskuswurf.* Schorndorf: Hofmann.
KRUBER, D., FUCHS, E. & CORDES, J. (1975). *Straddel – Flop – Stabhochsprung. Lernprogramme in der Leichtathletik.* Schorndorf: Hofmann.

MANZEY, D. (1988). *Determination der Aufgabeninterferenz bei Doppeltätigkeiten und ressourcentheoretischen Modellvorstellungen in der Kognitiven Psychologie.* Hamburg: DFVLR.

MEINEL, K. (1960). *Bewegungslehre.* Berlin: Sportverlag.

MEINEL, K. & SCHNABEL, G. (1998). *Bewegungslehre – Sportmotorik. Abriß einer Theorie der sportlichen Methodik unter pädagogischem Aspekt* (9. Aufl.). Berlin: Volk und Wissen.

ROCKMANN-RÜGER, U. (1991). *Zur Gestaltung von Übungsprozessen beim Erlernen von Bewegungstechniken.* Frankfurt: Harri Deutsch.

RÖTTGER, E. (1974). Programmierte Instruktion – ein Lernexperiment im Bereich des Gerätturnens. *Sportunterricht, 12,* 133–140.

ROTH, K. (1983). Motorisches Lernen. In K. WILLIMCZIK & K. ROTH (Hrsg.), *Bewegungslehre* (S. 141–239). Reinbek: Rowohlt.

ROTH, K. (1984). Prinzipien des Technik-Lernens. Teil 1: Allgemeines. Aspekte der Informationsvorgabe. *Lehre und Praxis des Handballtrainings,* 11, 13–15.

ROTH, K. (1985a). Prinzipien des Technik-Lernens. Teil 2: Aspekte des Übens. *Lehre und Praxis des Handballtrainings, 1,* 13–15.

ROTH, K. (1985b). Prinzipien des Technik-Lernens. Teil 3: Aspekte der Korrektur. *Lehre und Praxis des Handballtrainings, 5,* 13–17.

ROTH, K. (1988). Zur Korrektur (Reprogrammierung) von Bewegungen im Sport. In R. DAUGS (Hrsg.), *Neuere Aspekte der Motorikforschung* (S. 70–87). Clausthal-Zellerfeld: dvs.

ROTH, K. (1990). Ein neues „ABC" für das Techniktraining im Sport. *Sportwissenschaft, 20,* 9–26.

ROTH, K. (1991a). Einführung in das Schwerpunktthema „Techniktraining". *sportpsychologie, 5,* 2–3.

ROTH, K. (1991b). Erst das Leichte, dann das Schwere – stufenweise richtig lehren. *sportpsychologie, 5,* 5–10.

ROTH, K. (Hrsg.). (1996). *Techniktraining im Spitzensport.* Köln: Sport und Buch Strauß.

ROTH, K. (2003). Wie lehrt man schwierige geschlossene Fertigkeiten? In BIELEFELDER SPORTPÄDAGOGEN (Hrsg.), *Methoden im Sportunterricht* (4. Aufl.) (S. 27–46). Schorndorf: Hofmann.

ROTH, K. (Hrsg.). (2005). *Grundvorlesung „Bewegung und Training".* Heidelberg: ISSW. (Zugriff am 3. Oktober 2005 unter www.issw.uni-heidelberg.de/downloads/lehrveranstaltungen/vgesamt.pdf.9).

SCHÄDLE-SCHARDT, W. (2000). Überlernen – Ein zu Unrecht vergessenes Forschungsfeld. *Sportwissenschaft, 4,* 454–470.

SCHALLER, H. J. (1987). *Programmiertes Lernen im Sport.* Wuppertal: Putty.

SCHERLER, K. & SCHIERZ, M. (1992). *Sport unterrichten.* Schorndorf: Hofmann.

SCHMIDT, R. A. (1975). A schema theory of discrete motor skill learning. *Psychological Review, 82*, 225–260.

SCHMIDT, R. A. (1976). The schema as a solution to some persistent problems in motor learning theory. In G. E. STELMACH (Ed.), *Motor control: Issues and trends* (pp. 41–65). New York: Academic Press.

SCHMIDT, R. A. (1988). *Motor control and learning: A Behavioral Emphasis* (2nd ed.). Champaign: Human Kinetics.

SCHOCK, K. K. & WOLLNY, R. (1995). Die Schema-Theorie. Ein Erklärungsmodell für die Theorie des Skilaufs. In G. SCHODER (Hrsg.), *Skilauf und Snowboard in Lehre und Forschung* (S. 87–116). Hamburg: Czwalina.

SKINNER, B. F. (1953). *Science and human behavior.* New York: Mac Millan.

SZYMANSKI, B. (1997a). Die Situation ist die Frage – die Bewegung ist die Antwort. *sportpsychologie, 4*, 21–25.

SZYMANSKI , B. (1997b). *Techniktraining in den Sportspielen – bewegungszentriert oder situationsbezogen.* Hamburg: Czwalina.

UNGERER, D. (1977). *Zur Theorie des sensomotorischen Lernens* (3. Aufl.). Schorndorf: Hofmann.

WICKENS, C. D. (1980). The structure of processing resources. In R. NICKERSON & R. PEW (Eds.), *Attention and performance VIII* (pp. 239–257). Hillsdale: Erlbaum.

WIEMEYER, J. & WOLLNY, R. (2017). Technik und Techniktraining. In K. HOTTENROTT & I. SEIDL (Hrsg.), *Handbuch Trainingswissenschaft – Trainingslehre* (S. 263-290). Schorndorf: Hofmann.

WIEMEYER, J. & WOLLNY, R. (2019). Technik und Techniktraining im Sport. Anwendungsbereiche, Methoden, Trainingsformen, Organisation, Anpassungen, Diagnostik. In A. GÜLLICH & M. KRÜGER (Hrsg.), *Bewegung, Training, Leistung und Gesundheit:* Heidelberg: Springer. https://doi.org/ 10.1007/978-3-662-53386-4_50-1 (Springer Verlag: Online).

WINTERBOER, M. (2005). *Bewegungsanalyse und Bewegungskorrektur im Tischtennis.* (Zugriff am 25. September 2005 unter www.tt-college.de/pdf/fehler.pdf).

Fragen zur Lektion 7

1. Definieren Sie die Begriffe *Aneignung, Überlernen* und *Optimierung* von Sporttechniken.
2. Wie unterscheiden sich die Stabilisierung, die Variation und die Anpassung sportmotorischer Fertigkeiten voneinander?
3. Benennen Sie die Zielsetzungen des Automatisierungstrainings.
4. Über welche Kenntnisse verfügt die Bewegungswissenschaft des Sports hinsichtlich der Informationsgestaltung und der Informationsrückmeldung?
5. Was muss bei der Erklärung und der Demonstration sportmotorischer Fertigkeiten beachtet werden?
6. Zu welchem Zeitpunkt, in welcher Form, wie häufig und wie genau sollten die Bewegungskorrekturen erfolgen?
7. Was muss von einer Lehrmethode gefordert werden, damit diese das Bewegungslernen effizient unterstützt?
8. Welche sportpraktischen Konsequenzen lassen sich aus der GMP-Theorie von SCHMIDT (1988) ableiten?
9. Erläutern Sie die Vereinfachungsprinzipien der Aneignung neuer sportmotorischer Fertigkeiten.
10. Was ist bei der Verkürzung der Programmlänge und der Verringerung der Programmbreite zu beachten?
11. Wie können die Programminvarianten bei der Aneignung sportmotorischer Fertigkeiten unterstützt werden?
12. Was sind serielle und funktionale methodische Übungsreihen im Sport?
13. Grenzen Sie die klassische Phasengliederung nach MEINEL und SCHNABEL von der hierarchischen Funktionsphasengliederung nach GÖHNER ab.
14. Wie wird die programmierte methodische Übungsreihe im Sport eingesetzt?
15. Welches methodische Vorgehen fördert die Optimierung und die Automatisierung sportmotorischer Fertigkeiten?
16. Was ist bei der Verkürzung der Länge und der Breite der Schemaregeln zu beachten?

Lektion 8
Derselbe Wind lässt verschiedene Drachen steigen –
Wie verläuft die motorische Entwicklung in der Lebensspanne?

Die einseitige Konzentration der Entwicklungspsychologie auf die Analyse der Ontogenese von Heranwachsenden stellten Verhaltensforscher bis Anfang der 90er Jahre des 20. Jahrhunderts nicht ernsthaft infrage. Für das Erwachsenenalter ließen sich auf Grund der Unzulänglichkeiten der klassischen entwicklungspsychologischen Untersuchungsverfahren, der hierdurch hervorgerufenen Vielzahl methodischer Artefakte und der fehlenden theoretischen Einordnung der empirischen Daten, lange Zeit keine bedeutsamen Entwicklungsprozesse wissenschaftlich belegen. Demgegenüber zeigen Kinder und Jugendliche sehr auffällige, einfach zu erhebende ontogenetische Veränderungen. Für jedermann offensichtlich sind die Erstmaligkeit und die Dauerhaftigkeit der Entwicklungsphänomene, die schnelle quantitative Zunahme kognitiver und motorischer Verhaltensveränderungen oder die markanten interindividuellen Wachstums- und Reifungsdifferenzen. In den letzten Jahren lenken die enorme Ausdifferenzierung der Entwicklungspsychologie, die stärkere Berücksichtigung der Befunde der Differentiellen Entwicklungspsychologie und der „Life-Span Psychologie" (BALTES 1990, 1997; vgl. Lektion 9) sowie das „greying of modern societies", die bevölkerungsdemografische Verschiebung der Altersstruktur von einer „Alterspyramide" zu einem „Alterspilz", den Forschungsblick verstärkt auf die Untersuchung der kognitiven und motorischen Entwicklung im Lebenslauf.

In Übereinstimmung mit den Alltagshypothesen erfahrener Sportpraktiker endet für die Entwicklungsforschung moderner Prägung die Ontogenese des Menschen nicht wie in der Mehrzahl der älteren entwicklungspsychologischen Lehrbücher mit dem frühen Erwachsenenalter. Nachhaltige Persönlichkeitsveränderungen wie die zunehmende Ausdifferenzierung und Spezialisierung des Individuums unter Vernachlässigung alternativer Optionen finden während der gesamten Lebensspanne statt. Entgegen den konventionellen Annahmen der age-functional-relationship-Forschung stellt das kalendarische Alter nicht die alleinige Bezugsgröße für die Erklärung der beobachtbaren interindividuellen Unterschiede und intraindividuellen Variabilitäten in der Entwicklung dar. Offenkundig resultieren Entwicklungsverläufe aus dem vielfältigen Wechselspiel zahlreicher Bedingungsfaktoren. Der Grad der Direktheit und der Indirektheit der Auswirkungen einzelner Einflussfaktoren auf die Ontogenese kann sehr unterschiedlich sein.

Dieses auffällige Entwicklungsphänomen beschreibt schon das altchinesische Sprichwort *Derselbe Wind lässt verschiedene Drachen steigen.* Weit gehend bekannt ist,

- dass Individuen gleichen Alters über sehr unterschiedlich ausgeprägte motorische Fähigkeiten und Fertigkeiten verfügen,
- dass dieselben genetischen Voraussetzungen keinen Garanten für eine identische Leistungsentwicklung darstellen,
- dass unter gleichen Sozialisationsbedingungen interindividuelle Differenzen im motorischen Entwicklungsverlauf zu beobachten sind und
- dass dieselben Trainingsinterventionen zu interindividuellen Motorikdifferenzen führen.

1 Was ist von dieser Lektion zu erwarten?

Lektion 8 geht grundlegenden Fragestellungen der motorischen Entwicklungsforschung nach: *Inwieweit kann das kalendarische Alter die motorische Entwicklung des Individuums verlässlich klassifizieren? Wie verläuft die körperliche Entwicklung in der Lebensspanne? In welcher Art und Weise bilden sich die motorischen Basisfähigkeiten, die elementaren motorischen und sportmotorischen Fertigkeiten im Lebenslauf aus?*

Kapitel 2 widmet sich neben der Darstellung der zentralen Gegenstandsbereiche und Aufgaben der sportwissenschaftlichen Entwicklungsforschung der Erklärung, was die Verhaltensforschung unter der Phylogenese, der Anthropogenese, der Ontogenese, der Aktualgenese, der motorischen Entwicklung, den endogenen und exogenen Einflussfaktoren und Aufgabenfaktoren der motorischen Ontogenese, den sensiblen Entwicklungsphasen, der Retardation und der Akzeleration versteht. Anschließend werden die Vor- und Nachteile der Längsschnittmethode, der Querschnittmethode und der gemischten Längsschnittmethode bei der Untersuchung motorischer Entwicklungsphänomene gegenübergestellt.

Aufgabe eines Lehrbuchs der Bewegungswissenschaft des Sports ist es, die Vielfalt der empirischen Befunde zur sportmotorischen Entwicklung in der Lebensspanne unter einigen wenigen leitenden Gesichtspunkten darzustellen. Kapitel 3 beginnt mit der Kurzcharakterisierung des „typischen" Verlaufs der motorischen Ontogenese. Hierauf folgt die kritische Betrachtung des im Sport weit verbreiteten Klassifizierungssystems der „Lebensphasen in der motorischen Entwicklung" von WINTER (1998; Kap. 3.1).

Angemerkt wird, dass die interindividuellen Differenzen und die intraindividuellen Variabilitäten in der Ontogenese die Abgrenzung genereller Lebensabschnitte erheblich erschweren. Einen großen Einfluss auf die sportmotorische Entwicklung des Subjekts nimmt die Ausbildung des Zentralnervensystems, der anthropometrischen Körperbaumerkmale (Kap. 3.2), der motorischen Basisfähigkeiten, der Alltagsmotorik, der Arbeitsmotorik und der sporttypischen Bewegungsfertigkeiten (Kap. 3.3). Was an empirischen Befunden über die motorische Ontogenese vorliegt, sind querschnittliche Entwicklungsverläufe für das Säuglingsalter bis zum Vorschulkindalter (3.3.1), das Schulkindalter (3.3.2), das Jugendalter (3.3.3) und das Erwachsenenalter (3.3.4). Die Lektion 8 schließt mit der Zusammenschau des Wissensstandes zur somatischen und sportmotorischen Entwicklung in der Lebensspanne (Kap. 4).

2 Welche Begriffe sind grundlegend?

Im Mittelpunkt des Erkenntnisinteresses der *Entwicklungspsychologie* als Teildisziplin der Psychologie steht die Analyse, Beschreibung und Erklärung der Ausformung der Persönlichkeit des Subjekts im Lebenslauf, die Ermittlung potenzieller Entwicklungsfaktoren (kalendarisches Alter, Genetik, materiale, historische und soziale Umweltbedingungen usw.), die Prognose und die Beeinflussung der Ausprägung des kognitiven und motorischen Verhaltens des Individuums (Schulerfolg, Bewältigung kritischer Lebensereignisse, motorische Fähigkeiten und sportmotorische Fertigkeiten usw.). Als weitere Interessensschwerpunkte gelten die Erforschung der interindividuellen Differenzen und der intraindividuellen Variabilitäten kognitiver und motorischer Verhaltensweisen, die Formulierung praktischer Orientierungen über den Lebenslauf (Volljährigkeit, Strafmündigkeit, Geschäfts-, Heiratsfähigkeit usw.), die Begründung von Entwicklungs- und Interventionszielen (kind- und jugendgerechte Entwicklungsumwelten, Erziehungsstile usw.) oder die Planung und die Evaluation von Interventionsmaßnahmen (z. B. Lern-, Hilfeangebote; TRAUTNER, 1992; OERTER & MONTADA, 2002).

Die Entwicklungspsychologie unterscheidet vier Arten von Veränderungsreihen. Die *Phylogenese* befasst sich mit der Stammesentwicklung der Lebewesen, also mit der gesamten biologischen Evolution. Die *Anthropogenese* (Menschheitsentwicklung) kennzeichnet den Ausschnitt der Phylogenese, der von der Entstehung des Homo sapiens bis zum heutigen Entwicklungsstand des Menschen reicht. Die *Ontogenese* (Individualgenese) umfasst den Zeitraum der Entwicklung des Individuums von der Zeugung bis zum Lebensende. Die *Aktualgenese* (Mikrogenese), als kürzester Entwicklungszeitraum des Individuums, beschreibt die kurzfristigen Wahrnehmungsvorgänge und die möglichen Verhaltensfolgen (z. B. Problemlöseverhalten).

Dem Begriff *Entwicklung* ordnen die Entwicklungspsychologie und die sportwissenschaftliche Bewegungsforschung sehr verschiedenartige Sachverhalte zu, die nur bestimmte inhaltliche Aspekte der Ontogenese berücksichtigen und andere wesentliche Bereiche ausschließen. Die Bandbreite der mehr oder weniger voneinander abweichenden Begriffsbestimmungen reicht von weiten, inhaltsarmen Definitionen „als Reihe von miteinander zusammenhängenden Veränderungen, die bestimmten Orten des zeitlichen Kontinuums eines individuellen Lebenslaufs zuzuordnen sind" (THOMAE, 1959, S. 10) bis hin zu inhaltlich stärker ausfüllenden Definitionen „als lebenslangbezogene, langfristige und geordnete, unterschiedliche Veränderungen unterschiedlicher Persönlichkeiten in unterschiedlichen, sich verändernden Umwelten" (ULICH, 1986, S. 10).

SCHEID und RIEDER (2001, S. 82) beschreiben die menschliche Entwicklung „als ein in ständiger Wechselwirkung sich vollziehendes Ineinander von Wachstum, Reifung, Lernen und Sozialisation. Es handelt sich hierbei um grundlegende Merkmale des Entwicklungsgeschehens, die in zahlreichen ontogenetischen Veränderungen (körperliche, motorische, emotionale, kognitive oder soziale Entwicklung) auftreten".

Die *motorische Entwicklung* umfasst die Ausbildung und die Differenzierung der motorischen Basisfähigkeiten, der elementaren motorischen Fertigkeiten (Gehen, Laufen, Springen, Werfen usw.), der Alltagsmotorik, der Arbeitsmotorik und der sporttypischen Bewegungstechniken (Korbleger, Rückenschwimmen, Schwungkippe, Speerwurf usw.). Sie „bezieht sich auf die lebensaltersbezogenen Veränderungen der Steuerungs- und Funktionsprozesse, die Haltung und Bewegung zugrunde liegen" (SINGER & BÖS, 1994, S. 19). Nach traditionellen Vorstellungen verläuft die motorische Entwicklung unidirektional (auf einen Reifungszustand), irreversibel, stufenförmig und universell (ohne interindividuelle Unterschiede; SCHMIDT, 1970). Bis Anfang der 90er Jahre des letzten Jahrhunderts vertraute die Mehrzahl der Entwicklungsforscher bei der Beschreibung und der Erklärung motorischer Verhaltensveränderungen als alleiniger Bezugsgröße dem kalendarischen Alter.

Gegenwärtig dominiert in der Entwicklungspsychologie eine weite Definition des bewegungsgebundenen Entwicklungsbegriffs. Hiernach stellt die motorische Ontogenese einen komplexen dynamischen Veränderungsprozess dar, auf den sowohl endogene als auch exogene Bedingungsfaktoren einwirken. Das zentrale Entwicklungsziel betrifft die fortschreitende Stabilisierung der personalen Dimensionen und Dispositionen. Damit ist nicht gemeint, dass im Verlauf der motorischen Entwicklung definierte Verfestigungen eintreten; vielmehr bestehen lebenslange potenzielle Verhaltensveränderungen.

> Als einen guten Einstieg in das Thema „sportmotorische Entwicklung" eignen sich
> die Schriften von WILLIMCZIK (1983), BAUR, BÖS und SINGER (1994) oder WINTER
> (1998). In übersichtlicher Weise bündeln die Autoren aus sportwissenschaftlicher
> Sicht den Forschungsstand zur Entwicklung des menschlichen Körperbaus, der
> inneren Organsysteme, der motorischen Basisfähigkeiten, der Alltagsmotorik, der
> Arbeitsmotorik und der sportmotorischen Fertigkeiten in der Lebensspanne. Eine
> kritische Bewertung erfahren die gängigen Theorien zur allgemeinen und moto-
> rischen Entwicklung und die untersuchungsmethodischen Vorgehensweisen der
> Erfassung der motorischen Ontogenese.

Mit der *sportmotorischen Entwicklung* beschäftigen sich naturgemäß die Sportpsychologie und die Bewegungswissenschaft des Sports. Für die frühe Lebensphase – das *Säuglingsalter* bis *Vorschulkindalter* – interessieren vor allem die Ausprägung der Allgemeinmotorik und die möglichen Ursachen der von zeitlichen „Normwerten" abweichenden Entwicklungsverzögerungen elementarer Bewegungsfertigkeiten (Laufen, Werfen, Fangen usw.). Ab dem *Schulkindalter* stehen vermehrt die Aspekte des motorischen Lernens und der körperlichen Leistungssteigerung im Vordergrund, was mit dem besonderen Interesse an Fragen des Schulsports und des Nachwuchstrainings zusammenhängt. Evaluiert werden die geschlechtsspezifischen und interindividuellen Unterschiede, die intraindividuellen Variabilitäten, die entwicklungsgemäßen Belastungsformen, die spezifischen Geschlechtsdifferenzierungen und die potenziellen Entwicklungsfaktoren. Als bedeutsam für das *Erwachsenenalter* gelten Fragen des Erhalts der Alltags- und Arbeitsmotorik, der Gesundheit und der sportmotorischen Leistungen. Die wenigen Befunde für das Erwachsenenalter müssen insgesamt mit einer gewissen Vorsicht betrachtet werden, da aussagekräftige Theorien und detaillierte Entwicklungsstudien weit gehend fehlen (vgl. Lektion 9).

Endogene Faktoren der motorischen Entwicklung (Personenfaktoren) bezeichnen die genetischen Dispositionen des Individuums, welche die physischen und psychischen Reifungs- und Wachstumsprozesse beeinflussen. Die ausgesprochen fassettenreichen *exogenen Faktoren* (Umweltfaktoren) resultieren aus den vorherrschenden sozialkulturellen und materialen Umweltbedingungen (familiäre Einflüsse, elterlicher Erziehungsstil, sporttypische Lern- und Trainingsinterventionen, Spielmöglichkeiten usw.). *Aufgabenfaktoren* umfassen neben dem Motorikanteil die besonderen Anforderungen an die Geschwindigkeit und die Präzision der Bewegungsausführung. Die allgemein zu beobachtenden individuellen Unterschiede in den Entwicklungsverläufen erwachsen aus den vielschichtigen Wechselbeziehungen zwischen den verschiedenen Personen-, Umwelt- und Aufgabenfaktoren.

Vergleichbar zur morphologischen Entwicklung pflanzlicher und tierischer Organismen sehen einzelne Entwicklungsforscher zeitbegrenzte Lebensabschnitte der Kindheit und der Jugendzeit als besonders günstig für die Verbesserung der Motorik an. Zentraler Ausgangspunkt stellt die theoretische Annahme dar, dass ein genetisch fixiertes Programm spezielle Lebensphasen besonders sensibel für Umwelteinflüsse macht, und dass bestimmte Umweltanforderungen nachhaltig positive oder negative Wirkungen auf die Ontogenese ausüben. Entwicklungsphasen, in denen der Organismus eine besondere Sensibilität für sporttypische Trainingsinterventionen zeigt, bezeichnet die Verhaltenswissenschaft als *sensible Phasen*. In der motorischen Entwicklung sollen sensible Phasen dann beginnen, wenn eine bestimmte funktionale Reife dem Individuum neue Erfahrungsmöglichkeiten eröffnet. Fehlende oder nicht ausreichende Umweltreize können zu spezifischen Defiziten führen, welche die Ontogenese unter Umständen dauerhaft beeinträchtigen.

Neuere sportwissenschaftliche Veröffentlichungen argumentieren verstärkt gegen die Annahme bestimmter feststehender Entwicklungsphasen. Favorisiert wird die Aufgabe stringenter Altersnormierungen und stattdessen die stärkere Berücksichtigung lernund leistungsrelevanter Bedingungsfaktoren (BAUR, 1987a, b, 1994; FETZ, 1989; JOCH, HASENBERG & AUERBACH, 1990; WINTER & ROTH, 1994; WILLIMCZIK, MEIERAREND, POLLMANN & RECKEWEG, 1999). Bündelt man die Befundlage zum Phänomen der sensiblen Phasen, liegen für die motorischen Basisfähigkeiten und die sportmotorischen Fertigkeiten nur wenige empirische Befunde vor, die für die Existenz sensibler Phasen sprechen. Des Weiteren können Entwicklungsstudien nicht belegen, dass spezifische Erfahrungen in einem eng umgrenzten Lebensabschnitt gemacht werden müssen, damit die motorische Entwicklung des Individuums regelhaft verläuft.

Den Kenntnisstand zur Existenz sensibler Phasen und die direkten Auswirkungen auf die Sportpraxis fasst BAUR (1987b, S. 14) folgendermaßen zusammen. „Solange sensible Phasen in der motorischen Entwicklung nicht mit einiger Wahrscheinlichkeit angenommen werden können – und derzeit liegen dafür noch keine Anhaltspunkte vor –, solange brauchen sie selbstverständlich auch nicht für einen systematischen Aufbau von Trainingsprozessen berücksichtigt zu werden." Für WILLIMCZIK ET AL. (1999, S. 59) führt die Nichtexistenz sensibler Phasen ebenfalls zu keinen unmittelbaren Konsequenzen. „Es kann dabei bleiben, daß in der vorpuberalen Phase weiterhin ein ausgesprochen vielfältiges Fertigkeitsangebot bereitgestellt wird. Zu ändern ist allerdings die Begründung: Wurde dies früher gefordert, weil in diesem Alter am besten gelernt wird, ist das vielfältige Fertigkeitsangebot jetzt die Voraussetzung für eine hohe motorische Lernfähigkeit in späterer Zeit."

Die Entwicklungsproblematik der Retardation und der Akzeleration thematisiert die Sportwissenschaft in den letzten Jahren trotz der besonderen Bedeutung für den Sport nur im Rahmen der Talentsuche oder der Talentförderung. Die *Retardation* bezeichnet die zeitweise oder ständig verzögerte Abfolge der Entwicklungsphasen im Vergleich zur „Entwicklungsnorm". Bei der *Akzeleration* handelt es sich um die beschleunigte, zeitlich verkürzte Entwicklung. Besonders große Entwicklungsunterschiede können vom Beginn des späten Schulkindalters (10./11. Lebensjahr) bis zum Ende des späten Jugendalters (18./19. Lebensjahr) auftreten. Die Verzögerungen oder Beschleunigungen betreffen die morphologischen, funktionellen, kognitiven, emotionalen und motorischen Verhaltensveränderungen. Im Allgemeinen wirkt sich die körperliche Akzeleration positiv und die Retardation negativ auf die motorische Leistungsfähigkeit aus.

Die *synchrone* (harmonische) *Akzeleration* oder *Retardation* betrifft alle Persönlichkeitsfaktoren in gleicher Weise. Die *asynchrone Akzeleration* oder *Retardation* tritt als Störung des parallelen Entwicklungsverlaufs einzelner oder mehrerer Persönlichkeitsmerkmale auf. SHARMA (1994) belegt für extrem akzelerierte oder retardierte neunjährige Schüler eine Variationsbreite von bis zu 76 Monaten. Die Differenzen der Körpergröße und des Körpergewichts betragen bis zu 38 cm und 40 kg. Zur Frage, inwieweit gleichen sich die Entwicklungsdifferenzen akzelerierter und retardierter Kinder in späteren Lebensphasen aus, liegen keine empirisch gestützten Kenntnisse vor.

Die Nichtbeachtung möglicher Akzelerationen oder Retardationen kognitiver, körperlicher oder motorischer Persönlichkeitsmerkmale kann zu Fehlinterpretationen des individuellen Entwicklungsverlaufs führen. Als fragwürdig angesehen werden muss, wenn „in Lehrplänen – auf das Alter bezogene Leistungsnormen für sportmotorische Fähigkeiten und Fertigkeiten angegeben werden. Die Gefahr besteht darin, daß im Alter von 10-14 Jahren dann weniger die motorische Leistungsfähigkeit der Schüler als vielmehr deren Entwicklungsstand bewertet wird" (WILLIMCZIK, 1983, S. 300).

Verhaltensforscher erheben kognitive und motorische Entwicklungsdaten traditionellerweise über drei Erhebungsverfahren: die Längsschnittmethode, die Querschnittmethode oder die gemischte Längsschnittmethode (Überblick: TRAUTNER, 1992; OERTER & MONTADA, 2002).

Die *Längsschnittmethode* betrachtet dieselben Personen (P_1 bis P_n) zu mehreren Zeitpunkten (Z_1 bis Z_n) mit einem identischen Erhebungsinstrumentarium. Die Hauptvorteile dieses untersuchungsmethodischen Vorgehens betreffen neben der verlässlichen Aufdeckung des Einflusses vergangener Ereignisse auf gegenwärtige Verhaltensweisen, die direkten Informationen über die individuellen Entwicklungsverläufe und die

Stabilität von Entwicklungsfaktoren. Vorteilhaft ist zudem die Möglichkeit der Analyse der Zusammenhänge der Veränderungen verschiedener Einflussvariablen. Mit der Längsschnittmethode erkauft sich der Anwender aber den Nachteil der Gebundenheit an das zum ersten Messzeitpunkt eingesetzte Erhebungsinstrument, auch wenn zu späteren Messzeitpunkten leistungsfähigere Verfahren zur Verfügung stehen. Als weitere Nachteile gelten die geringe Forschungsökonomie (hoher Zeitaufwand, organisatorische Risiken usw.), die hohe „natürliche" Ausfallquote von Probanden im Verlaufe von Langzeitprojekten (Wohnungs-, Schul-, Berufsortswechsel, Krankheit, Tod, Desinteresse, Zeitmangel usw.) und die Gefahr von Testungseffekten bei wiederholten Messungen (z. B. Übungs-, Gewöhnungseffekte).

Die *Querschnittmethode* analysiert in einem eng begrenzten Zeitraum mehrere Individuen (P_1 bis P_n) aus verschiedenen Altersgruppen (A_1 bis A_n) mit demselben Messinstrument. Zu den Vorteilen der Querschnittmethode zählen die ökonomische Erhebung einer repräsentativen Stichprobe und die schnelle Verfügbarkeit der Ergebnisse. Diesen untersuchungspraktischen Vorteilen steht eine Vielzahl gravierender methodischer Nachteile gegenüber, welche die Brauchbarkeit querschnittlicher Daten erheblich einschränken. Nachteilig erweist sich, dass mit der Querschnittmethode keine intraindividuellen Entwicklungsverläufe, sondern nur Altersdifferenzen (Gruppenmittelwerte) zwischen verschiedenen Personenstichproben bewertet werden können. Des Weiteren entstammen querschnittlich analysierte Individuen verschiedenen Geburtenjahrgängen (Kohorten), die möglicherweise unterschiedlichen materialen und sozialkulturellen Einflussfaktoren ausgesetzt waren. Eine Konfundierung (Vermengung) von Alter und Kohorte kann daher nicht ausgeschlossen werden. Diese Gefahr erhöht sich desto mehr, je größer die Altersunterschiede zwischen den Testgruppen sind.

Insgesamt eignet sich die Querschnittmethode eher für die Evaluation kurzfristiger Verhaltensveränderungen (Mode-, Musik-, Fitnesstrends, jugendliche Vorbilder usw.) als für langfristige kognitive und motorische Entwicklungsveränderungen (Wertewandel, Änderung politischer Überzeugungen, Trainingsinterventionen im konditionellen Bereich usw.). Obwohl valide Ergebnisse über altersbezogene Veränderungen menschlicher Verhaltensweisen nur mittels der Längsschnittmethode erzielt werden können, greifen über 90 % der entwicklungspsychologischen Untersuchungen auf die Querschnittmethode zurück (TRAUTNER, 1992).

Die *gemischte Längsschnittmethode* (syn. Kohortenmethode) kombiniert die Vorteile der Längs- und Querschnittmethode, indem mehrere Personengruppen (Kohorten, K_1 bis K_n) in mehreren, aufeinander folgenden Altersstufen (A_1 bis A_n) jeweils über mehrere Erhebungszeitpunkte (Z_1 bis Z_n) untersucht werden. Hierdurch verkürzt sich einerseits die Zeitdauer der Entwicklungsstudie ohne Verkleinerung der interessierenden

Altersspanne. Andererseits besteht die Möglichkeit, individuelle Entwicklungsverläufe über eine längere Zeitdauer zu verfolgen, auch wenn dies individuell nicht über die gesamte Lebensspanne möglich ist.

3 Wie sieht die motorische Entwicklung im Lebenslauf aus?

Motorische Entwicklungsverläufe folgen dem Prinzip, dass sich die Motorik mit interindividueller Streubreite im Lebenslauf zunehmend ausdifferenziert, verfeinert und festigt. Im *Vorschulkindalter* steht zunächst die Ausformung der Alltagsbewegungen (Gehen, Laufen, Springen, Werfen usw.) und der einfachen Bewegungstechniken des Kinderballetts, des Gerätturnens, der Leichtathletik oder des Schwimmens im Vordergrund. Das *Jugendalter* kennzeichnet der massive Umbau der motorischen Basisfähigkeiten und der sporttypischen Fertigkeiten. Bei trainierten Jugendlichen empfiehlt PAUER (2001), von einer veränderten spezialisierten motorischen Ontogenese auszugehen, da das sportliche Training die allgemeinen Entwicklungsfaktoren überlagert. Das *Erwachsenenalter* prägen das Erreichen des fähigkeits- und fertigkeitsspezifischen Leistungshöhepunkts und der anschließende, mehr oder minder lange Erhalt der Alltagsmotorik, der Arbeitsmotorik und der sportmotorischen Leistungen. Ab der zweiten Lebenshälfte setzt der irreversible Rückgang der motorischen Leistungsfähigkeit ein.

Wie verlaufen die Entwicklung der motorischen Basisfähigkeiten, der Alltagsmotorik, der Arbeitsmotorik und der sportmotorischen Fertigkeiten in der Lebensspanne? Für die Ausdauerfähigkeiten liegen zahlreiche querschnittliche Untersuchungsergebnisse vor. Dennoch gilt der wissenschaftliche Kenntnisstand auf Grund der Komplexität und der unterschiedlichen Betrachtungsweisen der Ausdauerfähigkeit – z. B. Grundlagenausdauer, spezielle, allgemeine und lokale Ausdauer, aerobe und anaerobe Ausdauer – als äußerst lückenhaft. Für die Kraftfähigkeiten (Kraftausdauer, Maximalkraft, Schnellkraft usw.), die Schnelligkeitsfähigkeiten (Fortbewegungsschnelligkeit, Aktionsschnelligkeit usw.) und die Beweglichkeitsfähigkeiten (allgemeine, spezielle, aktive, passive, dynamische, statische Beweglichkeit usw.) bestehen ebenfalls keine einheitlichen Entwicklungsverläufe. Gleiches trifft für die Ausformung der koordinativen Fähigkeiten, der Alltagsmotorik, der Arbeitsmotorik und der sporttypischen Fertigkeiten zu. Vorherrschend sind Praxiserfahrungen und Meinungen einzelner Sportler, Trainer und Entwicklungsforscher (ROTH, 1999).

Die folgenden Unterkapitel wenden sich ausgewählten Problemstellungen der Entwicklungsforschung zu: Wie können motorische Entwicklungszeiträume klassifiziert werden (Kap. 3.1)? Wie verläuft die körperliche Entwicklung (Kap. 3.2)? Zu welchen Zeitpunkten bilden sich im Lebenslauf die motorischen Basisfähigkeiten, die Bewegungsgrundmuster und die sportmotorischen Fertigkeiten heraus (Kap. 3.3)? Die Darstellung der empirischen Befundlage beschränkt sich auf vier inhaltlich abgrenzbare Lebensphasen: das Neugeborenenalter bis Vorschulkindalter (Kap. 3.3.1), das Schulkindalter (Kap. 3.3.2), das Jugendalter (Kap. 3.3.3) und das Erwachsenenalter (Kap. 3.3.4).

3.1 Wie werden motorische Entwicklungszeiträume klassifiziert?

Klassifizierungen der motorischen Entwicklung erscheinen aus Gründen der Übersichtlichkeit notwendig und hilfreich. Der Versuch der Einteilung der Ontogenese in abgrenzbare Phasen, Perioden oder Stadien blickt in der Entwicklungspsychologie auf eine lange Tradition zurück. Als Einteilungsmaßstab dient im Allgemeinen das einfach zu bestimmende kalendarische Alter. Zur Beschreibung der (sport-)motorischen Entwicklung eignen sich grobe altersmäßige Unterteilungen wie Säuglingsalter, Kleinkindalter, Schulkindalter, Pubeszenz, Adoleszenz, Erwachsenenalter, Seniorenalter und Greisenalter. Eine weitere Untergliederung der einzelnen Entwicklungszeiträume gilt als mehr oder weniger willkürlich.

Eine in der Bewegungswissenschaft des Sports weit verbreitete chronologische Phaseneinteilung geht auf WINTER zurück (1998; vgl. Tab. 14). Die Bezeichnung der verschiedenen Altersstufen orientiert sich an den jeweils dominierenden physiologischen Entwicklungsprozessen. Abgesehen von den ersten Lebensjahren, in denen die motorische Entwicklung auf Grund der auffälligen, schnellen Verhaltensveränderungen in Monatsabständen betrachtet wird, umfassen die nachfolgenden Lebensabschnitte jeweils mehrere Jahrgänge. Das auf Durchschnittswerten basierende Klassifizierungssystem von WINTER vernachlässigt, vergleichbar mit anderen chronologischen Unterteilungen, die leicht zu erkennenden interindividuellen und intraindividuellen Entwicklungsunterschiede. Die benannten Altersspannen stellen lediglich erste Orientierungshilfen dar. „Dasselbe" Lebensalter zu haben, bedeutet nicht zwangsläufig, dass sich bei jedem Individuum dieselben Merkmale ausprägen.

Dem vermeintlichen Vorteil des einfach zu bestimmenden kalendarischen Alters als alleiniger Bezugsgröße für die Erklärung ontogenetischer Veränderungen halten moderne Verhaltensforscher entgegen, dass das Lebensalter keine psychologische Variable, sondern eine physikalische Trägervariable darstellt, die keine eigenständige erklärende Funktion für Veränderungsverläufe besitzt. Das chronologische Alter liefert lediglich einen allgemeinen Informationsrahmen im Sinne einer numerischen Skala, welche die Zeitdauer nach der Geburt kennzeichnet, in der psychologische und biologische Entwicklungsdeterminanten wirken. Geschlechts- und Kohortenzugehörigkeit, schulischer und beruflicher Ausbildungsstand, bewegungsbiografische, sozialkulturelle, sozialökonomische und gesundheitliche Faktoren und deren Interaktionen korrelieren mit zahlreichen Entwicklungsaspekten stärker als das kalendarische Alter. Altersbedingte, populations- und zeitabhängige Entwicklungskurven stellen lediglich grobe Richtwerte dar, von denen individuelle Verlaufskurven mehr oder weniger abweichen können.

Tab. 14: *Lebensabschnitte der motorischen Entwicklung (mod. nach WINTER, 1998, S. 240; w: weiblich; m: männlich)*

Phasenbezeichnung	Charakterisierung	Altersspanne
Neugeborenenalter	Ungerichtete Massenbewegungen	1. bis 3. Lebensmonat
Säuglingsalter	Aneignung erster koordinierter Bewegungen	4. bis 11. Lebensmonat
Kleinkindalter	Aneignung vielfältiger Bewegungsformen	1. bis. 3. Lebensjahr
Vorschulkindalter	Vervollkommnung vielfältiger Bewegungsformen, Aneignung erster Bewegungskombinationen	3./4. bis 6./7. Lebensjahr
Frühes Schulkindalter	Schnelle Fortschritte in der motorischen Lernfähigkeit	7. bis 9./10. Lebensjahr
Spätes Schulkindalter	Beste motorische Lernfähigkeit	w: 10./11. bis 11./12. Lebensjahr m: 10./11. bis 12./13. Lebensjahr
Frühes Jugendalter (Pubeszenz)	Umstrukturierung motorischer Fähigkeiten und Fertigkeiten	w: 11./12. bis 13./14. Lebensjahr m: 12./13. bis 14./15. Lebensjahr

Spätes Jugendalter (Adoleszenz)	Ausgeprägte geschlechts-spezifische Differenzierung und Individualisierung	w: 13./14. bis 17./18. Lebensjahr m: 14./15. bis 18./19. Lebensjahr
Frühes Erwachsenenalter	Relative Erhaltung der motorischen Leistungsfähigkeit	18./20. bis 30. Lebensjahr
Mittleres Erwachsenenalter	Allmähliche motorische Leistungsminderung	30. bis 45./50. Lebensjahr
Spätes Erwachsenenalter	Verstärkte motorische Leistungsminderung	45./50. bis 60./70. Lebensjahr
Späteres Erwachsenenalter	Ausgeprägte motorische Leistungsminderung	ab 60./70. Lebensjahr

Interindividuelle Unterschiede in den Entwicklungsveränderungen von Gleichaltrigen bestehen hinsichtlich des Zeitpunkts des Eintretens, der Geschwindigkeit und des Ausgangsniveaus. Bereits im Säuglingsalter (4.-11. Lebensmonat) zeigen sich bemerkenswerte Abweichungen in der zeitlichen Ausbildung der Bewegungsgrundmuster wie Robben, Kriechen und Krabbeln (vgl. Abb. 58). Spätestens ab dem Kindesalter verliert das kalendarische Alter an Erklärungswert, da die rasch wachsenden interindividuellen Variabilitäten nur Durchschnittsaussagen zulassen und in der Realität für den Einzelnen nur eine eingeschränkte Gültigkeit besitzen. Dies verstärkt sich um ein Vielfaches im höheren Lebensalter, indem die großen individuellen und geschlechtsspezifischen Abweichungen keine exakte Zuordnung der motorischen Leistungen zu bestimmten Abschnitten auf der Zeitachse ermöglichen. Hiervon besonders betroffen sind die sporttypischen Bewegungsfertigkeiten, die nicht alle Menschen erlernen und wenn, dann zu erheblich unterschiedlichen Zeitpunkten im Lebenslauf.

Aus der Unzufriedenheit mit dem kalendarischen Alter als „erklärenden" Entwicklungsfaktor der komplexen Wechselwirkungen zwischen biologischen, psychologischen und soziokulturellen Variablen verwenden verschiedene Entwicklungsforscher ersatzweise andere Altersbezüge, ohne das Problem grundsätzlich zu lösen. In der entwicklungspsychologischen Literatur weit verbreitet sind das *biologische Alter* als Zustand des menschlichen Organismus, das *psychologische Alter* als Niveau des intellektuellen Entwicklungsstandes und des Ausdrucks altersabhängiger psychologischer Veränderungen, das *soziale Alter* als gesellschaftliche Altersnorm und das *subjektive Alter* als Einstellung des Individuums zum eigenen Lebensalter.

Zusammenfassend verstärken chronologische Entwicklungsreihen fälschlicherweise überall dort den Eindruck einer festen Bindung von Veränderungen an das Lebensalter, wo Modifizierungen nicht unmittelbar an vorprogrammierte Reifungsprozesse gebunden sind und wo Verhaltensveränderungen bei fast allen Menschen in ähnlicher Weise verlaufen. Die Frage, inwieweit in einem bestimmten Lebensalter eine sportliche Bewegungstechnik erlernt werden kann, ist somit nicht richtig formuliert. Vielmehr muss gefragt werden: *Welche persönlichen Voraussetzungen müssen für das erfolgreiche Bewegungslernen bestehen?* Die Entwicklungsforschung wendet sich jedoch nicht prinzipiell gegen Zusammenhänge zwischen dem Lebensalter und bestimmten Entwicklungsfaktoren, da die kognitiven und motorischen Lern- und Leistungsvoraussetzungen durch das Zusammenwirken endogener und exogener Faktoren erworben werden. Somit sind die Entwicklungsveränderungen nicht völlig vom Alter losgelöst.

3.2 Wie verläuft die somatische Entwicklung?

Die *somatische (körperliche) Entwicklung* bezeichnet die quantitativen und qualitativen Veränderungen des menschlichen Organismus im Lebenslauf. Untersucht werden die durchschnittlichen Entwicklungsverläufe des Zentralnervensystems, der anthropometrischen Körpermerkmale (Körpergröße, Körpermasse, Körperstamm, Extremitäten usw.), des aktiven und passiven Bewegungsapparats (Skelettmuskulatur, Knochengerüst), des Herz-Kreislauf-Systems, der inneren Organe und der physiologischen Funktionsprozesse. Den Entwicklungszeitraum des Heranwachsenden prägen die Ausgestaltung der äußeren Körperform und der inneren Organe als Produkt dominierender Wachstums- und Reifungsprozesse und geringer Umwelteinflüsse. Für das Erwachsenenalter sind zunächst der Erhalt und in späteren Lebensjahren der Abbau körperlicher Strukturen und Funktionen typisch.

Einen bedeutsamen Entwicklungsprozess stellt die Ausgestaltung des Zentralnervensystems als direkte Voraussetzung für die Qualität der Bewegungskontrolle dar. Die bis zum 14. Lebensjahr zu beobachtende auffällige Differenzierung des Zentralnervensystems erfolgt nicht durch die Vermehrung der Nervenzellen, deren Anzahl bei der Geburt festgelegt ist, sondern durch die Neuverschaltung der Neurone (LOOSCH, 1999; vgl. Abb. 55). Neurologische Untersuchungen belegen, dass fehlende oder unzureichende koordinative Reizangebote im Säuglings- und Kleinkindalter den zentralnervösen Reifungsprozess nachhaltig und irreversibel beeinträchtigen. Als negative Folgen gelten neben dem Abbau der neuronalen Verschaltungen kognitive und motorische Entwicklungsrückstände. Gezielte koordinative Übungen können im Säuglings- und Kleinkindalter die optimale Ausbildung des Zentralnervensystems fördern. Neue anatomisch-neurologische und psychologische Studien belegen die Plastizität des Hirns bis ins hohe Alter (Überblick: BALTES, 1990, 1997).

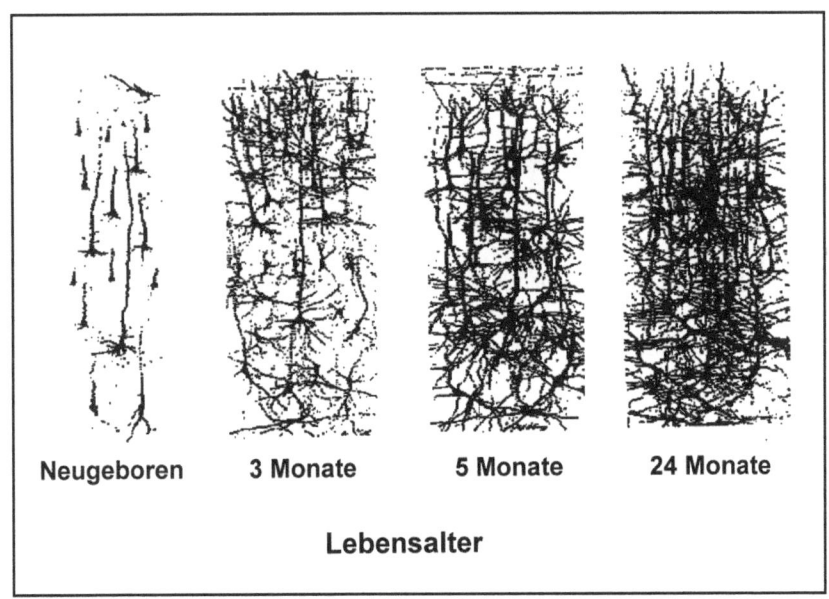

Abb. 55: *Hirnreifung (Areal des Gyrus frontalis medius) bei einem Neugeborenen und drei, fünf oder 24 Monate nach der Geburt (mod. nach AKERT, 1971, S. 511)*

Für die Beschreibung der somatischen Entwicklung greift die Entwicklungsforschung auf die anthropometrischen Parameter Körpergröße, Körpermasse, Körperstamm (Sitzhöhe, Beckenkammbreite, Brust-, Bauchumfang) und Körperextremitäten zurück (Ober-, Unterarm-, Bein-, Fußlänge, Oberarm-, Oberschenkelumfang; vgl. Abb. 56 und 57). Aus ihren Wachstumsverläufen leitet CRASSELT (1994) vier charakteristische, lebenszeitbezogene Wachstums- und Reifungsphasen ab.

In der *ersten Wachstumsphase* (bis neuntes Lebensjahr) bestehen geringe geschlechtsspezifische Unterschiede in der Körpergröße und der Körpermasse. Die größten körperlichen Zuwachsraten zeigen sich bis zum dritten Lebensjahr. Als typisch gilt der „Gestaltwandel" vom Kleinkind mit untersetzter Körpergestalt (kurze untere Extremitäten, großer Brustumfang) zum Schulkind mit proportionierter Körpergestalt. Eine auffällige Ökonomisierung erfährt das Herz-Kreislauf-System (z. B. Abnahme der Ruhe- und Belastungskennwerte). Insgesamt bestehen gute Voraussetzungen für eine vielseitige motorische Entwicklung des Kindes.

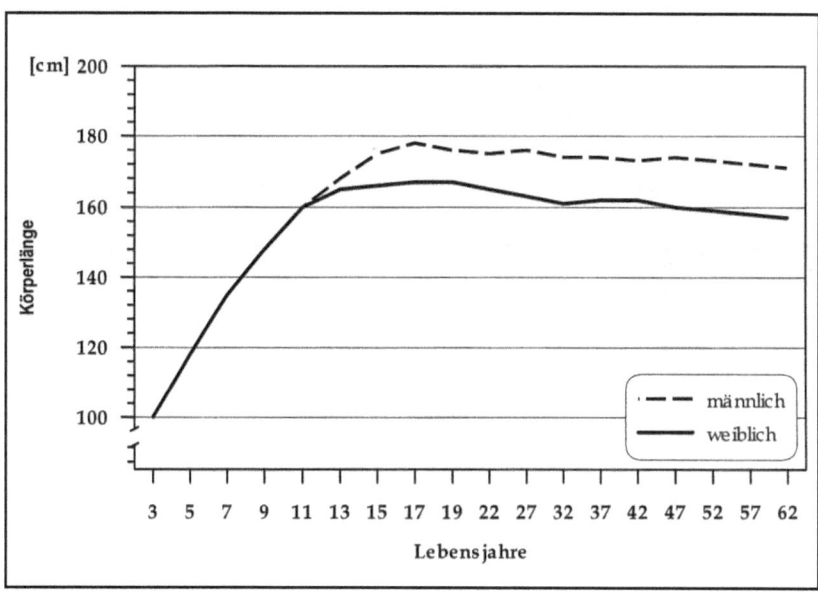

Abb. 56: *Entwicklung der Körperlänge zwischen dem dritten und 62. Lebensjahr (mod. nach* CRASSELT, *1994, S. 111)*

In der *zweiten Wachstumsperiode* (10.-13. Lebensjahr) führt die verstärkte Ausschüttung der Wachstums- und Geschlechtshormone (Mädchen: ab 9. Lebensjahr; Jungen: ab 12. Lebensjahr) sowohl zu einer generellen Zunahme des Körpergewichts (Mädchen, 11.-13. Lebensjahr: Ø 10 kg/Jahr, LOOSCH, 1999; WEINECK, 2004) und der Körpergröße (Mädchen: 6-11 cm/Jahr, Jungen: 7-12 cm/Jahr, BRINKHOFF & BAUR, 1994) als auch zu einer Ausformung der primären und sekundären Geschlechtsmerkmale. Die Ökonomisierung des Herz-Kreislauf-Systems stagniert zunächst, während sich die Sinnesorgane weit gehend ausbilden. Der Höhepunkt des Wachstums und der Reifung liegt bei den Mädchen durchschnittlich im 12. Lebensjahr (Jungen: Ø 14. Lebensjahr). Bis zum 13. Lebensjahr erreichen die Mädchen gegenüber den Jungen einen markanten körperlichen Entwicklungsvorsprung, der ein verstärktes Training der motorischen Basisfähigkeiten ermöglicht, während bei den Jungen die Schulung der Bewegungskoordination und der motorischen Fertigkeiten im Vordergrund stehen sollte.

In der *dritten Wachstumsphase* (14.-18. Lebensjahr) verfügen die männlichen Jugendlichen auf Grund der größeren Körperlänge (Ø 10-12 cm) über eine höhere Körpermasse als die weiblichen Jugendlichen. Das Längenwachstum endet bei den jungen Frauen im Durchschnitt mit dem 17. Lebensjahr (Männer: Ø 19. Lebensjahr), bei einigen weiblichen und männlichen Jugendlichen bereits im 14. bzw. 17. Lebensjahr. Während sich die männlichen Jugendlichen in der Phase der optimalen konditionellen Ausbildung befinden, dominiert bei den weiblichen Jugendlichen der Erhalt der motorischen Leistungen, da die Zunahme der Körpermasse das Kraft-Last-Verhältnis negativ beeinflusst.

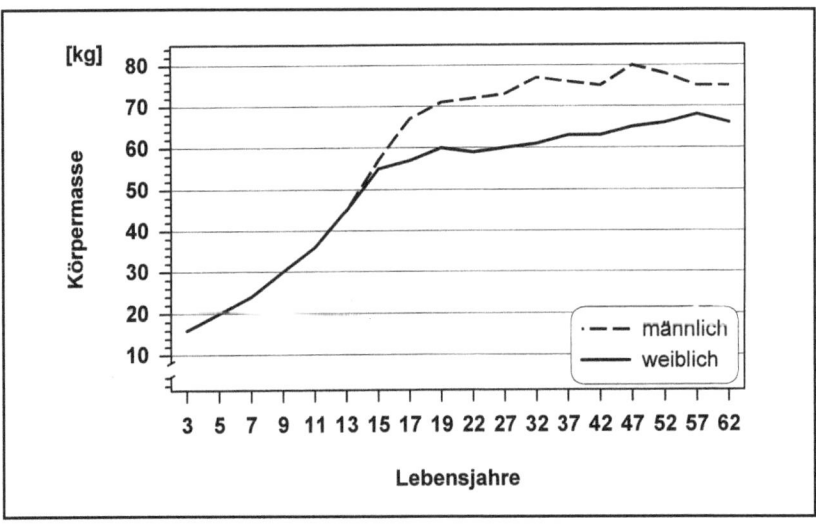

Abb. 57: *Entwicklung der Körpermasse zwischen dem 3. und 62. Lebensjahr (mod. nach* CRASSELT, *1994, S. 111)*

In der *vierten Wachstumsphase* (20.-62. Lebensjahr) führen die Volumenreduzierung der Zwischenwirbelscheiben, die Schwächung und der Verfall der Haltung zu einer Abnahme der Körpergröße. Das Körpergewicht der Frauen erhöht sich bis zum 55. Lebensjahr und das der Männer bis zum 45. Lebensjahr um durchschnittlich 10 kg.

3.3 Wie entwickeln sich motorische Basisfähigkeiten und sporttypische Fertigkeiten? – Quantitativ-deskriptive Charakterisierung einzelner Lebensphasen

Legt man die im Sport bekannten Überblicksdarstellungen zur motorischen Ontogenese zu Grunde (WILLIMCZIK, 1983; BAUR ET AL., 1994; WINTER, 1998), dann denkt die Entwicklungsforschung vornehmlich fähigkeitsorientiert. Grob betrachtet, werden die Motorikdifferenzen über querschnittlich und weniger über längsschnittlich erhobene Fähigkeitsausprägungen und nahezu ausschließlich über das kalendarische Alter gekennzeichnet, seltener über das Geschlecht, das biologische Alter, das Trainingsniveau, die Bewegungsbiografie oder andere Faktoren. Empirische Studien zur gleichzeitigen Prüfung des Einflusses verschiedener Bedingungsvariablen auf die sportmotorische Entwicklung fehlen weit gehend. Die Ursache-Wirkungs-Beziehungen veranschaulichen Entwicklungsforscher mehrheitlich quantitativ-deskriptiv anhand durchschnittlicher Entwicklungskurven. „Für den Verlauf ergibt sich in vielen Fällen für das Kindes- und Jugendalter eine stark ansteigende Kurve, dann ein Kulminationspunkt und für den weiteren Lebensverlauf eine leicht abfallende Kurve" (WILLIMCZIK, 1983, S. 249). Insgesamt sollte der Leser bei quantitativ-deskriptiven Charakterisierungen berücksichtigen, dass diese zwar motorische Entwicklungsverläufe beschreiben, sie jedoch nicht erklären können (ROTH & WOLLNY, 1999a, b; WOLLNY, 2002).

Die nachfolgend für das Neugeborenenalter bis Vorschulkindalter (Kap. 3.3.1), das Schulkindalter (Kap. 3.3.2), das Jugendalter (Kap. 3.3.3) und das Erwachsenenalter (Kap. 3.3.4) skizzierten Veränderungsverläufe relevanter Motorikmerkmale orientieren sich zum größten Teil am „Handbuch motorische Entwicklung" von BAUR ET AL. (1994) und an den beiden Übersichtsartikeln von WILLIMCZIK (1983) und WINTER (1998). Dargestellt werden die jeweils typischen Lebensanforderungen und das durchschnittliche Ausprägungsniveau der motorischen Basisfähigkeiten, der Alltagsmotorik und der sportmotorischen Fertigkeiten.

3.3.1 Wie bilden sich Bewegungsgrundformen im Neugeborenen- und Vorschulkindalter aus?

Im *Neugeborenenalter* (1.-3. Lebensmonat) finden entscheidende Entwicklungsvorgänge wie die Entstehung von Objektbeziehungen oder das Verstehen der unmittelbaren Umwelt statt. Die motorischen Verhaltensweisen der Neugeborenen richten sich zunächst auf den Erhalt lebensnotwendiger Körperfunktionen (Atem-, Saug-, Schluck-, Greif-, Rückzieh-, Hustenreflexe usw.). Für jedermann deutlich zu erkennen sind im Wachzustand die ungerichteten Massen- und Wischbewegungen der Extremitäten (Strampeln, Beugen, Strecken, Spreizen) und die primitiven Neugeborenenreflexe (Greifen, Schreiten, Kriechen, Schwimmen, Tauchen usw.). Zum Ende des Neugeborenenalters zeigen sich erste zielgerichtete Bewegungen.

Das wichtigste Kennzeichen des *Säuglingsalters* (4.-11. Lebensmonat) betrifft die schnelle Aneignung fundamentaler koordinierter Bewegungsmuster. Hierzu zählen die aufrechte Körperhaltung, die gezielten Greifbewegungen und die selbstständige Fortbewegung (z. B. Rutschen, Krabbeln, Kriechen; vgl. Abb. 58). Infolge der fortschreitenden Hirnreifung und der Hemmung der primitiven Neugeborenenreflexe durch Stellreaktionen (Aufrichtung, Körperhaltung, Fortbewegung), Gleichgewichtsreaktionen (Kopfkontrolle) und Balancereaktionen (Ausgleich-/Gegenbewegungen) können Säuglinge ab dem vierten Lebensmonat mit großen interindividuellen Unterschieden einfache motorische Handlungen realisieren (SCHEID & RIEDER, 2001).

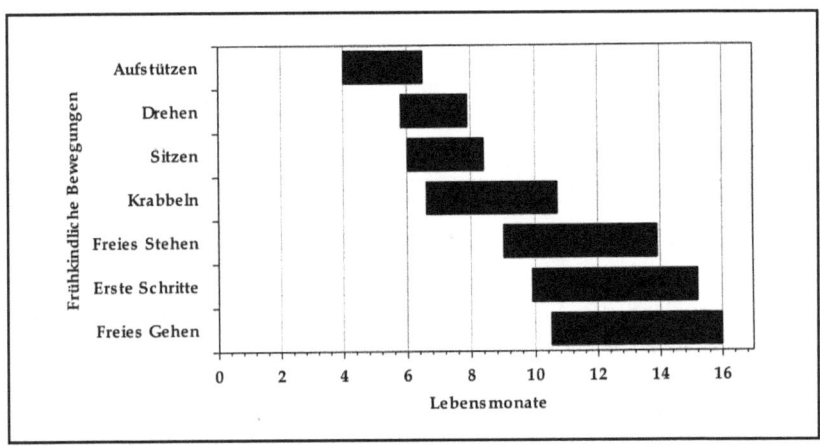

Abb. 58: *Streubreite frühkindlicher Bewegungsgrundmuster (mod. nach SCHEID, 1994a, S. 270)*

SCHEID (1994a) benennt vier, nicht uneingeschränkt anerkannte Prinzipien der fundamentalen Bewegungsentwicklung: die *cephalocaudale Entwicklungsrichtung* (Ausbreitung der motorischen Kontrolle vom Kopf über den Rumpf zu den Extremitäten), die *proximodistale Entwicklungsrichtung* (grobmotorische Ganzkörperbewegung vor feinmotorischen Extremitätenbewegungen), die *kontralaterale Mitbewegung der Körperextremitäten und die Hypertonie der Skelettmuskulatur* (eckige, ungelenke Bewegungen durch erhöhte Muskelspannung).

Das *Kleinkindalter* (1.-3. Lebensjahr) kennzeichnet die erweiterte Mobilität, der Erwerb und die Ausdifferenzierung elementarer Bewegungsformen. Der Kindergartenbesuch leitet die erste Loslösung vom Elternhaus und die schrittweise Erweiterung des sozialen Umfeldes ein. Charakteristisch sind die spielerischen Auseinandersetzungen mit der materialen Umwelt. Als wesentliche Antriebsfaktoren gelten die Neugierde, das Spiel, das Ausprobieren und die Imitation. Typisch für das Bewegungsverhalten von Kleinkindern sind der ausgeprägte Bewegungsdrang, der häufige Wechsel der Spieltätigkeit und das kontaktarme Spielen. Die qualitativen Veränderungen der Bewegungsausführungen korrelieren eng mit dem ersten Gestaltwandel. Die motorischen Aktionen werden kraftvoller und räumlich umfangreicher.

Für die *Ausdauerfähigkeiten* im Kleinkindalter liegen keine einschlägigen Untersuchungsbefunde vor. Die *Kraft-* und *Schnelligkeitsfähigkeiten* sind weit gehend nicht entwickelt. Die Zunahme der Beugefähigkeit der Wirbelsäule, der Schulter- und der Hüftgelenke bestimmen maßgeblich die Verbesserung der *Beweglichkeitsfähigkeiten*. Dominant erscheinen die Aneignung vielfältiger elementarer *Bewegungsmuster* (Gehen, Steigen, Balancieren, Klettern, Hängen, Werfen, Fangen usw.) und die Ausdifferenzierung der *koordinativen Fähigkeiten*.

Das *Vorschulkindalter* (3./4.-6./7. Lebensjahr) stellt die Lebensspanne der Vervollkommnung der elementaren Motorik dar. Charakteristisch ist die geschlechtsunabhängige variable Verfügbarkeit der elementaren Bewegungsfertigkeiten und die schnelle quantitative und qualitative Leistungsverbesserung (z. B. Jungen, viertes Lebensjahr, 40-m-Lauf: 16.6 s, Weitwurf: 3.79 m, Standweitsprung: 47.8 cm; siebtes Lebensjahr: 9.8 s, 12.90 m, 116.7 cm; WINTER, 1998, S. 262). Zu beobachten sind erste Kombinationen von Bewegungsgrundmustern (z. B. Gehen und Ziehen; Laufen und Abspringen; Laufen und Werfen; Hochwerfen und Fangen; Ballprellen und Laufen) und der Erwerb grundlegender Sporttechniken (alpiner Skilauf, Eiskunstlaufen, Gerätturnen, Kinderballett, Leichtathletik, Skilanglauf, Sportschwimmen). Während sich für die *Kraftfähigkeiten* im Vergleich zum Kleinkindalter keine bedeutsamen Verbesserungen ergeben, bildet sich die *aerobe Ausdauerfähigkeit* weiter aus. Ab dem fünften Lebensjahr verbessern sich die *Schnelligkeitsfähigkeiten*.

3.3.2 Wie formen sich motorische Basisfähigkeiten und sporttypische Fertigkeiten im Schulkindalter aus?

Im *frühen* bis *späten Schulkindalter* (7.-12./13. Lebensjahr) verändern sich durch die verstärkte Kontaktaufnahme zu Gleichaltrigen, den Schul- und Vereinseintritt und die vielfältigen Beziehungen zur Umwelt die individuellen Einstellungen erheblich. Neue

Lebenstätigkeiten wie systematisches Lernen, schulische Pflichten und zielgerichteter Sportunterricht lösen das bislang unangeleitete Spiel ab. Der erneute Gestaltwandel, die schnelle Verbesserung der motorischen Basisfähigkeiten, die Aneignung komplexer sportbezogener Bewegungstechniken, der ausgeprägte Drang nach Erkundung, Erprobung und Bewegung sowie die wachsende Leistungsbereitschaft stellen die markanten Entwicklungsmerkmale des Schulkindalters dar. Typische altersbezogene Entwicklungsverläufe lassen sich, bedingt durch die interindividuellen und geschlechtsspezifischen Unterschiede, nicht zweifelsfrei aufzeigen.

Ungefähr die Hälfte der Schulkinder schließt sich in Deutschland für einen mehr oder minder langen Zeitraum einem Sportverein an. Neuere Schulberichte verweisen bei Schulanfängern (6./7. Lebensjahr) und Schülern der fünften Klasse (10./11. Lebensjahr) auf einen hohen Anteil übergewichtiger Kinder und eine bedenkliche Verschlechterung der motorischen Basisfähigkeiten und der elementaren Bewegungsfertigkeiten (SCHEID & RIEDER, 2001). Für Grundschulkinder berichtet BÖS (1999) von durchschnittlichen täglichen Sitz- und Liegezeiten von jeweils neun Stunden, während den kindlichen Organismus intensive Bewegungstätigkeiten wie Spielen, Toben und Sport nur maximal eine Stunde am Tag beanspruchen. Die gesundheitsbedenkliche Bewegungspassivität und das körperliche Übergewicht der Grundschulkinder begründet der Mangel an kindgerechten Bewegungs- und Spielmöglichkeiten (Spiel-, Bolzplätze, Rasenflächen, Waldgebiete usw.), die komfortablen Beförderungsmittel (elterlicher Taxiservice, Schulbus usw.), die veränderten Freizeitaktivitäten (Computerspiele, Fernsehen, Spielkonsolen usw.) und die falsche Ernährung (Fastfood, Softgetränke, Süßwaren usw.; DIETZ, 1990).

Die *aerobe Ausdauerfähigkeit* zeigt im Schulkindalter große interindividuelle und geschlechtsspezifische Differenzen. Während bei den Jungen im Durchschnitt der absolute und der auf den Erwachsenenwert relativierte maximale Energieumsatz bis zum 16. Lebensjahr nahe zu konstant bleibt, findet bei den Mädchen bereits ab dem 12. Lebensjahr ein allmählicher Abfall der aeroben Kapazität statt (vgl. Abb. 59a). Im Vergleich mit den Erwachsenen besteht für Schulkinder neben der geringen aeroben Ausdauerfähigkeit eine deutlich herabgesetzte *anaerobe Ausdauerfähigkeit*. Bis zum frühen Erwachsenenalter verbessern sich beide Ausdauerfähigkeiten kontinuierlich. Die kindgerechte Form der Ausdauerbelastung stellt die aerobe Ausdauerfähigkeit (Grundlagenausdauer) dar. Uneinigkeit besteht darüber, ab welchem Lebensalter Schulkinder überlangen Ausdauerbelastungen (z. B. Marathon) ausgesetzt werden können. Bei der Bewertung von Entwicklungskurven zur Ausdauerfähigkeit muss generell berücksichtigt werden, dass die Befunde in Abhängigkeit von der eingesetzten

Leistungsdiagnostik (Laufband-, Fahrradergometer-, Lauftest) in starkem Maße durch das motorische Fertigkeitsniveau beeinflusst werden.

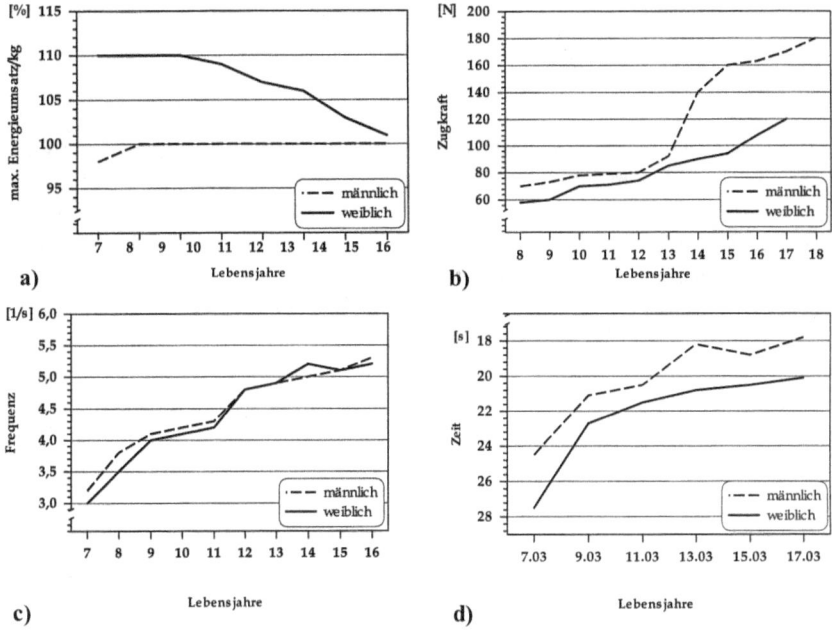

Abb. 59: *Entwicklung ausgewählter motorischer Fähigkeiten im Schulkind- und Jugendalter*

    a) *Aerobe Ausdauerfähigkeit (in % der Erwachsenenwerte; mod. nach BAROR, 1986, S. 14)*

    b) *Kraftfähigkeit (maximale Zugkraft des M. biceps brachii; mod. nach WINTER, 1998, S. 277)*

    c) *Schnelligkeitsfähigkeit (maximale Frequenz kleinamplitudiger Bewegungen; mod. nach WINTER, 1998, S. 278)*

    d) *Koordinative Fähigkeiten (Mittelwerte über mehrere Gewandtheitsläufe; mod. nach WINTER, 1998, S. 281)*

Die verbesserte Trainierbarkeit des Muskel- und Sehnensystems bedingt zunächst mit geringen geschlechtsspezifischen Differenzen ansteigende Zuwachsraten der *Kraftfähigkeiten* (vgl. Abb. 59b). Die Muskulatur der unteren Extremitäten ist durch die zahlreichen Entwicklungsreize alltäglicher lokomotorischer Bewegungsaktivitäten deutlich besser ausgebildet als die der oberen Körpergliedmaßen (WINTER, 1998). Ein einheitlicher Entwicklungsverlauf besteht weder für die Maximalkraft, die Schnellkraft noch für die Kraftausdauer. Der hohe Prozentsatz der Kinder mit Rückenschmerzen, Fuß- oder Haltungsschwächen hat seine Hauptursache in der rückläufigen alltäglichen körperlichen Belastung. Das kindgerechte Krafttraining sollten Sportlehrer, Übungsleiter und Trainer deshalb auf die Ausbildung der Rumpf- und Fußmuskulatur ausrichten.

Die *Schnelligkeitsfähigkeiten* – insbesondere die Reaktions- und Bewegungsschnelligkeit – zeigen, gefördert durch die Ausreifung des Nervensystems, im Vergleich zu den energetisch bedingten konditionellen Basisfähigkeiten (Ausdauer-, Kraftfähigkeiten), deutlich höhere Zuwachsraten (vgl. Abb. 59c). Zum Ende des Schulkindalters nähert sich die einfache Reaktionszeit den Kennwerten der Erwachsenen an. Während die *Beweglichkeitsfähigkeit* des Hüftgelenks (Spreizfähigkeit der Beine) und die dorsal gerichtete Beweglichkeit des Schultergelenks der Schulkinder abnimmt, verbessert sich die Beugefähigkeit der Wirbelsäule und des Hüftgelenks (vgl. Abb. 61). Die Mädchen zeigen durch die günstigen konstitutionellen Voraussetzungen für alle Körpergelenke deutlich bessere Beweglichkeitsfähigkeiten als die Jungen.

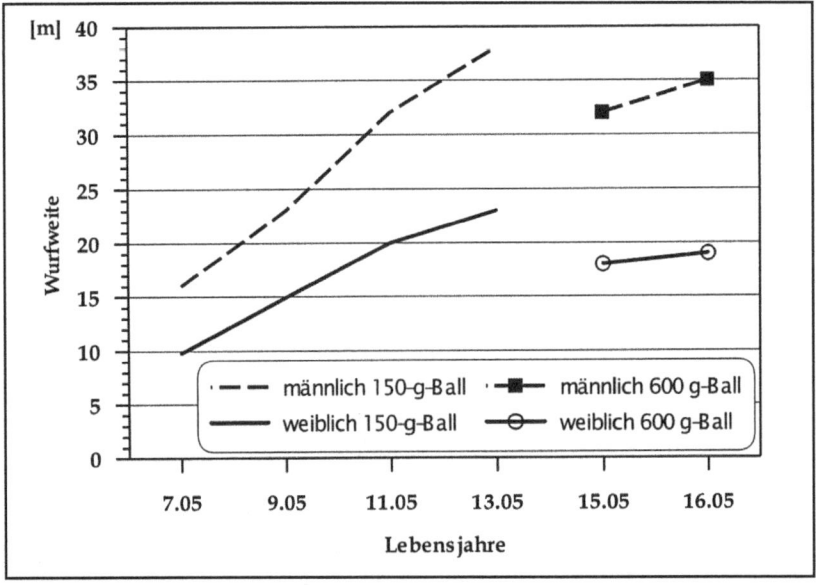

Abb. 60: *Entwicklung der Weitwurfleistung mit dem 150-g-Schlagball und dem 600-g-Schlagball im Schulkind- und Jugendalter (mod. nach WINTER, 1998, S. 285)*

Das auffälligste Merkmal des Schulkindalters betrifft die ausgeprägte Zunahme der *koordinativen Fähigkeiten* (vgl. Abb. 59d). Ausschlaggebend erscheinen die vorteilhaften Körperproportionen, die Vollentwicklung der sensorischen Analysatoren, die Verbesserung der motorischen Kontrollprozesse, der Zuwachs an kognitiven Fähigkeiten und die hohe Mobilität der Schulkinder (ROTH & WINTER, 1994). Einen großen Einfluss auf die Ausdifferenzierung und die variable Verfügbarkeit des elementaren und sporttypischen Bewegungsrepertoires übt der Schul- und Vereinssport sowie die Ausweitung der informellen Sportkultur zu Freizeit-, Abenteuer- oder Risikosportarten aus (BRETTSCHNEIDER, BAUR & BRÄUTIGAM, 1989). Während sich die Jungen vornehmlich an sporttypischen Leistungen orientieren, gilt das weibliche Interesse eher disziplinübergreifenden Sportangeboten (SCHEID, 1994b).

Das Auftreten spezifischer Ausprägungen *sporttypischer Bewegungstechniken* lässt sich im Schulkindalter nicht mehr einem bestimmten Ort auf einem zeitlichen Kontinuum zuordnen. Die sportmotorischen Fertigkeiten differenzieren sich durch die gute Lernfähigkeit, die positiven Entwicklungstendenzen der motorischen Fähigkeiten und die erweiterten Erfahrungs- und Handlungsmöglichkeiten der Schulkinder mit deutlichen interindividuellen Unterschieden. Selbst koordinativ schwierige Bewegungstechniken wie der Dreisprung in der Leichtathletik oder die Stützsprünge im Gerätturnen erlernen Kinder im frühen Schulkindalter. Bekannt sind die hohen jährlichen Zuwachsraten in den leichtathletischen Wurf- und Sprungdisziplinen und die variable Verfügbarkeit einzelner Sporttechniken. Auffällig ist, dass die siebenjährigen Mädchen nur etwa 60 % der Weitwurfleistungen ihrer männlichen Schulkameraden erreichen (vgl. Abb. 60). Im späten Schulkindalter vermindern sich zwar die geschlechtsspezifischen Leistungsunterschiede und die Variationsbreite im Laufen, Weit- und Hochsprung, jedoch nicht im Ballweitwurf (WINTER, 1998).

3.3.3 Wie sieht die motorische Entwicklung in der Jugendphase aus?

Die Lebensphase zwischen dem Schulkindalter und dem Erwachsenenalter, das *Jugendalter* (11./12.-18./19. Lebensjahr), umfasst mit erheblichen individuellen und geschlechtsspezifischen Unterschieden die Geschlechtsreifung (*Pubeszenz*), die körperliche Ausreifung (*Maturität*) und den Aufbau einer stabilen Persönlichkeit (*Adoleszenz*). Zu den jugendlichen Lebensaufgaben gehören die Ablösung vom Elternhaus, die schulische und berufliche Ausbildung, das Streben nach Selbstständigkeit und Eigenverantwortung, die tief greifende Umstrukturierung allgemeiner Interessen, Werte- und Normensysteme, die Identitätsentwicklung, das Austragen von Konflikten mit Erwachsenen und die verstärkte Zuwendung zu Gleichaltrigen (Peergroup).

Moderne Entwicklungsperspektiven bezeichnen die *Pubeszenz* (11./12.-14./15. Lebensjahr) im Gegensatz zu klassischen Entwicklungsvorstellungen nicht mehr als eine „Krisenzeit", eine „Umstrukturierung der Motorik" oder eine „Lebensphase des motorischen Zerfalls und der Auflösung" (z. B. MÖCKELMANN & SCHMIDT, 1952, 1981), sondern als einen natürlichen Lebensabschnitt der Umstrukturierung der motorischen Fähigkeiten und Sporttechniken (WINTER, 1998; vgl. Kap. 2). Unmittelbar mit dem somatischen Gestaltwandel können zeitlich befristete Disproportionen des Körperbaus und Disharmonien der Bewegungsabläufe auftreten. Die Dichte und die Differenziertheit der ontogenetischen Verhaltensveränderungen fällt um ein Vielfaches größer aus als in den anderen Lebensphasen (HURRELMANN, 2002, 2004).

Die hormonell ausgelösten starken Wachstumsprozesse begünstigen zwar die weitere Ausdifferenzierung der Ausdauer-, Kraft- und Schnelligkeitsfähigkeiten, gleichsam können sie aber die koordinativen Fähigkeiten und die Ausführung der sportmotorischen Fertigkeiten beeinträchtigen. „Diese Entwicklungstendenzen betreffen nicht alle Jugendlichen, sondern sind individuell unterschiedlich ausgeprägt und besonders von der sportlichen Betätigung, dem Trainingszustand abhängig" (SCHEID & RIEDER, 2001, S. 102). Der „puberale Schub" erreicht seinen Höhepunkt zwischen dem 12. und 14. Lebensjahr, bei den weiblichen Jugendlichen lebenszeitlich früher als bei ihren männlichen Counterparts. Insgesamt erschweren die interindividuellen und geschlechtsspezifischen Unterschiede die zeitliche Klassifizierung der motorischen Entwicklung. Schulklassen der Mittelstufe können „akzelerierte Adoleszenten" bis hin zu „retardierten jungen Kindern" aufweisen.

Die *Adoleszenz* (13./14.-18./19. Lebensjahr) prägt das Ende der Wachstums- und Reifungsprozesse, die geschlechtsspezifische Differenzierung, die Individualisierung und die sportmotorische Spezialisierung. Die fortschreitende Individualisierung manifestiert sich in der großen Variationsbreite der motorischen Entwicklungsmerkmale. Unsystematisches Training führt bei einzelnen motorischen Fähigkeits- und Fertigkeitsbereichen bereits zu Stagnationen oder Rückschritten. Insbesondere die weiblichen Jugendlichen reduzieren ihre täglichen körperlichen Aktivitäten und das Sportengagement in auffälliger Weise. Sie treten häufig und früher aus dem Sportverein aus und nehmen im geringeren Umfang am Leistungssport teil als die männlichen Jugendlichen (BRINKHOFF & BAUR, 1994).

In der Jugendphase nehmen sowohl die *Kraft-, Ausdauer-* und *Schnelligkeitsfähigkeiten* als auch die geschlechtsspezifischen Differenzen zu Gunsten der männlichen Jugendlichen zu („geschlechtsspezifische Schere", BRINKHOFF & BAUR, 1994, S. 301). Bis zum Erreichen der Maturität steigt die Muskelmasse der jungen Männer durch das verstärkt ausgeschüttete androgene männliche Sexualhormon Testosteron von ungefähr 27 % auf 40 % der Gesamtkörpermasse an (SCHMIDTBLEICHER, 1994). Während sich bei den männlichen Jugendlichen die Trainierbarkeit der *Kraftfähigkeiten* nach dem Erreichen der Maturität weiter verbessert, werden die bei den jungen Frauen ab dem 14. Lebensjahr typischerweise stagnierenden oder rückläufigen Entwicklungstendenzen auf den weiblichen Hormonhaushalt (Östrogen), die ungünstigen Last-Kraft-Verhältnisse und die nicht sportbezogene Interessenlage zurückgeführt.

Die für beide Geschlechter zu beobachtende Abnahme der Pulsfrequenz darf nicht als eine Verbesserung der *Ausdauerfähigkeiten* interpretiert werden, da sich die Pulsfrequenz bei Heranwachsenden auch ohne Training reifungsbedingt reduziert (Ruhepuls, achtes Lebensjahr: ca. 90 Schläge/min; Erwachsene: ca. 60 Schläge/min). Die *Schnelligkeitsfähigkeiten* (Reaktions-, Aktionsschnelligkeit) zeigen in der Pubeszenz die höchsten Zuwachsraten. Das Maximum der Bewegungsfrequenz erreichen die Jugendlichen zwischen dem 13. und 15. Lebensjahr. Die *Beweglichkeitsfähigkeiten* nehmen im Bereich des Rumpfs generell zu (Rumpfbeugen vorwärts, Vorhochspreizen der Beine usw.), bei den übrigen Körpergelenken jedoch grundsätzlich ab (Schultergelenk, Seitspreizen der Beine; vgl. Abb. 61).

Für die *koordinativen Fähigkeiten* und die *sporttypischen Bewegungsfertigkeiten* muss zu Beginn der Jugendzeit auf Grund möglicherweise ungünstiger konstitutioneller Leistungsvoraussetzungen und hormoneller Umstellungen mit einer zeitweisen Stagnation oder einer vorübergehenden Verlangsamung der Entwicklungsprozesse gerechnet werden. Zwischen dem 12. und 14. Lebensjahr bestehen für die sportmotorischen Fertigkeiten (Laufen, Werfen, Weitsprung, Hochsprung usw.) große interindividuelle Leistungsdifferenzen. Einfache und geübte Bewegungstechniken erfahren weniger Beeinträchtigungen als sportmotorische Fertigkeiten mit hohen Anforderungen an die Feinkoordination, die Ausführungsgenauigkeit, die Geschicklichkeit, die Differenzierungs-, die Umstellungs- oder die Rhythmisierungsfähigkeit.

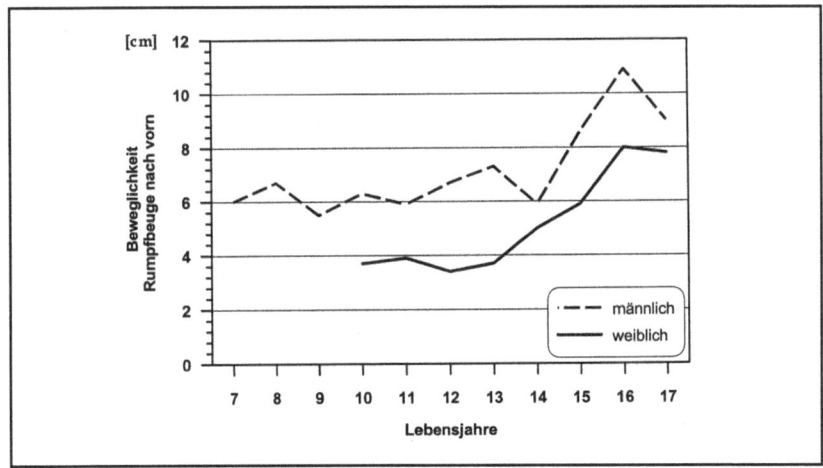

Abb. 61: *Beweglichkeitsfähigkeit von Schulkindern und Jugendlichen am Beispiel der Rumpfbeuge nach vorn (mod. nach FETZ, 1982, S. 120)*

Geschlechtsspezifische Differenzen treten vor allem bei großmotorischen Bewegungen auf. Diese fallen bei Zeitdruckaufgaben zum Vorteil der männlichen Jugendlichen größer aus als bei Präzisionsaufgaben (ROTH & WINTER, 1994). Die leichtathletischen Leistungen der männlichen Jugendlichen steigen kontinuierlich oder progressiv an, während die Zuwachsraten der weiblichen Jugendlichen stagnieren oder sogar stark abnehmen. Die Hauptursachen betreffen die geschlechtsspezifischen Unterschiede in der physischen Entwicklung und im Umfang der sportlichen Betätigung. Bei den weiblichen Jugendlichen treten diese Effekte lebenszeitlich früher auf als bei den männlichen Jugendlichen. Die Neuanpassung der Bewegungskoordination wird in der Adoleszenz weit gehend abgeschlossen.

3.3.4 Was ist über die motorische Ontogenese im Erwachsenenalter bekannt?

Das Erwachsenenalter umfasst im statistischen Durchschnitt 50-60 Lebensjahre. Im Jahre 2001 lag in Deutschland die durchschnittliche Lebenserwartung der Frauen nach Angaben des Deutschen Statistischen Bundesamtes bei 81.1 Jahren, die der Männer bei 75.1 Jahren. Jeder fünfte Einwohner war im Jahre 2005 älter als 65 Jahre. Bis zum Jahr 2050 wird sich die Lebenserwartung für die Frauen im Durchschnitt auf 86.6 Jahre und für die Männer auf 81.1 Jahre erhöhen. Dem Rückgang der Sterblichkeit steht ein Geburtenmangel gegenüber. Insgesamt führt dies in den kommenden Jahrzehnten zu einer demografischen Verschiebung der Bevölkerungsstruktur von der klassischen Alterspyramide zu einem Alterspilz. Die Hälfte der deutschen Bevölkerung wird im Jahr 2050 älter als 48 Jahre und jeder dritte Einwohner älter als 60 Jahre sein.

Trotz der seit einigen Jahren vermehrten Veröffentlichung lebenslaufbezogener Betrachtungen der motorischen Entwicklung (BAUR ET AL., 1994; WINTER, 1998) fehlt es für das Erwachsenenalter an differenzierten längsschnittlichen Befunden, die verlässliche Ableitungen für die pädagogische Arbeit im Leistungs-, Breiten-, Gesundheits-, Präventions- und Seniorensport ermöglichen. Während für die Ausdauerfähigkeiten eine Vielzahl praxisrelevanter wissenschaftlicher Kenntnisse vorliegt, besteht für die Kraft-, Schnelligkeits- und Beweglichkeitsfähigkeiten eine eher lückenhafte, wenig fundierte Befundlage. Für die koordinativen Fähigkeiten und die sportmotorischen Fertigkeiten gibt es nahezu keine empirischen Kenntnisse, sodass Sportpraktiker auf das Alltagswissen und allgemeine Beobachtungen zurückgreifen müssen.

Die in der Entwicklungspsychologie sehr konträr geführte Diskussion über die sinnvolle Abgrenzung verschiedener Lebensabschnitte im Erwachsenenalter wird in diesem Lehrbuch nicht thematisiert. Zurückgegriffen wird auf die in Kapitel 3.1 vorgestellte grobe Gliederung von WINTER (1998): *frühes Erwachsenenalter* (18./20.-30. Lebensjahr), *mittleres Erwachsenenalter* (30.-45./50. Lebensjahr), *spätes Erwachsenenalter* (45./50.-60./70. Lebensjahr) und *späteres Erwachsenenalter* (ab 60./70. Lebensjahr). Die verdichtete Darstellung der durch beträchtliche interindividuelle Unterschiede, Ungleichzeitigkeiten und intraindividuelle Variabilitäten gekennzeichneten motorischen Entwicklung in den verschiedenen Phasen des Erwachsenenalters geht auf die typischen Lebenslagen und die durchschnittlichen Entwicklungsverläufe der motorischen Basisfähigkeiten und der sportmotorischen Fertigkeiten trainierter und untrainierter Personen ein.

Das *frühe Erwachsenenalter* (18./20.-30. Lebensjahr) prägen auffällige interindividuelle Differenzen und mehr oder minder große Veränderungen der Lebensläufe. Als Hauptursachen gelten die gesellschaftlichen „Differenzierungen und die damit einhergehende Pluralisierung von Lebenslagen und Individualisierung von Lebensläufen" (WINTER & BAUR, 1994, S. 311). Zu den Lebensaufgaben junger Erwachsener gehören der Abschluss der Berufsausbildung, die Aufnahme der Berufstätigkeit, die Ablösung von der Herkunftsfamilie, die „feste" Partnerbindung, die mögliche Familiengründung und die Ausformung des persönlichen Lebensstils. Die beträchtlich divergierenden Lebenslagen und beruflichen Situationen bedingen die sehr unterschiedliche Einbindung von Bewegungsaktivitäten in das alltägliche Leben und den individuellen Lebensplan. Das Sportengagement der jungen Erwachsenen liegt zwischen den beiden Polen „generelles sportliches Desinteresse" und „Berufssport".

Die dritte Lebensdekade charakterisiert die vollständige Ausdifferenzierung und die allmähliche Festigung der zuvor erreichten Alltags- und Arbeitsmotorik. Augenfällig wird das biologische Adaptationsgesetz, nach dem körperliche Leistungen nur bei systematischer Beanspruchung der Organ- und Funktionssysteme erhalten bleiben. Bei körperlich inaktiven jungen Menschen machen sich deutliche Stagnationstendenzen oder bereits erste Verschlechterungen der Organfunktionen und der *konditionellen Basisfähigkeiten* bemerkbar. Das Ausmaß und die Geschwindigkeit der Leistungsverschlechterungen ist deutlich größer als bei Trainierten. Besonders auffällig erscheinen bei den untrainierten Personen die geschlechtsspezifischen Leistungsdifferenzen zu Ungunsten der Frauen. Die *koordinativen Fähigkeiten* stagnieren bei Nichttrainierten schon zu Beginn des frühen Erwachsenenalters. Das in der Jugendzeit erworbene koordinative Leistungsniveau bleibt aber weit gehend erhalten. Die geschlechtsspezifischen Unterschiede fallen erheblich geringer aus als bei den konditionellen Fähigkeiten. Die Entwicklung der *sporttypischen Bewegungstechniken* der Nichttrainierten entspricht dem durchschnittlichen Entwicklungsverlauf der konditionellen Fähigkeiten (vgl. Abb. 62a und b; WINTER & BAUR, 1994; WINTER, 1998).

Die besten sportmotorischen Leistungen erreichen Frauen und Männer im frühen Erwachsenenalter. Die Frauen erzielen ihre sportlichen Höchstleistungen durchschnittlich im 25. Lebensjahr. Bei den Männern setzt die Höchstausprägung der Kraft-, Ausdauer- und Schnelligkeitsfähigkeiten 2-4 Jahre später ein. Dafür dauert ihre Höchstleistungsphase länger und es liegen signifikant höhere Durchschnittswerte vor. Der frühe Beginn der Hochleistungsphase der weiblichen Erwachsenen steht in einem engen Zusammenhang mit dem schnelleren Verlauf der körperlichen Ontogenese und mit sozialen Einflüssen wie dem Abbruch der Sportkarriere zu Gunsten von Eheschließung und Kindererziehung.

Mit zunehmendem Alter zeigen die trainierten Frauen in den *Ausdauer-, Kraft-* und *Schnelligkeitsfähigkeiten* deutliche Stagnationstendenzen. Sie verfügen nur noch über 60-90 % des sportmotorischen Leistungsvermögens der trainierten Männer (MEINEL & SCHNABEL, 1998). Die Dehnfähigkeit der Skelettmuskeln und mit ihr die *Beweglichkeitsfähigkeiten* verringern sich mit Beginn des Erwachsenenalters geschlechtsübergreifend. Eine Ausnahme bildet die Elastizität der Wirbelsäule der Frauen, die erst ab dem 25. Lebensjahr abnimmt.

Das *mittlere Erwachsenenalter* (30.-45./50. Lebensjahr) und das späte *Erwachsenenalter* (45./50.-60./70. Lebensjahr) kennzeichnen berufliche, private und persönliche Kontinuität und psychisches Wohlbefinden. Zu den typischen Lebensaufgaben zählen die Konsolidierung der beruflichen Karriere und der ökonomischen Grundlagen, die

Erziehung der Kinder, die Bewältigung der Empty-Nest-Situation und des Älterwerdens. Hervorzuheben sind die interindividuellen Differenzen in den ökonomischen Ressourcen, den familiären und sozialen Bindungen, den Freizeitaktivitäten und den kritischen Lebensereignissen. Auffällig ist das maßgeblich durch die Berufstätigkeit geprägte, variierende Sportengagement. Dieses reicht vom täglichen Training und regelmäßiger Teilnahme an sportlichen Wettkämpfen über gelegentliches Sporttreiben bis hin zur völligen Abwendung vom Sport.

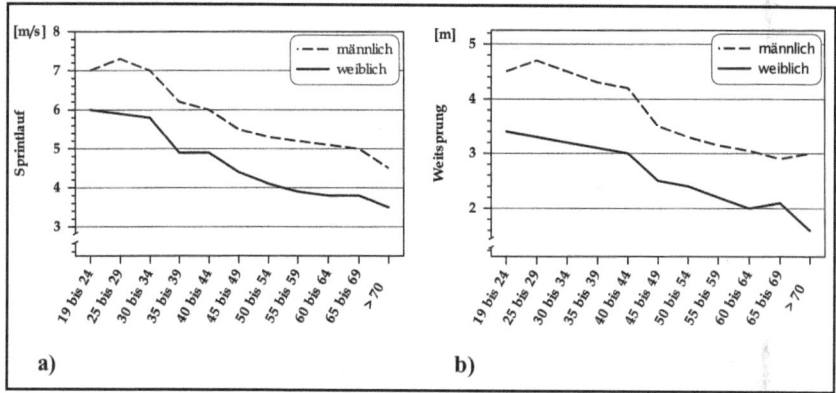

Abb. 62: *Leichtathletische Leistungen im Erwachsenenalter (mod. nach* CRASSELT, ISRAEL & RICHTER, *1984, S. 427)*
a) *Sprintlauf* b) *Weitsprung*

Relevante Verschlechterungen der Alltags- und Arbeitsmotorik treten zum Ende des *mittleren Erwachsenenalters* auf (30.-45./50. Lebensjahr). Gesunde untrainierte Personen zeigen geschlechtsunabhängig zunächst eine allmähliche und ab dem vierten Lebensjahrzehnt eine schnelle und teilweise erhebliche Abnahme der sportmotorischen Leistungsfähigkeit (vgl. Abb. 62a und b). Besonders betroffen sind die *konditionellen* und *koordinativen Fähigkeitsleistungen* (MEINEL & SCHNABEL, 1998; vgl. Abb. 63 und 64). Die durch die Verschlechterung der motorischen Fähigkeiten und der Gesundheit bedingte sportmotorische Leistungsabnahme verläuft für beide Geschlechter weit gehend parallel, jedoch bei den Frauen auf einem niedrigeren Niveau. Durch regelmäßiges sportliches Training kann im mittleren Erwachsenenalter ein hohes sportmotorisches Fähigkeits- und Fertigkeitsniveau aufrechterhalten werden. Ebenso kann die sportmotorische Leistungsfähigkeit auch nach einer längeren Abstinenz vom Sport reaktiviert werden. Bei den Trainierten bilden sich die konditionellen Fähigkeiten sehr trainingsabhängig zurück.

Die *Beweglichkeitsfähigkeiten*, die *koordinativen Fähigkeiten* und die *sportmotorischen Fertigkeiten* zeigen zu Beginn der fünften Lebensdekade nur geringe geschlechtsspezifische Unterschiede, aber auffällige irreversible Verschlechterungen. Als Hauptursachen gelten die organismischen Alterungsprozesse, der Rückgang der konditionellen Leistungsfähigkeit, die eingeschränkte Beweglichkeit der Körpergelenke und die verminderte Elastizität des aktiven und passiven Bewegungsapparats (ROTH & WINTER, 1994). Bei sportlich aktiven Menschen bleiben die Beweglichkeitsfähigkeiten auf einem höheren Leistungsniveau erhalten als bei Nichtsportlern. Gerontologische Alltagserfahrungen lehren, dass gesunde und motivierte Menschen *sportmotorische Fertigkeiten* (alpiner Skilauf, Golf, Tennis, Windsurfen usw.) zwar mit erhöhtem Übungsaufwand erfolgreich erlernen können, dass aber altersbedingte, limitierende Faktoren bestehen (BAUMANN & SCHAER, 1990).

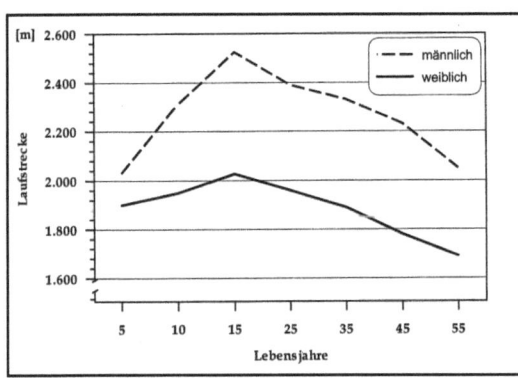

Abb. 63: *Alters- und Geschlechtsunterschiede in der Entwicklung der aeroben Ausdauerfähigkeit am Beispiel Ergebnisse im Cooper-Test (mod. nach BÖS, 1994, S. 240)*

Typisch für das *späte Erwachsenenalter* (45./50.-60./70. Lebensjahr) ist die ab dem 50. Lebensjahr einsetzende irreversible Verschlechterung der Alltagsmotorik, der Arbeitsmotorik und der sportmotorischen Leistungen, die schließlich ein niedriges Niveau erreichen. Auffällig sind die erheblichen interindividuellen Unterschiede, die bei untrainierten Personen größer ausfallen als bei Trainierten. Dies betrifft vor allem die *Ausdauer-, Kraft-, Schnelligkeits-* und *Beweglichkeitsfähigkeiten*. Die *koordinativen Fähigkeiten* zeigen mit geringen Geschlechtsunterschieden eine markante Leistungsabnahme. Systematisches Training kann das Ausmaß und die Geschwindigkeit des Leistungsrückgangs positiv beeinflussen. Sporttreibende Menschen können ihre sportliche Leistungsfähigkeit auch im späten Erwachsenenalter auf einem hohen Niveau bewahren. Einschränkungen bestehen lediglich für die anaerobe Ausdauer- und die Schnelligkeitsfähigkeiten. Empirische Befunde zur *sportmotorischen Lernfähigkeit* fehlen völlig. Praxiserfahrungen verweisen darauf, dass dem Neuerwerb von Sportarten wie Golf, Schwimmen oder Tennis nichts entgegensteht.

Wie verläuft die motorische Entwicklung in der Lebensspanne? 237

Das *spätere Erwachsenenalter* (ab 60./70. Lebensjahr) beginnt in der Regel mit dem Eintritt in den beruflichen Ruhestand. Die Lebensaufgaben umfassen die Bewältigung des Ausscheidens aus dem Berufsleben, der Einengung der Sozialbeziehungen und der zunehmenden kritischen Lebensereignisse sowie die Freizeitgestaltung, die Neubalancierung des ehelichen Zusammenlebens und die Auseinandersetzung mit körperlichen Einschränkungen. Dem Bewegungsbedürfnis und dem Sporttreiben messen alte Menschen einen zunehmend geringeren Stellenwert zu. Der überwiegende Teil der alten Menschen ist sportlich inaktiv. Die Beteiligungsquote am vereinsorganisierten Sport liegt nur noch zwischen 10 % und höchstens 20 % der Altersklasse. Hierbei handelt es sich vorwiegend um Männer, die als Lebenszeitsportler oder Wiedereinsteiger bis ins hohe Alter aktiv am Sport teilnehmen (WINTER & BAUR, 1994).

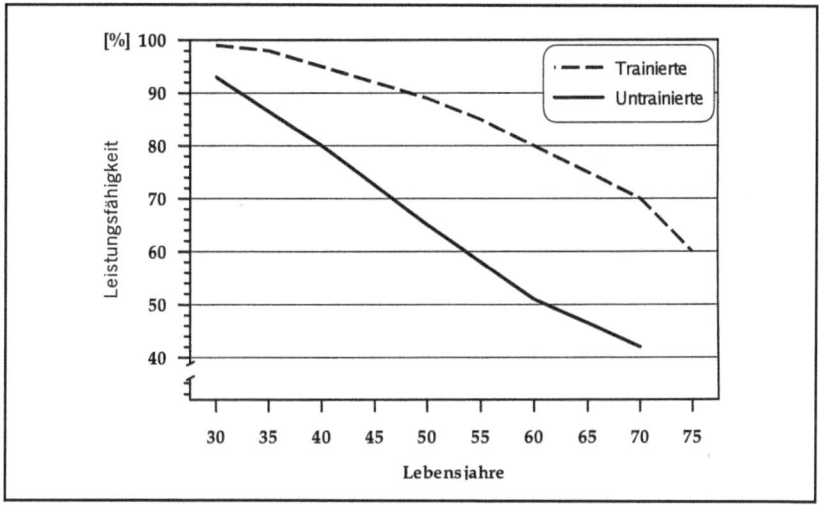

Abb. 64: *Einfluss des Alters und der sportlichen Aktivität oder Inaktivität auf die Maximalkraftfähigkeit der Beinstreckmuskulatur bei Männern (mod. nach* SCHMIDT-BLEICHER, *1994, S. 150)*

Die Gesamtmotorik geht im späteren Erwachsenenalter geschlechtsunabhängig mit beachtlichen interindividuellen Unterschieden unvermeidbar und irreversibel zurück. Die Leistungsverschlechterungen sind „jedoch weit gehend abstufbar und lassen sich erheblich verzögern" (MEINEL & SCHNABEL, 1998, S. 349). Die größten interindividuellen Variabilitäten bestehen unabhängig vom Trainingsniveau für die *Ausdauer-, Kraft-* und *Schnelligkeitsfähigkeiten* (vgl. Abb. 63 und 64). Die maximale Kraftfähigkeit beträgt im Vergleich zur Maturität nur noch 60-70 %. Marathonläufer, Schwimmer, Tennisspieler oder Turner stehen nicht selten gleichaltrigen Personen mit Schwierigkeiten beim Treppensteigen oder Laufen gegenüber. Die beschleunigte Verschlechterung der motorischen Leistungen beruht weniger auf Alterungseffekten als auf inaktivitätsbedingten Veränderungen morphologischer und physiologischer Einflussgrößen (SCHMIDTBLEICHER, 1994).

Umweltfaktoren und sportliches Training können das Ausmaß und den Verlauf der Leistungsminderung bis ins hohe Alter positiv beeinflussen, aber nicht aufhalten. Als besonders lohnenswert gilt der Erwerb und der Erhalt der Ausdauer-, Kraft- und Beweglichkeitsfähigkeiten. Von gesundheitlicher Bedeutung sind tägliche Bewegungsaktivitäten, systematisches sportliches Training und eine ausgewogene Lebensführung (Ernährung, Schlaf usw.). Großen Wert sollten ältere Menschen auf die altersgemäße Stabilisierung und die Verbesserung der Beweglichkeitsfähigkeiten legen. Die zur Verkürzung neigende Muskulatur gilt es, gezielt zu dehnen und die abgeschwächten Muskeln zu kräftigen.

Zur Entwicklung der *koordinativen Fähigkeiten* liegen für das spätere Erwachsenenalter keine gesicherten empirischen Befunde vor. Offensichtlich ist die rigorose Abnahme der motorischen Lern-, Anpassungs-, Umstellungs- und Kombinationsfähigkeit. Zyklische Bewegungen, wie Laufen, Radfahren, Schwimmen oder Skilanglauf, können bis ins hohe Alter ausgeübt und sogar reaktiviert werden. Auch stehen den 70-Jährigen bei ständiger Übung die beherrschten Bewegungstechniken des alpinen Skilaufs, des Faustballs, des Gerätturnens, des Tennis oder des Volleyballs weiterhin zur Verfügung. Trotz kontinuierlichem Training lässt sich im hohen Alter die Reduzierung auf elementare motorische Fertigkeiten und einfache Bewegungskombinationen aber nicht vermeiden. „Der Greis bleibt stehen, wenn er sich die Handschuhe anzieht" (MEINEL, 1960, S. 332). Sportmotorische Lernprozesse im alpinen Skilauf, Golf, Schwimmen oder Tennis verlaufen deutlich langsamer und fallen zumeist wesentlich geringer aus als im mittleren und späten Erwachsenenalter. Der deutsche Volksmund beschreibt dies sehr anschaulich: *Dem grauen Scheitel fällt das Lernen eben schwer* (Emanuel GEIBEL, 1815-1884). Zu den leistungsbegrenzenden Faktoren zählen die Schnellkraft-, Schnelligkeits- und Koordinationsanforderungen.

4 Motorische Entwicklung in der Lebensspanne im Überblick

Die motorische Entwicklung des Individuums als ein lebenslanges, komplexes Ineinandergreifen des körperlichen Wachstums, der Reifung, des motorischen Lernens und verschiedener materialer und sozialer Faktoren zählt zu den zentralen Gegenstandsbereichen der bewegungswissenschaftlichen Forschung. Evaluiert werden die Veränderungen der Bewegung und der Motorik in der Lebensspanne, die potenziellen Entwicklungsfaktoren und die Möglichkeiten der Einflussnahme auf die sportmotorische Entwicklung des Individuums. Die empirische Befundlage zur motorischen Ontogenese muss der Leser auf Grund der Uneinheitlichkeit und der geringen Breite mit einer gewissen Vorsicht betrachten. Dies trifft insbesondere für die *zeitliche Klassifizierung der motorischen Entwicklung* zu. In der Sportwissenschaft weit verbreitet ist das Klassifizierungssystem von WINTER (1998). Vergleichbar mit anderen ontogenetischen Systematisierungen stellen die benannten Altersspannen, bedingt durch die großen interindividuellen und intraindividuellen Entwicklungsunterschiede, nur sehr grobe, nicht verlässliche chronologische Abgrenzungen des motorischen Entwicklungsverlaufs dar.

Die speziellen Erbanlagen des Individuums und die vorherrschenden Umweltbedingungen bestimmen maßgeblich die *somatische Entwicklung*. Empirische Befunde über den durchschnittlichen Entwicklungsverlauf liegen für das Zentralnervensystem, die anthropometrischen Körpermerkmale, den aktiven und passiven Bewegungsapparat, das Herz-Kreislauf-System, die inneren Organe und die physiologischen Funktionsprozesse vor. Während im Kindes- und Jugendalter die Ausgestaltung der äußeren Körperform und der inneren Organe im Vordergrund stehen, zählen im Erwachsenenalter zunächst die Aufrechterhaltung und im weiteren Lebenslauf die Verschlechterung der körperlichen Formen und organismischen Funktionen zu den Charakteristika der körperlichen Entwicklung.

Die in der sportwissenschaftlichen Literatur vorherrschenden chronologischen Abhandlungen von WILLIMCZIK (1983), BAUR ET AL. (1994) und WINTER (1998) über die motorische Entwicklung thematisieren die typischen Lebensaufgaben einzelner Entwicklungsphasen und die altersbezogenen Veränderungen der motorischen Basisfähigkeiten, der Alltagsmotorik, der Arbeitsmotorik und der sporttypischen Bewegungstechniken. Für die Beschreibung der motorischen Entwicklung erscheinen grobe Untergliederungen hilfreich: das Neugeborenenalter bis Vorschulkindalter, das Schulkindalter, das Jugendalter und das Erwachsenenalter.

Die fundamentalen (z. B. gezieltes Greifen) und elementaren Alltagsbewegungen (Gehen, Laufen, Springen, Werfen usw.) differenzieren sich geschlechtsunabhängig bis zum *Vorschulkindalter* (bis 6./7. Lebensjahr) aus. Im Allgemeinen erwirbt das Kind in dieser Lebensphase einfache Bewegungskombinationen und Bewegungsgrundtechniken des Geräturnens, des Kinderballetts, der Leichtathletik und des Schwimmens. Die für die frühen Lebensabschnitte beschriebenen, „typischen" motorischen Entwicklungsabfolgen zeigen bereits erhebliche interindividuelle Unterschiede innerhalb der einzelnen Entwicklungsreihen und im zeitlichen Auftreten der Bewegungsmerkmale. Das *Schulkindalter* (7.-12./13. Lebensjahr) lässt keine generellen motorischen Entwicklungsverläufe erkennen, da mit der unterschiedlich schnell voranschreitenden somatischen Entwicklung die interindividuellen und geschlechtsspezifischen Differenzen zunehmen. Grob zusammengefasst zeigen die konditionellen und koordinativen Basisfähigkeiten stark ansteigende Zuwachsraten.

Die erste Phase der Jugend, die *Pubeszenz* (11./12.-14./15. Lebensjahr), kennzeichnet der auffällige Umbau der motorischen Basisfähigkeiten und der Erwerb neuer sportartspezifischer Bewegungsfertigkeiten. Begünstigt durch die hormonellen Veränderungs- und Wachstumsprozesse zeigen sich markante geschlechtsspezifische und individuelle Unterschiede in den sportmotorischen Leistungen. Gute Voraussetzungen bestehen für die Ausbildung der konditionellen Fähigkeiten, während für die koordinativen Fähigkeiten und die sportmotorischen Fertigkeiten mit zeitweisen Beeinträchtigungen oder Stagnationen gerechnet werden muss. Die puberalen Entwicklungstendenzen beeinflussen mehr oder minder die sportlichen Aktivitäten und den Trainingszustand des Individuums. Dies betrifft aber nicht alle Jugendlichen in gleichem Maße.

Die zweite Jugendphase, die *Adoleszenz* (13./14.-18./19. Lebensjahr), bestimmt die fortschreitende Individualisierung, die große Variationsbreite und die Stabilisierung der motorischen Entwicklungsmerkmale. Besonders augenscheinlich sind die geschlechtsspezifischen Veränderungen der Ausdauer- und Kraftfähigkeiten zu Gunsten der männlichen Jugendlichen, während bei den weiblichen Jugendlichen die Beweglichkeitsfähigkeiten besser ausgeprägt sind.

Für das *Erwachsenenalter* liegen nur wenige gesicherte empirische Kenntnisse über die motorische Entwicklung vor. Die individuellen fähigkeits- und fertigkeitsspezifischen Ausdifferenzierungen und Höchstausprägungen erreicht der Mensch zu Beginn des *frühen Erwachsenenalters* (18./20.-30. Lebensjahr). Während die Männer im Durchschnitt ein höheres sportmotorisches Leistungsniveau erlangen als die Frauen, stellt sich die sportmotorische Höchstausprägung der männlichen Leistungssportler 2-4 Jahre später ein als bei den weiblichen Spitzenathleten. Die sportmotorische Leistungsfähigkeit nimmt bei Nichttrainierten bereits im frühen Erwachsenenalter beträchtlich ab.

Im *mittleren* und *späten Erwachsenenalter* (30.-60./70. Lebensjahr) zeigen beide Geschlechter, im Unterschied zur Alltagsmotorik und Arbeitsmotorik, zunächst allmähliche und ab dem fünften Lebensjahrzehnt fortschreitende, irreversible Verschlechterungen der sportmotorischen Leistungen. Der Umfang der Abnahme der konditionellen und koordinativen Fähigkeiten erfolgt trainingsabhängig mit großen interindividuellen Unterschieden. Zu den markanten Kennzeichen des *späteren Erwachsenenalters* (ab 60./70. Lebensjahr) zählt mit beachtlichen interindividuellen Unterschieden die nicht aufhaltbare Verschlechterung der Gesamtmotorik und dies unabhängig vom Trainingsniveau.

Zentrale Begriffe

Adoleszenz, Aktualgenese, Akzeleration, Anthropogenese, Aufgabenfaktoren, Entwicklung, Entwicklungsphasen, Erwachsenenalter, gemischte Längsschnittmethode, Jugendalter, Kleinkindalter, Kohortenmethode, Längsschnittmethode, motorische Entwicklung, Neugeborenenalter, Ontogenese, Phylogenese, Pubeszenz, Querschnittmethode, Retardation, Schulkindalter, sensible Phasen, somatische Entwicklung, sportmotorische Entwicklung, Vorschulkindalter.

Zur vertiefenden Weiterarbeit

BAUR, J., BÖS, K. & SINGER , R. (Hrsg.). (1994). *Motorische Entwicklung. Ein Handbuch.* Schorndorf: Hofmann.

TRAUTNER, H. M. (1992). *Lehrbuch der Entwicklungspsychologie. Grundlagen und Methoden. Bd. 1* (2. Aufl.). Göttingen: Hogrefe.

WINTER, R. (1998). Die motorische Entwicklung (Ontogenese) des Menschen von der Geburt bis ins hohe Alter. In K. MEINEL & G. SCHNABEL (Hrsg.), *Bewegungslehre –Sportmotorik* (S. 237–349). Berlin: Volk und Wissen.

Literatur

AKERT, K. (1971). Struktur und Ultrastruktur von Nervenzellen und Synapsen. *Klinische Wochenzeitschrift, 29,* 509–519.

BALTES, P. B. (1990). Entwicklungspsychologie der Lebensspanne. Theoretische Leitsätze. *Psychologische Rundschau, 41,* 1–24.

BALTES, P. B. (1997). Die unvollendete Architektur der menschlichen Ontogenese: Implikationen für die Zukunft des vierten Lebensalters. *Psychologische Rundschau, 48,* 191–210.

BAR-OR, O. (1986). *Die Praxis der Sportmedizin in der Kinderheilkunde.* Heidelberg: Springer.

BAUMANN, H. & SCHAER, W. (1990). Motorisches Lernen im höheren Lebensalter. In H. BAUMANN (Hrsg.), *Älter werden – fit bleiben (II)* (S. 42–69). Erlangen: Bollmann.

BAUR, J. (1987a). Über die Bedeutung sensibler Phasen für das Kinder- und Jugendtraining. *Leistungssport, 17,* 9–14.

BAUR, J. (1987b). Zur Bewegungswelt von Kindern und Jugendlichen. *Sportpädagogik, 11,* 413.

BAUR, J. (1994). Motorische Entwicklung: Konzeptionen und Trends. In J. BAUR, K. BÖS & R. SINGER (Hrsg.), *Motorische Entwicklung. Ein Handbuch* (S. 27–47). Schorndorf: Hofmann.

BAUR, J., BÖS, K. & SINGER, R. (Hrsg.). (1994). *Motorische Entwicklung. Ein Handbuch.* Schorndorf: Hofmann.
BÖS, K. (1994). Differentielle Aspekte der Entwicklung motorischer Fähigkeiten. In J. BAUR, K. BÖS & R. SINGER (Hrsg.), *Motorische Entwicklung. Ein Handbuch* (S. 238–253). Schorndorf: Hofmann.
BÖS, K. (1999). Kinder und Jugendliche brauchen Sport. In N. FESSLER (Hrsg.), *Gemeinsam etwas bewegen! Sportverein und Schule – Schule und Sportverein in Kooperation* (S. 68–83). Schorndorf: Hofmann.
BRETTSCHNEIDER, W.-D., BAUR, J. & BRÄUTIGAM, M. (1989). *Sport im Alltag von Jugendlichen.* Schorndorf: Hofmann.
BRINKHOFF, K.-P. & BAUR, J. (1994). Motorische Entwicklung im Jugendalter. In J. BAUR, K. BÖS & R. SINGER (Hrsg.), *Motorische Entwicklung. Ein Handbuch* (S. 276–308). Schorndorf: Hofmann.
CRASSELT, W. (1994). Somatische Entwicklung. In J. BAUR, K. BÖS & R. SINGER (Hrsg.), *Motorische Entwicklung. Ein Handbuch* (S. 106–125). Schorndorf: Hofmann.
CRASSELT, W., ISRAEL, S. & RICHTER, H. (1984). Schnellkraftleistungen im Altersgang. Theorie und Praxis der Körperkultur, *33*, 423–431.
DIETZ, W. (1990). You are what you eat: what you eat is what you are. *Journal of Adolescent Health Care, 11*, 76–81.
FETZ, F. (1982). *Sportmotorische Entwicklung. Theorie und Praxis der Leibeserziehung.* Wien: Österreichischer Bundesverlag.
FETZ, F. (1989). Motorische Aneignungsfähigkeit und motorische Behaltensfähigkeit als Leistungsindikatoren. In F. FETZ, E. MÜLLER & W. NACHBAUER (Hrsg.), *Sportmotorische Diagnoseverfahren* (S. 7–56). Wien: Österreichischer Bundesverlag.
HURRELMANN, K. (2002). *Einführung in die Sozialisationstheorie* (8. Aufl.). Weinheim: Beltz.
HURRELMANN, K. (2004). *Lebensphase Jugend* (7. Aufl.). Weinheim: Juventa.
JOCH, W., HASENBERG, R. & AUERBACH, A. (1990). Zur Altersabhängigkeit motorischer Lernleistungen. Gibt es ein „bestes motorisches Lernalter"? *Sport Praxis, 31*, 39–42.
LOOSCH, E. (1999). *Allgemeine Bewegungslehre.* Wiebelsheim: Limpert.
MEINEL, K. (1960). *Bewegungslehre.* Berlin: Sportverlag.
MEINEL, K. & SCHNABEL, G. (1998). *Bewegungslehre – Sportmotorik. Abriß einer Theorie der sportlichen Methodik unter pädagogischem Aspekt* (9. Aufl.). Berlin: Volk und Wissen.
MÖCKELMANN, H. & SCHMIDT, D. (1952/1981). *Leibeserziehung und jugendliche Entwicklung* (9. Aufl.). Schorndorf: Hofmann.
MONTANA, L. (2002). Fragen, Konzepte, Perspektiven. In R. OERTER & L. MONTADA (Hrsg.), *Entwicklungspsychologie* (5. Aufl.) (S. 1–53). Weinheim: Beltz.
OERTER, R. & MONTADA, L. (Hrsg.). (2002). *Entwicklungspsychologie* (5. Aufl.). Weinheim: Beltz.

PAUER, T. (2001). *Die motorische Entwicklung leistungssportlich trainierender Jugendlicher.* Schorndorf: Hofmann.
ROTH, K. (1999). Die fähigkeitsorientierte Betrachtungsweise. In K. ROTH & K. WILIMCZIK (Hrsg.), *Bewegungswissenschaft* (S. 227–288). Reinbek: Rowohlt.
ROTH, K. & WINTER, R. (1994). Entwicklung koordinativer Fähigkeiten. In J. BAUR, K. BÖS & R. SINGER (Hrsg.), *Motorische Entwicklung. Ein Handbuch* (S. 191–216). Schorndorf: Hofmann.
ROTH, K. & WOLLNY, R. (1999a). Differentielle Aspekte in der motorischen Entwicklung. In J. WIEMEYER (Hrsg.), *Forschungsmethodologische Aspekte von Bewegung, Motorik und Training im Sport* (S. 170–177). Hamburg: Czwalina.
ROTH, K. & WOLLNY, R. (1999b). Motorische Entwicklung in der Lebensspanne – Forschungsmethodische Perspektiven. *Psychologie und Sport, 6,* 102–112.
SCHEID, V. (1994a). Motorische Entwicklung in der frühen Kindheit. In J. BAUR, K. BÖS & R. SINGER (Hrsg.), *Motorische Entwicklung. Ein Handbuch* (S. 260–275). Schorndorf: Hofmann.
SCHEID, V. (1994b). Motorische Entwicklung in der mittleren Kindheit. Vom Schuleintritt bis zum Beginn der Pubertät. In J. BAUR, K. BÖS & R. SINGER (Hrsg.), *Motorische Entwicklung. Ein Handbuch* (S. 275–290). Schorndorf: Hofmann.
SCHEID, V. & RIEDER, H. (2001). Wie entwickelt sich die menschliche Bewegung? In V. SCHEID & R. PROHL (Hrsg.), *Bewegungslehre. Kursbuch Sport* (S. 81–121). Wiebelsheim: Limpert.
SCHMIDT, H. D. (1970). *Allgemeine Entwicklungspsychologie.* Berlin: Deutscher Verlag der Wissenschaften.
SCHMIDTBLEICHER, D. (1994). Entwicklung der Kraft und Schnelligkeit. In J. BAUR, K. BÖS & R. SINGER (Hrsg.), *Motorische Entwicklung. Ein Handbuch* (S. 129–150). Schorndorf: Hofmann.
SHARMA, K. D. (1994). Zum Zusammenhang zwischen biologischem Alter und koordinativen Fähigkeiten bei Jungen der Primarstufe – dargestellt am Beispiel der Reaktionsfähigkeit. In P. HIRTZ & F. NÜSKE (Hrsg.), *Motorische Entwicklung in der Diskussion* (S. 111–118). Sankt Augustin: Academia.
SINGER, R. & BÖS, K. (1994). Motorische Entwicklung: Gegenstandsbereich und Entwicklungseinflüsse. In J. BAUR, K. BÖS & R. SINGER (Hrsg.), *Motorische Entwicklung. Ein Handbuch* (S. 15–26). Schorndorf: Hofmann.
THOMAE, H. (1959). Entwicklungsbegriff und Entwicklungstheorie. In H. THOMAE (Hrsg.), *Handbuch der Psychologie. Entwicklungspsychologie. Bd. 3* (S. 3–20). Göttingen: Hogrefe.
TRAUTNER, H. M. (1992). *Lehrbuch der Entwicklungspsychologie. Grundlagen und Methoden. Bd. 1* (2. Aufl.). Göttingen: Hogrefe.
ULICH, D. (1986). Kriterien psychologischer Entwicklungsbegriffe. *Zeitschrift für Sozialisationsforschung und Erziehungssoziologie, 6,* 5–27.

WEINECK, J. (2004). *Optimales Training. Leistungsphysiologische Trainingslehre unter besonderer Berücksichtigung des Kinder- und Jugendtrainings* (14. Aufl.). Balingen: Spitta.
WILLIMCZIK, K. (1983). Sportmotorische Entwicklung. In K. WILLIMCZIK & K. ROTH (Hrsg.), *Bewegungslehre* (S. 240–353). Reinbek: Rowohlt.
WILLIMCZIK, K., MEIERAREND, E.-M., POLLMANN, D. & RECKEWEG, R. (1999). Das „beste motorische Lernalter" – Forschungsergebnisse zu einem pädagogischen Postulat und zu kontroversen empirischen Befunden. *Sportwissenschaft, 1*, 42–61.
WINTER, R. (1998). Die motorische Entwicklung (Ontogenese) des Menschen von der Geburt bis ins hohe Alter. In K. MEINEL & G. SCHNABEL (Hrsg.), *Bewegungslehre – Sportmotorik* (S. 237–349). Berlin: Volk und Wissen.
WINTER, R. & BAUR, J. (1994). Motorische Entwicklung im Erwachsenenalter. In J. BAUR, K. BÖS & R. SINGER (Hrsg.), *Motorische Entwicklung. Ein Handbuch* (S. 309–332). Schorndorf: Hofmann.
WINTER, R. & ROTH, K. (1994). Entwicklung motorischer Fertigkeiten. In J. BAUR, K. BÖS & R. SINGER (Hrsg.), *Motorische Entwicklung. Ein Handbuch* (S. 217–237). Schorndorf: Hofmann.
WOLLNY, R. (2002). *Motorische Entwicklung in der Lebensspanne – Warum lernen und optimieren manche Menschen Bewegungen besser als andere?* Schorndorf: Hofmann.

Fragen zur Lektion 8

1. Was versteht die Entwicklungspsychologie unter der *Ontogenese*?
2. In welcher Beziehung stehen die Begriffe *Phylogenese, Anthropogenese, Ontogenese* und *Aktualgenese* zueinander?
3. Erläutern Sie den Begriff *motorische Entwicklung*.
4. Beschreiben Sie das Erkenntnisinteresse und die Arbeitsschwerpunkte der motorischen Entwicklungsforschung.
5. Diskutieren Sie das Phänomen der sensiblen Phasen in der motorischen Entwicklung.
6. Stellen Sie den entwicklungstheoretischen Kenntnisstand zur Problematik der Retardation und der Akzeleration dar.
7. Was sind die Vor- und Nachteile von Querschnitt- und Längsschnittdesigns bei der Erhebung motorischer Verhaltensphänomene?
8. Benennen Sie „typische" motorische Entwicklungsaufgaben für die verschiedenen Lebensphasen.
9. Was versteht man unter der *Pubeszenz* und der *Adoleszenz*?
10. Wie sieht der „typische" Verlauf der motorischen Entwicklung des Menschen aus?
11. Wie lassen sich motorische Entwicklungszeiträume klassifizieren?
12. Warum stellt das kalendarische Alter keine psychologische Variable, sondern eine physikalische Trägervariable dar?
13. Charakterisieren Sie die durchschnittliche somatische Entwicklung des Menschen.
14. Verdeutlichen Sie den Verlauf der motorischen Entwicklung in der Lebensspanne an der Beschreibung und der Erklärung der durchschnittlichen Entwicklungsverläufe der Kraft- und Ausdauerfähigkeiten. Thematisieren Sie mögliche altersbezogene und geschlechtsspezifische Aspekte.
15. Wie entwickeln sich die koordinativen Fähigkeiten im Lebenslauf? Diskutieren Sie die sich hieraus ergebenden Konsequenzen für die Gestaltung von Lern- und Trainingsprozessen im Sport.
16. Wie entwickeln sich die Alltagsmotorik und die sporttypischen Bewegungsfertigkeiten im Lebenslauf?

Lektion 9
Was Hänschen nicht lernt, lernt Hans ... – Welche Traditionen und modernen Trends kennzeichnen die motorische Entwicklungsforschung?

Mit den Phänomenen der lebenslangen Veränderung der Erscheinung, Verhaltensweisen, Fertigkeiten und Interessen des Menschen beschäftigten sich bereits die Philosophen der Antike (PLATON, 427-347 v. Chr.; ARISTOTELES, 384-322 v. Chr.) und die Pädagogen des Mittelalters (Amos COMENIUS, 1592-1670; John LOCKE, 1632-1704). Es wird jedoch weder der körperliche, kognitive und motorische Entwicklungsgrad einzelner Lebensphasen differenziert betrachtet noch werden Entwicklungstheorien aufgestellt. Den entscheidenden Anstoß für die wissenschaftlich-empirische Auseinandersetzung mit der menschlichen Ontogenese liefert Ende des 19. Jahrhunderts die organismische Evolutionstheorie des Naturforschers Charles DARWIN (1859, 1871), die ausschließlich genetische Faktoren als Entwicklungsursachen propagiert. Zu Beginn der 50er Jahre des nachfolgenden Jahrhunderts leiten behavioristische Lerntheorien (z. B. SKINNER, 1953; vgl. Lektion 5) die grundlegende Abkehr von organismischen Entwicklungsvorstellungen ein. Als alleinige Impuls- und Richtungsgeber der Ontogenese gelten nicht mehr genetische Determinanten, sondern ausschließlich materiale und soziale Umweltfaktoren (KROH, 1929; GESELL, 1954, 1958).

Weitere bedeutsame Paradigmenwechsel ereignen sich Mitte der 60er Jahre durch die Veröffentlichung der konstruktivistischen Entwicklungstheorie von PIAGET (1966, 1976) und Anfang der 90er Jahre durch BALTES (1990, 1997) kontextualistische Rahmenkonzeption der Entwicklungspsychologie der Lebensspanne. Neu ist die Auffassung, dass nicht nur ein System endogener und exogener Bedingungsfaktoren die interindividuellen Verschiedenheiten und die intraindividuellen Variabilitäten kognitiver und motorischer Verhaltensweisen bedingt, sondern dass der Mensch die eigene Entwicklung und die Umwelt lebenslang aktiv mitgestaltet.

1 Was ist von dieser Lektion zu erwarten?

Lektion 9 greift zwei aktuelle Problemstellungen der sportwissenschaftlichen Entwicklungsforschung auf: *Welche psychologischen Theorien über die menschliche Onto-*

Welche Traditionen und modernen Trends kennzeichnen 247
die motorische Entwicklungsforschung?

genese sind für die bewegungswissenschaftliche Entwicklungsforschung bedeutsam? *Welche Bedingungsfaktoren beeinflussen die sportmotorische Entwicklung?* Bevor die Lektion mit dem idealtypischen Aufriss ausgewählter entwicklungstheoretischer Grundpositionen beginnt, grenzt Kapitel 2 die Begriffe *Entwicklungsphase* und *Entwicklungsstufe* voneinander ab und bewertet die Aussagekraft quantitativer und qualitativer Entwicklungsdaten für die Analyse ontogenetischer Phänomene.

Die charakteristischen Merkmale traditioneller und moderner Entwicklungsperspektiven beschreibt Kapitel 3. Die zur Zeit der Theorie der Leibeserziehung und der frühen Sportwissenschaft diskutierten theoretischen Grundannahmen über die motorische Ontogenese skizziert Unterkapitel 3.1. Hierzu zählen die organismischen (Kap. 3.1.1), exogenistischen (Kap. 3.1.2) und konstruktivistischen Entwicklungskonzepte (Kap. 3.1.3). Die gegenwärtig favorisierte kontextualistische Theorie der Entwicklungspsychologie der Lebensspanne von BALTES (1990, 1997) erläutert Abschnitt 3.2. Unter der Fragestellung, welche potenziellen Bedingungsfaktoren die sportmotorische Entwicklung beeinflussen, werden altersbezogene (Kap. 4.1), evolutionär-historische (Kap. 4.2), nichtnormative Entwicklungsfaktoren (Kap. 4.3) und deren Wechselbeziehungen thematisiert (Kap. 4.4). Eine kritische Bewertung der Forschungsstrategie der modernen Entwicklungspsychologie findet der Leser in Kapitel 5.

2 Welche Begriffe sind grundlegend?

Nach der Auffassung zahlreicher Entwicklungsforscher verläuft die Ontogenese des Menschen diskontinuierlich und lässt sich am besten als eine Abfolge von Phasen und Stufen darstellen (vgl. Abb. 65). Eine exakte terminologische Abgrenzung der Begriffe *Entwicklungsphase* und *Entwicklungsstufe* fällt schwer, da einzelne Wissenschaftler diese Termini sehr unterschiedlich verwenden. Nach TRAUTNER (1997) stellen *Entwicklungsphasen* periodische, in gleicher oder ähnlicher Form auftretende Zeitabschnitte im Verlauf der Ontogenese dar. Bei *Entwicklungsstufen* handelt es sich um Lebensabschnitte, die gegenüber früheren Zuständen plötzliche, tief greifende Niveauveränderungen zeigen. Der Übergang von einem zum anderen Zustand kann mehr oder minder krisenhaft oder konfliktbehaftet verlaufen.

Für den entwicklungspsychologischen Laien liegt der Vorteil der Darstellung von Entwicklungsprozessen als eine Abfolge von Phasen und Stufen in der übersichtlichen Veranschaulichung durchschnittlicher Entwicklungsverläufe der körperlichen Parameter, der motorischen Basisfähigkeiten, der Alltagsmotorik, der Arbeitsmotorik oder der sportmotorischen Fertigkeiten begründet. Die wesentlichen Kritikpunkte an der Allgemeingültigkeit der phasen- und stufenförmigen Ontogenese bündelt TRAUTNER (1997).

Hiernach geben Phasen- und Stufentheorien das Entwicklungsgeschehen einheitlicher wieder, als es die Realität zeigt. Unberücksichtigt bleiben die interindividuellen Verschiedenartigkeiten und die intraindividuellen Veränderungen in der körperbaulichen, kognitiven und motorischen Entwicklung. Vielfach handelt es sich bei entwicklungspsychologischen Phasen- und Stufenmodellen eher um die Beschreibung von Zuständen, als um die Erklärung der zu Grunde liegenden ontogenetischen Mechanismen. Ungeklärt bleibt, welche Prozesse die einzelnen Entwicklungsstufen zu bestimmten Zeitpunkten im Lebenslauf auslösen. Schließlich besteht innerhalb der modernen Entwicklungsforschung eine große Uneinigkeit über die Anzahl, die Reihenfolge, die zeitliche Länge und die Inhalte der einzelnen Entwicklungsphasen und -stufen.

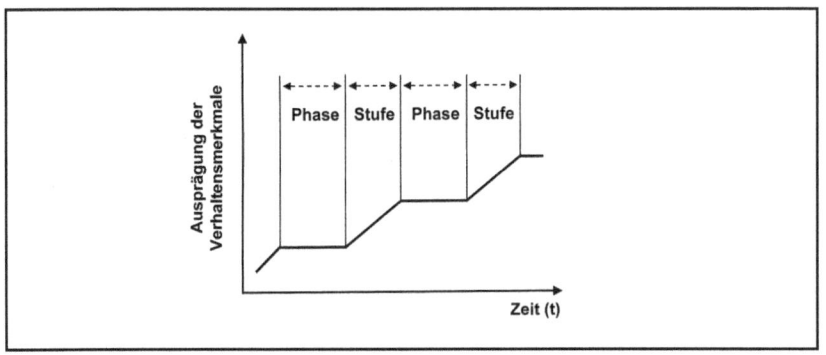

Abb. 65: *Schematisierte Darstellung von Entwicklungsphasen und Entwicklungsstufen*

Studien zur Prüfung entwicklungstheoretischer Konzepte konzentrieren sich im Wesentlichen auf die psychischen und motorischen Verhaltensveränderungen des Individuums in der Zeit. Längsschnittliche Verhaltensdaten über mehrere Zeitpunkte im individuellen Lebenslauf ermöglichen Aussagen über die *intraindividuellen Entwicklungsveränderungen*. Wird eine größere Gruppe von Menschen beobachtet, lassen sich interindividuelle Variationen der intraindividuellen Lebensläufe erkennen (vgl. Lektion 8, Kap. 2).

Die Brauchbarkeit und Interpretierbarkeit entwicklungspsychologischer Daten hängt maßgeblich von der Güte des Datenmaterials ab. Über Einzelfallstudien, Analysen von Tagebüchern oder literarische Quellen erhobene *qualitative Entwicklungsdaten* ermöglichen die genaue Beschreibung individueller Entwicklungsverläufe. *Quantitative Entwicklungsdaten* basieren auf systematischen Beobachtungen oder Experimenten unter weit gehend kontrollierten Bedingungen, die den wissenschaftlichen Gütekriterien der Objektivität, der Reliabilität und der Validität entsprechen. Im Gegensatz zur qualitativen Datenerhebung werden potenzielle Störvariablen möglichst ausgeschaltet oder zumindest konstant gehalten (vgl. Lektion 2, Kap. 4).

3 Was besagen Theorien der menschlichen Entwicklung?

Die Vielzahl klassischer und moderner Entwicklungstheorien erfordert die Systematisierung der voneinander abweichenden entwicklungstheoretischen Grundannahmen. Abbildung 66 führt vier bedeutsame Perspektiven auf: organismische, exogenistische, konstruktivistische und kontextualistische Entwicklungskonzepte. Die unterschiedlichen Erklärungsansätze lassen sich danach zusammenfassen, inwieweit sie dem Subjekt auf der einen und der Umwelt auf der anderen Seite eine aktive oder passive Rolle bei der Ontogenese zugestehen und welche Annahmen bezüglich der Interaktionen zwischen endogenen und exogenen Entwicklungsfaktoren vorliegen.

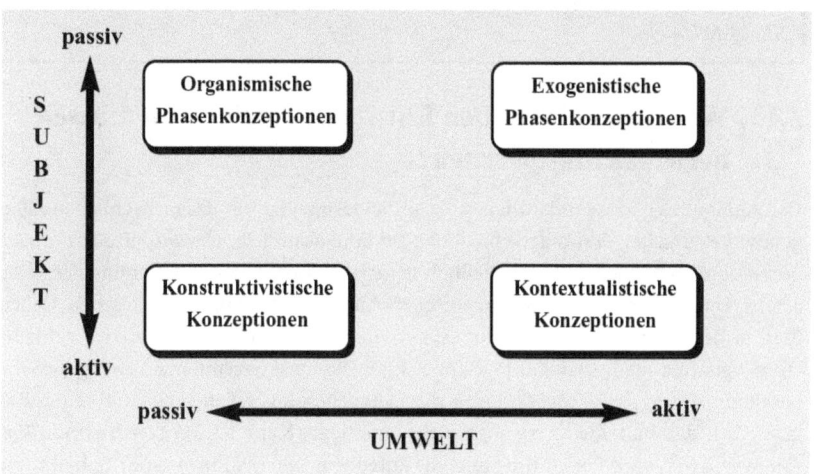

Abb. 66: *Perspektiven der Entwicklungspsychologie*

Unterkapitel 3.1 stellt in einem stark verdichteten Überblick die in der Sportwissenschaft lange Jahre kontrovers diskutierten organismischen, exogenistischen und konstruktivistischen Entwicklungskonzepte vor. Im Mittelpunkt des Unterkapitels 3.2 steht die seit den 90er Jahren des 20. Jahrhunderts favorisierte Theorie der Entwicklungspsychologie der Lebensspanne von BALTES (1979, 1990, 1997; BRANDSTÄDTER, 1990; BALTES, LINDENBERGER & STAUDINGER, 1998; BALTES, STAUDINGER & LINDENBERGER, 1999), der für die sportbezogene Entwicklungsforschung ein hohes Anregungs- und Innovationspotenzial zukommt. Die Kurzdarstellung der einzelnen Entwicklungsperspektiven zielt nicht auf eine vollständige Auflistung aller theoretischen Grundannahmen und empirischen Forschungsbefunde. Hierzu liegen ausführliche Abhandlungen von BAUR ET AL. (1994), TRAUTNER (1997) und OERTER und MONTADA (2002) vor.

> *Vertiefende Einblicke in die Grundzüge der Teilgebiete der Entwicklungspsychologie bietet der meistzitierte Klassiker „OERTER und MONTADA" (2002). Kompakt und relativ unkompliziert stellen die beiden Entwicklungspsychologen mit einer Vielzahl von Literaturverweisen die Grundlagen und Methoden der Entwicklungspsychologie sowie die menschliche Entwicklung in einzelnen Lebensabschnitten und Funktionsbereichen dar. Als eine gute Alternative empfiehlt sich das doppelbändige Lehrbuch von TRAUTNER. Der detaillierte Überblick über die grundlegenden Theorien und Befunde (1997), die Aufgaben, die Erhebungsmethoden und die methodischen Probleme der Entwicklungspsychologie (1992) besticht durch die hohe didaktische Qualität, die sehr gute Verständlichkeit und die einprägsamen Alltagsbeispiele.*

3.1 Welche traditionellen Entwicklungstheorien müssen berücksichtigt werden?

Die Anfänge der wissenschaftlichen Auseinandersetzung mit der menschlichen Ontogenese beherrschen drei unterschiedliche Erklärungsansätze. *Organismische Entwicklungskonzepte* betrachten ausschließlich genetische Entwicklungsdeterminanten (Kap. 3.1.1). Die Herausstellung organismischer Ansätze rechtfertigt deren große Bedeutung in der klassischen Entwicklungspsychologie und ihre Renaissance in aktuellen ethnologischen und sozialbiologischen Entwicklungskonzeptionen. Demgegenüber beschreiben *exogenistische Theorien* die Ontogenese als einen sozialkulturellen Prozess, dem das Individuum zwangsläufig unterliegt (Kap. 3.1.2). *Konstruktivistische Entwicklungskonzeptionen* propagieren komplexe Interaktionen von Subjekt und Umwelt (Kap. 3.1.3). Die Entwicklung kennzeichnet der fortschreitende Aufbau von individuellen Kenntnissen, Einsichten und Erfahrungen.

3.1.1 Was sind die Kernannahmen organismischer Phasenkonzepte?

Die bis Mitte der 60er Jahre des 20. Jahrhunderts in der entwicklungspsychologischen und sportwissenschaftlichen Fachliteratur dominierenden *organismischen Phasenkonzepte* – Ontogenese als Entfaltung – erachten weder Umwelteinflüsse noch selbstständig handelnde Subjekte als notwendige Entwicklungsvoraussetzungen (vgl. Abb. 66). Als die alleinigen Impuls- und Richtungsgeber kognitiver und motorischer Verhaltensveränderungen gelten endogene „schicksalsbestimmte" Anlagefaktoren. Die Ausformung der Gesamtpersönlichkeit beruht ausschließlich auf der körperlichen Entwicklung. Vorherrschend sind biologische Wachstums- und Reifungsprozesse, die, unabhängig von exogenen Einflusskomponenten, nach vorprogrammierten phasen- und

Welche Traditionen und modernen Trends kennzeichnen die motorische Entwicklungsforschung?

stufenförmigen Gesetzmäßigkeiten verlaufen und scheinbar hoch mit dem kalendarischen Alter korrelieren. Die sich unausweichlich einstellenden Entwicklungsresultate sind irreversibel. Die physikalische und soziale Umwelt stellt dem Menschen lediglich zu bestimmten Zeitpunkten fördernde Anreize oder hemmende Widerstände zur Verfügung, um altersgemäße Aufgaben und Anforderungen zu realisieren.

Die zur Zeit der Theorie der Leibeserziehung favorisierten organismischen Entwicklungskonzepte von MÖCKELMANN und SCHMIDT (1952, 1981) oder NEUMANN (1964) betrachten nahezu ausschließlich die leib-seelische Ontogenese von Schulkindern und Jugendlichen (6.-18. Lebensjahr). Die Entwicklung stellt einen „naturgegebenen", endogen bestimmten Prozess dar, der einen eigenen Rhythmus aufweist und keine Störungen von außen erfährt. Die Ontogenese verläuft nicht geradlinig oder kontinuierlich, sondern nach festgelegten, nicht umkehrbaren Abfolgen von Entwicklungsphasen und -stufen. Ihre Aufeinanderfolge definiert die klassische Entwicklungsforschung als Fortschritt oder Schichtung vom Einfachen zum Komplexen. Die Übergänge zwischen den einzelnen Entwicklungsphasen nimmt das Individuum mehr oder weniger krisenhaft wahr. Als alleiniges Kriterium für die Beurteilung des leib-seelischen Entwicklungsstandes zählt die Motorik.

Das Schulkind- und Jugendalter unterteilen MÖCKELMANN und SCHMIDT (1952, 1981) in fünf Entwicklungsabschnitte: *6.-10. Lebensjahr*: indifferentes Leib-Seele-Verhalten, *9.-12. Lebensjahr*: Festigung kindlicher Strukturen, *11.-15. Lebensjahr*: Auflösung kindlicher Strukturen, *13.-18. Lebensjahr*: Neuformung und Reifung sowie *ab dem 16. Lebensjahr*: Festigung geschlechtsspezifischer Strukturen.

Die wesentlichen Verdienste organismischer Phasenkonzeptionen liegen darin begründet, dass diese erstmals in der Geschichte der Entwicklungspsychologie auf die qualitativen Unterschiede in der Ontogenese von Kindern und Erwachsenen sowie die Gefahr des Nichtbeachtens von Entwicklungsabschnitten aufmerksam machen. Die Hauptkritikpunkte lassen sich wie folgt bündeln: Die Darstellung der Entwicklung als ausschließlich biogenetisch gesteuerter phasenförmiger Prozess wird nur unzureichend empirisch gestützt. Die alleinige Bedeutsamkeit genetischer Determinanten für die beobachtbaren interindividuellen Merkmalsdifferenzen bewertet die moderne Verhaltensforschung als unrealistisch. Dies belegen Zwillings- und Eltern-Kind-Ähnlichkeitsstudien (vgl. Kap. 4). Des Weiteren suggerieren organismische Phasenkonzeptionen eine lebenslange „absolute" Stabilität und das Fehlen von Veränderungen. Da die Ontogenese des Menschen nachweisbar vielschichtige Anlage- und Umweltfaktoren bestimmen, sind Veränderungen lebenslang möglich. Nach der Grundauffassung organismischer Phasenmodelle äußert sich der Beginn eines neuen Entwicklungsabschnitts gleichermaßen in den verschiedenen Persönlichkeitsdimensionen. Nach neueren empirischen Befunden stellen ontogenetische Asynchronitäten eher die Regel als die Ausnahme dar. Schließlich führt die von organismischen Entwicklungstheorien favorisierte Altersgebundenheit der einzelnen Entwicklungsphasen zu einer empirisch nicht belegbaren Annahme durchschnittlicher Entwicklungsverläufe. Typisch ist hingegen eine breite interindividuelle und interkulturelle Variabilität des Entwicklungstempos und des Entwicklungsniveaus.

3.1.2 Was besagen exogenistische Phasenkonzeptionen?

Die maßgeblich durch die behavioristischen Lerntheorien von THORNDIKE (1913) und SKINNER (1953; vgl. Lektion 5) geprägten *exogenistischen Phasenkonzeptionen* – Ontogenese als Sozialisation – sehen die Hauptverantwortlichkeit für die interindividuellen Entwicklungsunterschiede in den physikalisch-chemischen und zeit- und kulturabhängigen sozialen Umweltbedingungen begründet, während der Genetik eine eher randständige Rolle zukommt. In Übereinstimmung mit organismischen Entwicklungsperspektiven wird der Mensch als ein passives Wesen angesehen, das auf die aktive Umwelt reagiert (vgl. Abb. 66). Die Umweltbedingungen rufen – unabhängig vom qualitativen Niveau, vom Lebensalter und von der individuellen Motivation – bei jedem Menschen die gleichen Effekte hervor. Im Extrem wird der Standpunkt vertreten, dass den passiven, als „Tabula rasa" geborenen Organismus ausschließlich die vorherrschenden Umweltbedingungen steuern, und dass die Ontogenese nicht zu allen Zeiten in allen Schichten und Kulturen gleichermaßen verläuft.

Die frühe Sportwissenschaft führt die umweltdeterministische Diskussion in erster Linie unter schichtanalytischen Gesichtspunkten. Hiernach variieren die Bewegungsaktivitäten in Abhängigkeit von der Schichtzugehörigkeit und bedingen eine schichtabhängige motorische Entwicklung. Für das *Erwachsenenalter* liegen eindeutige empirische Belege vor. Demnach betreiben die Angehörigen „höherer" sozialer Schichten häufiger und über einen längeren Zeitraum Sport. Sie bevorzugen vornehmlich „körperkontaktfreie" Sportdisziplinen (z. B. Golf, Tennis, Volleyball), während sich die Mitglieder der „unteren" sozialen Schichten eher körperkontaktbetonten Sportarten wie Boxen, Fußball oder Ringen zuwenden. Des Weiteren erleichtern die in höheren Sozialschichten verbreiteten Wertorientierungen hinsichtlich des Leistungsgedankens, der Selbstständigkeit, der Selbstverantwortung und des Verzichts auf direkte Bedürfnisbefriedigung nachweisbar die Ausübung des Wettkampf- und Spitzensports.

Der Wissensstand für das *Kindes- und Jugendalter* ist demgegenüber äußerst widersprüchlich. Die empirischen Kenntnisse lassen sich dahingehend zusammenfassen, dass Schichteinflüsse auf Heranwachsende als gering einzustufen sind und vorrangig bei Kindern der untersten Sozialschichten zu auffälligen Beeinträchtigungen der Motorik führen. Entwicklungshemmende oder entwicklungsfördernde Wirkungen weisen VOGT (1978) und ZIMMER (1996) für die materialen Umweltbedingungen (allgemeine Lebensraumbedingungen, Wohnungsgröße, Spielflächen, Spielmaterial usw.), die sozialökonomischen Einflüsse, die familiären Faktoren (Berufstätigkeit der Eltern, Anzahl der Geschwister usw.), die sozialen Einflüsse (Kindergarten, Sportverein usw.) oder den Erziehungsstil nach.

Neben den für organismische Entwicklungstheorien geäußerten Zweifeln an der alleinigen Ausrichtung auf die Entwicklungsphasen der Heranwachsenden, der Unveränderbarkeit und der Universalität der Ontogenese sind für die umweltdeterministische Sichtweise weitere spezifische Kritikpunkte von Bedeutung. Die empirische Befundlage zum Einfluss exogener Bedingungsfaktoren auf die motorische Entwicklung stellt sich ausgesprochen uneinheitlich dar. Physikalisch-chemische, sozialkulturelle und historische Einflussfaktoren stellen unverkennbar bedeutsame Entwicklungsvariablen dar; die spezifische Einflussnahme und das komplexe Zusammenspiel exogener Faktoren werden jedoch nur ansatzweise erforscht. Der Entwicklungsverlauf kann zwar durch Umweltfaktoren nachweisbar erheblich modifiziert, auf Grund bestimmter genetischer Determinanten aber nicht beliebig manipuliert werden. Allein aus den korrelationsanalytischen Befunden der Sozialforschung über die Zusammenhänge zwischen sportbezogenen Persönlichkeitsmerkmalen und sozialer Schichtzugehörigkeit lassen sich keine Anhaltspunkte darüber ableiten, wie schichttypische Variationen entstehen.

3.1.3 Welchen Leitideen folgen konstruktivistische Entwicklungskonzepte?

Konstruktivistische Entwicklungstheorien – Ontogenese als Einsicht und Erfahrung – stellen den Menschen als ein autarkes, selbstreflektierendes Wesen dar, das sich im spontan entdeckenden Austausch mit der weit gehend „passiven" Umwelt entwickelt (vgl. Abb. 66). Menschliche Aktivitäten werden entweder als verändernd oder als erkennend (konstruktiv) eingestuft. Die Entwicklung verläuft als ein selbstorganisierter Prozess der Adaptation und Selbstkonstruktion. Die Umwelt dient dem Menschen lediglich als ein „Lieferant" vielfältiger Fragen, Problemstellungen und Lösungsvorschläge, welche die konstruktiven Aktivitäten des Subjekts ermöglichen. Die zahlreichen Austauschprozesse des Individuums mit der Umwelt beruhen auf spontanen entdeckenden und strukturierenden Aktivitäten. Inwieweit der Mensch auf die Angebote der Umwelt reagiert, bestimmt das aktuelle Entwicklungsstadium. Die Anregungen und Herausforderungen der Umwelt deutet das Subjekt auf Grund seiner

Erfahrungen, Kenntnisse und Interpretationen der exogenen Bedingungen. Neue, die Persönlichkeit ausbildende oder umstrukturierende Erfahrungen erlangt das Individuum über Feedbackprozesse.

Der bekannteste konstruktivistische Entwicklungspsychologe Jean PIAGET (1966, 1970, 1976) beschreibt die Ontogenese als einen individuellen Selbststrukturierungen unterliegenden Prozess, den das Individuum im aktiven Austausch mit der materialen und sozialkulturellen Umwelt gestaltet. Die treibenden Kräfte der Entwicklung bilden zum einen die selbstregulatorischen Tendenzen zur Wahrung des Gleichgewichts zwischen dem Körperinneren und den externen Strukturen (*Äquilibration*), zum anderen die Neigung zur Ausbildung höherer Gleichgewichtszustände.

Die Adaptation an die Umwelt erfolgt über zwei simultan verlaufende Mechanismen: die Anpassungen des Verhaltens und der Handlungsmöglichkeiten des Individuums an die Umwelterfordernisse (*Akkommodation*) einerseits und die subjektgeleiteten Änderungen und Anpassungen der Umwelt an die Bedürfnisse und Handlungsmöglichkeiten des Individuums (*Assimilation*) andererseits. Assimilationen können nur dann erfolgreich sein, wenn sie den Umweltbedingungen nicht zuwiderlaufen. Daher ist eine ständige Akkommodation notwendig.

Die kognitive Entwicklung basiert nach PIAGET sowohl auf den komplizierten Wechselbeziehungen zwischen Reifung (Nerven-/Hormonsystem), Übung und Erfahrung als auch auf dem nicht zu unterschätzenden Ausprägungsniveau der Motorik. Unter konstruktivistischem Blickwinkel lassen sich verschiedene, qualitativ aufeinander aufbauende altersbezogene kognitive Entwicklungsstufen abgrenzen. Die Zuordnung des kalendarischen Alters zu einer bestimmten Entwicklungsphase fasst PIAGET nicht als unverrückbar, sondern als eine Annäherung auf.

In der Sportwissenschaft greifen die piagetische Phasentheorie vor allem SCHERLER (1975), FUNKE (1979), DIETTRICH (1981), FRANKFURTER ARBEITSGRUPPE (1982) und ZIMMER (1996) im Rahmen der allgemeinen Bewegungsentwicklung, der vorschulischen Spiel- und Bewegungserziehung und in empirischen Studien zur Motorik und Persönlichkeitsentwicklung bei Kindern im Vorschulkindalter auf. Die von den Autoren praktizierte 1:1-Übertragung auf die motorische Entwicklung erscheint jedoch problematisch, da sich die entwicklungstheoretischen Annahmen von PIAGET vornehmlich auf die kognitive Entwicklung beziehen.

Zusammenfassend hat die Entwicklungstheorie von PIAGET maßgeblich zur „kognitiven Wende" in der Entwicklungsforschung beigetragen und den Blick für den individuellen, selbststrukturierten, im Austausch mit diversen Umweltfaktoren stehenden Entwicklungsprozess geschärft. Die Stärken konstruktivistischer Entwicklungstheorien liegen in der Akzeptanz der bedeutsamen Rolle der Kognition für die menschliche Ontogenese begründet. Die wesentlichen Schwächen betreffen die unzureichende Spezifizierung interindividueller Unterschiede in der Entwicklungsgeschwindigkeit und den Entwicklungsbedingungen, die Annahme einer universalen Abfolge von Entwicklungsphasen, die Vernachlässigung entwicklungsrelevanter Einflussfaktoren und die geringe empirische Befundlage. Die Gültigkeit der von PIAGET aufgestellten Altersnormen und Richtwerte für das Erreichen bestimmter kognitiver und motorischer Teilleistungen ist nur unter Berücksichtigung einer größeren Variationsbreite als „gesichert" anzunehmen. Interventionsstudien belegen, dass die Gestaltung der Übungssituation und der individuelle Entwicklungsstand zu bedeutsamen zeitlichen ontogenetischen Verschiebungen führen.

3.2 Wodurch zeichnen sich moderne Entwicklungsperspektiven aus?

Kontextualistische lebensspannenorientierte Entwicklungskonzepte – Ontogenese als Subjekt-Umwelt-Interaktion – gehen davon aus, dass der Mensch seine Umwelt und die eigene Entwicklung lebenslang beeinflusst und dass jeder Entwicklungsverlauf aus den dynamischen Wechselwirkungen zwischen sich ständig verändernden gesellschaftlichen, physikalischen, organismischen und nichtnormativen Faktoren resultiert (vgl. Abb. 66). Das charakteristische Hauptmerkmal der „aktiven" Umwelt stellt die Mitgestaltung der Ontogenese dar. Den entscheidenden Anstoß, der Analyse der lebenslangen Entwicklung und der vielschichtigen Einflussfaktoren größere Aufmerksamkeit zu schenken, liefert die seit einigen Jahren zu beobachtende bevölkerungsdemografische Verschiebung der Altersverteilung und die hiermit zwangsläufig verbundenen, neuen gesellschaftspolitischen und lebenspraktischen Herausforderungen.

Im Wesentlichen verfolgen kontextualistische Entwicklungskonzepte zwei Forschungsstrategien. Der *erste Zugang* weitet den Gegenstandsbereich auf alle Altersstufen des Lebenslaufs aus. Evaluiert wird, inwieweit die auf einen bestimmten Altersabschnitt zentrierten Entwicklungstheorien auf die gesamte Lebensspanne ausgerichtet werden können. Das theoretische Interesse des *zweiten Forschungsansatzes* zielt darauf ab, die gesamte Lebensspanne in ihren entwicklungstheoretischen Verflechtungen zu erfassen und neue grundlegende Entwicklungstheorien zu erarbeiten. Einen bedeutsamen Vertreter des zweiten, weiter reichenden Forschungsansatzes stellt die in Abschnitt 3.2.1 vorgestellte Theorie der Entwicklungspsychologie der Lebensspanne von BALTES dar (1990, 1997).

3.2.1 Entwicklungspsychologie der Lebensspanne – ein neuer Weg?

Die auf die Ausformung psychischer Persönlichkeitsmerkmale zentrierte *Theorie der Entwicklungspsychologie* der Lebensspanne von BALTES (1979, 1990, 1997; BRANDTSTÄDTER, 1990; BALTES ET AL., 1998, 1999) betrachtet die Ontogenese als einen individuell unterschiedlichen, nichtlinearen Veränderungsprozess. BALTES geht von einem aktiven Subjekt aus, das in fortlaufenden Interaktionsprozessen mit der „aktiven" Umwelt neben der eigenen Entwicklung auch die Umwelt mitgestaltet (vgl. Abb. 66). Der in seinem Genbestand festgelegte Organismus umfasst die dem Subjekt zur Verfügung stehenden Handlungspotenziale. Diese legen die Möglichkeiten und die Grenzen des Handelns fest. Die Entwicklung des Menschen zu beeinflussen, stellt das charakteristische Hauptmerkmal der „aktiven" Umwelt dar. Diese stattet die individuellen ontogenetischen Ergebnisse mit bestimmten Auftrittswahrscheinlichkeiten aus.

Insgesamt stellt die Ontogenese einen Prozess des nicht trennbaren Zusammenwirkens eines sich und die Umwelt verändernden Subjekts und der sich fortlaufend wandelnden Umweltkontexte dar. Verändert sich eine Systemkomponente, führt dies zwangsläufig zu Modifizierungen anderer Systemelemente und des Gesamtsystems. Die Aufrechterhaltung der Entwicklung des Individuums folgt dem Inkongruenzprinzip. Dosierte Abweichungen von der vertrauten Umwelt lösen spezifische Aufmerksamkeitszuwendungen, Wahrnehmungserkundungen und Handlungen aus.

Die in den letzten Jahren mehrfach modifizierte *Theorie der Entwicklungspsychologie der Lebensspanne* fußt in der aktuellen Fassung auf acht theoretischen Leitlinien (BALTES ET AL., 1998, 1999; vgl. Tab. 15). Vier logisch eng miteinander verknüpfte Leitorientierungen befassen sich mit dem von der „Empfängnis" bis zum Lebensende vorhandenen ontogenetischen Veränderungspotenzial des Menschen („lebenslange Entwicklung") und mit der in der Lebensspanne gleich bleibenden Gewinn-Verlust-Problematik („lebenslange Veränderungen in der Dynamik zwischen Biologie und Kultur", „lebenslange Veränderungen in der Zuweisung von Ressourcen einzelner Entwicklungsfunktionen", „Entwicklung als Gewinn-Verlust-Dynamik"). Die fünfte Leitorientierung „Kontextualismus" betrifft den Sachverhalt, dass jeder Entwicklungsverlauf aus der Wechselwirkung ontogenetischer, nach Alter gestufter, evolutionär-historischer und nichtnormativer Einflussfaktoren resultiert. Die sechste Leitlinie „Entwicklung als Auswahl und selektive Optimierung der adaptiven Kapazität" kennzeichnet die Ontogenese als einen auf biologischen, psychischen, kulturellen und materialen Einflussfaktoren basierenden Selektionsprozess. Die siebte Leitorientierung „intraindividuelle Plastizität" thematisiert die Befähigung des Individuums zu verschiedenen Verhaltensformen und Entwicklungsverläufen. Die achte Grundannahme „effektive Koordination von Selektion, Optimierung und Kompensation (SOK-Theorie)" beschäftigt sich mit der unvollständigen biologisch- und kulturbasierten Architektur der menschlichen Entwicklung (vgl. Wollny, 2007).

Tab. 15: *Leitorientierungen der Entwicklungspsychologie der Lebensspanne (BALTES ET AL., 1998)*

Leitorientierungen	Grundannahmen
Lebenslange Entwicklung	Die Entwicklung stellt einen lebenslangen Prozess dar. Keine Altersstufe nimmt dabei eine Vorrangstellung ein.
Lebenslange Veränderungen in der Dynamik zwischen Biologie und Kultur	Mit zunehmendem Lebensalter besteht eine für die Ontogenese wachsende funktionale Lücke zwischen dem biologischen Potenzial und den kulturellen Zielen des Individuums.
Lebenslange Veränderungen in der Zuweisung von Ressourcen einzelner Entwicklungsfunktionen	Die Entwicklung beinhaltet die Zuweisung von Ressourcen in verschiedenen Funktionen: Wachstum, Aufrechterhaltung und Regulation von Verlusten. Lebenslange Entwicklungsveränderungen beinhalten eine funktionale Verschiebung der Zuweisung von Ressourcen von Wachstum (Kindesalter) zu einem größten Anteil der Aufrechterhaltung und Regulation von Verlusten (Erwachsenenalter).
Entwicklung als Gewinn- und Verlustdynamik	Die Ontogenese setzt sich lebenslang aus Gewinn (Wachstum) und Verlust (Abbau) zusammen. Die Entwicklung stellt somit eine multidimensionale, multidirektionale und multifunktionale Konzeption dar.
Kontextualismus	Individuelle Entwicklungsverläufe resultieren aus den Wechselwirkungen dreier Einflusssysteme: altersbedingte, evolutionär-historische und nichtnormative Bedingungen.
Entwicklung als Auswahl und selektive Optimierung der adaptiven Kapazität	Die Entwicklung stellt einen Prozess der Selektion, der selektiven Adaptation und der Kompensation dar. Dieser ist auf die biologischen, psychologischen, kulturellen und umgebungsbedingten Faktoren zurückzuführen.

Intraindividuelle Plastizität	Die Ontogenese ist durch eine intraindividuelle Plastizität (Veränderbarkeit innerhalb einer Person) gekennzeichnet. Entwicklungsverläufe variieren in Abhängigkeit von ihren Lebensbedingungen und Lebenserfahrungen. Die Hauptaufgabe der Entwicklungsforschung besteht in der Analyse des Ausmaßes der Plastizität und deren Grenzen.
Effektive Koordination von Selektion, Optimierung und Kompensation (SOK-Theorie)	Die erfolgreiche Ontogenese kennzeichnet die subjektive und objektive Maximierung von Gewinnen und die Minimierung von Verlusten. Sie stellt das Resultat des Zusammenspiels von Selektion, Optimierung und Kompensation dar. Im Lebenslauf nimmt der ontogenetische Druck für diese Dynamik ebenso zu, wie die relative Unvollendung der Architektur der Entwicklung zunehmend betont wird.

Deutsch- und englischsprachige Veröffentlichungen bilanzieren die Theorie der Entwicklungspsychologie der Lebensspanne von BALTES vielfach zu positiv. Die acht Leitorientierungen stellen keine homogene, umfassende Entwicklungstheorie dar, sondern lediglich eine Bündelung verschiedener entwicklungspsychologischer Auffassungen. Keiner der acht Leitsätze enthält bei isolierter Betrachtung neuartige, richtungsweisende entwicklungstheoretische Vorstellungen über den Verlauf und die spezifischen Bedingungen der Entwicklung. Darüber hinaus sind die Leitlinien wenig systematisch und keinesfalls unabhängig voneinander. Inhaltliche Redundanzen zeigt beispielsweise die Beschreibung der menschlichen Ontogenese als selektive Optimierung mit Kompensation, die gleichsam die drei Leitorientierungen „Entwicklung als Gewinn- und Verlustdynamik" und „Entwicklung als Selektion und selektive Optimierung in adaptiver Kapazität" sowie „effektive Koordination von Selektion, Optimierung und Kompensation" thematisieren.

Ein Schwerpunktheft zur Entwicklungspsychologie in der Lebensspanne findet der Leser in der Zeitschrift „psychologie und sport" (6/1999). Die drei Einzelbeiträge von CONZELMANN (1999), ROTH und WOLLNY (1999b), VOELCKER, WIERTZ und WILLIMCZIK (1999) betrachten ausgewählte Leitsätze der Theorie der Entwicklungspsychologie der Lebensspanne von BALTES (1990, 1997) hinsichtlich der Möglichkeiten der nachhaltigen Beeinflussung der sportmotorischen Entwicklung. Kritisch diskutiert werden die Ergebnisse verschiedener Studien zur Plastizität der Ausdauerleistungsfähigkeit, der sportmotorischen Fertigkeiten und der sportmotorischen Lernfähigkeit.

Der für die moderne Entwicklungspsychologie bedeutsame wissenschaftliche Wert der entwicklungstheoretischen Vorstellungen von BALTES liegt in der Integration unterschiedlicher Perspektiven, Grundannahmen und Befunde über die kognitive Entwicklung begründet. Damit wird eine von der modernen Entwicklungspsychologie angemahnte Forschungsstrategie verfolgt, die in Zweifel stellt, inwieweit eine einzelne Theorie die Ontogenese in ihrer Gesamtheit und Komplexität erklären kann. Das größte forschungsmethodische Anregungs- und Innovationspotenzial für die Analyse inter- und intraindividueller Entwicklungsunterschiede und der spezifischen Bedeutung verschiedener Entwicklungsfaktoren kommt den Leitsätzen des „Kontextualismus" und der „intraindividuellen Plastizität" zu.

Der *Kontextualismus* erweitert den Forschungsblick dafür, dass Entwicklungsverläufe durch die enge Verbindung komplex interagierender Prädiktorensysteme bestimmt werden. Von besonderer Attraktivität ist das „Drei-Faktoren-Modell" von BALTES (1990, 1997). Mit altersbezogenen, evolutionär-historischen (kulturwandelbezogenen) und nichtnormativen Faktoren beschreibt das Modell drei auf biologischen und ökologischen Grunddeterminanten basierende ontogenetische Einflusssysteme, mit denen sich das Individuum im Lebensverlauf auseinander setzen muss (vgl. Abb. 67).

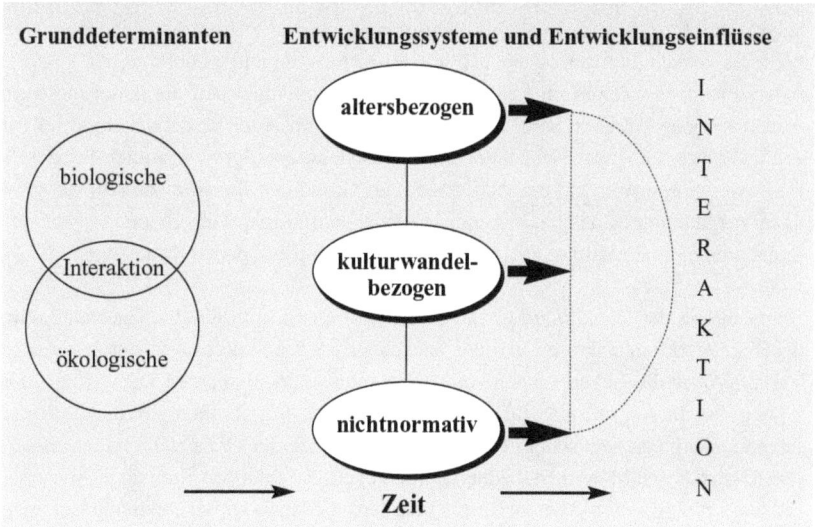

Abb. 67: *Drei-Faktoren-Modell der Entwicklungspsychologie der Lebensspanne (mod. nach BALTES, 1990, S. 16)*

Der *altersbezogene Prädiktorenbereich* umfasst biologische und umweltbezogene Einflüsse, die zu vorhersagbaren Veränderungssequenzen führen. Altersnormierende Prozesse umfassen einerseits endogene Bedingungen wie lebenslang wirksame, genetisch-biologische Entwicklungsregulative, die in gewissen Grenzen eine variable Altersbindung zeigen. Andererseits wirken auf die Ontogenese exogene Anforderungen der physikalischen und sozialkulturellen Umwelt (Kap. 4.1).

Evolutionär-historische Faktoren zeigen eine feste Bindung an geschichtliche Zeitdimensionen und kulturwandelbezogene Einflüsse wie langfristige, epochalem historischen Wandel unterliegende Wertorientierungen und Wissensbestände oder den periodenspezifischen historischen Wandel von Werten (z. B. politische, technologische Umwälzungen, Zeittrends; Kap. 4.2).

Keine auffälligen Beziehungen zu altersgebundenen und historischen Faktoren weisen die für die individuelle Lebensgeschichte bedeutsamen *nichtnormativen Einflüsse* auf (z. B. Veränderung des Gesundheitsstatus, Tod nahe stehender Menschen; Kap. 4.3).

Die inhaltliche Abgrenzung einzelner Prädiktorfaktoren stellt sich in Teilbereichen sicherlich als problembehaftet dar. Beispielsweise werden altersbezogene Entwicklungsfaktoren in hohem Maße in evolutionär-historische Prozesse eingebettet. Des Weiteren wirken altersbezogene, evolutionär-historische und nichtnormative Faktoren zu verschiedenen Zeiten im Lebenslauf sehr unterschiedlich auf die Ontogenese ein. Altersbezogene Faktoren sind in der Kindheit und im Alter besonders stark, im frühen und mittleren Erwachsenenalter eher schwach ausgeprägt. Evolutionär-historische Einflüsse wirken während der Adoleszenz auf Grund der altersnormativen, störanfälligen Veränderungen des Individuums besonders auffällig auf die Ontogenese ein. Die Bedeutung nichtnormativer Faktoren nimmt im Lebenslauf generell zu.

Dem Leitsatz der *intraindividuellen Plastizität* folgend, stellt die Untersuchung möglicher Entwicklungsfaktoren und des Ausmaßes der Veränderbarkeit ontogenetischer Verläufe über die Lebensspanne eine Hauptaufgabe der modernen Entwicklungsforschung dar. In Abgrenzung zum Begriff der *Variabilität* als interindividuelle Unterschiedlichkeit von Menschen, bezeichnet der Begriff der *Plastizität* das spezifische Potenzial, das den Menschen, bedingt durch genetische Prädispositionen, in Abhängigkeit vom biologischen Alter befähigt, sich verschiedenen Umweltbedingungen anzupassen. Die individuellen Entwicklungs- und Kapazitätsreserven und die nutzbaren Kompensationen begrenzen dabei den Umfang der intraindividuellen Plastizität der Entwicklung. Als zentrale Auslösefaktoren gelten die Lebensbedingungen, die individuellen Erfahrungen, die kognitiven und die motorischen Lern- und Übungsprozesse.

Auf der Grundlage des Begriffs der Plastizität können die auf Zufälligkeiten beruhenden intraindividuellen Veränderungen empirisch von systematischen internen und/oder externen Gesetzmäßigkeiten folgenden intraindividuellen Veränderungen abgegrenzt werden.

Für die Quantifizierung und die Erklärung individueller Entwicklungsreserven stellt die so genannte „Testing-the-Limits"-Methode – das Austesten der Leistungsmöglichkeiten von Individuen (SCHMIDT, 1971) – neuartige, richtungsweisende Analyseverfahren bereit. Angenommen wird zum einen, dass systematische Entwicklungsvariationen bedeutsame Rückschlüsse auf das individuelle Entwicklungspotenzial ermöglichen; zum anderen treten entwicklungsbedingte Unterschiede desto stärker hervor, je näher das Subjekt an seine Leistungsgrenze heranreicht.

Auf den Bereich des Sports übertragen, wird der Ausprägungsgrad der Plastizität nur an der genetisch determinierten Grenze der sportmotorischen Lernfähigkeit und der Trainierbarkeit deutlich sichtbar. ROTH und WOLLNY (1999a) unterscheiden zwischen fertigkeitsbezogenen Lern- und Optimierungsuntersuchungen einerseits und fähigkeitsorientierten Trainingsstudien andererseits. Während Bewegungswissenschaftler im ersten Fall mit kurz- bzw. mittelfristig angelegten Treatmentdurchführungen arbeiten können, benötigt die Abschätzung des maximalen Plastizitätspotentials im Bereich der motorischen Basisfähigkeiten ein langjähriges Training.

4 Welche Faktoren beeinflussen die motorische Entwicklung?

Für die theoriegeleitete Entwicklungsforschung ist es von zentralem Interesse, welche potenziellen Faktoren die motorische Ontogenese beeinflussen und in welchen Wechselbeziehungen die einzelnen Variablen zueinander stehen. Aus Gründen der geringen Differenziertheit der Entwicklungspsychologie und aus forschungsökonomischen Erwägungen bleiben komplexere, nur mit aufwändigen Untersuchungsplänen zu erschließende Prädiktorvariablen wie die kognitiven und emotionalen Einflüsse, die Bewegungsbiografie, das koordinative und informationelle Fähigkeitsniveau, die evolutionär-historischen Einflusskomponenten oder die nichtnormativen Lebensereignisse bis auf wenige Ausnahmen ausgespart (z. B. OKONEK, 1996; CONZELMANN, 1997; VOELCKER & WIERTZ, 2002; WOLLNY, 2002). Ebenfalls unberücksichtigt bleiben die komplizierten Ursache-Konsequenz-Beziehungen zwischen einzelnen Entwicklungsfaktoren.

Im Hinblick auf die Frage, *welche Bedingungsfaktoren gelten als hinreichend für das Auftreten motorischer Entwicklungsphänomene*, zeigen experimentelle Studien auf, wie Verhaltensveränderungen kurzfristig hervorgerufen werden. Sie belegen aber nicht, dass Veränderungen nur auf diese Art zu Stande kommen. Als wahrscheinlicher gilt die Annahme, dass Menschen die „gleichen" Entwicklungsresultate auf unterschiedliche Art und Weise erwerben. Gleichermaßen problematisch ist die Frage *nach den notwendigen Einflussfaktoren der motorischen Entwicklung*. Diese Variablen wären nur dann zuverlässig zu identifizieren, wenn die zu untersuchenden Bedingungen dem Subjekt während seiner Entwicklung vorenthalten werden. Aus ethischen Gründen können empirische Untersuchungen aber nur auf natürliche Deprivationen (Mangel, Verlust) zurückgreifen.

Eine klassische Deprivationsstudie über die Auswirkungen von Bewegungseinschränkungen auf das Laufenlernen von Kleinkindern führten DENNIS und DENNIS (1940, in TRAUTNER, 1992) mit zwei Gruppen von Hopi-Indianerkindern durch. Die erste Gruppe (n: 63) wurde nach alter Hopi-Tradition von ihren Müttern von der Geburt bis durchschnittlich zum neunten Lebensmonat (Variationsbreite: 4-14 Monate) auf ein Wickelbrett festgebunden, das die Bewegungsfreiheit der Körperextremitäten stark einschränkt. Das Brett wurde selten herumgetragen oder senkrecht gestellt. Bei der zweiten Gruppe (n: 42) verzichteten die Hopi-Mütter nach Kontakten mit weißen Siedlern auf das Wickelbrett. Der Vergleich der Altersdurchschnittswerte des Laufenlernens der Hopi-Kinder mit (14.98 Monate) und ohne Wickelbrett (15.05 Monate) verweist auf keinen signifikanten Unterschied.

Die nachfolgende Akzentuierung des altersbezogenen, lebenslaufzyklischen Prädiktorensystems (Kap. 4.1) und die im Vergleich eher knappen Kennzeichnungen der evolutionärhistorischen (Kap. 4.2), der nichtnormativen, zufälligen Einflussfaktoren (Kap. 4.3) und der komplexen Beziehungen zwischen den verschiedenen Entwicklungsfaktoren (Kap. 4.4) liegen in der begrenzten theoretischen und empirischen Befundlage begründet.

4.1 Welche Wirkungen altersbezogener Entwicklungsfaktoren sind nachgewiesen?

Im Verlauf der motorischen Entwicklung entfaltet der Mensch vielfältige persönliche Verhaltensmerkmale und Verhaltensweisen, die zu auffälligen interindividuellen psychischen und motorischen Fähigkeits- und Fertigkeitsunterschieden führen. Hierfür maßgeblich verantwortlich erscheinen normative, altersbezogene, lebenslaufzyklische Prädiktorvariablen wie das kalendarische Alter, die Genetik, das Wachstum, die Reifung, das Geschlecht, die psychischen und kognitiven Faktoren, das koordinative und informationell determinierte Fähigkeitsniveau (vgl. Lektion 2), die sozialkulturellen und materialen Umweltbedingungen und nicht zuletzt die Bewegungsbiografie des Individuums (vgl. Abb. 68; Wollny, 2007).

Kalendarisches Alter

Die Differenzierung der Menschen nach dem *kalendarischen Alter* dient dazu, im Prozess der Vergesellschaftung bestimmte Zäsuren zu schaffen, altersspezifische Handlungsmuster zur Verfügung zu stellen und Identitätsstabilität zu gewährleisten. Üblicherweise stellt die Verhaltensforschung zur Beantwortung der Frage *Was kann von einem Menschen in welchem Alter erwartet werden?*, entwicklungsspezifische Normwerte und Entwicklungstabellen der kognitiven und motorischen Leistungsfähigkeit bereit. Bekanntermaßen ist in Deutschland der Erwerb des PKW-Führerscheins ab dem 18. Lebensjahr möglich. Der Beginn des Rentenalters ist gesetzlich bislang auf das 65. Lebensjahr datiert. Im Bereich des Sports werden die Leistungserwartungen ebenfalls an das Lebensalter geknüpft.

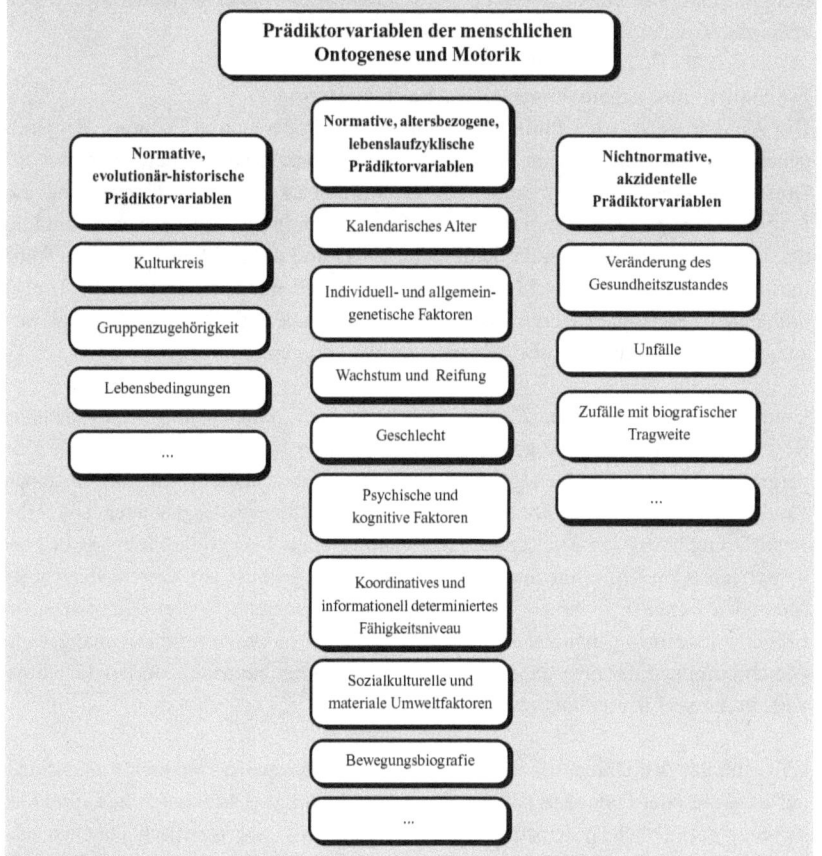

Abb. 68: *Potenzielle Einflussfaktoren der motorischen Entwicklung*

Nach der seit MEINEL (1960) lange Zeit vertretenen, empirisch nicht weiter hinterfragten Grundposition der eng umrissenen altersbezogenen Entwicklungsphasen gilt das Schulkindalter als die Lebensphase der „goldenen" motorischen Lernfähigkeit. Hieran schließt sich die Pubeszenz als ein eher ungünstiger Abschnitt der Umstrukturierung und Umstellung an, bevor es in der Adoleszenz zu einem erneuten Höhepunkt der Fertigkeitsentwicklung kommt. Die generelle Verschlechterung der motorischen Leistungsfähigkeit beginnt ab dem mittleren Erwachsenenalter. Neuere entwicklungspsychologische und sportwissenschaftliche Veröffentlichungen widersprechen der klassischen Auffassung der Altersnormierung und den vordergründigen Altersbezügen massiv. Das Lebensalter wird nicht als eine psychologische, Gesetzmäßigkeiten erfassende Variable, sondern als eine physikalische Trägervariable charakterisiert, der lediglich eine Hilfsfunktion bei der Deskription motorischer Veränderungsverläufe zukommt (weitere Ausführungen siehe Lektion 8, Kap. 3).

Individuell- und allgemein-genetische Einflussfaktoren
Die Wirkung genetischer Einflussfaktoren ist nicht in der starren Fixierung der Ontogenese zu suchen, sondern in der Festlegung der spezifischen Reaktionsnormen des Organismus hinsichtlich der Grenzen der Beeinflussbarkeit der individuellen Entwicklung durch die Umwelt. Interindividuelle Differenzen in der genetischen Ausstattung der Menschen entstehen bei der Zellteilung auf Grund der frei kombinierbaren Chromosomenpaarlinge der Geschlechtszellen (223 Möglichkeiten). Gleichzeitig können individuell-genetische Determinanten einen Teil der interindividuellen Merkmalsvarianz zu einem bestimmten Entwicklungszeitpunkt erklären.

Unter *individuell-genetische Einflüsse* fallen die sich „zwangsläufig" entwickelnden Körpermerkmale wie die Augenfarbe, der körperliche Konstitutionstyp oder die Körpergröße. Andere individuell-genetische Faktoren liegen als mögliche Dispositionen, Fähigkeiten oder Potenzen vor (Intelligenz, Sprache, spezielle Begabungen usw.). Ihre Realisierung hängt von den Lern- und Erfahrungsmöglichkeiten des Subjekts und den vorherrschenden Umweltbedingungen ab. Neben der genetischen Verschiedenheit der Menschen bestehen innerhalb derselben Art auch generelle Übereinstimmungen im Erbgut. Aus den so genannten *allgemein-genetischen Faktoren* resultiert eine gewisse Gleichförmigkeit der menschlichen Entwicklung (morphologische Merkmale, hormonelle Prozesse, Entwicklungsstatus des Hirns usw.).

Ein zentrales Verfahren der Rückführung interindividueller Merkmalsunterschiede auf exogene oder endogene Faktoren stellt die *Zwillings-, Adoptions- und Familienmethode* dar. Durch systematische Gegenüberstellung von genetisch gleichen oder ungleichen Individuen, die in gleichen oder unterschiedlichen Umwelten leben, wird versucht, die phänotypische Varianz der Verteilung eines Personenmerkmals in einer Population in ihre erblich und umweltbedingten Anteile zu zerlegen. Je ähnlicher der Genotyp der analysierten Personen ist, desto eher können zuverlässige Rückschlüsse auf den Einfluss von Anlage- und Umweltbedingungen auf die evaluierte Verhaltensweise gezogen werden. Theoretisch kann erwartet werden, dass die Leistungsdifferenz von zusammen aufwachsenden, monozygoten Zwillingen geringer ausfällt als diejenige von getrennt aufwachsenden, monozygoten oder von zusammen aufwachsenden, dizygoten Zwillingen. Empirische Entsprechungen finden sich in den Ergebnissen der Populationsgenetik zum Ausprägungsgrad der Intelligenz (SCARR, 1993, zitiert nach MONTADA, 2002, S. 27):

- Monozygote gemeinsam versus getrennt aufwachsende Zwillinge: r = .86 vs. r = .75,
- dizygote gemeinsam versus getrennt aufwachsende Zwillinge: r = .39 vs. r = .35,
- gemeinsam versus getrennt aufwachsende Geschwister: r = .54 vs. r = .47 und
- gemeinsam aufwachsende, nicht verwandte Kinder: r = -.02.

Für andere Persönlichkeitsbereiche wie die soziale Aufgeschlossenheit, die Verantwortungsbereitschaft, die Selbstbehauptung oder die Aggressivität bestehen deutlich niedrigere Korrelationen (z. B. monozygote gemeinsam versus getrennt aufwachsende Zwillinge: r = .50 bis r = .60; KLEBER, 1978, S. 57).

Sportbezogene Fragestellungen der Zwillings- und Eltern-Kind-Ähnlichkeiten-Forschung zentrieren sich auf interindividuelle Differenzen in den konditionellen und den informationellen Fähigkeitsbereichen. Die Befunde belegen einerseits Korrelationskoeffizienten von beachtlicher Höhe mit der Erblichkeitsrate; andererseits zeigt sich eine große Streubreite der Resultate (Arm-, Hand-, Rumpfkraft: r = .43 bis r = .74; Gleichgewichtsfähigkeit beim Schwebestehen: r = .27 bis r = .86; Reaktionsfähigkeit: r = .22 bis r = .86; SINGER, 1994, S. 66–67).

Insgesamt erwecken die Ergebnisse den Eindruck, dass in letzter Konsequenz die Genetik die motorische Leistungsfähigkeit bestimmt. Der gegenwärtige Forschungsstand weist jedoch darauf hin, dass Anlagekomponenten vielfältige Interaktionen mit den vorherrschenden Umweltbedingungen eingehen. Diese beeinflussen das Ausprägungsniveau der sportlichen Leistungen im späten Schulkindalter und in der Adoleszenz.

Wachstum und Reifung
Eng an das kalendarische Alter und die Genetik gekoppelt sind bekanntermaßen Wachstums- und Reifungsprozesse, die bei allen Menschen in Abhängigkeit von den speziellen Umweltfaktoren zu bestimmten Entwicklungszeitpunkten in weit gehend vergleichbarer Form und identischer, nicht umkehrbarer Abfolge auftreten. MILNE und HRKAL (1979) belegen, dass die Ausformung der Wurftechnik bei Kleinkindern trotz umfangreicher Lehrinterventionen grundsätzlich über einzelne, nicht zu „überspringende" Zwischenstadien verläuft.

Der Begriff *Wachstum* kennzeichnet quantitative, zählbare und messbare Entwicklungsaspekte, wie die mengenmäßige Zunahme von Wissen, Gedächtnisinhalten und Fertigkeiten. Die *Reifung* stellt eine notwendige, aber keine hinreichende Bedingung für die Ontogenese dar. Unmittelbar mit Reifungsvorgängen verbunden ist die erhöhte Bereitschaft des Individuums, auf Umweltstimulationen und sportliche Lern- und Trainingsinterventionen zu reagieren. Die Analysen des Einflusses von Wachstums- und Reifungsvorgängen auf die motorische Entwicklung umfassen vornehmlich konstitutionelle Merkmale wie das biologische Alter, bestimmte Körperbaumerkmale oder die Skelettreife. Inwieweit spezielle Entwicklungsprozesse auf Reifungsprogrammen oder auf exogenen Einflüssen basieren, können Entwicklungsstudien bislang nicht zuverlässig abgrenzen.

Geschlecht
Geschlechtsspezifische Differenzen bestehen für eine Vielzahl personaler Faktoren: die kognitiven Fähigkeiten (verschiedene Intelligenzformen, verbale und mathematische Fähigkeiten, räumliche Vorstellungsfähigkeit usw.), die Persönlichkeitsmerkmale (Aggression, Werte, Ziele, Leistungsorientierung usw.), den Körperbau, die motorischen Basisfähigkeiten, die Alltagsmotorik oder die sportmotorischen Fertigkeiten. Geschlechtsspezifika in der motorischen Fertigkeitsentwicklung scheinen für das Säuglingsalter bis Schulkindalter zwar wenig relevant zu sein, ab der Pubeszenz kommt es aber zu geschlechtsspezifischen Auffälligkeiten (vgl. Lektion 8). Bei Frauen zeigt sich die Geschlechtstypik in Form menstruationsbedingter Veränderungen. Diese können, zeitlich befristet, limitierend auf die kognitive und motorische Leistungsfähigkeit einwirken. Empirische Untersuchungen geschlechtsspezifischer Unterschiede grenzen genetische Faktoren und Umwelteinflüsse selten eindeutig voneinander ab.

Psychische und kognitive Faktoren
Psychische und *kognitive Faktoren* beeinflussen im Kontext verschiedener Lebenslagen menschliche Verhaltensweisen in einem erheblichen Maße. Die auf motorische Lern- und Trainingssituationen einwirkenden Persönlichkeitsdispositionen umfassen

nachweisbar die Intelligenz, den Verhaltenstyp, das psychische und kognitive Wohlbefinden, die emotionalen Reaktionen und die Leistungsmotivation. Während im Bereich der normal entwickelten Intelligenz keine positiven Korrelationen zwischen den Intelligenzkennziffern und den motorischen Testleistungen bestehen, zeigen Kinder und Jugendliche mit niedrigen Intelligenzkennwerten oder zerebralen Dysfunktionen gegenüber normal entwickelten Altersgleichen auffällige körperliche und motorische Entwicklungsdefizite.

Für den alpinen Skilauf belegt WILLIMCZIK (1986) einerseits hohe theoriekonforme und Alltagserfahrungen entsprechende Zusammenhänge zwischen der motorischen Lernfähigkeit und der Leistungsmotivation sowie der persönlichen Fähigkeitseinschätzung. Andererseits bestehen negative Korrelationen mit verschiedenen Dimensionen der Angst. MATHEY (1971, zit. in ROTH & WINTER, 1994) weist für das spätere Erwachsenenalter sowohl positive Zusammenhänge zwischen dem Koordinationsniveau und dem lebenszufriedenen Verhaltenstyp als auch negative Korrelationen mit dem Konstrukt „Ängstlichkeit" nach. PROHL und SCHEID (1991, zit. in ROTH & WINTER, 1994) belegen für dispositionell ausgeglichenaufmerksame Kleinkinder ein höheres motorisches Lernniveau als für zurückhaltend-scheue Kinder. BRETTSCHNEIDER und BRÄUTIGAM (1990), WINTER und BAUR (1994) gehen davon aus, dass die beträchtlichen Divergenzen der psychosozialen Lebenslagen, des Freizeitverhaltens und des Sportinteresses im frühen Erwachsenenalter zu einer markanten Beeinflussung des motorischen Lernens führen.

Sozialkulturelle und materiale Umweltfaktoren
Sozialkulturelle und materiale Umweltfaktoren stellen wichtige Voraussetzungen für die Ontogenese dar. Diese können den Entwicklungsverlauf fördern, behindern oder schädigen. *Sozialkulturelle Umweltfaktoren* umfassen die von Mitmenschen ausgehenden Einwirkungen und die von der Umwelt erzeugten Reize und Informationen (familiäre Einflüsse, elterlicher Erziehungsstil usw.). Derartige Einflussfaktoren zeichnen sich maßgeblich für gesellschaftstypische Entwicklungsverläufe verantwortlich. *Materiale Umweltbedingungen* gelten als sozial vermittelt und beziehen sich auf den unmittelbaren Lebensraum des Individuums oder auf gesellschaftlich übergreifende Bereiche (Bewegungsspielzeug, Spielplätze, Wohnungsgröße usw.). Der mehrheitlich angenommene geringe Einfluss einzelner Bedingungsfaktoren auf die motorische Entwicklung darf nach WILLIMCZIK (1983) nicht unterschätzt werden, da sozialkulturelle und materiale Umweltfaktoren im Regelfall nicht einzeln, sondern kumulierend wirken. „Kinder aus unteren Sozialschichten besuchen in geringerem Umfang den Kindergarten, leben in beengteren Wohnverhältnissen, haben meist kein eigenes Kinderzimmer und weniger Bewegungsspielzeug" (S. 272).

Bewegungsbiografie

Ein zentraler Bedingungsfaktor der kognitiven, emotionalen und motorischen Entwicklung stellt nach BAUR (1989) die durch alltägliche, schulische, berufliche und sporttypische Bewegungserfahrungen geprägte *Bewegungsbiografie* dar. Die Quantität und die Qualität der Bewegungserfahrungen bestimmt maßgeblich das individuelle Ausprägungsniveau der motorischen Fähigkeiten und der sporttypischen Fertigkeiten. Dies belegen Interventionsstudien zur Effektivität von Bewegungsangeboten und Bewegungsfördermaßnahmen. Positive Auswirkungen sind dann zu erwarten, wenn die Bewegungsangebote abwechslungsreich ausgerichtet werden (ALLMER, 1983; ZIMMER, 1996).

Bei der Charakterisierung der Bewegungsbiografie spielt die Art, die Häufigkeit, die Dauer und die Intensität der körperlichen Betätigung eine große Rolle. Bei sportlichen Tätigkeiten interessieren zusätzlich der zeitliche Trainingsumfang, die Regelmäßigkeit des Sporttreibens, die Anzahl der erprobten Sportarten, die Dauer der Zugehörigkeit zu einer Sportgruppe (Sportverein), das Leistungsniveau und die Wettkampfteilnahme.

Üblicherweise sind für die individuelle Ausprägung der Bewegungsbiografie zwei Lebensabschnitte von herausragender Bedeutung. Während der Kindheit und der Jugendzeit sammelt der Heranwachsende im Rahmen des täglichen Spiels, der unterschiedlichen Freizeitaktivitäten, des Schulsports und des organisierten Sports vielfältige Bewegungserfahrungen. Demgegenüber ist die nachschulische Lebensphase – das Erwachsenenalter – durch die mit dem Alter und den konkurrierenden beruflichen oder familiären Anforderungen verbunden, auffällig hohen Rückzugstendenzen vom Sport gekennzeichnet.

Theoretische Erörterungen und empirische Prüfungen des Einflusses der Bewegungsbiografie auf die motorische Entwicklung weisen insgesamt darauf hin, dass weitgehend das zählt, was eine Person motorisch gemacht hat und vor allem, was sie nicht gemacht hat. Im Rahmen einer längsschnittlichen Untersuchung analysiert WOLLNY (2002) die Unterschiede in den individuellen sportmotorischen Kapazitätsreserven von Tischtennisanfängerinnen (10-59 Jahre) bei der Aneignung und der Optimierung des Tischtennis-Rückhand-Schupfschlags in Abhängigkeit von vier breit variierenden, alterskorrelierten Einflussvariablen: kalendarisches Alter, Bewegungsbiografie, koordinatives und informationell determiniertes Fähigkeitsniveau. Die empirischen Resultate weisen darauf hin, dass die Bewegungsbiografie entscheidend die interindividuellen Differenzen in der intraindividuellen Plastizität der motorischen Aneignungs- und Optimierungsfähigkeit der untersuchten Probandinnen prägt. Demgegenüber besteht für das kalendarische Alter und die koordinativen informationellen Fähigkeitskomponenten – entgegen der üblichen sportwissenschaftlichen Lehrmeinung – augenscheinlich kein oder nur ein geringer differenzieller Erklärungswert für die interindividuellen Unterschiede im motorischen Lernen.

4.2 Welche evolutionär-historischen Faktoren beeinflussen die Ontogenese?

Den Einfluss *evolutionär-historischer Faktoren* auf die motorische Entwicklung bestimmen der Kulturkreis, die Volks- und die Gruppenzugehörigkeit, die Familie, die Schule und der Freundeskreis. Die sich im kulturhistorischen Wandlungsprozess etablierenden Werte und Handlungsmöglichkeiten stellen neben technischen und normativen Beschränkungen ein System unterschiedlicher, ontogenetisch wirksamer Restriktionen dar (Überblick: FLAMMER, 2003). Für das Kindesalter sind beispielsweise die markanten Veränderungen der räumlichen Lebensbedingungen, die schnell voranschreitende Medialisierung der kindlichen Erfahrungswelten, die Modifizierung des kindlichen Zeiterlebens und die Prozesse der Verjugendlichung der Kindheit bedeutsam.

Die zunehmende Differenzierung der Bewegungsumwelten, das veränderte Bewegungsinteresse, das umfangreiche Bewegungsangebot und der frühe Kontakt zum organisierten Sport beschreibt auffällige kulturhistorische Veränderungen der letzten Jahrzehnte. Jugendstudien belegen, dass Heranwachsende an der differenzierten Ausweitung der Sportkultur partizipieren, und dass Sporttreiben für die Mehrzahl der Jugendlichen zu den Selbstverständlichkeiten des Lebens zählt (BRETTSCHNEIDER, BAUR & BRÄUTIGAM, 1989; BRETTSCHNEIDER & BRÄUTIGAM, 1990).

4.3 Was sind nichtnormative Lebensereignisse?

Die Lebensereignisforschung differenziert *normative Lebensereignisse*, die in einer Population mit großer, wenn auch individuell zeitlich verzögerter Wahrscheinlichkeit mit einem spezifischen Alter und in einer bestimmten Konstellation auftreten (z. B. Berufseintritt, Heirat, Pensionierung) von *nichtnormativen Lebensereignissen*, die keine erkennbaren Bindungen an den Lebenslauf zeigen. Letztere treten unerwartet auf und lassen sich nicht „einfach" in die Lebensroutine eingliedern, sondern heben sich aus dem Alltag heraus und erlangen hierdurch eine besondere subjektive Bedeutung. Zu den nichtnormativen Lebensereignissen zählen unkalkulierbare, lebensbegleitende Übergangs-, Umstellungs- und Verhaltenssituationen (Unfälle, Krankheiten, Orts-/ Wohnungswechsel, Geburt von Kindern, Zufälle mit biografischer Tragweite usw.).

Kritische Lebensereignisse stellen zeitliche Phasen des Ungleichgewichts der Person-Umwelt-Beziehung dar. Von zentraler Bedeutung sind nicht das Ereignis selbst und seine objektiven Folgen, sondern das Verhältnis zwischen den situativen Anforderungen und den individuellen Bewältigungsressourcen. Kritische Lebensereignisse können sehr verschiedenartige Reaktionen auslösen. Sie werden im Allgemeinen dadurch bestimmt, wie viele Menschen ein vergleichbares Ereignis trifft. Bei Naturkatastrophen (Erdbeben, Hurrikan, Tsunami usw.), Wirtschaftskrisen oder Kriegen, die auf eine größere Personengruppe in nahezu gleicher Weise einwirken, scheint die psychologische Erfahrung des Einzelnen eine andere zu sein, als wenn nur einzelne Menschen betroffen werden (z. B. Blitzeinschlag; Überblick: FILIPP, 1995).

Nichtnormative Ereignisse gelten als Wendepunkte im Leben. Sie führen zu einer Revision oder Reorganisation der Lebensperspektive, der alltäglichen Lebensführung, der bisherigen Verhaltensorientierungen, der sozialen Rolle oder zum Aufbau neuer Fähigkeiten, Wissensstrukturen oder sozialer Beziehungen. Die Veränderungen erachtet der Mensch dann als einen Gewinn, wenn die Lebenskrise eine Herausforderung und Chance darstellt. Maßgebliche Voraussetzungen für eine umfassende und schnelle Bewältigung kritischer Ereignisse sind Vorerfahrungen mit ähnlichen Vorkommnissen und Lösungsstrategien. Demgegenüber verursacht Nichtkompetenz vielfältige Störungen, gelegentlich auch massive Kontrollverluste. Nichtnormative Ereignisse können personen- und situationsabhängig zu Hilflosigkeit, Desorganisation, Selbstvernachlässigung oder Angstzuständen führen.

Frauen werden häufiger und mit anderen Formen kritischer Lebensereignisse (z. B. zwischenmenschliche Beziehungen) konfrontiert als Männer (Beruf, Rechtsverletzungen usw.). 20-30-jährige Erwachsene müssen doppelt so viele kritische Ereignisse bewältigen wie 60-Jährige (Überblick: FILIPP, 1995). Sportspezifische Nachweise der Bedeutsamkeit kritischer Lebensereignisse für die motorische Entwicklung liegen in geringer Anzahl für den Bereich des Spitzensports vor (Überblick: BETTE, SCHIMANK, WAHLIG & WEBER, 1999).

4.4 Welche Ursache-Konsequenz-Beziehungen bestehen zwischen Entwicklungsfaktoren?

Die direkten und indirekten Auswirkungen einzelner relevanter Faktoren auf die motorische Entwicklung diskutieren die Kapitel 4.1 bis 4.3 unabhängig von den komplexen Ursache-Konsequenz-Beziehungen zwischen den Faktoren. Dies entspricht der üblichen entwicklungspsychologischen Forschungsstrategie. Nachfolgend werden exemplarisch mögliche Wirkungsbeziehungen – vornehmlich Kovariationen und Interaktionen – zwischen zwei Variablen thematisiert: genetische Determinanten und

Umweltbedingungen sowie kritische Lebensereignisse und andere Entwicklungslinien des Lebenslaufs.

Genetische Determinanten und Umweltbedingungen
Zum Grundlagenwissen der Entwicklungspsychologie gehört es, dass dieselben Umweltkonstellationen bei verschiedenen Anlagebedingungen zu unterschiedlichen Entwicklungsergebnissen führen. Umgekehrt wirken sich dieselben genetischen Determinanten bei verschiedenen Umweltbedingungen in unterschiedlicher Weise auf die Ontogenese aus. Die Kenntnisse über den relativen Einfluss von Anlage- und Umweltfaktoren auf die menschliche Entwicklung stufen Verhaltensforscher als populations- und umweltabhängig ein. Individuenbezogene Aussagen lassen sich hieraus nicht ableiten. Belegen lässt sich allenfalls eine gewisse Umweltstabilität einzelner Merkmale.

Von großer Bedeutung für die Ontogenese scheinen Kovarianzen und Interaktionen von Anlage-Umwelt-Faktoren zu sein. Bei *Anlage-Umwelt-Kovarianzen* kann unter speziellen Umweltkonstellationen eine Konzentration spezifischer Genome (Chromosomensätze) beobachtet werden. In anregenden Umwelten treten im Allgemeinen vermehrt intelligenzfördernde Genome auf, da die Ausbildungssysteme moderner Gesellschaften dies unterstützen und intelligente Menschen derartige Umwelten verstärkt aufsuchen. Einzeln betrachtet, gelten Anlage- und Umweltfaktoren als notwendige, aber nicht als hinreichende Entwicklungsbedingungen. Die motorische Ungeschicklichkeit stellt weder das alleinige Resultat der ungünstigen Anlagebedingungen noch der ungünstigen Umweltkonstellationen dar.

Die motorische Ungeschicklichkeit resultiert vielmehr aus der *Anlage-Umwelt-Interaktion*, da die Auswirkungen des einen Merkmals von der Ausprägung des anderen Faktors abhängen. Interindividuelle Differenzen in der motorischen Lern- und Optimierungsfähigkeit werden in unterschiedlichem Maße durch die allgemeinen und sporttypischen Bewegungserfahrungen, das koordinative, informationelle Fähigkeitsniveau, die habituellen Persönlichkeitseigenschaften, die handlungswirksamen Motivationen oder die allgemein-motorische Anpassungs-, Kombinations- und Steuerungsfähigkeit hervorgerufen (vgl. SINGER, 1994; WINTER & BAUR, 1994; RÖTHIG, 2003).

Kritische Lebensereignisse und andere Entwicklungslinien des Lebenslaufs
Der Wirkungsgrad kritischer Lebensereignisse bleibt nicht auf bestimmte Lebensbereiche begrenzt, sondern kann auch auf andere Bereiche übergreifen. Der Verlust des Arbeitsplatzes betrifft sowohl das berufliche Umfeld als auch ökonomische, soziale, familiäre und möglicherweise auch sportbezogene Lebenswelten. Kritische Lebensereignisse können darüber hinaus auf die Bewegungsbiografie einwirken. Die komplizierten Wechselbeziehungen zwischen diesen beiden Entwicklungsaspekten werden

bislang nur exemplarisch skizziert, da Entwicklungsforscher weder die Art und Weise der Einlagerung kritischer Lebensereignisse in die Bewegungsbiografie noch deren Folgen wegen des außerordentlich schwierigen forschungsmethodischen Zugangs empirisch untersuchen.

5 Traditionen und moderne Trends der motorischen Entwicklungsforschung im Überblick

Entwicklungspsychologische Erklärungsansätze der menschlichen Ontogenese lassen sich offensichtlich auf unterschiedliche theoretische Grundannahmen zurückführen. Gegen den Vergleich verschiedener Konzepte spricht, dass diese für bestimmte ontogenetische Thematiken jeweils individuelle Schwächen und Stärken aufweisen. Zwar ist der neueste Entwicklungsansatz nicht automatisch der Beste. Deutlich zu erkennen ist aber, dass moderne Perspektiven die Entwicklung umfassender betrachten als klassische Positionen. Angeraten scheint es, die bestehenden Differenzen zwischen verschiedenen Entwicklungspositionen über die nächsten Jahre zu akzeptieren, um die empirische Konfrontation aufrecht zu halten. Insgesamt gerät die Diskussion über die „beste" Entwicklungstheorie durch die lückenhafte und uneinheitliche Befundlage über die relevanten Entwicklungsfaktoren und deren Wirkungszusammenhänge momentan in eine „entwicklungstheoretische Sackgasse".

Einen möglichen Ausweg zeichnen *kontextualistische Entwicklungspositionen*, insbesondere die *metatheoretische Rahmenkonzeption der Entwicklungspsychologie der Lebensspanne* von BALTES (1990, 1997; BALTES ET AL., 1998, 1999). Seine acht Leitorientierungen zur kognitiven Entwicklung des Menschen schärfen den Forschungsblick für die multivariate Evaluation interindividueller Differenzen und intraindividueller Veränderungen der motorischen Entwicklung, des spezifischen Vorhersagewerts ontogenetischer Bedingungsfaktoren und deren komplexen Ursache-Wirkungs-Beziehungen. Für die zukünftige motorische Entwicklungsforschung besonders attraktiv erscheinen die Leitsätze der *intraindividuellen Plastizität* und des Kontextualismus. Nach der Leitlinie der intraindividuellen Plastizität ist die motorische Entwicklung maßgeblich durch das Ausmaß der Veränderbarkeit innerhalb einer Person und dessen Grenzen gekennzeichnet. Der Leitsatz des *Kontextualismus* zählt die altersbezogenen, evolutionär-historischen und nichtnormativen Bedingungsfaktoren zu den zentralen Einflussvariablen der Ontogenese.

Im Bereich der motorischen Entwicklung kann das komplexe Bedingungsgefüge der vielfältigen entwicklungsrelevanten Einflussfaktoren gegenwärtig nur schwer als Ganzes analysiert werden. Zur Reduzierung des hohen Komplexitätsgrades des Forschungsgegenstandes schlagen WILLIMCZIK und CONZELMANN (1999) eine Beschränkung motorischer Entwicklungsstudien auf das Training der konditionellen Fähigkeiten, das motorische Lernen und Optimieren oder die sporttypischen Sozialisationsprozesse vor. Ein derartiges Vorgehen gewährleistet die direkte empirische Überprüfung bestimmter entwicklungstheoretischer Vorstellungen. Über den realen Erklärungswert altersbezogener, evolutionär-historischer und nichtnormativer Prädiktorvariablen und deren Wechselbeziehungen lassen sich nur „verzerrte" Kenntnisse aufzeigen.

Zentrale Begriffe

Bewegungsbiografie, Drei-Faktoren-Modell, Entwicklungsfaktoren (altersbezogene, evolutionär-historische, nichtnormative), Entwicklungsphasen, Entwicklungspsychologie der Lebensspanne, Entwicklungsstufen, Entwicklungstheorien (exogenistische, konstruktivistische, kontextualistische, organismische), Kontextualismus, Leitorientierungen der Entwicklungspsychologie der Lebensspanne, nicht-normative Lebensereignisse, Plastizität, Testing-the-Limits-Methode, Theorie der Entwicklungspsychologie der Lebensspanne, Umweltfaktoren, Ursache-Konsequenz- Beziehungen, Variabilität, Wachstum.

Zur vertiefenden Weiterarbeit

BAUR, J., BÖS, K. & SINGER , R. (Hrsg.). (1994). *Motorische Entwicklung. Ein Handbuch*. Schorndorf: Hofmann.

WOLLNY, R. (2002). *Motorische Entwicklung in der Lebensspanne – Warum lernen und optimieren manche Menschen Bewegungen besser als andere?* Schorndorf: Hofmann.

Literatur

ALLMER, H. (1983). *Entwicklungspsychologische Grundlagen des Sports*. Köln: bps.

BALTES, P. B. (1979). *Entwicklungspsychologie der Lebensspanne*. Stuttgart: Klett-Cotta.

BALTES, P. B. (1990). Entwicklungspsychologie der Lebensspanne. Theoretische Leitsätze. *Psychologische Rundschau, 41*, 1–24.

BALTES, P. B. (1997). Die unvollendete Architektur der menschlichen Ontogenese: Implikationen für die Zukunft des vierten Lebensalters. *Psychologische Rundschau, 48*, 191–210.

BALTES, P. B., LINDENBERGER, U. & STAUDINGER, U. M. (1998). Lifespan theory in developmental psychology. In R. M. LERNER (Ed.), *Handbook of child development. Vol. 1. Theoretical models of human development* (pp. 1029–1143). New York: Wiley and Sons.

BALTES, P. B., STAUDINGER, U. M. & LINDENBERGER, U. (1999). Lifespan psychology: Theory and application to intellectual functioning. *Annual Review of Psychology, 50*, 471–507.
BAUR, J. (1989). *Körper- und Bewegungskarrieren.* Schorndorf: Hofmann.
BAUR, J., BÖS, K. & SINGER, R. (Hrsg.). (1994). *Motorische Entwicklung. Ein Handbuch.* Schorndorf: Hofmann.
BETTE, K.-H., SCHIMANK, U., WAHLIG, D. & WEBER, U. (1999). *Biographische Dynamiken im Leistungssport. Möglichkeiten der Dopingprävention im Jugendalter. Abschlußbericht.* Köln: Bundesinstitut für Sportwissenschaft.
BRANDSTÄDTER, J. (1990). Entwicklung im Lebensverlauf. Ansätze und Probleme der Lebensspannen-Entwicklungspsychologie. In K. U. MAYER (Hrsg.), *Lebensverläufe und sozialer Wandel* (S. 322–350). Opladen: Westdeutscher Verlag.
BRETTSCHNEIDER, W.-D., BAUR, J. & BRÄUTIGAM, M. (1989). *Sport im Alltag von Jugendlichen.* Schorndorf: Hofmann.
BRETTSCHNEIDER, W.-D. & BRÄUTIGAM, M. (1990). *Sport in der Alltagswelt von Jugendlichen. Materialien zum Sport in Nordrhein-Westfalen.* Frechen: Ritterbach.
CONZELMANN, A. (1997). *Entwicklung konditioneller Fähigkeiten im Erwachsenenalter.* Schorndorf: Hofmann.
CONZELMANN, A. (1999). Plastizität motorischer Fähigkeiten im Lebensverlauf. Theoretisch-methodische Überlegungen und empirische Befunde. *Psychologie und sport, 3*, 76–89.
DARWIN, C. (1859). *The origin of species by means of natural selection.* London: Murray.
DARWIN, C. (1871/1915). *The descent of man and selection in relation to sex* (2nd ed.). London: Murray.
DIETTRICH, M. (1981). Umwelt, Spiel und Bewegung. In M. DIETRICH (Hrsg.), *Kritische Sporttheorie. Alternativen für die Sport- und Bewegungserziehung* (S. 74–108). Köln: Pahl-Rugenstein.
FILIPP, S.-H. (Hrsg.). (1995). *Kritische Lebensereignisse* (3. Aufl.). Weinheim: Psychologie Verlags Union.
FLAMMER, A. (2003). *Entwicklungstheorien* (3. Aufl.). Bern: Huber.
FRANKFURTER ARBEITSGRUPPE (1982). *Offener Sportunterricht – analysieren und planen.* Reinbek: Rowohlt.
FUNKE, J. (1979). Selbständige Eroberungen im erziehlichen Milieu. *Sportwissenschaft, 9*, 370–395.
GESELL, A. (1954). *Das Kind von fünf bis zehn.* Bad Nauheim: Christian.
GESELL, A. (1958). *Jugend. Die Jahre von zehn bis sechzehn.* Bad Nauheim: Christian.
KLEBER, E. W. (1978). *Abriß einer Entwicklungspsychologie. Eine kurze Einführung für Pädagogikstudenten und Erzieher.* Weinheim: Beltz.

KROH, O. (1929). *Die Psychologie des Grundschulkindes in ihrer Beziehung zur kindlichen Gesamtentwicklung.* Langenselza: Beyer.
MEINEL, K. (1960). *Bewegungslehre.* Berlin: Volk und Wissen.
MILNE, C. & HRKAL, K. (1979). Die Entwicklung der Wurftechnik bei jungen Kindern. In K. WILLIMCZIK & M. GROSSER (Hrsg.), *Die motorische Entwicklung im Kindesund Jugendalter* (S. 271–277). Schorndorf: Hofmann.
MÖCKELMANN, H. & SCHMIDT, D. (1952, 1981). *Leibeserziehung und jugendliche Entwicklung* (9. Aufl.). Schorndorf: Hofmann.
MONTADA, L. (2002). Fragen, Konzepte, Perspektiven. In R. OERTER & L. MONTADA (Hrsg.), *Entwicklungspsychologie* (5. Aufl.) (S. 1–53). Weinheim: Beltz.
NEUMANN, O. (1964). *Die leibseelische Entwicklung im Jugendalter.* München: Barth.
OKONEK, C. (1996). Lebensspannen-Entwicklungspsychologie und motorische Entwicklung im Erwachsenenalter. Ergebnisse aus einer retrospektiven Längsschnittstudie. In H. DENK (Hrsg.), *Alterssport: Aktuelle Forschungsergebnisse* (S. 117–139). Schorndorf: Hofmann.
OERTER, R. & MONTADA, L. (Hrsg.). (2002). *Entwicklungspsychologie* (5. Aufl.). Weinheim: Beltz.
PIAGET, J. (1966). *Psychologie und Intelligenz.* Zürich: Rascher.
PIAGET, J. (1970). Piagets theory. In P. H. MUSSEN (Ed.), *Carmichael's manual of child psychology* (pp. 703–732). New York: Wiley.
PIAGET, J. (1976). *Die Äquilibration der kognitiven Strukturen.* Stuttgart: Klett.
RÖTHIG, P. (2003). *Sportwissenschaftliches Lexikon* (7. Aufl.). Schorndorf: Hofmann.
ROTH, K. & WINTER, R. (1994). Entwicklung koordinativer Fähigkeiten. In J. BAUR, K. BÖS & R. SINGER (Hrsg.), *Motorische Entwicklung. Ein Handbuch* (S. 191–216). Schorndorf: Hofmann.
ROTH, K. & WOLLNY, R. (1999a). Differentielle Aspekte in der motorischen Entwicklung. In J. WIEMEYER (Hrsg.), *Forschungsmethodologische Aspekte von Bewegung, Motorik und Training im Sport* (S. 170–177). Hamburg: Czwalina.
ROTH, K. & WOLLNY, R. (1999b). Motorische Entwicklung in der Lebensspanne – Forschungsmethodische Perspektiven. *Psychologie und sport, 6,* 102–112.
SCHERLER, K.-H. (1975). *Sensomotorische Entwicklung und materiale Erfahrung.* Schorndorf: Hofmann.
SCHMIDT, L. R. (1971). Testing the limits im Leistungsverhalten: Möglichkeiten und Grenzen. In E. DUHM (Hrsg.), *Praxis der klinischen Psychologie* (S. 2–29). Göttingen: Hogrefe.
SINGER, R. (1994). Biogenetische Einflüsse auf die motorische Entwicklung. In J. BAUR, K. BÖS & R. SINGER (Hrsg.), *Motorische Entwicklung. Ein Handbuch* (S. 47–71). Schorndorf: Hofmann.

SKINNER, B. F. (1953). *Science and human behavior.* New York: Mac Millan.
THORNDIKE, E. L. (1913). *The psychology of learning.* New York: Mac Millan.
TRAUTNER, H. M. (1992). *Lehrbuch der Entwicklungspsychologie. Grundlagen und Methoden. Bd. 1* (2. Aufl.). Göttingen: Hogrefe.
TRAUTNER, H. M. (1997). *Lehrbuch der Entwicklungspsychologie. Theorien und Befunde. Bd. 2* (2. Aufl.). Göttingen: Hogrefe.
VOELCKER, C. & WIERTZ, O. (2002). *Die Lernfähigkeit sportmotorischer Fertigkeiten im Lichte der Entwicklungspsychologie der Lebensspanne.* Bielefeld: Universität Bielefeld.
VOELCKER, C., WIERTZ, O. & WILLIMCZIK, K. (1999). Motorisches Lernen im Lichte der Entwicklungstheorie der Lebensspanne. *Psychologie und sport, 3*, 90–101.
VOGT, U. (1978). *Die Motorik 3- bis 6jähriger Kinder.* Schorndorf: Hofmann.
WILLIMCZIK, K. (1983). Sportmotorische Entwicklung. In K. WILLIMZCZIK & K. ROTH (Hrsg.), *Bewegungslehre* (S. 240–353). Reinbek: Rowohlt.
WILLIMCZIK, K. (1986). Lernen sportmotorischer Fertigkeiten ohne motorische Lernfähigkeit? Zur Bedeutung von motorischen Fähigkeiten, Kognitionen und Emotionen für das Lernen im Sport. *Sportunterricht, 35*, 377–387.
WILLIMCZIK, K. & CONZELMANN, A. (1999). Motorische Entwicklung der Lebensspanne. Kernannahmen und Leitorientierungen. *Psychologie und Sport, 2*, 60–70.
WINTER, R. & BAUR, J. (1994). Motorische Entwicklung im Erwachsenenalter. In J. BAUR, K. BÖS & R. SINGER (Hrsg.), *Motorische Entwicklung. Ein Handbuch* (S. 309–332). Schorndorf: Hofmann.
WOLLNY, R. (2002). *Motorische Entwicklung in der Lebensspanne – Warum lernen und optimieren manche Menschen Bewegungen besser als andere?* Schorndorf: Hofmann.
WOLLNY, R. (2007). Traditionen und gegenwärtige Trends der motorischen Entwicklungsforschung in Deutschland. *Motorik, 30*, 102-111.
ZIMMER, R. (1996). *Motorik und Persönlichkeitsentwicklung bei Kindern im Vorschulalter* (2. Aufl.). Schorndorf: Hofmann.

Fragen zur Lektion 9

1. Grenzen Sie die Begriffe *Entwicklungsphase* und *Entwicklungsstufe* voneinander ab.
2. Von welchen Faktoren hängt die Brauchbarkeit entwicklungspsychologischer Daten ab?
3. Welches sind die theoretischen Kernannahmen organismischer und exogenistischer Phasentheorien der menschlichen Entwicklung?
4. Erläutern Sie die acht Leitorientierungen der Theorie der Entwicklungspsychologie der Lebensspanne von BALTES.
5. Was besagt das Drei-Faktoren-Modell von BALTES im Hinblick auf die motorische Entwicklung des Menschen?
6. Begründen Sie den Einfluss evolutionär-historischer Faktoren auf die motorische Ontogenese.
7. Warum sind die nichtnormativen Lebensereignisse für die motorische Entwicklung bedeutsam?
8. Übertragen Sie die Leitlinien der intraindividuellen Plastizität auf die motorische Ontogenese.

Lektion 10
Was die Masse am Ziel, erkennt der Weise am Start – Wie werden äußere Bewegungsmerkmale erhoben?

Menschlichen Willkürbewegungen liegen, unabhängig von ihrer Komplexität, bestimmte Gesetzmäßigkeiten der (Bio-)Mechanik zu Grunde, die im 15. Jahrhundert erstmals durch das Universalgenie Leonardo DA VINCI (1452-1519) systematisch erforscht wurden. Seine grundlegenden (bio-)mechanischen Entdeckungen haben auch 500 Jahre später in der Physik, der Biomechanik und der Bewegungswissenschaft des Sports nichts an Bedeutung verloren. Zuverlässige Verfahren der äußeren physikalisch-mechanischen Zeit-, Weg-, Orts- und Kraftmessung der Bewegung, der körperinternen elektrophysiologischen Erfassung von Bewegungs- und Reflexphänomenen oder der Berechnung des Massenschwerpunkts mehrgelenkiger lebender Systeme stehen der Bewegungsforschung seit Anfang des 20. Jahrhunderts zur Verfügung. Einen großen Einfluss auf die Etablierung der biomechanischen Forschungsmethodik in der sportbezogenen Bewegungswissenschaft hat die schnell voranschreitende technologische Weiterentwicklung der Analyseverfahren der äußeren und inneren Biomechanik (hochauflösende Videometrie, Kraftmessung im lebenden Organismus, Elektromyografie, automatisierte Datenanalyse usw.). Diese ermöglichen differenzierte Untersuchungen sportartspezifischer Bewegungstechniken, umfangreiche experimentelle Bewegungsstudien und objektive Sofortinformationen an Trainer und Athleten.

Trotz der großen Zuverlässigkeit äußerer und innerer Bewegungsanalysen, der langjährigen biomechanischen Forschungsarbeit und des wachsenden Interesses von Sportlehrern, Trainern, Athleten, Sportorthopäden und Physiotherapeuten an den physikalisch-biomechanischen Methoden und Befunden zur Körperhaltung, Bewegung und Motorik sind zu Beginn des 21. Jahrhunderts die biomechanischen Erscheinungen und körperinternen Ursachen, Funktionsprozesse und Gesetzmäßigkeiten sporttypischer Fertigkeiten nur ansatzweise aufgedeckt. Zu den ungelösten Fragen der Biomechanik des Sports zählen: *Gibt es gesetzmäßige Bewegungsstrukturen? Welche biomechanischen Kenngrößen beeinflussen die sportmotorische Leistung? Welchen Einfluss nehmen die körperbauliche Ausstattung und bestimmte Sportgeräte auf die sportmotorische Leistung? Welchen spezifischen Grenzen unterliegt die motorische Leistungsfähigkeit des menschlichen Bewegungssystems? Wie können die disziplinspezifischen Bewegungstechniken und die organismischen Leistungsvoraussetzungen des Individuums verbessert werden?*

1 Was ist von dieser Lektion zu erwarten?

Sportpraktiker erwarten von biomechanischen Bewegungsanalysen zum einen die Bestimmung, Beschreibung, Gewichtung und Erklärung der relevanten biomechanischen Einflussfaktoren disziplinspezifischer Sporttechniken. Zum anderen besteht ein großes Interesse an der Feststellung der Defizite und der Prognose sportmotorischer Leistungen, der Bestimmung der mechanischen Belastbarkeit der organismischen Strukturen und der Optimierung von Sportgeräten und Sportschuhen. Die Darstellung der vielfältigen Problembereiche und forschungsmethodischen Rahmenbedingungen biomechanischer Bewegungsanalysen kann im Rahmen des vorliegenden Lehrbuchs sicherlich nur in Form eines knappen Überblicks gelingen. Lektion 10 behandelt die nach Ansicht des Autors für das sportwissenschaftliche Grundstudium bedeutsamen Aspekte der äußeren Biomechanik des Sports.

Für ein besseres Verständnis der Grundlagen der Biomechanik bespricht Kapitel 2 wichtigste Begriffe (Mechanik, Biomechanik, Messung, Messgröße, Biomechanik des Sports, biomechanische Einflussgrößen, Bewegungsmerkmale, Körper, Zeit, Raum, Kraft) und übergreifende Zielkategorien. Zu den im Sport bedeutsamen äußeren biomechanischen Untersuchungsverfahren zählt die auf die zeitlich-räumlichen Bewegungsmerkmale ausgerichtete Kinemetrie (Kap. 3.1). Hiermit sind spezielle Messmethoden zur Bestimmung der biokinematischen Grundgrößen Strecke, Winkel, Zeit, Geschwindigkeit, Beschleunigung (Kap. 3.1.1) und des Massenschwerpunkts lebender Systeme gemeint (Kap. 3.1.2). Die gesetzmäßigen Zusammenhänge zwischen den zeitlich-räumlichen Bewegungsmerkmalen und der Wirkung der zu Grunde liegenden Kräfte erfasst die Dynamometrie (Kap. 3.2). Neben den biodynamischen Kenngrößen translatorischer und rotatorischer Bewegungen werden die im Sport gebräuchlichen dynamometrischen Messverfahren vorgestellt (Kap. 3.2.1). Kapitel 4 bündelt die wesentlichen Inhalte der Lektion 10.

2 Welche Begriffe sind grundlegend?

Menschliche Bewegungen unterliegen grundsätzlich den Bedingungen der physikalischen Umwelt. Die *Mechanik* als Teilgebiet der Physik analysiert das Verhalten und die Bewegung von Körpern unter dem Einfluss von Kräften (vgl. Abb. 69). Die *Kinematik* beschreibt den zeitlich-räumlichen Verlauf der Ortsveränderungen einzelner Körperpunkte oder des Gesamtkörpers, ohne die Körpermasse und die einwirkenden Kräfte zu berücksichtigen. Untersucht werden die zeitlichen Bewegungsmerkmale Dauer, Geschwindigkeit, Beschleunigung und Frequenz. Bei den räumlichen Merkmalen motorischer Handlungen interessieren die Positions- und Wegmerkmale des Körpers. Die *Dynamik* geht den Ursachen der Bewegungen von Körpern nach. Analysiert werden die Art, die Größe, die Ursprünge und die Wirkungen externer und körperinterner Kräfte. Heben sich verschiedene Kräfte gegenseitig auf und verursachen somit keine beschleunigenden Kräfte (Gleichgewichtszustand), handelt es sich um die *Statik*. Die *Kinetik* befasst sich mit der Bestimmung der durch äußere Kräfte hervorgerufenen Bewegungen von Körpern.

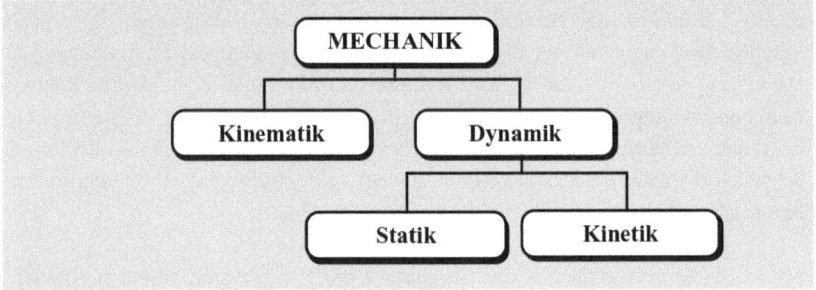

Abb. 69: *Physikalisch-mechanische Teilgebiete der Biomechanik*

Die *Biomechanik* als Grenzwissenschaft zwischen der Biologie und der Physik beschäftigt sich unter Zugrundelegung der Theorien, der Methoden und der Gesetzmäßigkeiten der Mechanik mit der Beschreibung, Analyse und Erklärung der materialen und strukturellen Grundlagen der Bewegung lebender Systeme. Über den physikalischmechanischen Ansatz hinausgehend, interessieren die *Biosanteile* motorischer Handlungen, d. h. die speziellen biologischen Eigenschaften des menschlichen Organismus und der Motorik. Übergreifendes Ziel ist die Optimierung motorischer Leistungen beispielsweise hinsichtlich der Leistungsmaximierung (z. B. Spitzensport) oder der Beanspruchungsreduktion (Arbeitstätigkeiten, Rehabilitationssport usw.).

Unter einer *Messung* versteht die Biomechanik die quantitative Abbildung der Ausprägung objektiver Eigenschaften oder Relationen auf einer Messskala. Die Messgröße wird mit einer anerkannten Maßeinheit verglichen und in ihrem Skalenwert exakt festgeschrieben.

Die *Biomechanik des Sports* versucht den speziellen Voraussetzungen sporttypischer Bewegungen weit gehend Rechnung zu tragen. WILLIMCZIK (1999, S. 21) definiert die Biomechanik des Sports als die „Wissenschaft von der mechanischen Beschreibung und Erklärung der Erscheinungen und Ursachen von Bewegungen im Sport unter Zugrundelegung der Bedingungen des menschlichen Organismus". Der Erklärungsanspruch der sportbezogenen Biomechanik betrifft gleichermaßen den Außen- und Innenaspekt der Bewegung.

Die *äußere Biomechanik des Sports* untersucht die an der Körperperipherie messbaren zeitlich-räumlichen Bewegungsveränderungen und deren verursachende Kräfte. Die sportpraktischen Problemstellungen äußerer biomechanischer Bewegungsanalysen sind ausgesprochen fassettenreich: *Wie verändert der Snowboardfahrer, der Trampolinturner, der Basketballspieler oder der Schwimmer seine Position im Raum? Welche Kräfte verursachen die Beschleunigung der Billardkugel, die Vorwärtsbewegung beim Skilanglauf oder die zeitlich begrenzte Überwindung der Schwerkraft beim Speerwurf?*

Als physikalische Grundgrößen der äußeren Biomechanik gelten Körper, Zeit, Raum und Kraft. Bei *Körpern* handelt es sich um Gegenstände mit fester Gestalt und räumlicher Ausdehnung, die mit sich selbst kongruent sind und ein Gewicht (Masse) aufweisen. Die *Zeit* wird als „nicht umkehrbare und nicht wiederholbare Aufeinanderfolge von Veränderungen erfahren. Sie stellt ein homogenes (gleichartiges), teilbares Kontinuum dar, dessen Abschnitte mit naturwissenschaftlichen Methoden objektiv meßbar sind" (SCHEWE, 2000, S. 9). Den *Raum* bezeichnet der Mensch mittels der Sinne durch die Lage in Bezug auf andere Körper. Die *Kraft* kann eine dynamische (Veränderung des Bewegungszustandes eines Körpers) oder eine verformende Wirkung hervorrufen (Änderung des Formzustandes eines Körpers).

Als Pendant zur äußeren Biomechanik steht die *innere Biomechanik des Sports*, die neben den körperinternen Mechanismen und Funktionsprozessen der Bewegung und der Motorik die Strukturen (Aufbau) und die Belastbarkeit der Materialien (Substrate) des menschlichen Bewegungsapparats untersucht: *Wie funktioniert die neuromuskuläre Koordination? Inwieweit können die Muskeln, die Sehnen und die Bänder der Körpergelenke mechanisch belastet werden?*

Zusammenfassend betreffen die zentralen Gegenstandsbereiche der sportbezogenen Biomechanik die quantitativen Grundgrößen sportmotorischer Handlungen, die auf den Menschen einwirkenden mechanischen Kräfte, die Mechanik des Körpergewebes, die physiologischen Belastungs- und Beanspruchungsgrenzen des aktiven und passiven Bewegungsapparats, die Optimierung von Bewegungstechniken und Sportgeräten (Skilanglauftechniken, Griffhaltung in den Rückschlagspielen, Dämpfungseigenschaften von Niedersprungmatten usw.) und die Mechanismen sporttypischer Verletzungen und deren Ausheilung. Gegenwärtig richtet sich das biomechanische Forschungsinteresse verstärkt auf die muskuläre Kontrolle willkürlicher Bewegungen (vgl. Lektion 11), die Strukturen und Materialien des Bewegungsapparats, die Modellierung des sporttreibenden Menschen (motorisches Verhalten, Körperbau, organismische Materialeigenschaften; vgl. Lektion 12) sowie die bewegungsbezogenen Fragestellungen der Prävention, Rehabilitation und Ergonomie.

Eine in zahlreichen bewegungswissenschaftlichen Lehrbüchern aufgegriffene Gliederung der Biomechanik des Sports stammt von BALLREICH (1996). Diese unterscheidet die Leistungsbiomechanik, die anthropometrische Biomechanik und die präventive Biomechanik mit jeweils sehr speziellen Problembereichen, Untersuchungszielen und Lehrgebieten (vgl. Abb. 70).

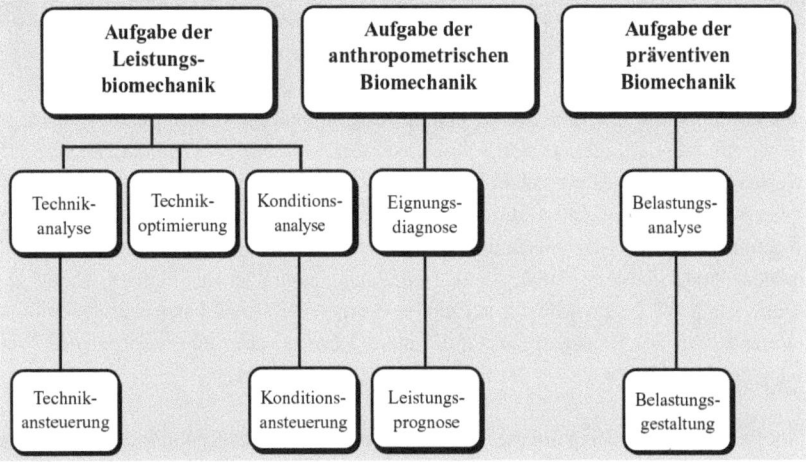

Abb. 70: *Gliederung der Biomechanik des Sports (mod. nach BALLREICH, 1996, S. 13)*

Die *Leistungsbiomechanik* fokussiert die Technikanalyse, die Technikoptimierung und die Konditionsanalyse. Aufgespürt werden diejenigen biomechanischen Bewegungsmerkmale, die eine Leistungsverbesserung im Sinne des olympischen Geistes von „citius, altius, fortius" hervorrufen.

Die *anthropometrische Biomechanik* sucht nach Modellen für die Eignungsdiagnose und die Leistungsprognose. Im Mittelpunkt des Forschungsinteresses stehen beispielsweise folgende Fragen: Inwieweit beeinflussen spezielle biomechanisch-anthropometrische Merkmale des menschlichen Körpers die sportliche Leistung und ermöglichen deren Prognose? Wer eignet sich auf Grund seiner körperlichen Voraussetzungen für welche Sportdisziplinen? Erhoben werden verschiedene biomechanische Körperbaumerkmale: Länge und Umfang der Körperextremitäten, Massenträgheitscharakteristika usw. Derartige Kennwerte sind für die biokinematischen (vgl. Kap. 3.1) und biodynamischen Bewegungsanalysen (vgl. Kap. 3.2), die Identifikation der Anforderungsgrößen sportmotorischer Leistungen oder die Erstellung biomechanischanthropometrischer Anforderungsprofile sportartspezifischer Leistungen ebenso unabdingbar wie für die Modellierung sporttypischer Bewegungen (vgl. Lektion 12).

Die *präventive Biomechanik* betrachtet die bei körperlichen Aktivitäten auftretenden mechanischen Belastungen und die individuellen Beanspruchungen des Bewegungsapparats. Die experimentellen Untersuchungen richten sich auf den Bau und die Funktion der Knochen, Muskeln, Sehnen und Bänder. Ziel ist die Vermeidung körperlicher Schädigungen durch eine optimale Bewegungsgestaltung.

3 Wie werden äußere Bewegungskennwerte erhoben?

Die biomechanischen Bewegungsmerkmale ermitteln im Wesentlichen vier Messverfahren (vgl. Abb. 71). Die Anthropometrie, Kinemetrie und Dynamometrie zählen zu den Untersuchungsmethoden der *äußeren Biomechanik des Sports*. Die Elektrophysiologie wird der *inneren Biomechanik des Sports* zugerechnet.

- Die *Anthropometrie* zentriert sich auf die Analyse der Körperbaumerkmale und der mechanischen Eigenschaften des Bewegungsapparats (Längenmaße, geometrische Masseverteilung, Gelenkkonstruktion, Lage der Körpergelenkachsen usw.). Anthropometrische Messmethoden dienen beispielsweise der Bestimmung des Körperschwerpunkts lebender Systeme (Kap. 3.1.2).
- Die *Kinemetrie* (syn. Kinematografie; Kap. 3.1) erfasst die zeitlich-räumlichen Bewegungscharakteristika Zeit, Strecke, Körpergelenkwinkel und hieraus ableitbare Bewegungsmerkmale (Geschwindigkeit, Beschleunigung, Frequenz, Gelenkwinkelgeschwindigkeit, Gelenkwinkelbeschleunigung usw.).
- Die *Dynamometrie* (syn. Dynamografie; Kap. 3.2) bestimmt die an der Körperperipherie auftretenden Kräfte und hieraus ableitbare Kenngrößen (Drehmoment, Drehimpuls, Massenträgheitsmoment usw.).
- Die *Elektrophysiologie* (vgl. Lektion 11) zielt auf die Analyse der körperinternen Bewegungsmerkmale wie die myoelektrische Aktivität (zeitliches Innervationsmuster, Innervationsstärke usw.), die inter- und intramuskuläre Koordination, die neuromuskuläre Beanspruchung und Ermüdung oder die Nerven- und Reflexaktivität.

Die nachfolgenden Abschnitte stellen die biomechanischen Grundlagen und die generelle Forschungsmethodik der äußeren Biomechanik des Sports vor. Konkret beschäftigt sich Unterkapitel 3.1 mit den biokinematischen Grundgrößen sporttypischer Bewegungen und den kinemetrischen Messverfahren (Kap. 3.1.1). Die wichtigsten methodischen Verfahren zur Bestimmung des Massenmittelpunkts lebender Systeme bespricht Abschnitt 3.1.2. Auf die biodynamischen Bewegungsmerkmale und die dynamometrischen Untersuchungsmethoden geht Unterkapitel 3.2 ein.

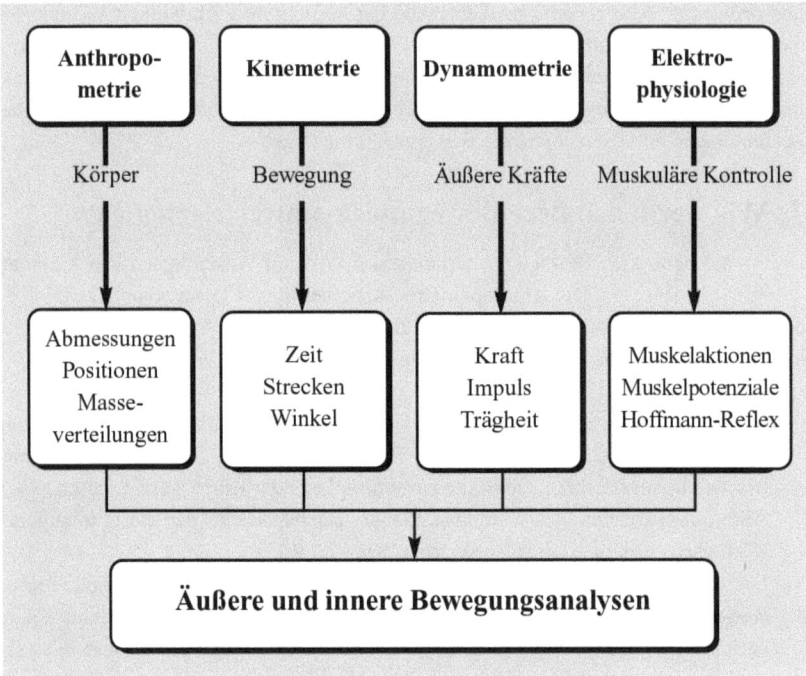

Abb. 71: *Messverfahren der äußeren und inneren Biomechanik des Sports*

3.1 Was ist Biokinematik und Kinemetrie?

Die *Biokinematik* befasst sich mit der Beschreibung und der Erklärung sportlicher Bewegungen als Ortsveränderungen von Körpern in der Zeit. Die Wegmerkmale, die Positionsveränderungen, die Geschwindigkeit und die Beschleunigung eines Körpers lassen sich nur in Bezug auf einen anderen Körper eindeutig bestimmen. Der Pilot eines Segelflugzeugs kann ohne Sichtkontakt zur Erde (Bezugssystem) nicht exakt die Geschwindigkeit seines Flugzeugs abschätzen. Die Biomechanik des Sports benutzt als Bezugssystem die als „ruhend" angesehene Umgebung des zu analysierenden Körpers (Hallenboden, Weitsprunganlage, Schwimmbecken, fest installierte Sportgeräte usw.). Zur vollständigen Beschreibung sportlicher Bewegungen ist die Körperkoordinate in diesem Bezugssystem zu jedem Zeitpunkt unerlässlich, da der Körper im Verlauf der Zeit seinen Standort verändert. Abbildung 72 zeigt das üblicherweise verwendete *kartesische Koordinatensystem* mit den drei senkrecht zueinander stehenden x-, y- und z-Raumachsen.

Wie werden äußere Bewegungsmerkmale erhoben? 285

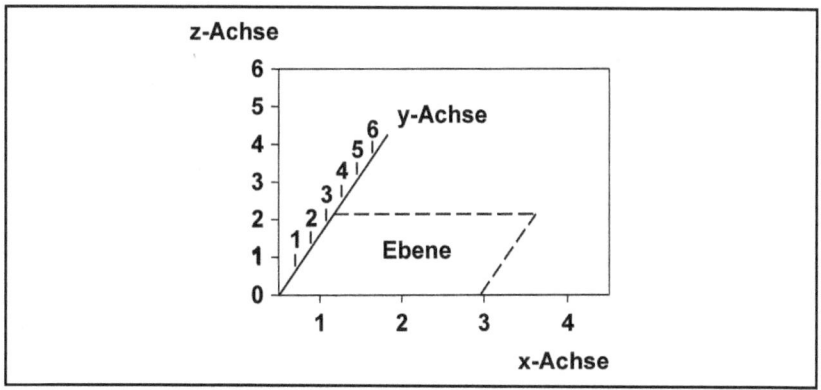

Abb. 72: *Kartesisches Koordinatensystem mit den drei x-, y- und z-Raumachsen*

Ortsveränderungen von Körpern werden nach ihrer räumlichen Verlaufsform in Translationsbewegungen (fortschreitende Bewegungen) und Rotationsbewegungen (Drehbewegungen) untergliedert. Bewegen sich die Körperpunkte in eine Richtung auf einer geraden oder beliebig gekrümmten Kurve im Raum, wie bei Schlag-, Schuss- oder Wurfbewegungen (Gerade im Boxen, schräger Wurf usw.), handelt es sich im physikalischen Sinn um eine *Translationsbewegung*. Die einzelnen Körperpunkte beschreiben hierbei parallel zueinander verschobene Kurven gleicher Länge (vgl. Abb. 73a).

Bei biokinematischen Analysen translatorischer Bewegungen interessieren nicht nur die zurückgelegte *Strecke s* (phys. Einheit: m), sondern auch die hierfür benötigte *Zeit t* (phys. Einheit: s). Während die Orts- und Zeitmerkmale direkt erhoben werden können, müssen mit (einfachen) mathematischen Formeln die gerichtete *Geschwindigkeit* (Ortsveränderung eines Körpers in der Zeit: $\vec{v} = \Delta \vec{s} / \Delta t$; phys. Einheit: m/s), die gerichtete *Beschleunigung* $\vec{a}$ (Geschwindigkeitsveränderung in der Zeit: $\vec{a} = \Delta \vec{v} / \Delta t$; phys. Einheit: m/s²) und die Frequenz (Häufigkeit eines Ereignisses pro Zeiteinheit: n/t; phys. Einheit: 1/s) berechnet werden.

Bei *Rotationsbewegungen* beschreiben alle Körperpunkte konzentrische Kreise (unterschiedliche Radien) um eine feste Drehachse (vgl. Abb. 73b). Rotationsbewegungen kann der Sportler um die drei Hauptdrehachsen seines Körpers ausführen. Bei der *Horizontalachse* (Tiefenachse) verläuft die Hauptbewegungsrichtung parallel zur Erdoberfläche, bei der *Vertikalachse* (Längsachse) senkrecht zur Erdoberfläche und bei der *Querachse* (Breitenachse) quer zur Hauptbewegungsrichtung und parallel zur Erdoberfläche. Der Drehpunkt der Rotation kann innerhalb oder außerhalb des Körpers liegen.

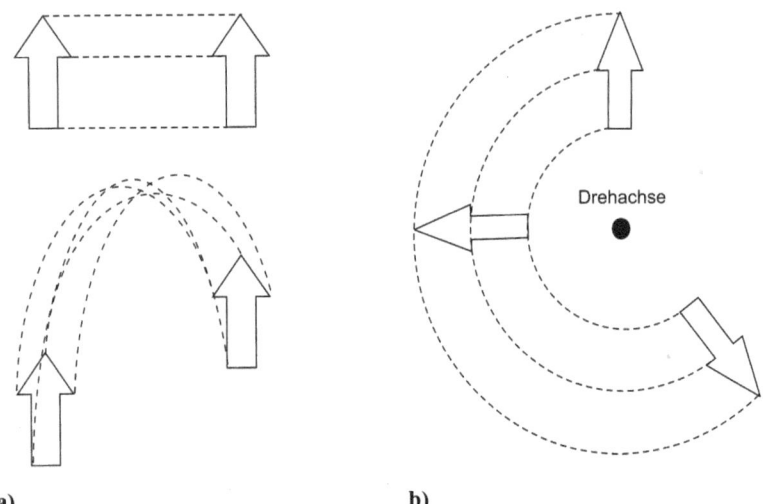

a)   b)

Abb. 73: *Räumliche Bewegungscharakteristika (mod. nach BAUMANN, 1989a, S. 15)*
   a) *Translation auf einer geradlinigen oder gekrümmten Bewegungsbahn*
   b) *Rotation*

> Reine Rotationsbewegungen treten bei Menschen in der Realität selten auf. Im Allgemeinen handelt es sich bei Willkürbewegungen um eine Überlagerung von Translation und Rotation. Beim Hineindrehen einer Messingschraube in ein Gewinde erfolgt eine Rotation um die Schraubenachse und zeitgleich eine parallele translatorische Verschiebung der Schraubenachse in das Gewinde. Beim Laufen rotiert der Oberschenkel um das Hüftgelenk und der Unterschenkel um das Kniegelenk. Das Vorwärtsbewegen stellt die Translation dar. Der zweieinhalbfache Salto im Wasserspringen besteht aus einer rotatorischen Bewegung um den Körperschwerpunkt (vgl. Kap. 3.1.2) und aus einer Translation in Richtung der Schwerkraft (vgl. Abb. 74).

Zu den grundlegenden biokinematischen Merkmalen rotatorischer Bewegungen zählen Körpergelenkwinkel, Winkelgeschwindigkeit und Winkelbeschleunigung. Der *Körpergelenkwinkel* φ (phys. Einheit: °) stellt den Winkel zwischen zwei, im selben Punkt ansetzende Schenkeln dar. Die gerichtete *Winkelgeschwindigkeit* $\vec{\omega}$ beschreibt die Winkelveränderung in der Zeit ($\vec{\omega} = \Delta \vec{\varphi} / \Delta t$; phys. Einheit: °/s). Die gerichtete *Winkelbeschleunigung* $\vec{\alpha}$ bezeichnet das Verhältnis der Veränderung der Winkelgeschwindigkeit und der hierfür benötigten Zeit ($\vec{\alpha} = \Delta \vec{\omega} / \Delta t$; phys. Einheit: °/s2).

Der zeitliche Verlauf motorischer Fertigkeiten grenzt *gleichförmige Bewegungen* (konstante Geschwindigkeit) und *ungleichförmige Bewegungen* (veränderliche Geschwindigkeitscharakteristik) voneinander ab. Letztere lassen sich nach *gleichmäßig beschleunigten* und *ungleichmäßig beschleunigten Bewegungen* differenzieren. Sportmotorische Handlungen zeigen in der Regel eine Überlagerung der verschiedenen Bewegungsformen.

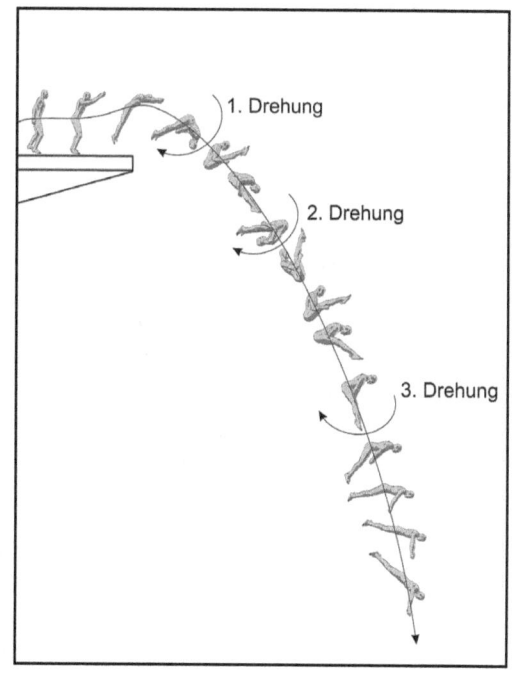

Abb. 74: *Überlagerung von Translation und Rotation beim zweieinhalbfachen Salto im Wasserspringen (mod. nach* HOCHMUTH, *1982, S. 17)*

> Wer tiefere Einblicke in die Biomechanik des Sports gewinnen möchte, findet bei BALLREICH und BAUMANN (1996) oder SCHEWE (2000) hilfreiche Informationen. Leicht verständlich behandeln alltägliche und sporttypische Beispiele sowohl die biomechanischen Grundlagen, Messgrößen und Messverfahren als auch die biomechanische Modellierung sportmotorischer Techniken (vgl. Lektion 12) und mechanischer Belastungen des menschlichen Organismus.

3.1.1 Welche kinemetrischen Messverfahren verwendet die Bewegungswissenschaft des Sports?

Kinemetrische Messverfahren zur Ermittlung von Wegstrecken, Körpergelenkwinkeln, Zeiten, Geschwindigkeiten und Beschleunigungen eignen sich auf Grund der Rückwirkungsfreiheit (berührungslos) und der schnellen Verfügbarkeit der Messdaten für direkte Rückmeldungen objektiver Informationen über die Bewegungsausführung. Die Einteilung der kinemetrischen Untersuchungsverfahren erfolgt im vorliegenden Lehrbuch nach der Art der zu erhebenden räumlichen und zeitlichen Bewegungsmerkmale: direkte und indirekte Verfahren der Orts-, Körperwinkel- und Zeitmessung.

> Eine andere übliche Systematisierung der kinemetrischen Messverfahren – die hier nicht weiter besprochen wird – erfolgt nach dem Messprinzip. Voneinander abgegrenzt werden mechanische Erhebungsverfahren (Zeit: Stoppuhr; Strecke: Maßband), optische Messmethoden (Film-, Videoanalyse usw.) und elektrische Untersuchungsverfahren (Umwandlung mechanischer Größen in elektrische Größen; Überblick: ROTH & SAHRE, 1990).

Die *direkte Ortsmessung* vermittelt einen kurzfristigen Eindruck über die aktuelle Bewegungsausführung. Bewährt hat sich in den leichtathletischen Disziplinen die *Abstandsmessung* mittels einfacher mechanischer Messvorrichtungen für die Bestimmung der Schrittlänge oder der Fußstellung (Metermaß, Bodenmedien, Hartfolien usw.). Direkte Ortsmessungen werden in wissenschaftlichen Untersuchungen nur noch selten eingesetzt, da die Hochfrequenzvideometrie exaktere Abstandsmessungen ermöglicht (vgl. indirekte Orts-, Zeitmessung).

Für die *direkte Bestimmung der Körpergelenkwinkel* (Goniometrie), d. h. der Lagebeziehung zwischen benachbarten Körperteilen, stehen zweidimensionale manuelle Winkelmesser und Drehpotentiometer (Goniometer) zur Verfügung. Hierbei werden zwei mit einer Drehachse verbundene Schenkel parallel zu den beiden Gliederlängsachsen des betrachteten Scharniergelenks (Ober- und Unterarm, Ober- und Unterschenkel usw.) mit einem medizinischen Klebeband oder Gummilochband fixiert. Der messmethodische Hauptnachteil betrifft die mangelnde Übereinstimmung des Scheitelpunkts des Goniometers und des Gelenkmittelpunkts während der Bewegungsausführung.

Seit einigen Jahren ermöglichen zweidimensionale elektronische Goniometer (z. B. Penny & Giles®) zuverlässige Messungen der Gelenkwinkel, da die Gelenkmittelpunkte nicht als direkte Bezugsgrößen der Winkelmessung dienen. Die beiden starren, durch ein flexibles Verbindungsstück verbundenen Elektrogoniometerteile müssen lediglich exakt in der Längsachsenrichtung der Körpergliedmaßen liegen. Die eigentliche Winkelmessung basiert auf der Biegung des flexiblen Verbindungsstücks zwischen den beiden starren Goniometerteilen, die zu einer elektrischen Spannungsveränderung führt. Neben der Gelenkstellung erfassen elektronische Goniometer die Winkelgeschwindigkeit und die Winkelbeschleunigung. Die paarige Kombination zweidimensionaler Goniometer kann bei Kugelgelenken dreidimensionale Winkelveränderungen erfassen. Grundsätzliche methodische Schwierigkeiten bereitet die Gelenkwinkelmessung bei rotatorischen und mehrgelenkigen Bewegungen (z. B. Schultergelenk).

Zur *direkten Zeitmessung* eignen sich Stoppuhren, Kontaktschalter, Kontaktmatten, Licht- oder Ultraschallschranken (berührungslose Schalter). Die *direkte Bestimmung* des *Beschleunigungszeitverlaufs* eines Körpers erfolgt mittels piezoelektrischer oder kapazitativer Beschleunigungsaufnehmer. Bei den weit verbreiteten piezoelektrischen Beschleunigungsaufnehmern übt ein seismisches, in eine Koordinatenrichtung frei bewegliches Massestück bei seiner Beschleunigung, bedingt durch die Massenträgheit, eine mechanische Druckkraft auf die Grenzflächen eines Piezokristalls (Siliziumdioxide) aus. Die Deformation des Kristallgitters führt zu einer proportionalen elektrischen Oberflächenladungsverschiebung, die in eine elektrische Spannungsveränderung umgewandelt wird.

Über die Trägheit ($F = m \cdot a$) und die bekannte seismische Masse m kann auf die wirkende Beschleunigung in kurzzeitigen Bewegungssequenzen zurückgeschlossen werden. Der Handel bietet ein- und zweiaxiale Beschleunigungsaufnehmer mit unterschiedlichen Messbereichen an (Empfindlichkeit: ±2 g bis ±100 g). Zu den Anwendungsfeldern der direkten Beschleunigungsmessung zählen die Analyse des Beschleunigungsverlaufs einzelner Körperpunkte (Hand des Speerwerfers, Fuß des Fußballspielers usw.) oder verschiedener Sportgeräte (Gewichtshantel, Rennrodel, Ruderboot, Tennisschläger usw.).

Für die *indirekte Zeit- und Ortsmessung* vertraut die sportbezogene Bewegungswissenschaft auf Grund der unproblematischen computergestützten Datenanalyse und der guten Anschaulichkeit der Messdaten nahezu ausschließlich der *Hochfrequenzvideometrie*. Die klassische Momentaufnahme (Einzelbilder, Bildserien in Zeitlupe/Zeitraffer usw.), die Lichtspuraufnahme (am Sportler oder Sportgerät befestigte pulsierende Lichter oder infrarot emittierende Dioden) oder die Stroboskopie (Mehrfachbelichtung des Filmmaterials) setzen Bewegungswissenschaftler nur noch zu Lehr- und Unterrichtszwecken ein (Überblick: WILLIMCZIK, 1989, 1999).

Die bis Anfang der 90er Jahre des 20. Jahrhunderts favorisierte zweidimensionale Hochfrequenz-Videobildanalyse (Zwei-D-Analyse) basiert auf der Registrierung der Bewegung mittels einer Hochfrequenzvideokamera. Nach heutigem Wissensstand stellt die Zweidimensionalität eines Körpers eine enorme Vereinfachung der Realität dar, da die Zwei-D-Analyse keine Drehungen der Körperextremitäten oder des Gesamtkörpers um die Längsachse berücksichtigt. Die dreidimensionale Videobildanalyse (Drei-D-Analyse) mit mehr als zwei Hochfrequenzvideokameras (vgl. Abb. 75) vermeidet die Verdeckung der interessierenden Körperpunkte, da diese während der Bewegungsausführung ständig von mindestens zwei Kameras erfasst werden. Als weitere Vorteile der Drei-D-Analyse gelten neben der exakten räumlichen Darstellung sportmotorischer Handlungen die nachträgliche Betrachtung der Bewegung aus unterschiedlichen Perspektiven und die einfache Bestimmung theoretischer Körperpunkte (z. B. Körperschwerpunkt, vgl. Kap. 3.1.2).

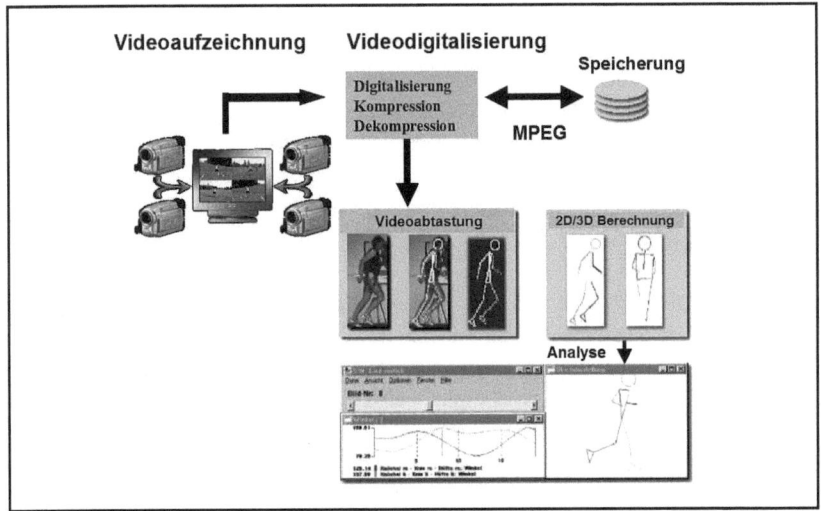

Abb. 75: *Ablauf einer Drei-D-Videobildanalyse (mod. nach SIMI.COM, 2004)*

Die Videobildanalyse dient der räumlichen Bestimmung der durch weiße, farbige oder reflektierende Marker gekennzeichneten Körperpunkte (z. B. Mittelpunkt der Körpergelenke). Die für sporttypische Bewegungsfertigkeiten übliche Aufnahmefrequenz liegt zwischen 100 und 300 Bilder/s. Die sehr schnellen, schlag- oder stoßartigen Bewegungstechniken im Badminton, Boxen, Fechten oder Tennis erfordern Bildfrequenzen bis 2.000 Bilder/s, um dem menschlichen Auge normalerweise nicht zugängliche Bewegungsdetails sichtbar zu machen. Die Bildschärfe der Videoaufzeichnung hängt unmittelbar von der Belichtungszeit ab. Je kürzer die Belichtungsdauer, desto schärfer werden die Videobilder aufgezeichnet. Hierbei ist zu beachten, dass kurze Belichtungszeiten eine ausreichend große Beleuchtung erfordern.

Die Hochfrequenzvideometrie ermittelt die Ortsmerkmale nicht unmittelbar am Objekt (Athlet, Sportgerät usw.), sondern über das auf dem Videomaterial fixierte Modell. Zur Berechnung der realen Ortskennwerte werden die markierten Körperpunkte am Modell als Koordinatenpunkte für jedes Einzelbild manuell oder (teil-)automatisiert bestimmt. Die Umrechnung der Längenmerkmale des Modells (Bildkoordinaten) in reale Objektkoordinaten erfolgt über den *Abbildungsmaßstab*. Für seine Bestimmung muss ein Eichobjekt von bekannter Länge (Passpunktsystem) mitgefilmt werden. Drei-D-Analysen erfordern ein Passpunktsystem mit mindestens sechs Bezugspunkten auf den drei x-, y- und z-Raumachsen (z. B. quaderförmiges Stabsystem).

Der *Abbildungsmaßstab* m ermittelt sich als Quotient aus der Abbildungsgröße A_G (z. B. 5 cm) und der Objektgröße O_G (z. B. 200 cm langer Messquader; m = A_G : O_G; m = 5 cm : 200 cm oder m = 1 : 40). Die Länge des realen Objekts wird durch die Multiplikation der Abbildgröße des Objekts auf dem Videobild mit dem Abbildungsmaßstab bestimmt. Die *Bewegungszeit* berechnet sich auf der Grundlage der ausgewählten Bildwechsel und der Aufnahmefrequenz (Δt = Anzahl der Bildwechsel/Bildfrequenz). Der *Körpergelenkwinkel* wird zwischen den beiden Gelenkachsen eines Körpergelenks ermittelt. Zur Festlegung der Gelenkachsen des Kniegelenks dienen die Gelenkmittelpunkte des Hüft-, Knie- und oberen Sprunggelenks. Die Darstellung videometrischer Ergebnisse erfolgt durch die Verbindungslinien der Gelenkachsen (z. B. Kinegramm, Strichmännchen, Konturgramm), Diagramme (Kurven, Balken usw.) oder Tabellen (vgl. Abb. 75).

3.1.2 Wo liegt der Körperschwerpunkt des Menschen?

Zur exakten Analyse der Orts- und Geschwindigkeitsveränderungen unregelmäßig geformter oder mehrgelenkiger Körper lebender Systeme bedient sich die Biomechanik des Sports der idealisierten Annahme, dass die Gesamtmasse eines Körpers und der am Körper angreifenden Kräfte in einem theoretischen Punkt vereinigt werden können. Der Massenmittelpunkt eines Körpers und die Teilmassen eines Körpers – *Körperschwerpunkt* (KSP) und *Teilkörperschwerpunkte* (TKSP) – verhalten sich nach physikalisch-mechanischen Gesetzmäßigkeiten. Während sich der Schwerpunkt eines starren physikalischen Körpers mit homogener Massenverteilung (z. B. Kugel) im geometrischen Zentrum befindet, wird die Lage des Körperschwerpunkts des mehrgelenkigen menschlichen Körpers von der jeweiligen Lage der einzelnen Körperteile zueinander und von den Proportionen und den Masseverteilungen des Individuums bestimmt.

Bei normal gebauten Erwachsenen befindet sich der Körperschwerpunkt ungefähr auf der Höhe des Bauchnabels im Körperinneren (vgl. Abb. 76a). Der Schwerpunkt des Kopfs liegt einige Zentimeter vor dem oberen Halswirbel. In Abhängigkeit von der Massenverteilung des Körpers, der Bewegungsausführung und den Veränderungen der relativen Lage der Körperteile zueinander, verändert der Körperschwerpunkt seine jeweilige Lage. Hierbei kann der Körperschwerpunkt auch außerhalb des menschlichen Körpers liegen. Beim Fosbury-Flop verlagert sich der Körperschwerpunkt bei extremer Rumpfbeugung über der Hochsprunglatte nach rückwärts außerhalb des Körpers (Abb. 76b). Für die Bestimmung des Körperschwerpunkts und der Teilkörperschwerpunkte des Menschen stehen experimentell-mechanische, grafische, analytische und mathematische Methoden zur Verfügung.

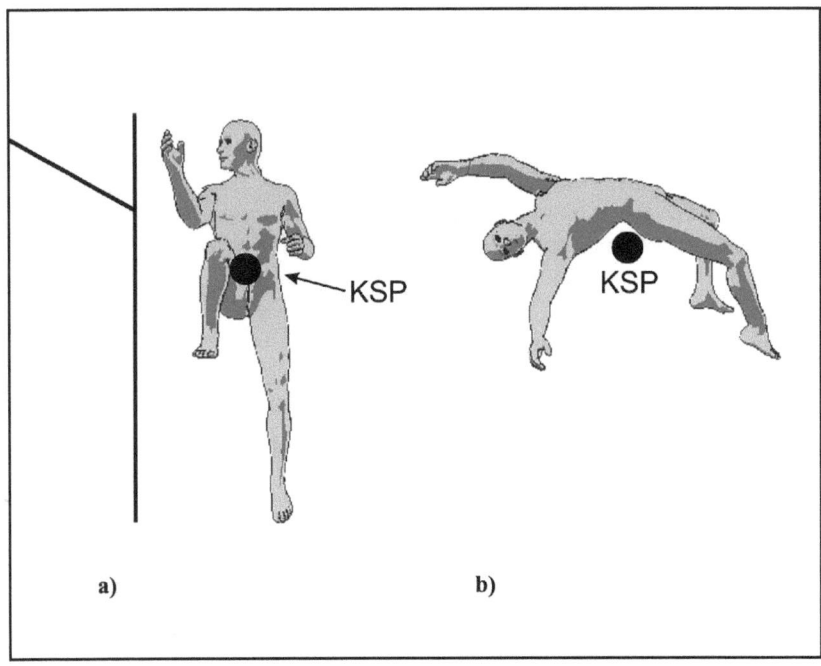

Abb. 76: *Lage des Körperschwerpunkts beim Fosbury-Flop (mod. nach* ROTH & SAHRE, *1990, S. 37)*
a) *Absprung*
b) *Lattenüberquerung*

Die *experimentell-mechanische Bestimmung des Körperschwerpunkts* stellt ein einfaches physikalisches Messverfahren am lebenden Objekt dar. In bewegungswissenschaftlichen Praktika der Sportlehrerausbildung kann mittels der Rechteckplattform die statische Lage des Körperschwerpunkts anschaulich demonstriert werden (vgl. HAY, 1978; REISCHLE, 1995; BAUMANN, PREIß & SCHÖLLHORN, 1996). Bei der Rechteckplattform handelt es sich um einen als Brett gestalteten Waagebalken, der an den beiden Enden auf einer Waage bzw. einem festen Drehpunkt aufliegt (vgl. Abb. 77). Zur experimentellen Bestimmung der KSP-Koordinate liegt die Versuchsperson mit der interessierenden Körperachse in Richtung der Waageplattform. Die KSP-Koordinate l_x berechnet sich aus der Länge der Waageplattform l, des Körpergewichts der Versuchsperson M und der Auflagekraft F_x nach der Formel $l_x = (F_x : M) \cdot l$. Die KSP-Koordinaten der beiden anderen Körperachsen werden in gleicher Weise ermittelt.

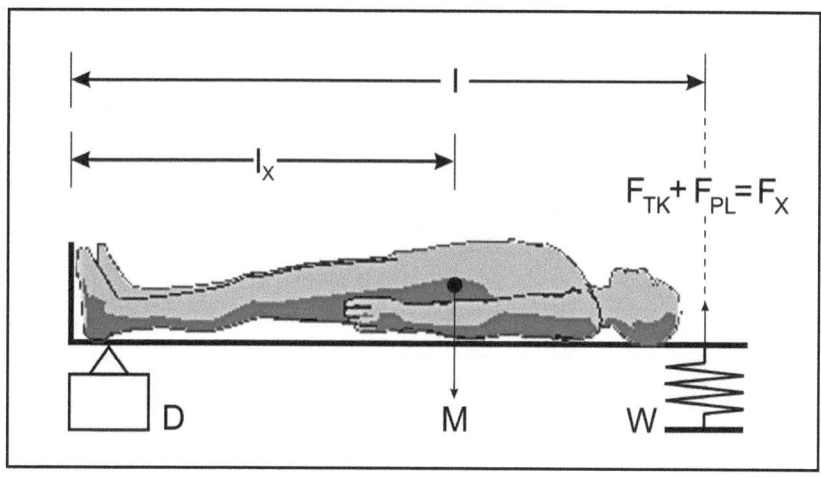

Abb. 77: *Bestimmung des Körperschwerpunkts durch die Rechteckplattform (mod. nach BAUMANN ET AL., 1996, S. 184)*

D: *Drehpunkt* F_x: *Auflagekraft*   M: *Gewicht der VP*
F_{PL}: *Teilgewicht der Platte*   l: *Länge der Waagenplatte*   W: *Waage*
F_{TK}: *Körperteilgewicht* l_x: *KSP-Koordinate*

Der grafischen, analytischen und mathematischen Bestimmung des Körperschwerpunkts und der Teilkörperschwerpunkte liegt das empirische Wissen zu Grunde, dass die Teilmassen der Körpersegmente m_i (Kopf, Rumpf, Extremitäten, Hand, Fuß) in einem festen Verhältnis zur Gesamtkörpermasse stehen, dass die Körperschwerpunkte der Gliedmaßen nahezu auf ihren Längsachsen liegen und dass eine interindividuelle gleiche Entfernung zu den beteiligten Gelenkpunkten besteht (WILLIMCZIK, 1999). Nach Tabelle 16 kommt dem Rumpf eine relative Teilmasse von 43 % zu, während der Ober- und Unterschenkel zusammengenommen eine relative Masse von 20 % aufweisen. Tabelle 16 führt ebenfalls die Lage der Schwerpunkte der einzelnen Körperteile auf ihrer Längsachse auf (Schwerpunktradien r_i).

Der Arbeitsprozess der *grafischen Bestimmung des Körperschwerpunkts* (WILLIMCZIK, 1999) beginnt mit der Kennzeichnung der Gelenkpunkte und der Längenachsen des Rumpfs und der Körperextremitäten (vgl. Abb. 78a). Im zweiten Arbeitsschritt werden die Teilschwerpunkte für den Rumpf, den Kopf und die Körperextremitäten markiert. Zum Abschluss erfolgt die grafische Ermittlung der Teilschwerpunkte für jeweils zwei Körperteile bzw. für zwei Gruppen von Körperteilen.

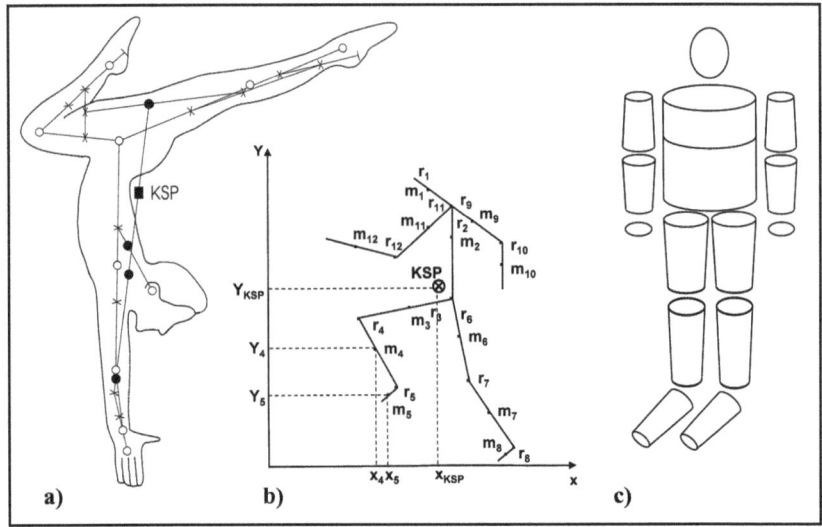

Abb. 78: *Bestimmung des Körperschwerpunkts beim Menschen (Beschreibung siehe Text)*
  a) *Grafische Methode (■: Körperschwerpunkt; •: Teilschwerpunkte; ○: Gelenkpunkte; mod. nach WILLIMCZIK, 1999, S. 46)*
  b) *Analytische Methode. Berechnung des Körperschwerpunkts aus den relativen Teilmassen und den Lagen der Teilkörperschwerpunkte (mod. nach BAUMANN & PREIß, 1996, S. 81)*
  c) *Mathematische Methode. Segmentierung des menschlichen Körpers nach HANAVAN (1964; mod. nach WILLIMCZIK, 1999, S. 49)*

Bedingt durch den hohen Arbeitsaufwandes und die zahlreichen Fehlermöglichkeiten bei der grafischen Bestimmung des Körperschwerpunkts greift die sportwissenschaftliche Bewegungswissenschaft vielfach auf die *analytische Bestimmung des Körperschwerpunkts* zurück (BAUMANN & PREIß, 1996; vgl. Abb. 78b). Diese beruht auf dem Wissen der allgemeinen Statik. Hiernach kann die im Schwerpunkt einer Körperextremität angreifende Kraft F_0 durch zwei fiktive, in den angrenzenden Gelenkpunkten angreifende Kräfte F_1 und F_2, ersetzt werden. Und „zwar derart, daß die Kraft für den jeweiligen Schwerpunkt der Summe der Kräfte für die beiden fiktiven Schwerpunkte gleich ist" (WILLIMCZIK, 1999, S. 48). Die analytische Bestimmung der Lage des Körperschwerpunkts erfolgt nach BAUMANN (1988) auf der Grundlage der aus Tabelle 16 ablesbaren Teilmassen m_i (% m) und den Schwerpunktradien einzelner Körpersegmente r_i (% l_i) durch die Berechnung der x- und y-Koordinaten der Teilkörperschwerpunkte.

Die y-Koordinate des Körperschwerpunkts ergibt sich aus der Addition der Produkte der relativen Teilmassen der zu berücksichtigenden Körperteile mit den jeweiligen y-Koordinaten der Teilkörperschwerpunkte (Gl. 1). Anschließend wird die Gesamtsumme durch die Gesamtmasse des Individuums dividiert. Die Berechnung der x-Koordinate erfolgt in gleicher Weise (Gl. 2).

$m \cdot y_{KSP} = m_1 y_1 + m_2 y_2 + m_3 y_3 + ... + m_i y_i$ (GL. 1)

$m \cdot x_{KSP} = m_1 x_1 + m_2 x_2 + m_3 x_3 + ... + m_i x_i$ (GL. 2)

Tab. 16: *Teilmassen m_i (% m) und Schwerpunktradien r_i der Körpersegmente (% l_i) nach* BAUMANN *(1988, S. 84)*

Körpersegmente	Teilmassen mi (% m)	Schwerpunktradien ri (% li)
Kopf	7.0	50
Rumpf	43.0	44
Oberarm	2.7	47
Unterarm	1.6	42
Hand	0.7	
Oberschenkel	14.0	44
Unterschenkel	4.5	42
Fuß	1.5	44
Kopf und Rumpf	50.0	
Arm	5.0	
Bein	20.0	

Die in der Bewegungswissenschaft des Sports am häufigsten verwendete *mathematische Bestimmung des Körperschwerpunkts* geht auf HANAVAN (1964) zurück. Die Darstellung der mechanischen Eigenschaften der Gliedmaßen des menschlichen Körpers (Massen, Schwerpunktlagen, Segmentlängen) basiert auf umfangreichen Vermessungen an lebenden Objekten. Der Körper des Menschen wird nach dem HANAVAN-Modell mithilfe von 15 starren, idealisierten mathematischen Körpern (Zylinder, Kegelstümpfe, Elipsoiden; vgl. Abb. 78c) mit bekannten Trägheitsparametern und Massenverteilungen beschrieben. „Die Berechnung der Massenträgheitsmomente hinsichtlich der drei Hauptträgheitsachsen der Körpersegmente erfolgt unter der Annahme homogener Körper auf der Grundlage des geometrisch kalkulierten Segmentvolumens und der Segmentmasse. Die Bestimmung der Segmentmasse nimmt HANAVAN durch die Verwendung der einfachen Regressionsgleichung von BARTER (1957) vor" (WIL-LIMCZIK, 1999, S. 49). Präzisere Bestimmungen des Körperschwerpunkts gewährleisten neuere mathematische Konzepte wie das 17-segmentige Körpermodell von HATZE (1986).

3.2 Was ist Biodynamik und Dynamometrie?

Die *Biodynamik* gestattet Einblicke in den Zusammenhang zwischen der Bewegungsausführung und den verursachenden Kräften. Als die biodynamischen Grundgrößen translatorischer Bewegungen gelten Masse, Kraft und Impuls.

Die *Masse* eines Körpers bestimmt die Trägheit und die Änderung des Bewegungszustandes. Die Masse m bezieht sich auf das spezifische Gewicht der jeweiligen Körpersubstanz und errechnet sich aus dem Produkt von Körpervolumen V und Körperdichte ρ ($m = V \cdot \rho$; phys. Einheit: kg).

Die wesentlichen Gesetzmäßigkeiten der Dynamik beschreiben die drei newtonschen Axiome, denen jeder Körper und jede Bewegung des Menschen unterliegen.

- Nach dem 1. *newtonschen Gesetz* (Trägheitsgesetz) ist der „ruhende" Körper bestrebt, seinen Ruhezustand oder seine gleichförmige gradlinige Bewegung beizubehalten.
- Nach dem 2. *newtonschen Gesetz* muss zur Überwindung der Massenträgheit und zur Beschleunigung des Körpers eine externe Kraft (Schwerkraft, Luft-, Wasserwiderstand, Krafteinwirkung des Gegners usw.) oder eine körperinterne Kraft erzeugt werden (Absprungkraft, Abstoßkraft beim Tiefstart, Wurfkraft usw.). Die gerichtete *Kraft* $\vec{F}$ wird durch die Multiplikation der Masse m mit der Beschleunigung $\vec{a}$ berechnet ($\vec{F} = m \cdot \vec{a}$; phys. Einheit: N). Weisen mehrere Teilkräfte in dieselbe Richtung, addieren sich diese, während sich entgegengerichtete Teilkräfte subtrahieren.
- Nach dem 3. *newtonschen Gesetz* „actio et reactio" (Wechselwirkungsgesetz) ruft eine Kraft immer eine gleich große Gegenkraft hervor: die gerichtete *Reaktionskraft* (äußere Kraft; $\vec{F}_{1\to 2} = -\vec{F}_{2\to 1}$). Wenn der Körper A eine Kraft auf den Körper B ausübt, dann wirkt eine gleich große, aber entgegengerichtete Kraft von Körper B auf Körper A (vgl. Abb. 79).

Die biodynamische Beschreibung der Bewegung eines Körpers erfolgt über den gerichteten *Impuls* $\vec{p}$ (syn. Kraftstoß) als Produkt von Masse m und Geschwindigkeit $\vec{v}$ ($\vec{p} = m \cdot \vec{v}$; phys. Einheit: N · s). Die Impulsveränderung ruft bei konstanter Masse immer eine Geschwindigkeitsänderung hervor. Nach dem *Impulserhaltungssatz* kann der Impuls nur durch äußere Kräfte verändert werden. Die Impulsübertragung wird im Billard, Eisstockschießen, Fußball oder Hockey augenscheinlich, wenn ein Körper (Billardqueue, Eisstock, Fuß, Hockeyschläger) auf einen anderen Körper trifft (Billardkugel, Eisstock, Ball). Bei sportlichen Bewegungen wird der Impuls durch die Kraft-Zeit-Kurve ermittelt (vgl. Abb. 80b).

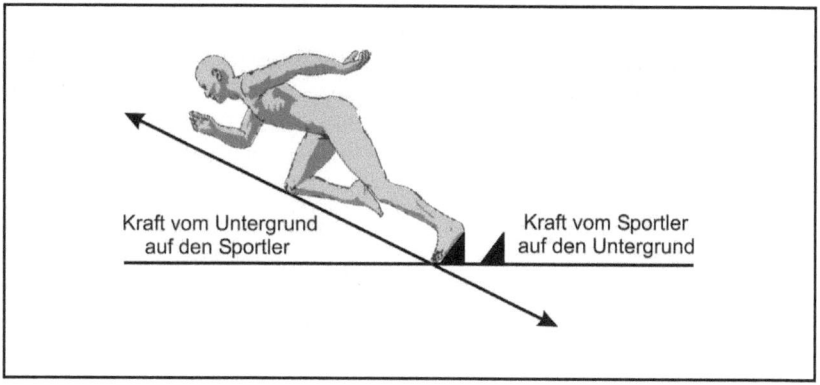

Abb. 79: *3. newtonsches Gesetz „actio et reactio" am Beispiel der Bodenreaktionskraft*

Zu den biodynamischen *Grundgrößen rotatorischer Bewegungen* zählen Massenträgheitsmoment, Drehmoment und Drehimpuls. Das *Massenträgheitsmoment J* bezeichnet denjenigen Widerstand, den ein rotierender Körper der Erzeugung oder der Modifizierung der Drehbewegung um eine Drehachse entgegensetzt. Das nur für regelmäßige Körper einfach zu berechnende Massenträgheitsmoment ergibt sich als Produkt aus der Körpermasse m und dem Abstand der Masse r von der Drehachse ($J = m \cdot r^2$; phys. Einheit: kg • m^2). Je näher sich die Körpermasse der Rotationsachse annähert, desto mehr verringert sich das Massenträgheitsmoment (z. B. Gerätturnen: gestreckter versus gebückter versus gehockter Salto).

Beim alpinen Skilauf erzeugt der Einsatz der Skikanten große Kräfte gegen den Schnee, um durch die Reaktionskraft die Richtungsänderung oder das Abbremsen auszulösen. Der Absprung vom Skateboard muss exakt in der Vertikalen erfolgen, damit das Skateboard nicht durch die horizontale Komponente der Absprungkraft vom Skater horizontal weg beschleunigt wird. Weitere Beispiele stellen die während der Stützphase des Fußes beim Gehen, Laufen und Absprung auftretenden Bodenreaktionskräfte dar (vgl. Abb. 79). In der Leichtathletik verwenden Sprinter und Mittelstreckenläufer besondere Spikeschuhe, um möglichst hohe horizontale Kräfte gegen die Laufbahn aufbringen zu können (KASSAT, 1993).

Äußere Einwirkungen auf die Drehbewegung beeinflussen das gerichtete *Drehmoment* $\vec{M}$ als Produkt der einwirkenden Kraft $\vec{F}$ und des senkrechten Abstandes r der Wirkungslinie von der Drehachse ($\vec{M} = \vec{F} \cdot r$; phys. Einheit: Nm). Ein Drehmoment entsteht dann, wenn die Kraft nicht direkt im Körperschwerpunkt angreift. Wirken auf einen Körper mehrere Drehmomente, entsteht das resultierende Drehmoment als Summe der Teildrehmomente. „Ein Skelettmuskel bewirkt ein Drehmoment im Gelenk, weil die Wirkungslinie seiner resultierenden Zugkraft nicht durch die Gelenkmitte, sondern in einem Abstand zu diesem Drehpunkt verläuft" (BAUMANN, 1989b, S. 71). Das Drehmoment fällt desto größer aus, je größer das Massenträgheitsmoment ist. Es verringert sich bei Abnahme der Winkelbeschleunigung. Die Einleitung von Drehbewegungen erfordert bei großen Drehmassen ein großes Drehmoment.

Der gerichtete *Drehimpuls* $\vec{L}$ beschreibt den Bewegungszustand eines sich drehenden Körpers. Der Drehimpuls berechnet sich als Produkt der Winkelgeschwindigkeit $\vec{\omega}$ und des Massenträgheitsmoments J ($\vec{L} = \vec{\omega} \cdot J$; phys. Einheit: Nm • s). Nach dem *Drehimpulserhaltungssatz* bleibt in einem abgeschlossenen Körpersystem der Drehimpuls nach Betrag und Richtung konstant, wenn kein Drehmoment wirkt. Eine Veränderung der Lage der Körperteile zueinander verändert das Massenträgheitsmoment und die Winkelgeschwindigkeit.

Äußere dynamometrische Messverfahren können die muskuläre Kraft nur indirekt schätzen, da die Muskelkraft durch die elastischen und plastischen Eigenschaften der Bänder und Sehnen abgedämpft wird und somit nicht mit der an der Körperperipherie gemessenen Reaktionskraft übereinstimmt. Darüber hinaus lassen sich dynamische Muskelkräfte nur über das Drehmoment bestimmen, da die Skelettmuskeln bei der Kontraktion durch die Überspannung der Gelenke eine Rotation im Gelenk auslösen und sich der Abstand der Kraftwirkungskennlinie ständig zum Drehpunkt verändert. Für die Abschätzung der muskulären Kraft (neuromuskulärer Output) eignet sich die in Lektion 11 thematisierte Methode der Elektromyografie.

Bei der Bielmann-Pirouette im Eiskunstlaufen wird die Erhöhung der Drehgeschwindigkeit dadurch erzielt, dass die Eiskunstläuferin die ausgestreckten Arme und das abgespreizte Bein näher an die Körperdrehachse heranführt. Unter Berücksichtigung des Drehimpulserhaltungssatzes erhöht sich die Winkeldrehgeschwindigkeit, da bei gleich bleibendem Drehimpuls das Trägheitsmoment verringert wird. Im Gerätturnen, Trampolin- oder Wasserspringen kann der Salto vorwärts dann schneller gedreht werden, wenn der Athlet die Arme zum Körper führt und die Beine anhockt.

3.2.1 Welche dynamometrischen Messverfahren erfassen äußere Bewegungskräfte?

Die Methode der *Dynamometrie* dient der Analyse der an der Körperperipherie auftretenden Reaktionskräfte. Zu den in der sportbezogenen Bewegungswissenschaft gebräuchlichen dynamometrischen Messinstrumenten zählen die Kraftaufnehmer auf der Basis von Dehnungsmessstreifen oder Piezokristallen und die Druckaufnehmer.

Kleinvolumige *Kraftaufnehmer auf der Basis von Dehnungsmessstreifen* (Widerstandsgeber) werden dann eingesetzt, wenn nur wenig Raum für größere Messgeräte vorhanden ist (Kanupaddel, Radtretkurbel, Reckstange, Rennrodel, Rudermessdolle, Ski, Startblock usw.). Anwendung findet das physikalische Prinzip, richtungsgebundene Zug- oder Druckkräfte in elektrische Widerstands- und Spannungsänderungen umzuwandeln. Wird ein elastischer Widerstandsdraht (syn. Dehnungsmessstreifen, DMS) in Längsrichtung gedehnt, ändert sich der elektrische Widerstand proportional zur Dehnung und zur einwirkenden Kraft. Die durch einen Dehnungsmessstreifen zu registrierende Verformung liegt in einer Größenordnung von 1/1000 mm. Durch die Kombination mehrerer Dehnungsmessstreifen können die auftretenden Zug-, Druck-, Biege- und Torsionsbelastungen jeweils getrennt voneinander erfasst werden.

Bei der *Kraftmessung auf der Basis von Piezokristallen* wird das von einem Piezokristall unter Krafteinwirkung erzeugte Spannungssignal als Kraft-Zeit-Kurve aufgezeichnet. Die elektrische Spannung nimmt proportional zur verursachenden Kraft zu. Für verschiedene Messzwecke stehen spezifische Kraftaufnehmer zur Verfügung. In sportwissenschaftlichen Instituten weit verbreitet ist die *Mehrkomponenten-Kraftmessplatte*, mit der bei Absprung-, Lande-, Gang- oder Laufbewegungen die während der Stützphase zwischen Körper und Boden resultierenden Reaktionskräfte registriert werden können (vgl. Abb. 80a).

Die in die vier Ecken der Kraftmessplatte jeweils eingelassenen drei Piezokristalle ermöglichen die Drei-Komponenten-Messung der Kraft. Über jeweils ein Piezokristall wird die Kraftkomponente (Reaktionskräfte) F_x und F_y in horizontaler und F_z in vertikaler Richtung erfasst. Insgesamt registriert die Mehrkomponenten-Kraftmessplatte „den zeitlichen Verlauf der resultierenden Kraft und des resultierenden Moments, die sich als Summe aller an der Platte angreifenden Kräfte und Momente bezogen auf die Plattenmitte ergeben. Durch die Integration der Kraft-Zeitfunktionen sind unmittelbar die während der Stützphase erfolgten Geschwindigkeitsveränderungen des Körperschwerpunkts gegeben" (BAUMANN & PREIß, 1996, S. 98-99). Gleichzeitig auftretende

Einzelkräfte lassen sich nicht isoliert darstellen. Abbildung 80b gibt den typischen Befund einer Kraftmessung beim Laufen wieder.

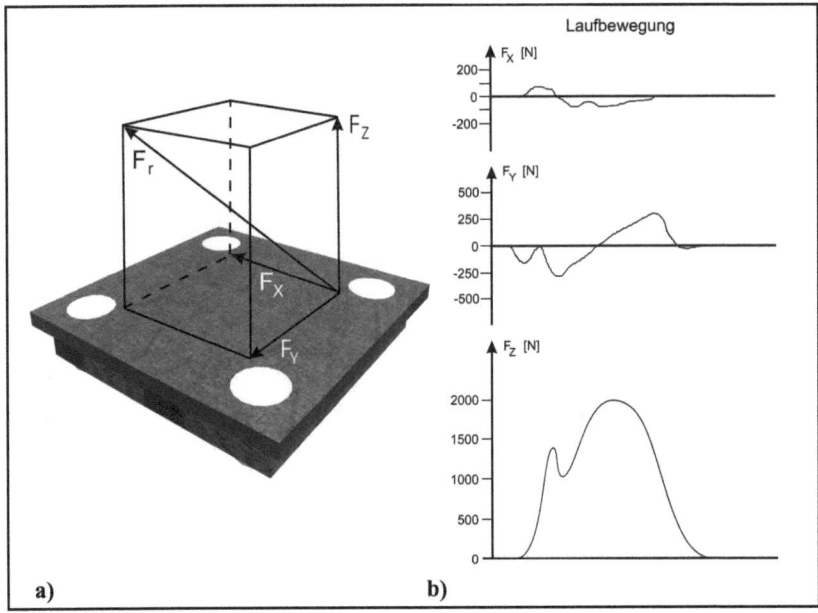

Abb. 80: *Mehrkomponenten-Kraftmessplatte*
  a) *Prinzipskizze einer Mehrkomponenten-Kraftmessplatte mit schematischer Darstellung der Messgrößen (Bezeichnungen siehe Text)*
  b) *Bodenreaktionskraft beim Laufen (mod. nach BAUMANN & PREIß, 1996, S. 99)*

Kraftmessplatten auf der Basis von Piezokristallen sind üblicherweise sehr teuer und vornehmlich in Universitäten oder in der Industrie zu finden. Zur Veranschaulichung der Arbeitsweise einer Kraftmessplatte kann der Lehrer im Sportunterricht ersatzweise auf eine handelsübliche analoge Personenwaage zurückgreifen, die eine optische Verfolgung der Anzeige bei schnellen Bewegungsausführungen ermöglicht (z. B. Videokamera mit Shuttereinrichtung zur scharfen Abbildung der Waagenanzeige). Quantitative Kennwerte können mit einer analogen Personenwaage nicht erhoben werden, da das Nachschwingen der Anzeige nach Bewegungsende nicht durch die aufgebrachten Kräfte entsteht, sondern durch die Trägheit der Anzeige. Demgegenüber können Kraft-Zeit-Verläufe weit gehend wirklichkeitsnah veranschaulicht werden (HILLEBRECHT, 2005).

Druckverteilungsmessungen auf eine bestimmte Auflagefläche (z. B. Fußsohle) erfolgen mittels einer mit zahlreichen Miniatur-Druckaufnehmern besetzten Platte oder Hartfolie (z. B. Einlegesohle). Jeder Drucksensor ist einem eng umgrenzten Flächenabschnitt zugeordnet. Die auftretenden Druckkräfte werden softwaretechnisch durch unterschiedliche Farben und Farbabstufungen oder als intervallskalierte Messwerte veranschaulicht.

4 Äußere Bewegungsmerkmale im Überblick

Menschliche Bewegungen unterliegen im Gegensatz zu materialen Körpern nicht ausschließlich den Gesetzen der Mechanik, sondern zusätzlich den biologischen Voraussetzungen und Eigenheiten des Individuums. Im Mittelpunkt des Erkenntnisinteresses *der Biomechanik des Sports* steht die Erforschung der den Entscheidungsraum des Menschen begrenzenden stochastischen Gesetzmäßigkeiten. Als Grenzwissenschaft profitiert die Biomechanik des Sports von den Kenntnissen der Physik, der Anatomie, der Biologie und der Physiologie. Die *äußere Biomechanik des Sports* beschäftigt sich mit den an der Körperperipherie messbaren zeitlichen, räumlichen und dynamischen Bewegungsgrößen und den physikalisch-biomechanischen Grundlagen der Sporttechniken. Die *innere Biomechanik* untersucht die Strukturen und die Materialien des Bewegungsapparats und die motorischen Funktions- und Kontrollprozesse.

Die *Biokinematik* betrachtet die räumlich-zeitlichen Veränderungen translatorischer und rotatorischer Bewegungen. Als biokinematische Grundgrößen gelten Strecken, Winkel, Zeiten und die mathematisch abgeleiteten Größen Geschwindigkeit und Beschleunigung. Die *Biodynamik* untersucht die verursachenden Kräfte statischer und dynamischer Bewegungen. Zu den biodynamischen Kenngrößen translatorischer Bewegungen zählen Masse, Kraft und Impuls. Bei rotatorischen Bewegungen interessieren Massenträgheitsmoment, Drehmoment und Drehimpuls. Die Analyse der Ortsveränderung und der Geschwindigkeit des Gesamtsystems Mensch basiert auf der Annahme, dass die Gesamtkörpermasse und die am menschlichen Körper angreifenden Kräfte in einem als ideal konstruierten Punkt, dem *Körperschwerpunkt (KSP)*, vereinigt werden können.

Als die wichtigsten Forschungsmethoden der äußeren Biomechanik des Sports gelten die *Anthropometrie* zur Messung der Körpermerkmale, Positionen und Masseverteilungen, die *Kinemetrie* zur Orts-, Zeit- und Winkelerfassung und die *Dynamometrie* zur Betrachtung der zwischen den an der Körperperipherie des Menschen und der Umwelt auftretenden Reaktionskräfte. Die Vielzahl äußerer biomechanischer Messverfahren ergibt sich aus den zahlreichen Untersuchungszielen der verschiedenen bewegungswissenschaftlichen Betrachtungsweisen. Das biomechanische Wissen findet breite Anwendung im Leistungs-, Schul- und Breitensport, in der funktionellen Anatomie, der Orthopädie, der Prävention, der Rehabilitation, der Physiotherapie, der Ergonomie und der Weltraumforschung.

Zentrale Begriffe

Anthropometrie, anthropometrische Biomechanik, Beschleunigungsmerkmale, Beschleunigungsmessung, Biodynamik, Biokinetik, Biomechanik, Biomechanik des Sports, Biosanteil, Dehnungsmessstreifen, Drehimpuls, Drehmoment, Druckverteilungsmessung, Dynamik, Dynamometrie, Elektrophysiologie, Gelenkwinkelmerkmale, Geschwindigkeitsmerkmale, Goniometrie, HANAVAN-Modell, Hochfrequenzvideometrie, Impuls, Impulserhaltungssatz, Kinematik, Kinemetrie, Kinetik, Körper, Körperschwerpunkt (KSP), Kraft, Kraftmerkmale, Leistungsbiomechanik, Massenträgheitsmoment, Mechanik, Mehrkomponenten-Kraftplatte, Messgröße, newtonsche Gesetze, Ortsmerkmal, Ortsmessung, präventive Biomechanik, Raum, Reaktionskraft, Rotationsbewegungen, Statik, Teilkörperschwerpunkt (TKSP), Translationsbewegungen, Winkelbeschleunigung, Winkelgeschwindigkeit, Zeitmerkmale, Zeitmessung.

Zur vertiefenden Weiterarbeit

BALLREICH, R. & BAUMANN, W. (Hrsg.). (1996). *Grundlagen der Biomechanik des Sports. Probleme, Methoden, Modelle* (2. Aufl.). Stuttgart: Enke.

SCHEWE, H. (2000). *Biomechanik – wie geht das?* Stuttgart: Thieme.

WILLIMCZIK, K. (Hrsg.). (1989). *Biomechanik der Sportarten*. Reinbek: Rowohlt.

Literatur

BALLREICH, R. (1996). Untersuchungsziele des Sports. In R. BALLREICH & W. BAUMANN (Hrsg.), *Grundlagen der Biomechanik des Sports. Probleme, Methoden, Modelle* (2. Aufl.) (S. 13–53). Stuttgart: Enke.

BALLREICH, R. & BAUMANN, W. (Hrsg.). (1996). *Grundlagen der Biomechanik des Sports. Probleme, Methoden, Modelle* (2. Aufl.). Stuttgart: Enke.

BAUMANN, W. (1988). Biomechanische Messverfahren. In R. BALLREICH & W. BAUMANN (Hrsg.), *Grundlagen der Biomechanik des Sports. Probleme, Methoden, Modelle* (S. 76–107). Stuttgart: Enke.

BAUMANN, W. (1989a). *Grundlagen der Biomechanik. Studienbrief der Trainerakademie Köln des Deutschen Sportbundes*. Schorndorf: Hofmann.

BAUMANN, W. (1989b). Mechanische und biologische Grundlagen. In K. WILLIMCZIK (Hrsg.), *Biomechanik der Sportarten* (S. 56–100). Reinbek: Rowohlt.

BAUMANN W. & PREIß, R. (1996). Biomechanische Messverfahren. In R. BALLREICH & W. BAUMANN (Hrsg.), *Grundlagen der Biomechanik des Sports. Probleme, Methoden, Modelle* (2. Aufl.) (S. 74–102). Stuttgart: Enke.

BAUMANN, W., PREIß, R. & SCHÖLLHORN, W. (1996). Produkt- und prozessorientierte Modelle der sportmotorischen Techniken, der mechanischen Belastung des Bewegungsapparates und der Massenträgheitscharakteristika des menschlichen Körpers. In R. BALLREICH & W. BAUMANN (Hrsg.), *Grundlagen der Biomechanik des Sports. Probleme, Methoden, Modelle* (2. Aufl.) (S. 160–195). Stuttgart: Enke.

HANAVAN, E. P. (1964). *A mathematical model of human body*. Ohio: Aerospace Medical Division.

HATZE, H. (1986). *Methoden biomechanischer Bewegungsanalyse*. Wien: Österreichischer Bundesverlag.

HAY, J. G. (1978). *The biomechanics of sports techniques* (2nd ed.). Englewood Cliffs: Prentice-Hall.

HILLEBRECHT, M. (2005). *Biomechanik im Sporttheorieunterricht*. (Zugriff am 27. September 2005 unter http://www.sportunterricht.de/lksport/biomsch.html).

HOCHMUTH, G. (1982). *Biomechanik sportlicher Bewegungen* (5. Aufl.). Berlin: Sportverlag.

KASSAT, G. (1993). *Biomechanik für Nicht-Biomechaniker*. Rödinghausen: Fitness Contur.

REISCHLE, K. (1995). Biomechanische Aspekte von Haltung, Bewegung und Training. In J. VOLL (Hrsg.), *Handbuch Sporttraumatologie Sportorthopädie* (S. 41–71). Heidelberg: Barth.

ROTH, K. & SAHRE, E. (1990). Gesetzmäßigkeiten der sportlichen Bewegung. In P. RÖTHIG & S. GRÖßING (Hrsg.), *Bewegungslehre: Kursbuch für die Sporttheorie in der Schule* (3. Aufl.) (S. 9–54). Wiesbaden: Limpert.

SCHEWE, H. (2000). *Biomechanik – wie geht das?* Stuttgart: Thieme.

SIMI.COM (2004). *Videoanalyse*. (Zugriff am 14. Februar 2004 unter http://www.simi.com/de/ products/motion/analysis/index.html).

WILLIMCZIK, K. (Hrsg.). (1989). *Biomechanik der Sportarten*. Reinbek: Rowohlt.

WILLIMCZIK, K. (1999). Die biomechanische Betrachtungsweise. In K. ROTH & K. WILLIMCZIK (Hrsg.), *Bewegungswissenschaft* (S. 21–74). Reinbek: Rowohlt.

Fragen zur Lektion 10

1. Erläutern Sie die Gegenstandsbereiche, die Aufgabenbereiche und die methodischen Zugänge der Biomechanik des Sports.
2. Grenzen Sie die äußere biomechanische Bewegungsanalyse von der inneren biomechanischen Bewegungsanalyse ab.
3. Wie unterscheiden sich Rotations- und Translationsbewegungen voneinander?
4. Was beschreibt die *Biokinematik* und die *Biodynamik*?
5. Welche biokinematischen Grundgrößen betrachtet die Biomechanik des Sports?
6. Beschreiben Sie den Zusammenhang von Weg-, Geschwindigkeits- und Beschleunigungsverlauf eines Körperpunkts.
7. Was spürt ein Reisender bei geschlossenen Augen in einem Reisebus, der eine geradlinige, ungleichförmig beschleunigte Bewegung ohne Fahrgeräusche ausführt?
8. Was bedeutet das rückwirkungsfreie Messen in der Biomechanik des Sports?
9. Systematisieren Sie die kinemetrischen Messverfahren.
10. Wie wird bei der Hochfrequenzvideometrie die exakte Messung der zeitlichen und räumlichen Bewegungskennwerte gewährleistet?
11. Welche Bedeutung hat der Körperschwerpunkt für die Analyse sportlicher Bewegungen und wodurch wird die Lage des Körperschwerpunkts bestimmt?
12. Beschreiben Sie den Arbeitsprozess der grafischen Bestimmung des Körperschwerpunkts.
13. Welche biodynamischen Grundgrößen betrachtet die Biomechanik des Sports?
14. Erläutern Sie das 3. newtonsche Axiom (Gegenwirkungsgesetz) und seine Bedeutung für die großen Sportspiele.
15. Wie funktioniert die Methode der Dynamometrie?
16. Erläutern Sie jeweils einen Aspekt der menschlichen Bewegung und der motorischen Kontrolle, der mit den Methoden der Biomechanik des Sports betrachtet werden kann.

Lektion 11
Auf die inneren Werte kommt es an –
Was zeichnet die Analyse körperinterner Bewegungsmerkmale aus?

Die Messverfahren der äußeren Biomechanik – Kinemetrie und Dynamometrie – können die physikalisch-mechanischen Merkmale sporttypischer Bewegungsfertigkeiten ohne Frage zuverlässig erfassen. Direkte Rückschlüsse auf die bewegungskontrollierenden körperinternen Mechanismen und Funktionsprozesse motorischer Handlungen können aus äußeren Bewegungsanalysen jedoch nicht abgeleitet werden. An dieser Stelle setzt die elektrophysiologische Untersuchungsmethodik an. Ziel ist die Aufklärung der neuromuskulären und zentralnervösen Phänomene der Bewegung und Motorik. Die für die Sportwissenschaft bedeutsame Elektromyografie und die Hoffmann-Reflex-Methode registrieren kleinste strukturelle elektrophysiologische Merkmalsveränderungen des motorischen Verhaltens und Lernens.

Konkret liefert die *Elektromyografie* biomechanisch interessierten Bewegungswissenschaftlern, Sportmedizinern, Trainern und Sporttherapeuten aufschlussreiche Informationen darüber, welche Muskeln zu welchen Zeitpunkten, über welche Zeitdauer und mit welchem Aktivierungsgrad an sporttypischen Bewegungsfertigkeiten beteiligt sind und ab welchem Zeitpunkt ermüdungsbedingte Veränderungen der Muskelaktivität auftreten. Die *Hoffmann-Reflex-Methode* ermöglicht die Abschätzung der kortikalen und peripheren Einflüsse auf die bewegungskontrollierenden α-Motoneuronen.

Die in den letzten Jahren vermehrt eingeforderte zeitgleiche Registrierung äußerer und körperinnerer Bewegungsmerkmale (*mehrperspektivische Bewegungsanalyse*) dient dem Vergleich des neuromuskulären Inputs (muskulärer Aktivitätsgrad) und des physikalischen Outputs (entwickelte Kraft). Die parallele Aufzeichnung der Bodenreaktionskräfte und der myoelektrischen Aktivität der bewegungsausführenden Muskeln ermöglicht die Untersuchung der inter- und intramuskulären Koordination innerhalb des Dehnungsverkürzungszyklus und die Wirkungsanalyse der Belastungsvariation des Niedersprungtrainings (Umfang, Intensität; vgl. SCHMIDTBLEICHER, 1985; GOLLHOFER, SCHMIDTBLEICHER & HORSTMANN, 1989). Schließlich lassen sich neuromuskuläre Ermüdungsphänomene anhand des Elektromyogramms bereits zu Beginn der erschöpfenden Muskelarbeit aufzeigen, während der äußere sichtbare Kraftabfall erst deutlich später auftritt.

Die Entwicklung leistungsfähiger elektrophysiologischer Messinstrumente und Analysesoftware und das große Interesse des Sports an den differenzierten Kenntnissen über die inter- und intramuskuläre Koordination, die neuromuskuläre Aktivität, Beanspruchung und Ermüdung der Skelettmuskeln oder die lern- und übungsbedingte Ökonomisierung der Muskelarbeit trägt entscheidend zur Verbreitung der Oberflächenelektromyografie und der Hoffmann-Reflex-Methode in der sportbezogenen Bewegungswissenschaft bei. Dennoch haben elektrophysiologische Untersuchungsmethoden nicht den besten Ruf. Die Ursachen liegen weniger in grundsätzlichen wissenschaftlichen, technologischen oder methodologischen Bedenken begründet, sondern vielmehr in den komplizierten Anwendungsvoraussetzungen, den nicht eindeutigen oder fehlenden Standards der Signalregistrierung, dem großen Zeitbedarf für die Signalanalyse und nicht zuletzt in der Gefahr der Fehl- oder Überinterpretation des Informationsgehalts biologischer Signale. Trotz der aufgezeigten methodischen Schwierigkeiten elektrophysiologischer Messverfahren und der eingeschränkten Gültigkeit elektrophysiologischer Befunde stellen die Oberflächenelektromyografie und die Hoffmann-Reflex-Methode die alleinigen wissenschaftlichen Untersuchungsverfahren zur Abschätzung der Muskelaktivität, der Muskelkräfte, der Reflex- und Nerventätigkeit oder der kortikalen und peripheren Anteile der Erregung der α-Motoneuronen dar (vgl. BAUMANN, 1989; GOLLHOFER & SCHMIDTBLEICHER, 1989; POLLMANN, 1993).

1 Was ist von dieser Lektion zu erwarten?

Lektion 11 widmet sich den in bewegungswissenschaftlichen Lehrbüchern selten berücksichtigten neurobiologischen und messmethodischen Grundlagen elektrophysiologischer Untersuchungsverfahren wie der Oberflächenelektromyografie und der Hoffmann-Reflex-Methode. Zum besseren Verständnis der biologischen Voraussetzungen und der vielfältigen Einsatzmöglichkeiten elektrophysiologischer Messverfahren erläutert Kapitel 2, was den passiven und aktiven Bewegungsapparat kennzeichnet und welche Formen der Muskelarbeit und der Muskelkontraktion die Sportbiologie unterscheidet. Abschließend veranschaulicht das Membranmodell die Bedingungen der bioelektrischen Erregbarkeit der Muskelfasern und der bewegungskontrollierenden Aktionspotenziale. Auf die spezifischen Anwendungsfelder und die registriertechnischen Voraussetzungen der Oberflächenelektromyografie geht Kapitel 3.1 ein. Die in Kapitel 3.2 vorgestellte Hoffmann-Reflex-Methode zielt auf die Untersuchung des Zusammenspiels kortikaler und peripherer Mechanismen der Bewegungskontrolle. Erläutert werden die Ableitung und die Auswertung des Hoffmann-Reflexes. Eine Zusammenfassung der Inhalte der Lektion 11 hält Kapitel 4 bereit.

2 Welche Begriffe sind grundlegend?

Das knöcherne Skelettsystem und die Knochenverbindungen, die so genannten Körpergelenke (Knorpel, Sehnen, Bänder), bilden den *passiven Bewegungsapparat*. Der Mensch besitzt einfache und zusammengesetzte *Rotationsgelenke*, bei denen der Abstand der verbundenen Skelettknochen konstant bleibt. Bei den *einfachen Rotationsgelenken* stehen zwei Gelenkteile miteinander in Kontakt (z. B. Schultergelenk, Hüftgelenk), während bei den *zusammengesetzten Rotationsgelenken* mehr als zwei Knochenelemente gelenkig miteinander in Verbindung stehen (z. B. Ellbogengelenk, Sprunggelenk). Das menschliche Skelettsystem verfügt über einachsige (Scharniergelenk: Oberarmellgelenk; Zapfengelenk: mittleres oberes Kopfgelenk), zweiachsige (Sattelgelenk: Daumengelenk) und dreiachsige Rotationsgelenke (Kugelgelenk: Schulter-, Hüftgelenk; vgl. Abb. 81a bis d).

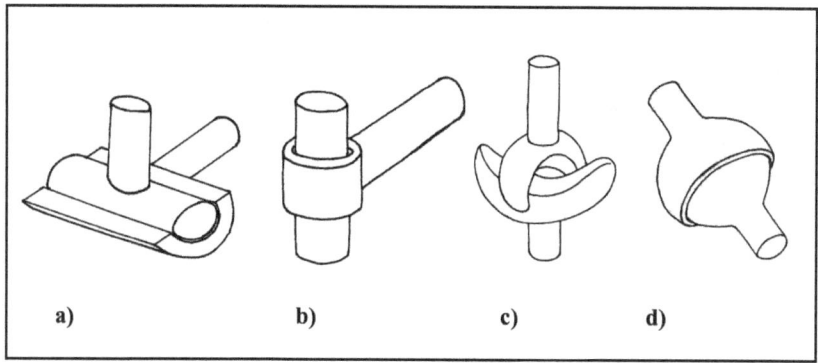

Abb. 81: *Verschiedene Rotationsgelenke (mod. nach DE MARÉES, 2003, S. 4)*
a) *Scharniergelenk,* **b)** *Zapfengelenk,* **c)** *Sattelgelenk und* **d)** *Kugelgelenk*

Die Hauptaufgabe der Skelettmuskeln (*aktiver Bewegungsapparat*) besteht in der Umsetzung der im Adinosintriphosphat (ATP) chemisch gebundenen Energie in spezifische Bewegungsenergie. Die *Muskelkraft* bestimmt der Muskelquerschnitt, die Geometrie der Muskelfasern, die Kontraktionsgeschwindigkeit, die Muskelvorspannung und das Verhältnis von Fast-Twitch- (schnell kontrahierend, geringes Ausdauervermögen, anaerobe Energiegewinnung) und Slow-Twitch-Muskelfasern (langsam kontrahierend, niedrige Kraftentwicklung, aerobe Energiegewinnung; Überblick: WEINECK, 2004).

Die Sportbiologie unterteilt die *Muskelarbeit* in statische, dynamische, konzentrische und exzentrische Arbeitsformen (WEINECK, 2004).

- Bei der *statischen Muskelarbeit* (verharrend) besteht zwischen den körperinneren und den äußeren Kräften ein Gleichgewicht. Charakteristisch ist die muskuläre Arbeit ohne Verkürzung des Skelettmuskels. Die statische Muskelarbeit dient der Sicherung der Körperhaltung und der Fixierung der Körperextremitäten.
- Die *dynamische Muskelarbeit* ermöglicht raum-zeitliche Bewegungen.
- Die bei sportmotorischen Fertigkeiten vorrangig zu beobachtende *positiv-dynamische konzentrische Muskelarbeit* (überwindend) bewegt durch die Muskelverkürzung – Annäherung von Ursprung und Ansatz des Muskels – das Körpergewicht des Menschen oder Fremdgewichte. Beim Klimmzug an der Reckstange muss der Sportler die Oberarme durch den M. biceps brachii beugen, um den Körper zur Reckstange hochzuziehen. Darüber hinaus dient die dynamische Muskelarbeit der Überwindung äußerer Widerstände.
- Bei der *negativ-dynamischen exzentrischen Muskelarbeit* (nachgebend) dient die Längenzunahme des Muskels bei aktiven Gegenbewegungen dem Abfangen von Sprüngen oder der Realisierung von Auftaktbewegungen. Im Beispiel des Klimmzugs bremst der kontrahierte M. biceps brachii das Herabsenken des Körpers ab.

Die *Art der muskulären Anspannung* – isometrische, isotonische und auxotonische Muskelanspannung – bewirkt ein unterschiedliches Kontraktions- und Dehnungsverhalten der kontraktilen und elastischen Elemente des Skelettmuskels (WEINECK, 2004).

- Bei der *isometrischen Muskelanspannung* (haltend-statisch) dehnen sich die elastischen Muskelelemente, während sich die kontraktilen Elemente verkürzen. Hierdurch kommt es zu einer intramuskulären Spannungsänderung, ohne dass von außen eine Längenveränderung des Skelettmuskels beobachtet werden kann. Verharrt der Sportler beim Klimmzug auf einer bestimmten Höhe für eine gewisse Zeitdauer, verkürzt sich der Muskel isometrisch.
- Bei der im Sport selten vorkommenden *isotonischen Muskelkontraktion* nimmt die Länge der kontraktilen Muskelelemente ab, während die Länge der elastischen Elemente unverändert bleibt. Insgesamt führt dies zu einer Muskelverkürzung.
- Die bei sportlichen Bewegungen vorherrschende *auxotonische Muskelanspannung* stellt eine Kombination der isometrischen und isotonischen Muskelanspannung dar, die eine Längenveränderung des Skelettmuskels und eine Veränderung der Muskelspannung bedingt.

Durch die differenzierte Zu- und Abschaltung der motorischen Einheiten kann das Zentralnervensystem die Skelettmuskeln kurzfristig an veränderte Last-Kraft-Momente oder bewegungsbedingte Geschwindigkeits- und Beschleunigungsveränderungen anpassen.

Die *bioelektrische Erregbarkeit* bezeichnet die Fähigkeit der Nerven- und Muskelfasern, elektrische Potenziale zu erzeugen und weiterzuleiten. Dieses Phänomen veranschaulicht besonders prägnant das *Membranmodell* (vgl. Abb. 82). Die Zellmembran der Muskelfasern stellt für bestimmte Ionen ein mehr oder weniger durchlässiges Diffusionshindernis dar, das die Flüssigkeit der Muskelfaserzelle von der Flüssigkeit des Außenmediums trennt. Beim nichtkontrahierten Muskel ist die interzelluläre Flüssigkeit reich an Kaliumionen (K^+, Verhältnis innen zu außen: 150 mmol : 5 mmol) und verschiedenen Anionen (A^-). Dagegen enthält die extrazelluläre Flüssigkeit mehr Natriumionen (Na^+, Verhältnis außen zu innen: 150 mmol : 15 mmol) und Chloridionen (Cl^-, Verhältnis außen zu innen: 120 mmol : 10 mmol). Dies führt zu einem Ionenungleichgewicht zwischen dem Innen- und Außenmedium der Muskelzelle. An der Muskelfasermembran entsteht ein Ruhepotenzial von -80 mV bis -90 mV.

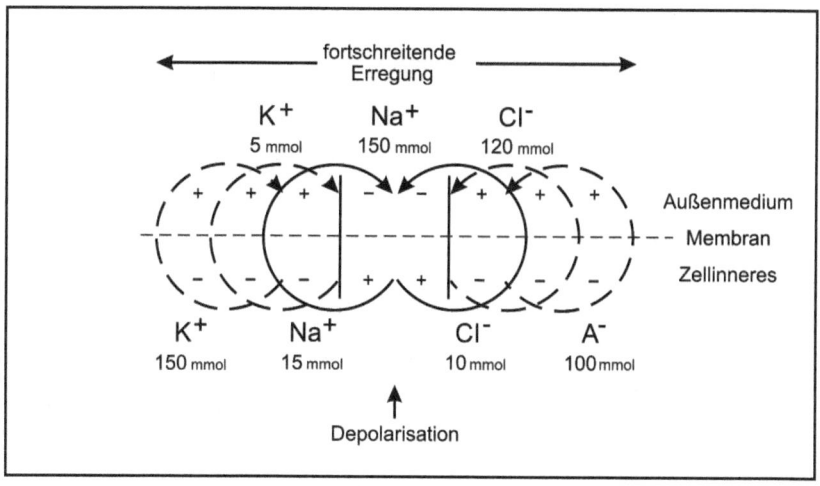

Abb. 82: *Schematische Darstellung der Depolarisation der Muskelfasermembran als Ursache der fortschreitenden Erregung (Abkürzungen siehe Text; mod. nach* LAURIG, *1983, S. 67)*

Die Durchlässigkeit der Zellmembran der Muskelfasern kann durch die bioelektrischen Potenziale der α-Motoneuronen für einzelne Ionenarten kurzzeitig selektiv verändert werden. Hierdurch kommt es zu einem verstärkten Einstrom von K$^+$- und NA$^+$-Ionen in den interzellulären Raum und einer Umkehr des Potenzialverhältnisses von Innen- und Außenleiter (+20 mV bis +50 mV). Die lokale Potenzialdifferenz bewirkt eine kurzzeitige Depolarisation, die sich mit einer Zonengröße von 1-3 mm^2 und einer Geschwindigkeit von 3-6 m/s in beide Richtungen entlang der Zellmembran ausbreitet. Weitere chemische Prozesse führen zu einer Verkürzung der kontraktilen Elemente des Muskels. Ohne die fortlaufende Erregung der Zellmembran durch das α-Motoneuron stellt sich nach kurzer Zeit das ursprüngliche Ruhepotenzial ein.

Die fortschreitende Depolarisation bezeichnet die Biologie als *Erregung*, die ausgelöste Potenzialänderung als *bioelektrisches Aktionspotenzial*. Die zeitlich enge Verknüpfung von Erregung und Kontraktion der Muskelfasern wird als *elektromechanische Kopplung* definiert. Die Ausführungen zur Physiologie erregbarer Zellmembranen stellen lediglich eine knappe Zusammenfassung des derzeitigen Wissensstands dar. Weitere interessante Einzelheiten findet der Leser bei THEWS ET AL. (1999) und SCHMIDT ET AL. (2005).

3 Welche elektrophysiologischen Messverfahren nutzt die Bewegungswissenschaft des Sports?

Zur Analyse der zentralnervösen und peripheren Ursachen äußerer Bewegungsmerkmale (z. B. entwickelte Kraft) setzt die Bewegungswissenschaft die Elektromyografie (Kap. 3.1) und die Hoffmann-Reflex-Methode ein (Kap. 3.2).

3.1 Wie funktioniert die Elektromyografie?

Mit der Methode der *Elektromyografie* (EMG) können die bioelektrischen Phänomene der Anspannung einzelner Muskeln oder Muskelfasern untersucht werden. Nach dem Membranmodell (vgl. Kap. 2) lösen Aktionspotenziale an der Membran der Muskelfaserzellen bioelektrische Spannungsänderungen aus, die sich entlang der Zellmembran und in die Muskelfaser ausbreiten. Die Registrierung und die Abbildung des an der Zellmembran entstehenden elektrischen Feldes erfolgt mittels spezieller elektromyografischer Messverfahren als so genanntes *Elektromyogramm* (EMG-Signal; vgl. Abb. 83). Das Hauptproblem der Elektromyografie besteht in der artefaktfreien Aufzeichnung der geringen, im μV-Bereich liegenden elektrischen Potenzialänderungen der Zellmembran (vgl. Kap. 3.1.2). Die Elektromyografie wird in Abhängigkeit von der jeweiligen Fachdisziplin nach der Nadel-, Dünndraht- und Oberflächenelektromyografie differenziert.

Was zeichnet die Analyse körperinterner Bewegungsmerkmale aus? 311

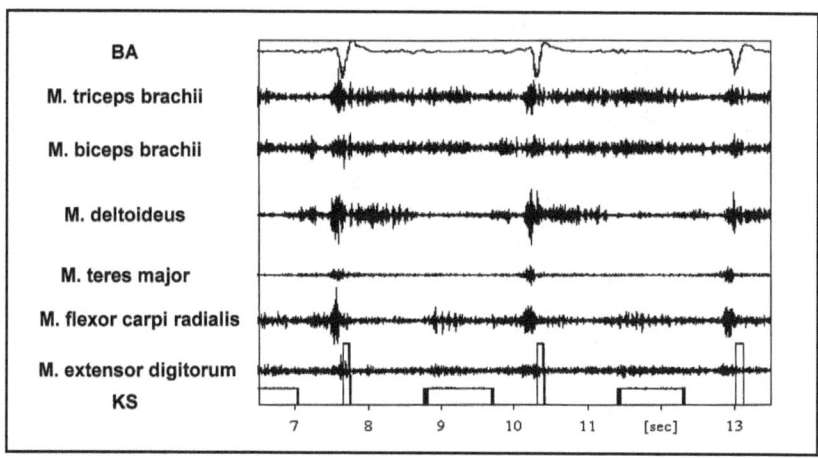

Abb. 83: *Elektromyogramme des Tischtennis-Rückhand-Schupfschlags einer Bundesligaspielerin [BA = Beschleunigungsaufnehmer; KS = Kontaktwestenschalter (flaches Rechteck: Bewegungsbeginn) und Mikrofonschalter (hohes Rechteck: Zeitpunkt „Schläger trifft Ball"); mod. nach* WOLLNY, *2002, S. 147]*

Die *Nadel-* und die *Dünndrahtelektromyografie* dienen in der klinischen Neurologie der Diagnose, der Differenzierung und der Verlaufskontrolle nervaler oder muskulärer Krankheiten (neuromuskuläre Muskelatrophien, periphere Nervenschädigungen usw.). Spezielle Nadel- oder Dünndrahtelektroden erfassen das elektrische Potenzial einzelner motorischer Einheiten oder Muskelfasern. Bei den im Sport üblichen dynamischen Bewegungen kann die Nadel- und Dünndrahtelektromyografie auf Grund der Gefahr der starken Schmerzsensationen und des möglichen Abbrechens der Nadel- oder Dünndrahtelektroden nicht angewendet werden.

Für bewegungswissenschaftliche Studien eignet sich die rückwirkungsfreie *Oberflächenelektromyografie* zur Registrierung der direkt unter der Hautoberfläche verlaufenden Muskelgruppen. Bringt man zwei Oberflächenmesselektroden über das elektrische Muskelfeld, kann ein sensibles Spannungsmessgerät die zwischen den beiden Ableitelektroden anliegende bioelektrische Muskelspannung abbilden (vgl. Abb. 84). Im Gegensatz zum Elektrokardiogramm (EKG), das bei jeder Kontraktion des Herzmuskels ein einzelnes, deutlich abgrenzbares bioelektrisches Aktionspotenzial darstellt, führt beim Skelettmuskel die zeitgleiche Aktivierung einer Vielzahl verschiedener motorischer Einheiten zu einer additiven stochastischen Überlagerung mehrerer Aktionspotenziale, dem *Oberflächenelektromyogramm* (vgl. Abb. 83).

3.1.1 Welche Gegenstandsfelder betrachtet die Oberflächenelektromyografie?

Die Anwendungsbereiche der Oberflächenelektromyografie sind in der Bewegungswissenschaft des Sports ausgesprochen vielfältig. Im Einzelnen zählen hierzu:

- die Beteiligung bestimmter Skelettmuskeln an der Bewegungsausführung,
- die inter- und intramuskuläre Koordination der Skelettmuskeln,
- die Quantifizierung der myoelektrischen Aktivität,
- die agonistisch-antagonistische Muskelarbeit bei der Körperhaltung, der Fixierung der Körperextremitäten und der Bewegung,
- die neuromuskulären Reaktionen auf motorische Lern- und Trainingsinterventionen,
- die neuromuskulären Belastungs-, Beanspruchungs- und Ermüdungsphänomene,
- die Evaluation motorischer Lern- und Koordinationstheorien,
- die Diagnose neuromuskulärer Dysfunktionen und
- das Biofeedback (Wiedererlernen von Bewegungen, Aufbautraining, Kontrolle der Körperhaltung usw.).

3.1.2 Wie werden Elektromyogramme analysiert?

Die Sicherung der Funktionsgüte der Oberflächenelektromyografie verlangt hinsichtlich der artefaktfreien Ableitung der sehr geringen bioelektrischen Muskelströme die Beachtung verschiedener untersuchungsmethodischer Grundsätze der Registrierung der myoelektrischen Aktivität, der Art der Oberflächenelektroden, der Elektrodenapplikation, der Reproduzierbarkeit der EMG-Signale über mehrere Testtage und der Auswertung der Elektromyogramme.

> Wissenschaftlich exakte Befunde über die im Verlauf der Bewegungsausführung durch die Skelettmuskulatur erzeugte muskuläre Gesamtkraft kann die Oberflächenelektromyografie naturgemäß nicht liefern, da nicht alle an der Bewegung beteiligten Muskeln gleichzeitig registriert werden können. Des Weiteren können die EMG-Kennwerte für die gleiche Krafterzeugung in unmittelbar aufeinander folgenden Versuchen sehr unterschiedlich ausfallen.

Für die *Registrierung der myoelektrischen Aktivität* eignen sich stationäre oder mobile Datenerfassungsanlagen. Die störanfälligen Oberflächenelektromyogramme werden über auf der Hautoberfläche fixierte Messelektroden abgeleitet (Abtastrate: 1.000-3.000 Hz) und in unmittelbarer Nähe zum Ableitort mittels eines Vorortverstärkers in Abhängigkeit vom myoelektrischen Aktivitätsgrad der abgeleiteten Muskeln verstärkt (Faktor 1.000-5.000). Anschließend werden die verstärkten EMG-Signale weit gehend störungsfrei von elektromagnetischen Einstreuungen über abgeschirmte Kabel an einen Analog-Digital-Wandler übertragen und auf einem Handheld-PC oder Personalcomputer für die spätere Datenauswertung gespeichert. Nach der deutschen Medizingeräteverordnung (93/42/EEC, 93/68/EEC) müssen EMG-Datenerfassungsanlagen über eine galvanische oder optische Trennstufe verfügen, die bei elektrischen Störungen auf der 220-Volt-Netzseite eine Gefährdung der Versuchspersonen ausschließt.

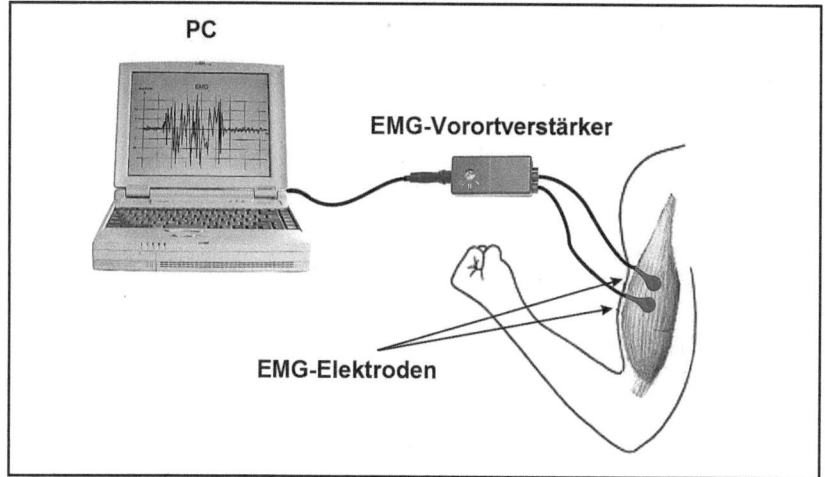

Abb. 84: *Schematische Darstellung der Messmethodik der Oberflächenelektromyografie*

Die für die Ableitung der myoelektrischen Aktivität eingesetzten O*berflächenelektroden* unterscheiden sich nach wieder verwendbaren Messelektroden und Einmal-Messelektroden (vgl. Abb. 85; Durchmesser der Ableitfläche: 2-10 mm). Einwegmesselektroden bieten den Vorteil der schnellen, komfortablen Handhabung mit dem Nachteil der hohen Kosten. Wieder verwendbare, qualitativ hochwertige Silber-/Silberchlorid-Messelektroden oder gesinterte Ableitelektroden gewährleisten eine große Potenzialstabilität und eine hohe Resistenz gegenüber Bewegungsartefakten. Ein speziell auf das jeweilige Ableitmaterial abgestimmtes Elektrolytgel dient der Verbesserung der elektrischen Leitfähigkeit, der Vergrößerung der Kontaktfläche zwischen der Haut und der Messelektrode sowie der Anpassung der Inkongruenz der Hautoberfläche und des Elektrodenmaterials.

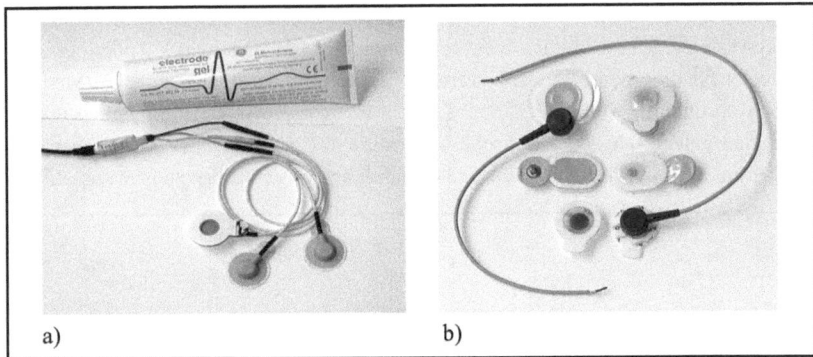

Abb. 85: *Verschiedene Oberflächenelektroden*
a) Wieder verwendbare Elektroden (Mitte links: Vorortverstärker; oben: Kontaktvermittler)
b) Einmal-Messelektroden mit Knopfdruckverbindung und Ableitkabel

Bei der Oberflächenelektromyografie hängt es maßgeblich von der *Elektrodenapplikation* ab, wie stark die unerwünschten Signale weiter entfernt oder tiefer gelegener Muskeln und anderer bioelektrischer Störquellen (z. B. EKG) gedämpft werden. In bewegungswissenschaftlichen Studien erfolgen die EMG-Ableitungen aus Gründen der Praktikabilität über zwei Messelektroden pro Muskel (bipolare Ableitung) und eine indifferente Referenzelektrode (elektrisch neutrale Körperstelle: Knochenvorsprünge wie Kniehöcker, Ellbogenknochen). Die bipolare Ableitkonfiguration erfasst die Spannungsdifferenz zwischen den beiden möglichst nahe nebeneinander liegenden, sich aber nicht berührenden Messelektroden (Interelektrodenabstand: 10-30 mm) in Bezug auf die Referenzelektrode. Zuverlässige EMG-Ableitungen ermöglicht die bipolare Elektrodenapplikation zwischen der motorischen Endplatte und dem Sehnenansatz in Richtung des Verlaufs der Muskelfasern (Überblick: HERMENS ET AL., 1999).

Grundlegende untersuchungs- und auswertungsmethodische Probleme der Oberflächenelektromyografie diskutieren zwei ältere, immer noch lesenswerte Publikationen von LAURIG (1983) und ZIPP (1988) und zwei neuere Veröffentlichungen von HERMENS ET AL. (1999) und WOLLNY (2002). Ein ausführlicher Sammelband der dvs-Schriftenreihe zum Thema „Elektromyografie in der Motorikforschung" (DAUGS, LEIST & Ulmer, 1989, Band 35) beinhaltet verschiedene Haupt- und Kurzreferate (HARTUNG & HAVERKAMP, 1989; NOTH, 1989; ZIPP, 1989) und eine Expertendiskussion zur Methode der Elektromyografie mit zahlreichen, an anderen Stellen nicht zu findenden Detailangaben (GOLLHOFER&SCHMIDTBLEICHER, 1989).

Zwecks Vermeidung zufallsbedingter Artefakte, d. h. aller nicht durch die myoelektrische Aktivität hervorgebrachten Signalanteile im Oberflächenelektromyogramm ist eine standardisierte Elektrodenapplikation angeraten. Diese besteht aus:

- identischer Hautpräparation der Ableitflächen (Entfernung der Haare, Dekornifikation der obersten Hornhautschicht, Hautreinigung),
- Zugentlastung der Oberflächenelektroden,
- Sicherstellung des natürlichen Bewegungsumfangs durch entsprechende Befestigung der Vorortverstärker und behinderungsfreie Verlegung der Ableitkabel an der Beugeseite der Gelenke (voller Bewegungsumfang),
- Tests auf Artefaktfreiheit, Signalgüte und Plausibilität der Messwerte und
- Datenerhebung nach 30-minütiger Einwirkungsdauer des Kontaktvermittlers.

Der unterschiedliche Abstand der aktiven motorischen Einheiten zum Ableitort der Messelektroden bedingt eine mehr oder weniger starke Dämpfung der ansonsten in Form und Amplitude sehr ähnlichen bioelektrischen Aktionspotenziale. Die Höhe der EMG-Amplituden variiert beim Menschen in Abhängigkeit von der jeweiligen Größe und dem Anspannungsgrad der Skelettmuskeln zwischen 0.05 mV und 5 mV. Der Frequenzbereich des EMG-Signals erstreckt sich von 10-500 Hz (Hauptfrequenzbereich: 30-250 Hz). Zwischen dem Auftreten des bioelektrischen Aktionspotenzials und der sichtbaren Muskelkontraktion liegt ein Zeitintervall von ca. 10 ms. Das Maximum der muskulären Kraftentwicklung wird nach 60-100 ms erreicht (NOTH, 1989).

Die *Reproduzierbarkeit der Oberflächenelektromyogramme über mehrere Testtage* hängt von zahlreichen Bedingungsfaktoren ab: der Muskellänge, der Muskeltemperatur, der Muskelermüdung, der Anspannungsintensität, der Ableitkonfiguration, der Tageszeit und der Messmethodik. Intraindividuelle EMG-Vergleiche sind nur bei identischer elektromyografischer Messtechnik und unveränderter Elektrodenapplikation sinnvoll. Zwecks exaktem Wiederauffinden der einzelnen Messpositionen der Oberflächenelektroden an aufeinander folgenden Testtagen empfiehlt es sich, die Ableitmittelpunkte durch kurzzeitige Tätowierungsstoffe oder wasserfeste Farbstoffe zu markieren, zu unveränderlichen anatomischen Bezugspunkten zu vermessen (z. B. Leberflecke) und zu fotografieren. Interindividuelle und längsschnittliche Vergleiche bedürfen der Zeit- und Amplitudennormierung der EMG-Signale (Überblick: WOLLNY, 2002).

Visuelle *qualitative Analysen der Elektromyogramme* erlauben auf nominalem Skalenniveau „ja-nein"-Aussagen zur Erregung, Kontraktion und Koordination der bewegungsausführenden Muskeln. Auf ordinalem Skalenniveau sind „früher-später"-

Aussagen zur intra- und intermuskulären Koordination und zur Zeitdauer der myoelektrischen Aktivität oder „mehr-weniger"-Aussagen zum neuromuskuären Aktivitätsniveau (Intensität der myoelektrischen Aktivität) und zur Ermüdung der Skelettmuskulatur möglich. Unterschiedliche Aktivitätsstufen lassen sich bei qualitativen EMG-Analysen nur innerhalb einer Messaufnahme angemessen bestimmen.

Computergestützte *quantitative Analysen des EMG-Signals* gestatten objektive Vergleiche auf metrischem Skalenniveau zu Erregungs-, Kontraktions-, Beanspruchungs- und Ermüdungsunterschieden. Die quantitative EMG-Auswertung beginnt mit der frequenzanalytischen Kontrolle der auf das EMG-Signal möglicherweise einwirkenden niederund hochfrequenten Störungen (< 30 Hz und > 250 Hz) wie Bewegungsartefakte, EKGEinstreuungen und 50-Hz-Netzbrummen. Frequenzanalytisch identifizierte Störsignale lassen sich mit grenzwertbezogenen digitalen Filtersystemen (Hochpass-, Tiefpass-, 50-Hz-Bandpass-Filter usw.) weit gehend aus dem EMG-Signal entfernen.

Im Anschluss an die Artefaktkontrolle der EMG-Signale folgt die manuelle oder (teil-) automatisierte Abgrenzung des Beginns und des Endes der Haupt- und Nebenaktivitätsphasen der registrierten Muskeln (onset und offset). Für die identifizierten myoelektrischen Aktivitätsphasen berechnen spezielle Softwareprogramme verschiedene *zeitanalytische EMG-Kenngrößen* (relatives Timing; Sequencing: Reihenfolge und zeitlicher Beginn der Muskelaktivitäten usw.), *EMG-Amplitudenkennwerte* (EA: mittlere EMG-Amplitude; IEMG: integriertes Elektromyogramm; Anstieg der myoelektrischen Aktivität; Koinzidenz agonistischer-antagonistischer Muskelaktivitäten usw.) und *frequenzanalytische EMG-Größen* (Frequenzleistungsspektrum, mean power frequency, median frequency usw.).

Einen Überblick über die wichtigsten Verfahren der Bestimmung des onset und offset der Haupt- und Nebenaktivitätsphasen der Skelettmuskeln und der zeitlichen, dynamischen und frequenzanalytischen EMG-Kenngrößen findet der Leser bei JÖLLENBECK (2002) und WOLLNY (2002).

3.2 Wie funktioniert die Hoffmann-Reflex-Methode?

Spinale Reflexe, wie der monosynaptische Dehnungsreflex (vgl. Lektion 4) oder der Hoffmann-Reflex (H-Reflex; HOFFMANN, 1918, 1922), betrachtete die Neurophysiologie bis vor wenigen Jahren noch als stereotype, genetisch bedingte Bewegungsmuster. Nach aktuellen neurophysiologischen Studien besitzen spinale Reflexe aber eine hohe Modulationsrate und Anpassungsfähigkeit an die spezifischen körperlichen Aktivitäten des Menschen, die speziellen motorischen Lern- und Trainingsinterventionen und die vorherrschenden Umweltbedingungen (vgl. Kap. 3.2.1).

Die motorischen Reflexbögen werden vornehmlich durch die peripheren Effekte des fusiomotorischen Systems der Muskelspindeln anatomisch beeinflusst (vgl. Lektion 4, Kap. 2). Das Rückenmark und spezielle zentralnervöse Mechanismen können die Durchgängigkeit der Reflexbögen selektiv kontrollieren. Im Rückenmark existiert zwischen den sensorischen Afferenzen und den α-Motoneuronen eine Vielzahl von Verschaltungsmöglichkeiten, deren Aktivierung reflexartige Bewegungen fördern oder hemmen kann.

Die in Kapitel 3.1 vorgestellte Oberflächenelektromyografie liefert detaillierte Informationen über die zeitliche Dauer, die Stärke und das Frequenzleistungsspektrum der myoelektrischen Aktivität. Bei der Differenzierung der bewegungskontrollierenden kortikalen und peripheren Reizströme (z. B. Hautafferenzen, Entladungsfrequenzen statischer Motoneurone) stoßen elektromyografische Untersuchungsverfahren an ihre natürlichen messmethodischen Grenzen. Hier ermöglicht die Hoffmann-Reflex-Methode differenzierte Hinweise, inwieweit zentralnervöse Impulse und periphere Reflexafferenzen die α-Motoneuronen beeinflussen.

Durch die äußere künstliche elektrische Provokation der Ia-Afferenzen der gemischt-peripheren Muskelnerven können exakt dosierbare monosynaptische Hoffmann-Reflexe ausgelöst werden (vgl. Abb. 86a). Bei ausschließlich kortikaler (postsynaptischer) Aktivierung des Skelettmuskels korrespondiert die Reizstärke des künstlich ausgelösten H-Reflexes proportional mit der Stufe der α-Motoneuronenaktivität. Eine Abnahme der Reflexförderung – die kleinere H-Reflexamplituden verursacht – verweist auf das Vorhandensein peripherer (präsynaptischer) Reizeinflüsse. Eine derartige präsynaptische Beeinflussung der α-Motoneuronen stellt innerhalb der menschlichen Bewegungskontrolle einen wirkungsvollen peripheren Regelmechanismus dar, der einzelne synaptische Endstellen der α-Motoneuronen hemmt, ohne die postsynaptisch (kortikal) regulierte Gesamterregbarkeit zu verändern.

3.2.1 Was zeichnet die Plastizität des Hoffmann-Reflexes aus?

Zur Anpassungsfähigkeit des Hoffmann-Reflexes an spezielle körperliche Aktivitäten oder motorische Lern- und Trainingsinterventionen liegt eine Vielzahl empirischer Befunde vor. Beispielsweise kann mit zunehmendem Lebensalter eine generelle Abnahme des maximal ableitbaren M. soleus H-Reflexes (H_{max}-Amplitude) beobachtet werden. Zurückgeführt wird dieser Effekt nicht auf das Lebensalter, sondern auf die geringe körperliche Aktivität älterer Menschen. SABBAHI und SEDGWICK (1982), DEVRIES, WISWELL, ROMERO und HECKATHORNE (1985) können zwischen zwei gleichermaßen körperlich aktiven Versuchsgruppen unterschiedlichen Alters (20-30 Jahre versus 61-74 Jahre) für die Ausprägung der M. soleus H_{max}-Amplitude keine signifikanten Unterschiede feststellen. Im Hinblick auf die Anpassungsfähigkeit des M. flexor carpi radialis H-Reflexes an sporttypische Trainingsinterventionen belegen TARKKA und LARSEN (1987) und WOLLNY (2002) bei hochklassigen Tischtennisspielern signifikant größere maximale motorische Antworten des M. flexor carpi radialis (M_{max}-Amplituden) und der H_{max}-Amplituden als für gleichaltrige untrainierte Personen.

Die Art der neuromuskulären Innervation beeinflusst ebenfalls die Ausprägung des Hoffmann-Reflexes. Für Athleten verschiedener anaerober Sportarten (Sprint, Volleyball) weisen SALE, MAC DOUGALL, UPTON und MC COMAS (1983) für den M. soleus HReflex eine kleinere H_{max}/M_{max}-Ratio nach als für aerob trainierende Langstreckenläufer und Schwimmer. Die größere H_{max}/M_{max}-Ratio der aerob trainierenden Athleten beruht zum einen auf der Zunahme der Anzahl monosynaptisch erregter α-Motoneuronen. Zum anderen rekrutieren anaerob trainierende Sportler vornehmlich schnell ermüdende Fast-Twitch-Muskelfasern, während aerobe körperliche Tätigkeiten ermüdungsresistente Slow-Twitch-Muskelfasern aktivieren.

Schließlich übt das motorische Lernniveau einen auffälligen Einfluss auf die Ausprägung der M. soleus H_{max}-Amplitude aus. Bei neuartigen, ungeübten Laufbewegungen auf einer schmalen Unterstützungsfläche (Breite: 3.5 cm, Länge: 4 m) ist der maximal ableitbare H-Reflex kleiner als bei geübten Laufbewegungen (LEWELLYN, YANG & PROCHAZKA, 1990).

3.2 2 Wie werden Hoffmann-Reflexe registriert und ausgewertet?

Die künstliche elektrische Provokation des in der Bewegungswissenschaft des Sports üblicherweise analysierten M. flexor carpi radialis (obere Extremitäten) oder des M. soleus H-Reflexes (untere Extremitäten) erfolgt am zugehörigen N. medianus bzw.

N. tibialis über eine bipolare Stimulationselektrode (vgl. Abb. 86a; Interelektrodenabstand: 25 mm; Rechteckimpuls; Reizdauer: 0.5-1 ms; Frequenz: 1 Reiz/5 s). Die Stimulusintensität des künstlichen Reizes wird bis zur maximal auslösbaren motorischen Antwort in 0.5-mAStufen erhöht (vgl. Abb. 86b, Bild 5: M-Welle). Mithilfe der Oberflächenelektromyografie werden pro Reizstufe unter gleichen Reiz- und Ableitungsbedingungen jeweils 10-15-MAntworten und Hoffmann-Reflexe am M. soleus bzw. M. flexor carpi radialis registriert und arithmetisch gemittelt.

Zu den in H-Reflex-Studien üblicherweise analysierten Kennwerten zählen der Zeitpunkt der künstlichen Reizprovokation und der Beginn der motorischen M-Antwort des Skelettmuskels und des Hoffmann-Reflexes. Die Quantifizierung und die Beurteilung der Erregbarkeit der α-Motoneuronen beruht auf der maximalen M-Antwort (M_{max}), dem maximalen H-Reflex (H_{max}) und der H_{max}/M_{max}-Ratio. Hierbei steht die Größe der Hmax-Amplitude in Relation zur Erregbarkeit der α-Motoneuronen. Darüber hinaus erstellen einzelne Forscher so genannte *Rekrutierungskurven*, welche die M- und H-Reflex-Amplituden bei variierenden Reizstärken als Funktion der Reizspannung abbilden (vgl. Abb. 86c).

Grundsätzliche untersuchungsmethodische Hinweise zur Registrierung, Auswertung und Interpretation des Hoffmann-Reflexes geben HUGON *(1973),* KIMURA ET AL. *(1994) und* WOLLNY *(2002).*

Abbildung 86b zeigt für den M. flexor carpi radialis H-Reflex die Veränderung der H-Reflex- und M-Amplituden bei zunehmender künstlicher elektrischer Reizung des N. medianus. Bei niedriger Reizstärke wird die Ia-Faser des gemischten N. medianus auf Grund der niedrigeren Reizschwelle zunächst weit gehend isoliert erregt, sodass nur der Hoffmann-Reflex mit einer Latenzzeit von 14.5-21 ms beobachtet werden kann (Bild 1 und 2, H-Welle). Bei sukzessiver Erhöhung der Reizstärke wächst nicht nur die H-Reflex-Amplitude an, sondern es werden auch einzelne motorische Nervenfasern (α-Motoneurone) des N. medianus erregt. Hierdurch kommt es zu einer schwachen Aktivierung des M. flexor carpi radialis (Bild 3, M-Welle). Die Latenzzeit der M-Antwort liegt zwischen 2.5 ms und 4.5 ms. Während die M-Amplitude bei Zunahme der elektrischen Provokation bis zum Maximum ansteigt, wird der Hoffmann-Reflex kontinuierlich kleiner und verschwindet bei supramaximaler Stimulation nahezu vollständig (Bild 4 und 5).

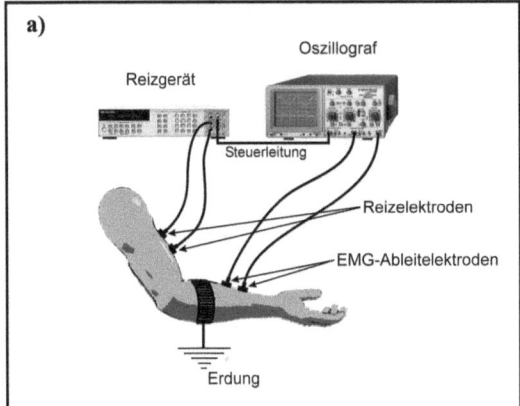
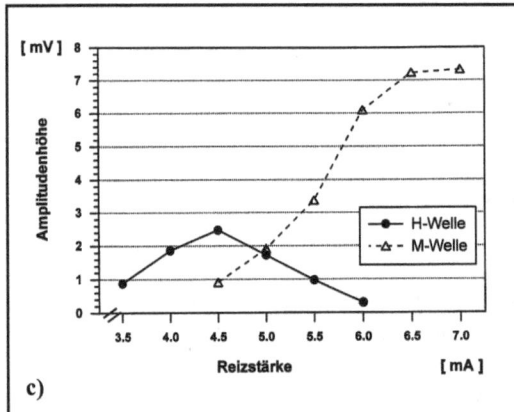
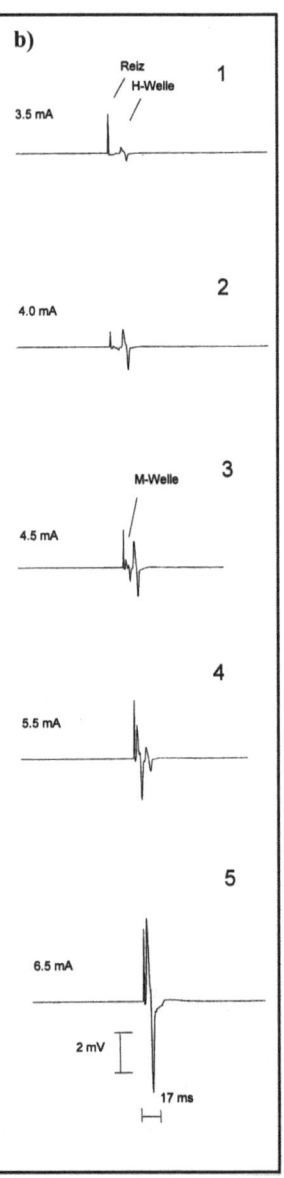

Abb. 86: *H-Reflex-Methode (mod. nach SCHMIDT ET AL., 2005, S. 159)*
    a) *Schematischer Untersuchungsaufbau*
    b) *H-Reflex- und M-Amplituden einer Tischtennisbundesligaspielerin bei zunehmender Reizstärke*
    c) *Rekrutierungskurven des M. flexor carpi radialis H-Reflexes und der M-Antworten in Abhängkeit von der Reizstärke*

4 Körperinnere Bewegungsmerkmale im Überblick

Die Aufklärung der Ursachen und Wirkungen der körperinternen Mechanismen und Funktionsprozesse der Bewegung und der Motorik fällt der *inneren Biomechanik des Sports* zu. Die zentralen Untersuchungsverfahren, die Oberflächenelektromyografie und die Hoffmann-Reflex-Methode ermöglichen die nichtinvasive Registrierung kleinster struktureller neurophysiologischer Merkmalsveränderungen des motorischen Verhaltens.

Die *Oberflächenelektromyografie* dient der Aufzeichnung der neuromuskulären Aktivität der direkt unter der Hautoberfläche verlaufenden Skelettmuskeln. Die Hauptanwendungsbereiche betreffen die Analyse der myoelektrischen Aktivität der bewegungsrelevanten Muskulatur, der inter- und intramuskulären Koordination, der neuromuskulären Beanspruchung und Ermüdung und der Reaktionen der Skelettmuskulatur auf motorische Lern- und Trainingsinterventionen oder körperliche Fehlbelastungen. In Verbindung mit äußeren biomechanischen Messverfahren können näherungsweise die Muskel- und Gelenkkräfte und die Belastbarkeit organismischer Strukturen bewertet werden.

Eine relativ zuverlässige Beantwortung der Frage, inwieweit periphere Reflexafferenzen und kortikale Impulse die bewegungskontrollierenden α-Motoneuronen erregen, ermöglicht die *Hoffmann-Reflex-Methode*. Zur Quantifizierung der Erregbarkeit der α-Motoneuronen werden im Sport üblicherweise die M_{max}-Antwort, die H_{max}-Amplitude und die H_{max}/M_{max}-Ratio des M. soleus H-Reflexes (untere Extremitäten) und M. flexor carpi radialis H-Reflexes (obere Extremitäten) bewertet.

Die Gewährleistung der weit gehenden artefaktfreien Aufzeichnung der geringen bioelektrischen Muskel- und Nervenströme (μV-Bereich) mittels der Oberflächenelektromyografie und der Hoffmann-Reflex-Methode erfordert die Berücksichtigung zahlreicher messmethodischer Besonderheiten. Die zu gleichen Problemstellungen von verschiedenen Wissenschaftlern publizierten, vielfach stark voneinander abweichenden oder nicht direkt vergleichbaren EMG- und H-Reflex-Befunde begründen sich vornehmlich im Fehlen eindeutiger Standards für die Registrierung und die Analyse elektrophysiologischer Signale.

Zentrale Begriffe

Aktionspotenzial, Bewegungsapparat (aktiv, passiv), elektromechanische Kopplung, Elektromyografie, Elektromyogramm, Erregung, Gelenk, Hoffmann-Reflex, Membranmodell, motorische Antwort, Muskelanspannung (auxotonisch, isometrisch, isotonisch), Muskelarbeit (exzentrisch, konzentrisch, negativ-dynamisch, positiv-dynamisch, statisch), Muskelkontraktion, Muskelkraft, myoelektrische Aktivität, Oberflächenelektroden, Oberflächenelektromyografie.

Zur vertiefenden Weiterarbeit

LAURIG, W. (1983). Elektromyographie. In K. WILLIMCZIK (Hrsg.), *Datenerhebung I* (S. 67–94). Ahrensburg: Czwalina.
HUGON, M. (1973). Methodology of the hoffmann-reflex in man. In J. E. DESMEDT (Ed.), *New developments in electromyography and chemical neurophysiology* (pp. 277–293). Basel: Karger.
WOLLNY, R. (2002). *Motorische Entwicklung in der Lebensspanne – Warum lernen und optimieren manche Menschen Bewegungen besser als andere?* Schorndorf: Hofmann.

Literatur

BAUMANN, W. (1989). Mechanische und biologische Grundlagen. In K. WILLIMCZIK (Hrsg.), *Biomechanik der Sportarten* (S. 56–100). Reinbek: Rowohlt.
DAUGS, R., LEIST, K.-H. & ULMER, H.-V. (Hrsg.). (1989). *Motorikforschung aktuell. Die Elektromyographie in der Motorikforschung.* Clausthal-Zellerfeld: dvs.
DE MARÉES, H. (2003). *Sportphysiologie* (9. Aufl.). Köln: Strauß.
DEVRIES, H. A., WISWELL, R. A., ROMERO, G. T. & HECKATHORNE, E. (1985). Changes with age in monosynaptic reflexes elicited by mechanical and electrical stimulation. *American Journal of Physical Medicine, 64*, 71–81.
GOLLHOFER, A. & SCHMIDTBLEICHER, D. (1989). Protokoll der Expertendiskussion: Methodische Probleme der Elektromyographie. In R. DAUGS, K.-H. LEIST & H.-V. ULMER (Hrsg.), *Motorikforschung aktuell. Die Elektromyographie in der Motorikforschung* (S. 74–79). Clausthal-Zellerfeld: dvs.
GOLLHOFER, A., Schmidtbleicher, D. & HORSTMANN, G. (1989). Reproduzierbarkeit von neuromuskulären Aktivierungsmustern im Dehnungs-Verkürzungs-Zyklus. In R. DAUGS, K.-H. LEIST & H.-V. ULMER (Hrsg.), *Motorikforschung aktuell. Die Elektromyographie in der Motorikforschung* (S. 58–67). Clausthal-Zellerfeld: dvs.
HARTHUNG, E. & HAVERKAMP, M. (1989). Artefakte bei der Oberflächenelektromyografie am Musculus erector spinae unter Schwingungsbelastung in der Sitzhaltung. In R. DAUGS, K.-H. LEIST & H.-V. ULMER (Hrsg.), *Motorikforschung aktuell. Die Elektromyographie in der Motorikforschung* (S. 48–57). Clausthal-Zellerfeld: dvs.
HERMENS, H., FRERIKS, B., MERLETTI, R., STEGEMAN, D., BLOK, J., RAU, G., DISSELHORST-KLUG, C. & HÄGG, G. (1999). *European recommendations for surface electromyography. Results of the SENIAM project.* Aachen: Roessingh Research and Development.

HOFFMANN, P. (1918). Über die Beziehungen der Sehnenreflexe zur willkürlichen Bewegung und zum Tonus. *Zeitschrift für Biologie, 68*, 351–370.

HOFFMANN , P. (1922). *Untersuchungen über die Eigenreflexe (Sehnenreflexe) menschlicher Muskeln.* Heidelberg: Springer.

HUGON, M. (1973). Methodology of the hoffmann-reflex in man. In J. E. DESMEDT (Ed.), *New developments in electromyography and chemical neurophysiology* (pp. 277–293). Basel: Karger.

JÖLLENBECK, T. (2002). Determination of the onset of EMG and force in EMG-based motion analysis: Methodological problems and limitations. In Y. HONG (Ed.), *International Research in Sports Biomechanics* (pp. 148–158). New York: Taylor & Francis.

KIMURA, J., DAUBE, J., BURKE, D., HALLETT, M., CRUCCU, G., ONGERBOER DE VISSER, B. W., NOBUO, Y., SHIMAMURA, M. & ROTHWELL, J. (1994). Human reflexes and late responses. *Electroencephalography and Clinical Neurophysiology, 90*, 393–403.

LAURIG, W. (1983). Elektromyographie. In K. WILLIMCZIK (Hrsg.), *Datenerhebung I* (S. 67–94). Ahrensburg: Czwalina.

LEWELLYN, M., YANG, J. F. & PROCHAZKA, A. (1990). Human h-reflexes are smaller in difficult beam walking than in normal treadmill walking. *Journal of Experimental Brain Research, 83*, 22–28.

NOTH, J. (1989). Physiologische Grundlagen der Entstehung elektromyographisch ableitbarer Spannungen. In R. DAUGS, K.-H. LEIST & H.-V. ULMER (Hrsg.), *Motorikforschung aktuell. Die Elektromyographie in der Motorikforschung* (S. 7–20). Clausthal-Zellerfeld: dvs.

POLLMANN, D. (1993). *Muskuläre Beanspruchung im Mikrozyklus des Krafttrainings: Eine elektromyographische Analyse dynamischer und isometrischer Krafttrainingsformen.* Köln: Sport und Buch Strauß.

RAUBER, A. & KOPSCH, R. (1987). *Anatomie des Menschen, Lehrbuch und Atlas.* Stuttgart: Thieme.

SABBAHI, M. A. & SEDWICK, E. M. (1982). Age-related changes in monosynaptic reflex excitability. *Journal of Gerontology, 37*, 24–32.

SALE, D. G., MAC DOUGALL, J. D., UPTON, A. R. & MC COMAS, A. J. (1983). Effect of strength training upon motoneuron excitability in man. *Medicine and Science in Sports and Exercise, 15*, 57–62.

SCHMIDT, R. F., LANG, F. & THEWS, G. (2005). *Physiologie des Menschen mit Pathophysiologie* (29. Aufl.). Heidelberg: Springer.

SCHMIDTBLEICHER, D. (1985). Neurophysiologische Aspekte des Sprungkrafttrainings. In K. CARL & J. Schiffer (Hrsg.), *Zur Praxis des Sprungkrafttrainings* (S. 56–72). Köln: Sport und Buch Strauß.

TARKKA, I. M. & LARSEN, T. A. (1987). Changes of electrically elicited reflexes in hand and forearm muscles in man. *American Journal of Physical Medicine, 6*, 308–314.

THEWS, G., MUTSCHLER, E. & VAUPEL, P. (1999). *Anatomie, Physiologie, Pathophysiologie des Menschen.* (5. Aufl.). Stuttgart: Kohlhammer.

WEINECK, J. (2004). *Optimales Training. Leistungsphysiologische Trainingslehre unter besonderer Berücksichtigung des Kinder- und Jugendtrainings* (14. Aufl.). Balingen: Spitta.

WOLLNY, R. (2002). *Motorische Entwicklung in der Lebensspanne – Warum lernen und optimieren manche Menschen Bewegungen besser als andere?* Schorndorf: Hofmann.

ZIPP, P. (1988). *Optimierung der Oberflächenableitung bioelektrischer Signale.* Düsseldorf: VDI.

ZIPP, P. (1989). Leitregeln für die Oberflächenmyographie: Ausgewählte Beispiele. In R. DAUGS, K.-H. LEIST & H.-V. ULMER (Hrsg.), *Motorikforschung aktuell. Die Elektromyographie in der Motorikforschung* (S. 68–73). Clausthal-Zellerfeld: dvs.

Fragen zur Lektion 11

1. Kennzeichnen Sie den passiven und aktiven Bewegungsapparat des Menschen.
2. Was versteht die Biomechanik unter einem zusammengesetzten Rotationsgelenk?
3. Unterscheiden Sie die verschiedenen Formen der Muskelarbeit.
4. Erklären Sie die Begriffe *isometrische, konzentrische* und *exzentrische Kontraktion* und benennen Sie jeweils Beispiele aus dem Sport.
5. Welche Art der muskulären Anspannung tritt bei sportlichen Bewegungen am häufigsten auf und wie verändern sich die kontraktilen und elastischen Elemente des Skelettmuskels?
6. Welche bioelektrischen Phänomene kann das Membranmodell verdeutlichen?
7. Beschreiben Sie die elektromechanische Kopplung.
8. Was sind die Zielsetzungen der Oberflächenelektromyografie?
9. Welche neuromuskulären Phänomene erfasst die Oberflächenelektromyografie?
10. Diskutieren Sie die Bedeutung der Elektromyografie für die Motorikforschung.
11. Wie wird die myoelektrische Aktivität registriert?
12. Was ist bei der Applikation von Oberflächenelektroden zu berücksichtigen?
13. Erläutern Sie die wesentlichen Arbeitsschritte der quantitativen Auswertung des EMG-Signals.
14. Aus welchen Gründen gestalten sich die Registrierung, die Auswertung und die Interpretation der Oberflächenelektromyogramme als relativ schwierig und zeitaufwändig?
15. Welche Bewegungsphänomene können mit der Hoffmann-Reflex-Methode analysiert werden?
16. Wie wird der Hoffmann-Reflex registriert und bewertet?

Lektion 12
Widerspruchsfreie Theorie der widersprüchlichen Wirklichkeit – Wie sieht die biomechanische Theorie- und Modellbildung aus?

In den letzten Jahren greifen Biomechaniker und Ingenieure zur Optimierung der Gebrauchsgegenstände des täglichen Lebens und des Sports vermehrt auf biomechanische Theorien, Befunde und Modellierungen zurück. Ein bekannter Hersteller von Sportschuhen wirbt auf seinen Schuhkartons ebenso wie ein führender Mountainbikeversender in seinem Verkaufskatalog oder eine süddeutsche Automobilfirma auf ihrer Homepage mit neuesten biomechanischen Kenntnissen und beeindruckenden Computersimulationen alltäglicher und sporttypischer Bewegungen. Vertraut wird komplexen mathematischen Muskel-, Gelenk- und Schwabbelmassenmodellen, die beim Tennisspielen, Joggen, Radfahren oder Autofahren die auftretenden Kraft-, Druck-, Zug- und Biegebeanspruchungen des menschlichen Bewegungsapparats simulieren. Die Befunde dienen der Weiterentwicklung von Sportschuhen, Mountainbikes oder Personenkraftwagen.

Die biomechanische Theorie- und Modellbildung erlebt in der Bewegungswissenschaft des Sports seit einigen Jahren einen markanten Aufschwung und eine zunehmende Ausdifferenzierung. Für Sportpraktiker von besonderem Interesse sind die biomechanischen Prinzipien von HOCHMUTH (1982), die den Wissensstand über die biomechanische Zweckmäßigkeit sporttypischer Bewegungen bündeln. Ein bedeutsames Mittel der Gewinnung und der Vermittlung von Kenntnissen über sporttypische Bewegungen und Leistungen stellen biomechanische Modelle dar. In der sportwissenschaftlichen Bewegungswissenschaft beschränken sich biomechanische Modellierungen anfänglich auf die Anwendung allgemeiner mechanischer Gesetze und einfacher, starrer Körpersegmentmodelle, ohne den Bioanteil lebender Systeme angemessen zu berücksichtigen. Moderne, computergestützte Modellierungen ziehen vermehrt die speziellen biologischen Eigenschaften des menschlichen Körpers in Betracht. Der praktische Nutzen der biomechanischen Theorie- und Modellbildung schlägt sich nicht nur im Leistungssport, sondern auch im Breitensport, in der Sportmedizin, der Orthopädie, der Prävention, der Rehabilitation und der Arbeitswissenschaft nieder.

1 Was ist von dieser Lektion zu erwarten?

Lektion 12 des vorliegenden Lehrbuchs Bewegungswissenschaft greift die in der deutschsprachigen Sportwissenschaft weit verbreiteten, sportartenübergreifenden biomechanischen Prinzipien von HOCHMUTH (1982) und die biomechanische Modellmethode nach BALLREICH und BAUMANN (1982, 1996) auf. Kapitel 2 erklärt die biomechanischen Grundbegriffe Gesetz, Prinzip, Modell, Modellierung und Simulation. Anschließend veranschaulicht Kapitel 3 an sportpraktischen Beispielen die biomechanischen Leitsätze und Überlegungen von HOCHMUTH, wie sporttypische Bewegungen unter Ausnutzung der mechanischen Gesetze und der biologischen Besonderheiten des Menschen optimal ausgeführt werden sollten.

Kapitel 4 thematisiert die biomechanische Modellmethode, die das motorische Verhalten, den Körperbau und die organismischen Materialeigenschaften des sporttreibenden Menschen in den Blick nimmt. Realitätsnah modelliert, simuliert und analysiert werden sportartspezifische Bewegungstechniken, nicht direkt messbare Bewegungsdetails, potenzielle biomechanische Einflussfaktoren, individuelle Defizite disziplinspezifischer Fertigkeiten, gefährliche Systemzustände und spezielle Eigenschaften von Sportgeräten oder Sportschuhen (Kap. 4.1). Die grundlegenden Arbeitsschritte der biomechanischen Modellkonstruktion bespricht Kapitel 4.2 an verschiedenen Beispielen aus dem Sport. Eine Zusammenfassung der wichtigsten Inhalte und Probleme der biomechanischen Theorie- und Modellbildung findet der Leser in Kapitel 5.

2 Welche Begriffe sind grundlegend?

Gesetze beschreiben den allgemeinen, objektiven Zusammenhang zwischen messbaren Kenngrößen. Physikalisch-mechanische Gesetze leiten Naturwissenschaftler aus der Erfahrung ab (z. B. Experimente). Sie gelten gleichermaßen für alle Lebewesen und die unbelebte Natur. Die Bedeutung des Begriffs *Prinzip* ist je nach Kontext verschieden und wird in den einzelnen Wissenschaftsdisziplinen synonym mit dem Begriff *Gesetz* verwendet, da eine klare Trennung der beiden Begriffe nicht möglich ist. Umgangssprachlich handelt es sich bei einem Prinzip um einen allgemein gültigen Grundsatz (feste Regel), den der Mensch seinem Handeln zu Grunde legt. In der Physik, der Mechanik und der Bewegungswissenschaft stellen Prinzipien den Gesetzen übergeordnete, empirisch begründete Verallgemeinerungen dar.

Unter einem *Modell* versteht die Wissenschaft den Versuch, die Realität als ein vereinfachtes Abbild zu repräsentieren. Grundsätzlich kann ein Modell die Wechselwirkungen von Einflussvariablen und ihre Abhängigkeiten untereinander aufzeigen. Zentrales Ziel der Modellbildung ist die Erweiterung des Wissens und Verständnisses der komplizierten Wirklichkeit. Quantitativ formulierte und durch einen geschlossenen Satz von Gleichungen beschriebene Modelle werden als *mathematische Modelle* bezeichnet. *Computermodelle* kommen bei komplexen Sachverhalten mit einer großen Anzahl von Freiheitsgraden zur Anwendung, die sich nur mit numerischen Methoden (Algorithmen) simulieren lassen.

Bei einem *Algorithmus* handelt es sich um eine exakt definierte Verarbeitungsvorschrift in Form einer endlichen Folge von Anweisungen zur Problemlösung, die nacheinander ausgeführt oder in einer vorab festgelegten Weise wiederholt werden. In der Informatik steuern Algorithmen aufwändige Computerprogramme oder elektronische Schaltkreise. Im täglichen Leben sind Algorithmen häufig als Kochrezepte, Reparatur-, Bedienungs- und Bewegungsanleitungen zu finden.

Biomechanische Modelle stellen im Sport verkürzte pragmatische Abbildungen komplexer Sachverhalte der Körperhaltung, der Motorik oder bestimmter sporttypischer Bewegungen dar. Die *biomechanische Modellierung* betrifft die Konstruktion und die Anwendung von Modellen zur Gewinnung oder Vermittlung von Kenntnissen über die Mechanismen und Funktionsprozesse dynamischer Systeme. Den Nutzen einer Modellierung bestimmt nicht die exakte, wirklichkeitsgetreue Nachbildung, sondern die Brauchbarkeit des Modells für die Beschreibung und Erklärung sportmotorischer Fertigkeiten. Bei der *Simulation* gilt das Interesse der Verwendung eines als valide angenommenen Modells zur näheren Untersuchung der Eigenschaften des modellierten Systems.

3 Zählen die biomechanischen Prinzipien zu den „alten Hüten" der Bewegungswissenschaft des Sports?

Biomechanische Prinzipien gelten unter Berücksichtigung des Biosanteils lebender Systeme als „übergreifende verallgemeinernde Kriterien" (HOCHMUTH, 1982, S. 149), die das „rationale Ausnutzen mechanischer Gesetze bei sportlichen Bewegungen" zu erklären versuchen (BAUMANN & REIM, 1989, S. 27). Betrachtet werden die mechanische Umwelt, die biologischen Strukturen, Mechanismen und Funktionen sowie bestmögliche Ökonomie menschlicher Bewegungen. Die wesentlichen Zielsetzungen biomechanischer Prinzipien gelten der Erklärung sportlicher Bewegungsfertigkeiten, der Ökonomisierung des muskulären Energieverbrauchs bei maximaler Muskelleistung, der Minimierung und der Gleichverteilung der Beanspruchung des Bewegungsapparats. Nachfolgend erläutert Kapitel 3 die in der sportwissenschaftlichen Bewegungswissenschaft weitläufig bekannten sechs biomechanischen Prinzipien von HOCHMUTH (1982).

1. Prinzip des optimalen Beschleunigungswegs
2. Prinzip der optimalen Tendenz im Beschleunigungsverlauf
3. Prinzip der Anfangskraft
4. Prinzip der zeitlichen Koordination von Teilimpulsen
5. Prinzip der Gegenwirkung
6. Prinzip der Impulserhaltung

Die von HOCHMUTH erstmals im Jahre 1967 veröffentlichten sportartunabhängigen biomechanischen Prinzipien bleiben in der Sportwissenschaft nicht unumstritten. Uneinigkeit besteht darüber, inwieweit die Zusammenhänge zwischen mechanischen und biologischen Sachverhalten richtig erfasst werden. Kritiken erfahren vor allem das 5. und 6. biomechanische Prinzip, welche die biologischen Eigenschaften menschlicher Bewegungen aussparen. In der Folge der kontroversen Diskussion über die Allgemeingültigkeit hat HOCHMUTH (1982) den Geltungsbereich der sechs biomechanischen Prinzipien auf bestimmte Gruppen strukturverwandter Bewegungsabläufe und einzelne Zielstellungen des Sports stark eingeschränkt (vgl. Tab. 17). Insgesamt sind die biomechanischen Prinzipien „bei kritischer Anwendung hilfreiche Leitlinien bei der Beurteilung sportlicher Techniken, Prinzipien im strengen Sinne allgemeingültiger Grundsätze sind es nicht" (BAUMANN, 1989, S. 98). Zu berücksichtigen sind weitere relevante biomechanische Prinzipien wie das „Gesetz des vorgedehnten Muskels" (WIEMANN, 1984).

Tab. 17: *Gruppen strukturverwandter Bewegungsverläufe (mod. nach HOCHMUTH, 1982, S. 150)*

1. *Abdruck, Absprung, Abwurf oder Abstoß von starren Widerlagern* (leichtathletische Sprünge, Abwurf beim Speerwurf, Abstoß beim Kugelstoßen usw.)
2. *Abdruck oder Absprung von elastischen Widerlagern* (Absprung vom Reuterbrett oder Trampolin usw.)
3. *Drehung im freien Flug oder Fall* (Salto oder Schraube beim Gerätturnen und Wasserspringen usw.)
4. *Drehung um feste oder elastische Achsenebenen unter Einwirkung der Schwerkraft* (Reck-, Ring-, Barrenübungen usw.)
5. *Abstoß vom Wasser bei zyklischen Bewegungen* (Brustschwimmen, Rudern, Paddeln usw.)
6. *Vorder- und Hinterstütze mit Flug- oder Gleitphase bei zyklischen Bewegungen* (Laufen, Skilanglauf usw.)
7. *Kontinuierlicher Antrieb durch Pedaltreten* (Disziplinen des Radsports)

1. Prinzip des optimalen Beschleunigungswegs

Das Prinzip des optimalen Beschleunigungswegs beansprucht Gültigkeit bei sportlichen Fertigkeiten von starren Widerlagern, die eine hohe Endgeschwindigkeit erfordern (z. B. leichtathletische Sprung-, Stoß-, Wurfdisziplinen; vgl. Abb. 87). Soll der menschliche Körper durch eine Sprungbewegung eine möglichst große Abfluggeschwindigkeit erzielen, muss der Körper vor dem Absprung in die entgegengesetzte Richtung abgesenkt werden. Hierdurch verbleibt während der eigentlichen Sprungbewegung vermehrt Zeit, um die Muskelkraft auf den Körper wirken zu lassen. Bei der Gestaltung der optimalen Wegstrecke der Ausholbewegung konkurrieren physikalische und biologische Bedingungen miteinander.

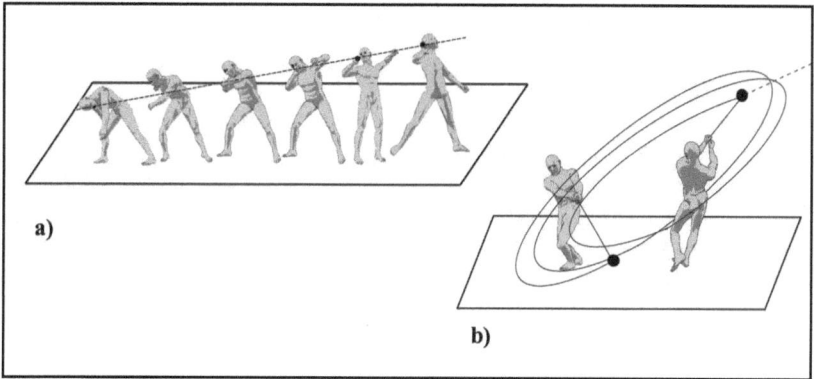

Abb. 87: *Prinzip des optimalen Beschleunigungswegs*
  a) *Geradliniger Beschleunigungsweg beim Kugelstoßen (Rückenstoßtechnik)*
  b) *Stetig gekrümmter Beschleunigungsweg beim Hammerwurf*

Unter *physikalischen Gesichtspunkten* erscheint es sinnvoll, die Ausholbewegung möglichst weitläufig zu gestalten (z. B. tiefe Hockstellung). Je länger die Zeit ist, während der die Kraft auf den Körper wirkt, desto größer wird der Kraftstoß, der dem Körper einen möglichst großen Impuls übermittelt. Dieser plausiblen physikalischen Forderung widersprechen die leistungslimitierenden *anatomischen* und *physiologischen Bedingungen des menschlichen Organismus* (ungünstige Hebelverhältnisse, begrenzte Muskelleistung usw.). Beispielsweise wirkt sich die maximale Hockstellung bei Vertikalsprüngen negativ auf die Endgeschwindigkeit aus, da die tiefe Absenkung des Körperschwerpunkts ungünstige Hebelverhältnisse hervorruft. Eine deutlich größere Sprunghöhe erreicht der Sportler durch eine „mittlere" Absenkung des Körperschwerpunkts.

> Muskulär gut trainierte Sportler können einen längeren Beschleunigungsweg wählen, während bei einem schlechten Trainingszustand die maximale Bewegungsgeschwindigkeit deutlich früher erreicht wird.

Der geometrische Verlauf der Bewegungsbeschleunigung sollte in Abhängigkeit von der sportlichen Technik geradlinig (z. B. Strecksprung, O'Brien-Technik beim Kugelstoßen; vgl. Abb. 87a) oder stetig gekrümmt sein (z. B. Diskus-, Hammerwerfen, Drehstoßtechnik beim Kugelstoßen; vgl. Abb. 87b). Begrenzen sportartspezifische Regeln den Beschleunigungsweg in zeitlicher oder räumlicher Hinsicht (Start beim Sprintlauf, Sprünge mit Anlauf usw.), verliert das Prinzip des optimalen Beschleunigungswegs seine Gültigkeit (ROTH & SAHRE, 1990).

2. Prinzip der optimalen Tendenz im Beschleunigungsverlauf
Das Prinzip der optimalen Tendenz im Beschleunigungsverlauf differenziert das Prinzip des optimalen Beschleunigungswegs bei sportmotorischen Fertigkeiten von starren Widerlagern. Bei Sportdisziplinen wie Boxen oder Fechten, in denen der Athlet schnellstmöglich eine große Kraft erzeugen muss, um einen großen Kraftimpuls zu übertragen und die Ausweichbewegungen des Gegners zu verhindern, sollten „die größten Beschleunigungskräfte am Anfang der Beschleunigungsphase wirksam werden" (ROTH & SAHRE, 1990, S. 49). Bei Bewegungen mit einer möglichst hohen Endgeschwindigkeit (z. B. leichtathletische Wurfdisziplinen) erscheint eine ansteigende Tendenz im Beschleunigungsverlauf vorteilhaft.

3. Prinzip der Anfangskraft
Das Prinzip der Anfangskraft beansprucht Gültigkeit für sporttypische Fertigkeiten von starren oder elastischen Widerlagern, die eine hohe Endgeschwindigkeit erfordern wie die Beuge- und Streckbewegungen mit direkter Bewegungsumkehr (Hockstrecksprung mit Ausholbewegung, Auftaktbewegungen usw.). Durch das Abbremsen der kurzen Beugebewegung (Gegenbewegung) entsteht zum Zeitpunkt der Bewegungsumkehr des Körperschwerpunkts eine positive Anfangskraft, die den Kraftstoß (Impuls) vergrößert. Voraussetzung hierfür ist die optimale Gestaltung des Verhältnisses von Brems- und Beschleunigungsstoß.

Beim vertikalen Hockstrecksprung mit und ohne einleitende Ausholbewegung der oberen Extremitäten – *Counter Movement Jump und Squat Jump* – wirkt im Stand (t_0) und kurz vor dem Verlassen der Kraftmessplatte (t_3) nur das Körpergewicht des Sportlers auf die Kraftmessplatte. Abbildung 88 kennzeichnet dies durch die Gewichtskraftlinie F_G.

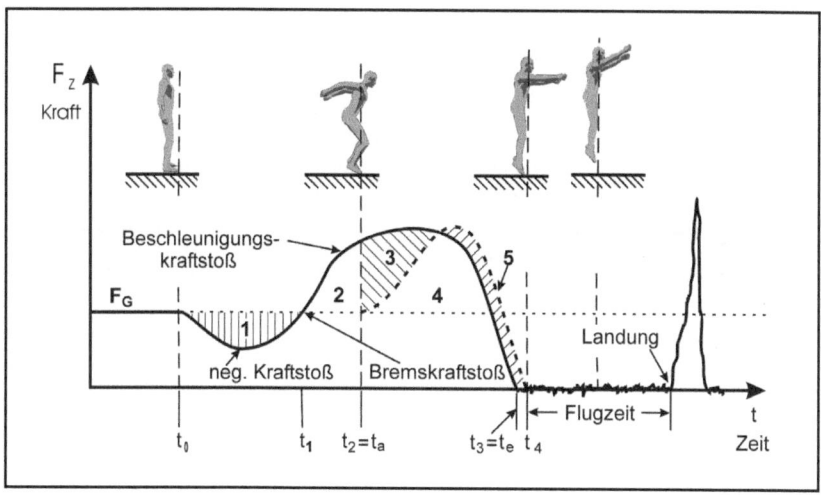

Abb. 88: *Kraft-Zeit-Verlauf beim Squat Jump (gestrichelte Linie) und Counter Movement Jump (durchgehende Linie; mod. nach WILLIMCZIK, 1999, S. 57).*

Beim *Squat Jump* lässt der Absprung von der Kraftmessplatte die Kraftkurve mit dem Anheben des Körperschwerpunkts zunächst ansteigen (gestrichelte Linie; Zeitpunkt $t_2 = t_a$). Die Fläche 4 unter der Kraft-Zeit-Kurve beschreibt die Kraftwirkung (Kraftimpuls). Der *Counter Movement Jump* (durchgehende Linie) bewirkt demgegenüber zu Bewegungsbeginn (t_0 bis t_1) durch das schnelle Absenken des Körperschwerpunkts zunächst eine Entlastung der Kraftmessplatte (Fläche 1, negativer Kraftstoß). Dies bedingt ein Absinken der Kraftkurve. Der Zeitpunkt t_1 markiert das Abbremsen der Beugebewegung (Bremskraftstoß) und die Kraftwirkung (Fläche 2). Bei der Bewegungsumkehr des Körperschwerpunkts – der tiefsten Position des Körperschwerpunkts ($t_2 = t_a$; Beginn der eigentlichen Sprungbewegung) – wirkt eine erhöhte Anfangskraft (Fläche 3), die zu einem Kraftgewinn führt.

Unter muskulären Gesichtspunkten dient die Abwärtsbewegung beim Counter Movement Jump der Vordehnung der Streckmuskulatur der Beine. Die hierdurch erzeugte Energie wird in den elastischen Anteilen der Beinmuskulatur gespeichert und zusätzlich zur vertikalen Beschleunigung des Körpers genutzt (z. B. Dehnungsverkürzungszyklus). Die Kraftwirkungen der gleich großen Fläche 1 (Entlastung bei der Abwärtsbewegung) und Fläche 2 (Abbremsung der Abwärtsbewegung) heben sich hierbei auf. Auf Grund der kürzeren Bewegungszeit des Counter Movement Jumps gegenüber dem Squat Jump geht ein Teil des Kraftgewinns verloren (Fläche 3 minus Fläche 5). Insgesamt führt der flächenmäßige Nettoimpulszuwachs zu einer größeren Sprunghöhe.

> Der *Dehnungsverkürzungszyklus* (stretch shorting cycle) bezeichnet die besondere Arbeitsweise des neuromuskulären Systems, bei dem der Skelettmuskel zunächst entgegen seiner Arbeitsrichtung gedehnt (exzentrisch) und anschließend direkt verkürzt wird (konzentrisch). Eine ausführliche Beschreibung der physiologischen Grundlagen und der Wirkungsweise des Dehnungsverkürzungszyklus geben SCHMIDTBLEICHER (1985, 1994) und GOLLHOFER (1987).

Das optimale Kappa-Verhältnis des Quotienten aus Bremskraftstoß und Beschleunigungskraftstoß (κ) liegt für den beidbeinigen vertikalen Strecksprung mit Ausholbewegung (Skispringen, Volleyball-Blocksprung usw.), unabhängig vom Leistungsniveau, zwischen 0.3-0.4 κ (WILLIMCZIK, 1999, S. 59). Ein übertriebenes, zu kräftiges „In-die-Knie-Gehen" wirkt sich negativ auf die Sprunghöhe aus, da die maximale Kraftwirkung während des Bremskraftstoßes erzielt wird (vgl. Abb. 89, Fläche F_1).

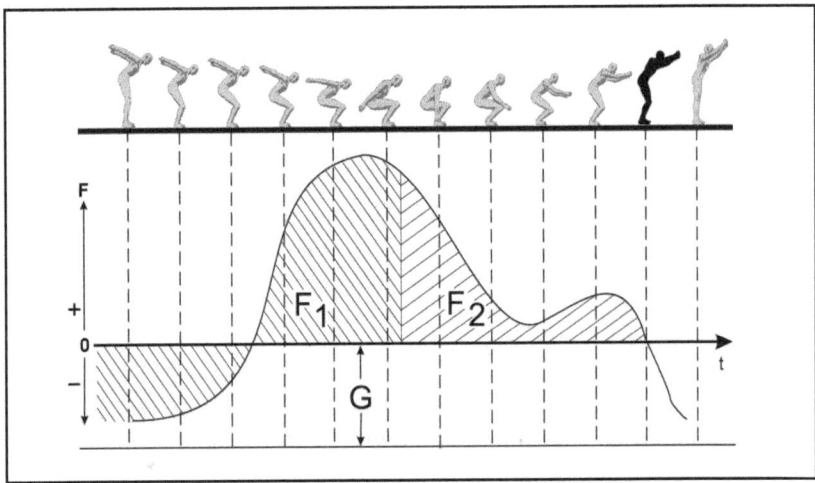

Abb. 89: *Kraft-Zeit-Verlauf beim Strecksprung mit übertriebener Ausholbewegung (Beschreibung siehe Text; mod. nach HOCHMUTH, 1982, S. 166)*

Im anschließenden Beschleunigungsstoß (Fläche F_2) nehmen die Werte der Kraft stark ab. Die Kraftkurve erreicht bereits deutlich vor der vollen Körperstreckung die Nulllinie (vgl. schwarze Figur). Bei Bewegungen von elastischen Widerlagern (Reuterbrett, Minitrampolin, Sprungbrett usw.) fordert HOCHMUTH einen maximalen Bremskraftstoß, um die durch die Verformung des elastischen Widerlagers entstehende Energie für den Beschleunigungsvorgang nutzen zu können (OLIVIER & ROCKMANN, 2003).

4. Prinzip der zeitlichen Koordination von Teilimpulsen
Das Prinzip der zeitlichen Koordination von Teilimpulsen bezieht HOCHMUTH (1982) auf Bewegungsformen von starren Widerlagern. Eine Erhöhung der Endgeschwindigkeit erreicht der Sportler durch das Hintereinanderschalten mehrerer Teilimpulse (Teilkraftstöße). Beim Strecksprung wird eine optimale Endgeschwindigkeit dadurch erzielt, dass der Beschleunigungskraftstoß des aufwärts gerichteten Armschwungs kurz vor dem Beschleunigungskraftstoß der Körperstreckung erfolgt. Dies verlängert die Dauer des Beschleunigungskraftstoßes der Körperstreckung.

Beim Fosbury-Flop beeinflusst nicht nur die Krafteinwirkung des Sprungbeins, sondern auch das Schwungbein und die Armbewegung die Sprungleistung. Fixiert der Hochspringer die hochschwingenden Arme beim Absprung, überträgt sich der Kraftimpuls von den oberen Körperextremitäten auf den Rumpf und unterstützt den Absprungkraftimpuls. Die größte Endgeschwindigkeit erzielt der Athlet dann, wenn der Beschleunigungsstoß der Armschwungbewegung zeitlich vor der Beinstreckung liegt und die Beschleunigungsmaxima der einzelnen Teilbewegungen zeitlich aufeinander folgen.

5. Prinzip der Gegenwirkung
Das die biologischen Eigenheiten des menschlichen Körpers aussparende Prinzip der Gegenwirkung basiert auf dem 3. newtonschen Gesetz „actio et reactio" (vgl. Lektion 10, Kap. 3.2). Bei Bewegungen im freien Fall oder Flug, bei denen der Körper keine Reaktionen in der Umwelt findet, rufen Körperteilbewegungen unwillkürlich bestimmte Gegenaktionen anderer Körperteile hervor. Beim Weit- oder Dreisprung erreicht der Springer eine große Sprungweite dadurch, indem er die Beine nach vorn bringt. Das Vorführen der Beine löst das gleichzeitige Vorbeugen des Oberkörpers aus (vgl. Abb. 90a). Bewegt der Handballspieler beim Torwurf die Schulterpartie der rechten Wurfarmseite beim Abwurf des Balls zur Verlängerung des Beschleunigungswegs nach links, findet zwangsläufig eine entgegengesetzte Verdrehung der Hüftpartie nach rechts statt (vgl. Abb. 90b). Beim Trampolinspringen bewirkt die Aufwärtsbewegung des linken Arms eine Gegenbewegung des rechten Arms.

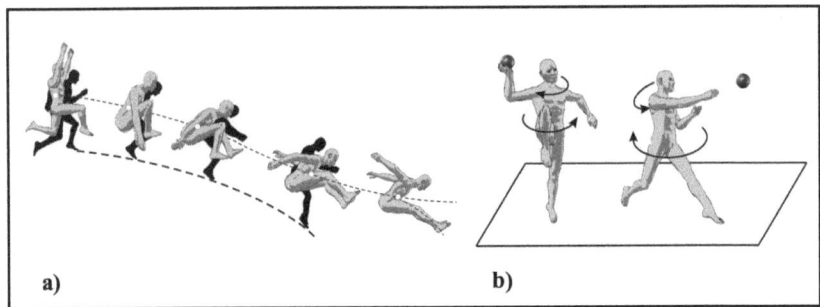

Abb. 90: *Prinzip der Gegenwirkung*
    a) *Weitsprung (mod. nach* HOCHMUTH, *1982, S. 185)*
    b) *Torwurf im Handball (mod. nach* DONSKOI, *1961; in* HOCHMUTH, *1982, S. 186)*

6. Prinzip der Impulserhaltung

Das ebenfalls weit gehend mechanisch ausgerichtete Prinzip der Impulserhaltung beansprucht nach HOCHMUTH Legitimität für motorische Handlungen mit Drehungen im freien Flug oder Fall um eine feste oder eine elastische Drehachse unter Einwirkung der Schwerkraft. Die physikalisch-mechanische Grundlage bildet der Drehimpulserhaltungssatz, nach dem der Drehimpuls konstant bleibt (vgl. Lektion 10, Kap. 3.2). Die Geschwindigkeit der Drehbewegung kann durch das Heranführen der Extremitäten an eine Körperdrehachse ohne Veränderung des Krafteinsatzes erhöht oder durch das Abspreizen verringert werden (vgl. Abb. 91a und b).

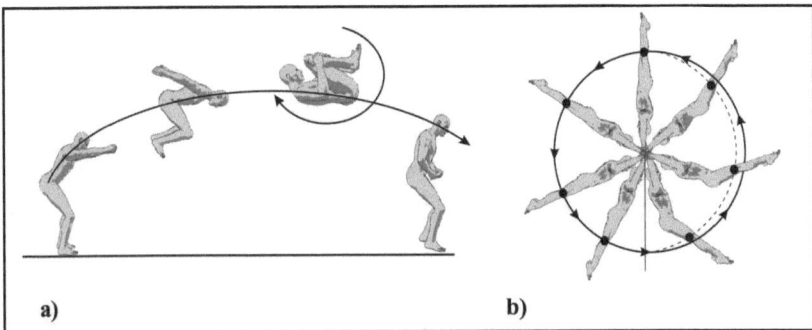

Abb. 91: *Vergrößerung der Winkelgeschwindigkeit durch Verkleinerung des Trägheitsmoments*
    a) *Salto vorwärts*
    b) *Riesenfelge am Hochreck*

Durch eine mehr oder weniger gehockte Körperhaltung kann der Turner beim Salto vorwärts sein Massenträgheitsmoment und damit die Winkelgeschwindigkeit der Drehbewegung verändern (vgl. Abb. 91a). Bei der Riesenfelge am Hochreck erfolgt die Vergrößerung der Winkelgeschwindigkeit durch die Verkleinerung des Trägheitsmoments, d. h. durch die Annäherung der Massenteile an die Drehachse (Reckstange; vgl. Abb. 91b).

4 Was kennzeichnet biomechanische Modelle der Wirklichkeit?

Zahlreiche Problemstellungen der Sportpraxis lassen sich nur mithilfe der Modellmethode angemessen und ökonomisch bearbeiten: *Wie funktioniert die Powerhalse beim Windsurfen, der Gienger-Salto am Hochreck oder der V-Stil beim Skispringen? Mit welcher speziellen Bewegungstechnik kann die sportliche Leistung gesteigert werden? Wie kommt es zu Muskelrissen beim Sprinten, zu Knieverletzungen beim alpinen Skilauf oder zu Bänderrissen im Sprunggelenk beim Volleyball? Welche Eigenschaften zeichnen einen optimalen Carverski, Laufschuh, Speer, Tennisschläger oder Rennrodel aus?*

Biomechanische Modelle versuchen, die komplexe Wirklichkeit durch sinnvolle Vereinfachungen und Reduktionen beschreibbar und verstehbar zu machen. Nach BALLREICH (1989, S. 104) stellen *biomechanische Modelle* des sportmotorischen Leistungszustands (Y) pragmatische Abbildungen dieses Zustands dar (Modellierung). Ziel ist es, die Veränderung $y + \Delta y$ in Abhängigkeit von der Änderung der biomechanischen Einflussgrößen x_i um einen Betrag Δx_i quantitativ zu bestimmen.

Grundsätzlich ermöglichen biomechanische Modellierungen die Vereinfachung, Analyse, Erklärung, Prognose, Optimierung und Vermittlung komplexer Sachverhalte der anthropometrischen Biomechanik (z. B. Körperbaumerkmale), der Leistungsbiomechanik (motorische Leistungsvoraussetzungen, disziplinspezifische Bewegungstechniken, Techniksteuerung, Technikoptimierung usw.), der präventiven Biomechanik (z. B. Belastung und Belastbarkeit des Bewegungsapparats) oder differenzierte Kenntnisse über die organismische Belastbarkeit und die Grundlagen der Motorik.

4.1 Wovon ist etwas Modell?

In der Sportwissenschaft betreffen die Gegenstandsbereiche biomechanischer Modelle den sporttreibenden Menschen unter den naturwissenschaftlichen Gesichtspunkten des sportmotorischen Verhaltens, der Struktur des Körperbaus und der organismischen Materialeigenschaften (BALLREICH, 1989, 1996).

- Dem *Aspekt des sportmotorischen Verhaltens* lassen sich verschiedene Funktionsprozesse und Funktionsprodukte zuordnen. Zu den *Funktionsprozessen* zählen das Zusammenwirken externer (Schwer-, Reibungs-, Trägheitskräfte usw.) und körperinterner Kräfte (z. B. Muskelkräfte) oder die Kontrollprozesse motorischer Handlungen (muskuläre Innervationsdauer, intra- und intermuskuläre Koordination usw.). Die *Funktionsprodukte* betreffen die Veränderung des Bewegungszustandes oder des Formund Spannungszustandes des Bewegungsapparats.
- Die *Struktur des Körperbaus* simulieren biomechanische Modelle hinsichtlich der Größen-, Umfangs- und Volumenmaße, der Trägheitsmomente, der Massenverteilung, der Proportionen, der Hebelverhältnisse oder der Freiheitsgrade der Körpergelenke.
- Bei den *organismischen Materialeigenschaften* interessieren die Kraft-, Druck-, Zug- und Biegeeigenschaften des aktiven und passiven Bewegungsapparats.

Grundsätzlich müssen biomechanische Modelle eine sinnvolle Reduzierung der Systemkomplexität des Modelloriginals darstellen (Abstraktion): *So einfach wie möglich, so komplex wie nötig.* Hierbei gilt es zu berücksichtigen, dass zwischen den biologischen Eigenschaften des Menschen (Modelloriginal) und den Vereinfachungen des Modells eine Ähnlichkeit bestehen muss (Ähnlichkeitsmerkmal), dass nicht alle Eigenschaften des Originals abgebildet werden müssen (Ökonomiemerkmal) und dass Modelle einen Nutzer- und Zweckbezug aufweisen müssen (Subjektivierungsmerkmal; BALLREICH, 1996). Des Weiteren benötigt die biomechanische Modellierung des Funktionierens, der Körperstrukturen und der organismischen Materialeigenschaften des Menschen geeignete Darstellungskonstrukte und Analyseinstrumente (Operationalisierung).

Bis vor einigen Jahren war es in der Bewegungswissenschaft des Sports üblich, mit biomechanischen Körpermodellen lediglich eng umgrenzte Ausschnitte des sporttreibenden Menschen zu betrachten. Abbildung 92 zeigt exemplarisch ein mechanisch-statisches Körpermodell der Jazztanzbewegung „demi plié in 2. Position" (halbe Kniebeuge in der Seitgrätschstellung, vgl. Abb. 92a) und ein mechanisch-dynamisches Modell zur Veranschaulichung der Änderung von Bewegungszuständen beim Reckturnen (vgl. Abb. 92b). Im Reckturnermodell erfährt der reale Kunstturner eine Reduzierung auf drei Massen (Rumpf, Arme, Beine) mit zwei Gelenken (Schulter-, Hüftgelenk). Das Niederdrücken der beiden Hebel bewirkt die Gelenkbeugung, das Anheben verursacht die Gelenkstreckung. Kombinierte Beuge- und Streckbewegungen der Schulter- und Hüftgelenke können komplexe Turnelemente wie Schwingen, Schwungstemmen, Kippen, Riesenfelgen oder Felgumschwünge simulieren.

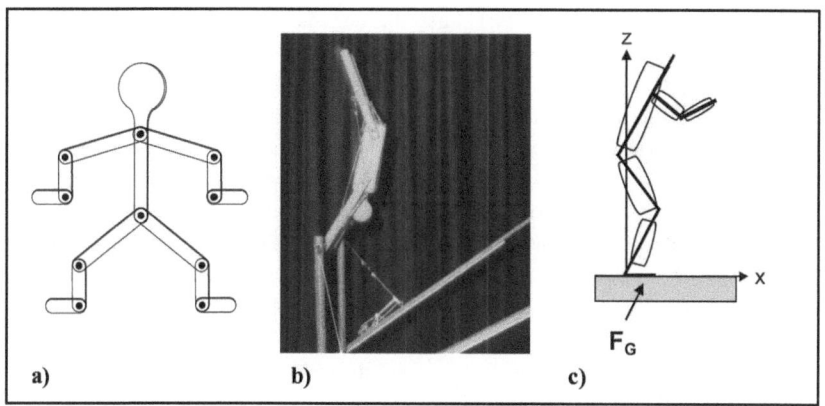

Abb. 92: *Mehrgliedrige Körpersegmentmodelle des Menschen*
a) *Mechanisch-statisches Modell der Jazztanzbewegung „demi plié in 2. Position" (halbe Kniebeuge in der Seitgrätschstellung; mod. nach* BAUER, *2004, S. 2)*
b) *Mechanisch-dynamisches Reckturnermodell (mod. nach* BAUER, *2004, S. 3)*
c) *Dynamisches Schwabbelmassenmodell zur Simulation von Niedersprüngen und sporttypischen Bewegungen (mod. nach* WAGNER, *2004, S. 1)*

Die Ergebnisse der Modellierung sporttypischer Bewegungsabläufe mit großen Beschleunigungen (z. B. Landung aus großer Höhe) werden in einfachen mechanischen Teilkörpermodellen durch die Annahme verfälscht, dass der Mensch ein System aus starren, über Gelenke miteinander verbundenen Körpersegmenten darstellt. In der Realität zeigen die nachschwingenden Weichteile des menschlichen Körpers (Muskeln, Bänder, Haut-, Fettgewebe), die so genannten *Schwabbelmassen*, bei plötzlich auftretenden Bewegungsänderungen (z. B. Stöße) jedoch ein vollkommen anderes Bewegungsverhalten als die starren Skelettknochen. Die Gewährleistung des Postulats der Ähnlichkeit zwischen den biologischen Eigenschaften des Menschen und dem Körpermodell verlangt die problemangemessene biomechanische Modellierung der Wirklichkeit, beispielsweise hinsichtlich des verzögerten Nachschwingens der Weichteile des Körpers und der anatomischen winkelabhängigen Gelenkanschläge.

Die realistische Nachahmung der biologischen Charakteristika menschlicher Bewegungen ermöglichen mathematische Modelle oder abstrakte gedankliche Operationen. Das in Abbildung 92c schematisierte, computergestützte, fünfgliedrige Schwabbelmassenmodell von GRUBER, RUDER, DENOTH und SCHNEIDER (1998) simuliert die Dynamik der Schwabbelmassen des menschlichen Körpers, indem die

Skelettmuskeln, die Bänder, das Fettgewebe und die Haut als zusammengehörige, zylinderförmige Massekörper quasielastisch und stark gedämpft an das Skelettsystem gekoppelt werden. Die Festlegung der funktionalen Kopplungsform und der Größe der Kopplungsparameter der Schwabbelmassen erfolgt auf der Grundlage experimenteller medizinischer Daten. Für Bewegungen mit großen Beschleunigungen wie bei der Landung nach dem Salto vorwärts, dem Flick-Flack oder dem Weitsprung können GRUBER ET AL. (1998) anhand des dynamischen Schwabbelmassenkörpermodells aufzeigen, dass die Skelettknochen direkt abgebremst werden, während die Schwabbelmassen einige Millisekunden verzögert nachschwingen, um die hohen Reaktionskräfte in den Gelenken zu reduzieren.

Eine weitere wichtige Eigenschaft des menschlichen Körpers besteht darin, dass der Bewegungsumfang der Körpergelenke durch den Gelenkkörper, die Bänder, die Muskeln, die Weichteile, oder beim Ellbogen- und Fußgelenk, durch die elastische Knochenhemmung anatomisch begrenzt wird. Wirklichkeitsnahe Körpermodelle müssen winkelabhängige Gelenkanschläge derart simulieren, dass ein Durchschlagen der modellierten Gelenke oder ein gegenseitiges Durchdringen der Starrkörper eines mehrgliedrigen Segmentmodells verhindert wird.

Insgesamt können biomechanische Gesamtkörpermodelle des sporttreibenden Menschen – die alle Aspekte seines Funktionierens, seiner Körperstruktur und seiner organismischen Materialeigenschaften exakt wiedergeben und deren Simulation sich noch handhaben lässt – mit den gegenwärtig zur Verfügung stehenden Kenntnissen und technologischen Mitteln noch nicht zufrieden stellend realisiert werden.

4.2 Welches sind die zentralen Arbeitsschritte der Modellierung im Sport?

Die kurz gefasste Einführung in die Grundlagen der biomechanischen Modellbildung orientiert sich am Standardwerk „Grundlagen der Biomechanik des Sports" von BALLREICH und BAUMANN (1982, 1996). Im Mittelpunkt stehen vier grundlegende Arbeitsschritte der Modellmethode: die Problemformulierung (Kap. 4.2.1), die Modellkonstruktion (Kap. 4.2.2), die Modellüberprüfung (Kap. 4.2.3) und die Modellsimulation (Kap. 4.2.4; vgl. Abb. 93).

Wie sieht die biomechanische Theorie- und Modellbildung aus? 339

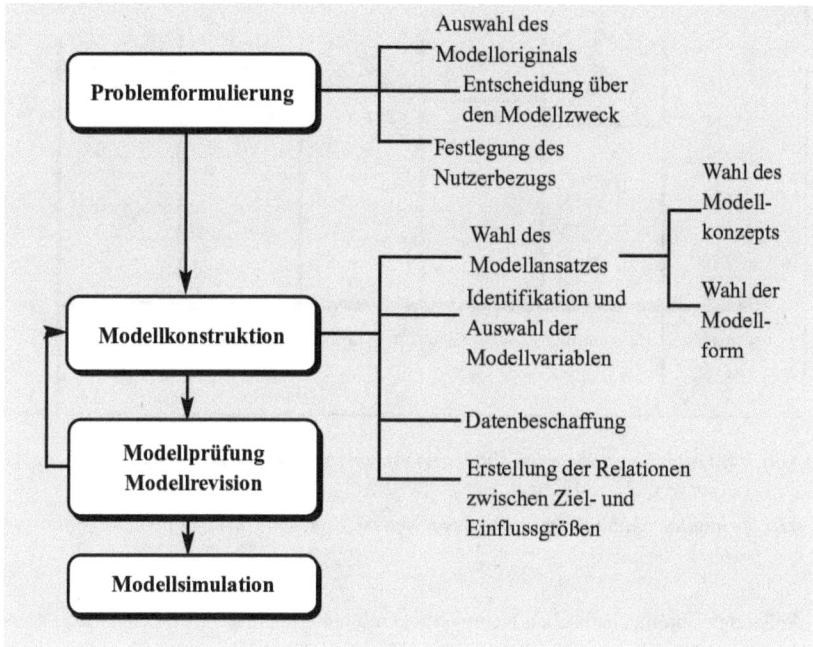

Abb. 93: *Arbeitsschritte der Modellbildung (mod. nach BALLREICH, 1996, S. 123)*

4.2.1 Wozu dient die Problemformulierung?

Der erste Arbeitsschritt der biomechanischen Modellbildung umfasst die *Problemformulierung*: Was soll das Modell abbilden (Modelloriginal)? Für wen wird das Modell erstellt (Nutzer)? Wozu soll das Modell dienen (Modellzweck)?

- Das *Modelloriginal* betrifft den sporttreibenden Menschen hinsichtlich der disziplinspezifischen Bewegungstechniken, der motorischen Basisfähigkeiten, des Körperbaus oder der Belastbarkeit des Bewegungsapparats.
- Als *Hauptnutzer* biomechanischer Modelle gelten Sportwissenschaftler, Sportmediziner, Orthopäden, Trainer, Sportlehrer, Physiotherapeuten und Athleten.
- Der *Modellzweck* umfasst die Analyse, die Beschreibung, die Erklärung, die Optimierung, die Wissensvermittlung oder die Vorhersage sportmotorischer Leistungen. Ein anschauliches Beispiel für den Modellzweck liefert das biomechanische Hochsprungmodell von MÜLLER (1986) zur Analyse konkurrierender Bewegungstechniken und zur Optimierung aufgabenangepasster Bewegungslösungen (vgl. Abb. 94).

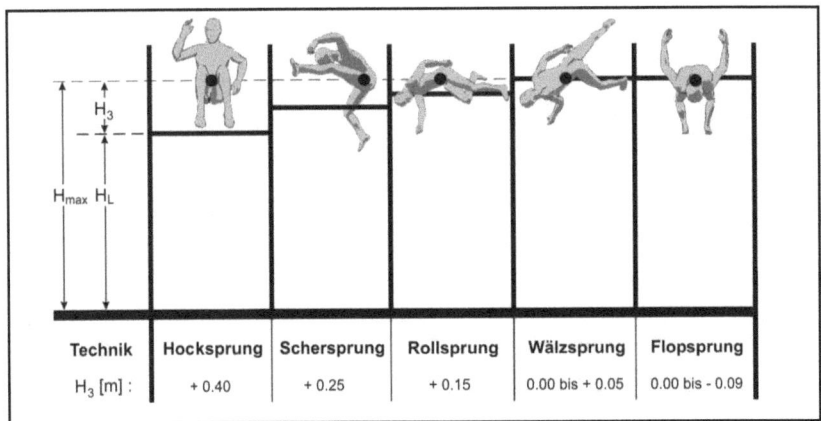

Abb. 94: *Lattenüberhöhung in Abhängigkeit von der Hochsprungtechnik (mod. nach MÜLLER, 1986, S. 48)*
(H_L: Sprunglattenhöhe; H_{max}: Höhe des Körperschwerpunkts; H_3: Lattenüberhöhung; •: Körperschwerpunkt)

Anhand des biomechanischen Kennwerts „Lattenüberhöhung" vergleicht MÜLLER verschiedene Hochsprungtechniken miteinander. Das Hochsprungmodell reduziert den Sportler und seine Bewegungsaktivitäten auf die im Körperschwerpunkt konzentrierte Masse. Die Lattenüberhöhung H_3 definiert die Differenz zwischen der Scheitelhöhe der Flugbahn des Körperschwerpunkts H_{max} und der Sprunglattenhöhe H_L. Der Wert der Lattenüberhöhung H_3 zeigt an, um welchen Betrag der Hochspringer seinen Körperschwerpunkt bei den einzelnen Hochsprungtechniken über die Hochsprunglatte bringen muss. Die Gegenüberstellung der Lattenüberhöhung H_3 verschiedener Hochsprungtechniken verweist darauf, dass die Lattenüberhöhung H_3 mit der Weiterentwicklung der Hochsprungtechnik – vom Hocksprung über den Schersprung zum Fosbury-Flop – zwischen 30 cm und 50 cm abnimmt.

4.2.2 Wie gliedert sich die Modellkonstruktion?

Die *Modellkonstruktion* umfasst die Wahl des Modellansatzes, die Identifikation und die Auswahl bedeutsamer Modellvariablen, die Datenbeschaffung zur Bestimmung der Modellvariablen und die Erstellung der Relationen zwischen den Ziel- und Einflussvariablen (vgl. Abb. 93). Abschnitt 4.2.2 skizziert die zentralen Arbeitsschritte der Modellkonstruktion: die Wahl des Modellansatzes, die Bestimmung und die Auswahl bedeutsamer Modellvariablen.

Die *Wahl des Modellansatzes* verbindet die Alternativentscheidungen für das datenbasierte versus theoriebasierte Modellkonzept und die deterministische versus indeterministische Modellform. *Datenbasierte Modellkonzepte* stellen empirisch-statistische Vorgehensweisen dar, die nach der „Schrotschussmethode" tendenziell ohne tief greifende theoretische Überlegungen über das Modelloriginal mit problemangemessenen Experimenten die Einflussfaktoren des Originals bestimmen (BALLREICH, 1996, S. 124). *Theoriebasierten Modellkonzepten* liegen aus dem theoretischen Umfeld des Modelloriginals verschiedene Informationen über die möglichen Modellvariablen und deren funktionalen Zusammenhänge zu Grunde.

Die *Wahl der Modellform* betrifft die Entscheidung, inwieweit die Zufälligkeit biomechanischer Kenngrößen berücksichtigt (deterministische Modellform) oder vernachlässigt werden kann (indeterministische Modellform). Der Zufallscharakter biomechanischer Bewegungsmerkmale liegt in den nicht bekannten Bedingungsfaktoren begründet. Hierzu zählen die muskuläre und zentralnervöse Ermüdung, die Motivation der Versuchsperson oder die natürliche Variabilität der Versuchsbedingungen.

BALLREICH (1989) verdeutlicht deterministische und indeterministische Zusammenhänge am Beispiel des Hochsprungs. Der Zusammenhang zwischen der Flughöhe des Körperschwerpunkts und den beiden vollständig zu erfassenden biomechanischen Einflussfaktoren Masse des Sportlers und vertikaler Beschleunigungskraftstoß beim Absprung wird als *deterministisch* bezeichnet, da der Körperschwerpunkt des Hochspringers bei einer speziellen Ausprägung der beiden Einflussgrößen zwangsläufig eine bestimmte Flughöhe erreicht.

Demgegenüber ist der Zusammenhang zwischen der regelgerecht bewältigten Sprunghöhe und den beiden biomechanischen Einflussfaktoren Masse des Sportlers und vertikaler Beschleunigungskraftstoß beim Absprung weniger eng (*indeterministisch*). Bekanntermaßen hängt die erfolgreich bewältigte Sprunghöhe nicht nur von der Flughöhe des Körperschwerpunkts ab, sondern auch von der Höhe des Körperschwerpunkts beim Verlassen des Bodens (Abflughöhe), der Lattenüberhöhung H3 und der Körperhaltung in der Phase der Lattenüberquerung (vgl. Abb. 94).

Für die *Bestimmung* und *Auswahl bedeutsamer Modellvariablen* besitzen das theoriebasierte Modellkonzept und die deterministische Modellform gegenüber ihren Alternativen, dem datenbasierten Modellkonzept und der indeterministischen Modellform, eine deutlich geringere Flexibilität. Dem *theoriebasierten Modellkonzept* dienen zur Identifikation der Modellvariablen physikalische, chemische, biologische, medizinische und mathematische Kenntnisse und Gesetzmäßigkeiten der motorischen Handlung (z. B. Grundgesetze der Dynamik). Das *datenbasierte Modellkonzept* greift zur Bestimmung zentraler biomechanischer Einflussfaktoren und deren spezifischen Einflusshöhen auf varianzanalytische und korrelationsstatistische Kriterien zurück. Hierdurch werden zahlreiche Einflussfaktoren aufgedeckt, die das statistische Verfahren der Faktorenanalyse reduzieren kann.

> Vereinfacht bündelt die *Faktorenanalyse* über die Korrelationsmatrix die varianzanalytisch oder korrelationsstatistisch identifizierten Einflussfaktoren nach dem Ausmaß ihrer Gemeinsamkeiten in möglichst wenige Gruppen zusammengehöriger Variablen (Minimumprinzip). Als bedeutsam für das Modell gelten Variablen, die eine hohe Faktorladung hinsichtlich des Zielfaktors (z. B. sportmotorische Leistung) aufweisen und voneinander unabhängig sind (Unabhängigkeitsprinzip).

Das empirisch-statistische Modellkonzept zum Weitsprung von BALLREICH (1989, 1996) stellt ein anwendungsbezogenes Beispiel zur Bestimmung der Einflusshöhe bedeutsamer biomechanischer Bewegungsmerkmale auf die Weitsprungleistung dar (z. B. vertikale und horizontale Abfluggeschwindigkeit; vgl. Abb. 95). WILLIMCZIK (1999, S. 68-70) systematisiert die Arbeitsweise des Weitsprungmodells in fünf aufeinander folgende Arbeitsschritte.

Begonnen wird mit der Untergliederung der Weitsprungweite W in vier elementare Leistungsindikatoren (Teilweiten):
- die Abflugweite W_1,
- die symmetrische Flugbahnweite W_2,
- die Landeanflugweite W_3 und
- die Landepositionsweite W_4.

Der zweite Arbeitsschritt differenziert die vier Teilweiten W_1 bis W_4 in spezielle biomechanische Einflussgrößen. „W_1 und W_4: Körperteilmassen m_i; Schwerpunktradien r_i; Körperteillängen l_i und Positionswinkel ϵ_i der Körperteile gegenüber einem äußeren Bezugssystem; W_2 und W_3: Horizontale Abfluggeschwindigkeit v_{OX}, vertikale Abfluggeschwindigkeit v_{OZ} und Differenz zwischen Abflug- und Landehöhe des KSP (Δz)" (WILLIMCZIK, 1999, S. 69).

Der *dritte Schritt* deckt durch einfache Korrelationsberechnungen den Zusammenhang zwischen einzelnen biomechanischen Kenngrößen und der Weitsprungleistung auf. BALLREICH benennt als quantitative Einflussfaktoren 17 Anlaufmerkmale, drei kinematische und 10 dynamische Absprungmerkmale, sechs Flugmerkmale und ein Landemerkmal.

Wie sieht die biomechanische Theorie- und Modellbildung aus? 343

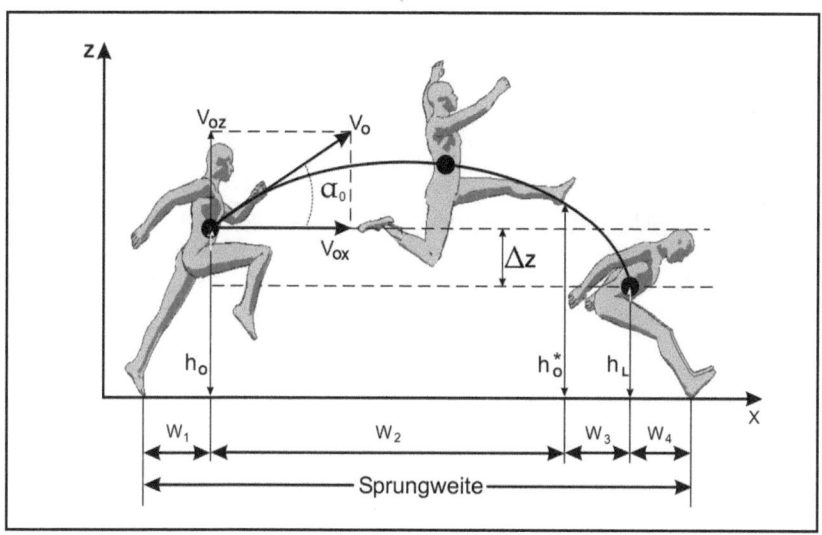

Abb. 95: *Weitsprungweite, Teilweiten, Geschwindigkeits- und Höhenmerkmale (mod. nach BALLREICH, 1996, S. 121)*

•: *Körperschwerpunkt (KSP)*
W: *Sprungweite*
W_1: *Abflugweite*
W_2: *symmetrische Flugbahnweite*
W_3: *Landeanflugweite*
W_4: *Landepositionsweite*
α_0: *Abflugwinkel*

v_O: *Abfluggeschwindigkeit in der xz-Ebene*
v_{OX}: *horizontale Abfluggeschwindigkeit*
v_{OZ}: *vertikale Abfluggeschwindigkeit*
Δz: *Höhendifferenz zwischen Abflug- u. Landehöhe*
h_0: *Abflughöhe*
h_0^*: *Landeanflughöhe*
h_L: *Landehöhe*

Der *vierte Arbeitsschritt* reduziert mithilfe der Faktorenanalyse die Vielzahl der Einflussfaktoren auf acht voneinander unabhängige, die Weitsprungleistung maßgeblich bestimmende Merkmalskomplexe (Schritt- und Frequenzindex, horizontales und vertikales Kraftstoßverhältnis, Landeökonomie usw.).

Der *fünfte Arbeitsschritt* ermittelt mittels regressionsanalytischer Verfahren die jeweilige Relation der acht Faktoren zur Weitsprungweite und die Anzahl der Merkmale, die für die hinreichende Erklärung der komplexen Weitsprungleistung notwendig erscheinen.

4.2.3 Wie wird die Gültigkeit biomechanischer Modelle geprüft?

Die *Modellvalidierung* prüft, inwieweit das Modell für den konstruierten Zweck aussagekräftig ist. Hierzu vergleicht der Anwender die Resultate der Modelluntersuchung mit den bekannten Eigenschaften des Modelloriginals. Eine relative Gültigkeit besteht dann, wenn die durch das Modell erzielten Ergebnisse mit einer Reihe realer Situationen übereinstimmen oder zumindest korrespondieren. Der Grad der Übereinstimmung der beobachteten Zielgrößen des Modelloriginals mit den durch das Modell berechneten Zielgrößen wird mithilfe der empirischen Gültigkeit geprüft.

Bei der *direkten Modellprüfung* erfolgt die Messung der Ausprägung der Modellvariablen unter verschiedenen Bedingungen. Beispielsweise wird die physiologische Zugbelastung der Bänder des Sprunggelenks unter ökologischen Bedingungen bei unterschiedlicher Dehnung des Bandgewebes ermittelt. Die *indirekte Modellprüfung* wird bei nicht direkt zu erhebenden Einflussfaktoren wie die Gelenkmomente im Fußgelenk eingesetzt. Für die indirekte Abschätzung der Belastbarkeit des Bandgewebes des Sprunggelenks eignet sich die mehrperspektivische Bewegungsanalyse. Hierbei werden die Bodenreaktionskräfte, die Druckverteilungen unter der Fußsohle, die Gelenkwinkel und die Elektromyogramme der bewegungsausführenden Muskeln miteinander in Beziehung gesetzt. Größere Differenzen zwischen den Resultaten der Modellierung und den Befunden der direkten oder indirekten Modellprüfung erfordern eine Überarbeitung des Modells (*Modellrevision*).

4.2.4 Wozu dient die Modellsimulation?

Die *Modellsimulation* kennzeichnet die systematische Variation einzelner Modellvariablen. Bei konkurrierenden Bewegungsfertigkeiten dient das Experimentieren mit dem Modell der Analyse oder der Optimierung sportmotorischer Lösungsmöglichkeiten (Starttechniken: Eisschnelllauf, Leichtathletik, Rennrodeln, Schwimmen, Sprungtechniken: Hoch-, Weitsprung, Skispringen, Spielsportarten). Des Weiteren eignet sich die Modellsimulation für die Entwicklung neuartiger Bewegungstechniken oder die Abschätzung der Veränderung sportmotorischer Leistungen in Abhängigkeit von der Variation verschiedener biomechanischer Einflussfaktoren. Ein Beispiel für die Schätzung der Einflusshöhe einzelner Bewegungsmerkmale auf die Weitsprungleistung stellt das in Abschnitt 4.2.2 besprochene Weitsprungmodell von BALLREICH dar.

Durch das systematische Experimentieren mit dem Weitsprungmodell von BALLREICH (1996) kann der Nutzer die Einflusshöhe der horizontalen und vertikalen Abfluggeschwindigkeit auf die komplexe Weitsprungleistung bestimmen. Oder, anders ausgedrückt, um welchen Betrag nimmt die Sprungweite zu oder ab, wenn diese beiden Bewegungsmerkmale um einen spezifischen Wert verändert werden? Zur Berechnung der Einflusshöhe bestimmter biomechanischer Merkmale auf die Weitsprungleistung modifiziert BALLREICH in einer multivarianten Gleichung die interessierende Variable um eine Standardabweichung, während die anderen in die Regressionsgleichung eingehenden Faktoren konstant bleiben. Anschließend ermittelt der Autor, in welcher Größenordnung sich durch diese Maßnahme die Weitsprungleistung verändert (vgl. WILLIMCZIK, 1999).

> „Angenommen, ein Weitspringer steht vor der Entscheidung, seine Sprung- oder Sprintfähigkeit bevorzugt zu trainieren, d. h., seine Anlaufgeschwindigkeit ‚besser' zu übersetzen zu Gunsten der vertikalen und damit zu Lasten der horizontalen Abfluggeschwindigkeit oder ‚schlechter' zu übersetzen zu Gunsten der horizontalen und damit zu Lasten der vertikalen Abfluggeschwindigkeit, d. h., er steht vor der Frage: Erzeugt eine vergleichbare Zunahme der horizontalen oder der vertikalen Abfluggeschwindigkeit eine größere Zunahme der Sprungweite bzw. Flugweite? Diese Frage kann über eine simulierte und vergleichbare Änderung der horizontalen und vertikalen Abfluggeschwindigkeit und der Bestimmung ihrer Einflußhöhe auf die Zunahme der Flugweite beantwortet werden" (BALLREICH, 1996, S. 136).

Die Ergebnisse der Modellsimulation weisen darauf hin, dass die horizontale Abfluggeschwindigkeit v_{OX} eine vierfach größere Einflusshöhe auf die symmetrische Flugbahnweite W_2 hat als die vertikale Abfluggeschwindigkeit v_{OZ}. Demnach empfiehlt die Modellsimulation die Verbesserung der Sprintfähigkeit des Weitspringers. In Übereinstimmung mit BALLREICH (1996) ist für WILLIMCZIK (1999, S. 71) eine solche Modellsimulation zwar „für theoretische Vorüberlegungen und zur Hypothesenbildung als Ausgangspunkt für experimentelle Versuchsanordnungen [...] durchaus wertvoll; dagegen erscheint ihre unmittelbare Verwendung in der Trainingspraxis problematisch. [...] So ist die Unabhängigkeit der unabhängigen Variablen meist nicht gegeben. Hinzu kommt, daß eine Ansteuerung *einzelner* Bewegungsmerkmale aus trainingsmethodischen Gründen bedenklich erscheint."

5 Biomechanische Theorie- und Modellbildung im Überblick

Die Biomechanik des Sports bemüht sich seit Anfang der 70er Jahre der 20. Jahrhunderts verstärkt um die Entwicklung biomechanischer Theorien und Modelle. Für die *biomechanische Theoriebildung* von besonderer Wichtigkeit sind Kenntnisse über die physikalisch-biomechanische Zweckmäßigkeit sporttypischer Bewegungstechniken. Die deutschsprachige Sportwissenschaft thematisiert vornehmlich die sechs *biomechanischen Prinzipien* von HOCHMUTH (1967, 1982). Diese bündeln das Wissen über die rationale Anwendung der mechanischen Gesetze bei sporttypischen Bewegungsfertigkeiten. Es sind dies die Prinzipien des optimalen Beschleunigungswegs, der optimalen Tendenz im Beschleunigungsverlauf, der Anfangskraft, der zeitlichen Koordination von Teilimpulsen, der Gegenwirkung und der Impulserhaltung. Die Gültigkeitsbereiche der sechs biomechanischen Prinzipien wurde von HOCHMUTH im Jahre 1982, bedingt durch zahlreiche kritische Anmerkungen anderer Wissenschaftler, auf strukturverwandte Bewegungsverläufe mit gleicher oder ähnlicher Zielstellung begrenzt.

Die *biomechanische Modellbildung* dient der Erklärung der komplexen Phänomene sportmotorischer Fertigkeiten und Leistungen. Charakteristische Kennzeichen biomechanischer Modelle sind die Verringerung der Komplexität des Modelloriginals (*Abstraktionsmerkmal*), die Ähnlichkeit zwischen den biologischen Eigenschaften des Menschen und dem Modell (*Ähnlichkeitsmerkmal*), die *Ökonomie* und der Nutzerbezug (*Subjektivierungsmerkmal*). Eine wichtige Funktion übernehmen biomechanische Modelle bei der Erforschung motorischer Strukturen, Mechanismen und Funktionsprozesse. Weitere Ziele der Modellbildung sind die Beschreibung, die Analyse, die Erklärung und die Vorhersage des sportmotorischen Verhaltens, die Optimierung disziplinspezifischer Bewegungstechniken, die Wissensvermittlung komplexer biomechanischer Sachverhalte und die Entscheidungshilfe hinsichtlich der Bestimmung und der Auswahl bedeutsamer biomechanischer Einflussfaktoren. Die biomechanische Modellbildung untergliedert sich in die Problemformulierung, die Modellkonstruktion, die Modellprüfung und die Modellsimulation.

Zentrale Begriffe

Abstraktionsmerkmal, Ähnlichkeitsmerkmal, Algorithmus, biomechanische Prinzipien, biomechanisches Modell, Counter Movement Jump, Dehnungsverkürzungszyklus, Gesetz, Kappa-Verhältnis, Modell, Modellbildung, Modellkonstruktion, Modellprüfung, Modellsimulation, Ökonomiemerkmal, Prinzip der Anfangskraft, Prinzip der Gegenwirkung, Prinzip der Impulserhaltung, Prinzip der optimalen Tendenz im Beschleunigungsverlauf, Prinzip der zeitlichen Koordination von Teilimpulsen, Prinzip des optimalen Beschleunigungswegs, Schwabbelmassenmodell, Simulation, Subjektivierungsmerkmal, Squat Jump.

Zur vertiefenden Weiterarbeit

BALLREICH, R. & BAUMANN, W. (Hrsg.). (1996). *Grundlagen der Biomechanik des Sports. Probleme, Methoden, Modelle* (2. Aufl.). Stuttgart: Enke.

HOCHMUTH, G. (1982). *Biomechanik sportlicher Bewegungen* (5. Aufl.). Berlin: Sportverlag.

Literatur

BALLEREICH, R. (1989). Modellierung in der Biomechanik. In K. WILLIMCZIK (Hrsg.), *Biomechanik der Sportarten. Grundlagen, Methoden, Analysen* (S. 101–125). Reinbek: Rowohlt.

BALLREICH, R. (1996). Grundlagen der Modellmethode. In R. BALLREICH & W. BAUMANN (Hrsg.), *Grundlagen der Biomechanik des Sports. Probleme, Methoden, Modelle* (2. Aufl.) (S. 118–159). Stuttgart: Enke.

BALLREICH, R. & BAUMANN, W. (1982). Einführung in die Forschungsmethoden der Biomechanik des Sports. In R. BALLREICH (Hrsg.), *Trainingswissenschaft* (S. 39–144). Bad Homburg: Limpert.

BALLREICH, R. & BAUMANN, W. (Hrsg.). (1996). *Grundlagen der Biomechanik des Sports. Probleme, Methoden, Modelle* (2. Aufl.). Stuttgart: Enke.

BAUER, W. L. (2004). *Sportunterricht mit einem dynamischen Reckturnermodell.* (Zugriff am 18. Oktober 2004 unter http://www.sport.uni-bremen.de/BBB/ arbeitsb/reckmod.doc).

BAUMANN, W. (1989). Mechanische und biologische Grundlagen. In K. WILLIMCZIK (Hrsg.), *Biomechanik der Sportarten* (S. 58–100). Reinbek: Rowohlt.

BAUMANN, W. & REIM, H. (1989). *Bewegungslehre* (2. Aufl.). Frankfurt: BLV.

GOLLHOFER, A. (1987). *Komponenten der Schnellkraftleistungen im Dehnungs-Verkürzungs-Zyklus.* Erlensee: SFT.

GRUBER, K., RUDER, H., DENOTH, J. & SCHNEIDER, K. (1998). A comparative study of impact dynamics: Wobbling mass model versus rigid body models. *Journal of Biomechanics, 31*, 439–444.

HOCHMUTH, G. (1967, 1982). *Biomechanik sportlicher Bewegungen* (5. Aufl.). Berlin: Sportverlag.

MÜLLER, A. (1986). Biomechanik des Hochsprungs. In R. BALLREICH & A. KUHLOW (Hrsg.), *Beiträge zur Biomechanik des Sports* (S. 42–54). Schorndorf: Hofmann.

OLIVIER, N. & ROCKMANN, U. (2003). *Grundlagen der Bewegungswissenschaft und -lehre*. Schorndorf: Hofmann.
ROTH, K. & SAHRE, E. (1990). Gesetzmäßigkeiten der sportlichen Bewegung. In P. RÖTHIG & S. GRÖßING (Hrsg.), *Bewegungslehre: Kursbuch für die Sporttheorie in der Schule* (3. Aufl.) (S. 9–54). Wiesbaden: Limpert.
SCHMIDTBLEICHER, D. (1985). Neurophysiologische Aspekte des Sprungkrafttrainings. In K. CARL & J. Schiffer (Hrsg.), *Zur Praxis des Sprungkrafttrainings* (S. 56–72). Köln: Sport und Buch Strauß.
SCHMIDTBLEICHER, D. (1994). Training in Schnellkraftsportarten. In P. V. KOMI (Hrsg.), *Kraft und Schnelligkeit im Sport* (S. 374–387). Köln: Deutscher Ärzteverlag.
WAGNER, F. (2004). *Die Modellierung von Gelenkkörpern. Grundlegender Aufbau der Modelle*. (Zugriff am 10. Oktober 2004 unter http://www.icg.informatik.unirostock. de/Projekte/emphas/Texte/ preprint/node2.htm).
WIEMANN, K. (1984). Zur biomechanischen Betrachtungsweise sportlicher Bewegungen. In K. KOCH & C. CZWALINA (Hrsg.), *Sportkunde für den Kursunterricht in der Sekundarstufe II* (S. 112–150). Schorndorf: Hofmann.
WILLIMCZIK, K. (1999). Die biomechanische Betrachtungsweise. In K. ROTH & K. WILLIMCZIK (Hrsg.), *Bewegungswissenschaft* (S. 21–74). Reinbek: Rowohlt.

Fragen zur Lektion 12

1. Grenzen Sie die Begriffe *Gesetz* und *Prinzip* voneinander ab.
2. Worin bestehen bei sportlichen Bewegungen die Besonderheiten der biomechanischen Prinzipien gegenüber den mechanischen Gesetzen?
3. Erläutern Sie die biomechanischen Prinzipien der Anfangskraft, des optimalen Beschleunigungswegs und der optimalen Tendenz im Beschleunigungsverlauf und übertragen Sie diese auf sportpraktische Beispiele.
4. Was zeichnet dynamische Schwabbelmassen-Modelle aus?
5. Was ist der Gegenstand und der Aufgabenbereich der Modellmethode?
6. Beschreiben Sie die wesentlichen Arbeitsschritte der Modellbildung.

Sachwortverzeichnis

A
action approaches .... 143, 155 ff.
Adaptation 26
– biologische 26
Adoleszenz .... 218, 229 f.
Afferenzen 66, 68, 81
– sensorische 66
– Synthese 66
Akkommodation 75, 254
– Auge 75
– PIAGET 254
Aktionspotenzial 310
Aktualgenese 209
Akzeleration 213
Algorithmus 327
Alter .... 216 ff.
– biologisches 218
– kalendarisches .... 216 ff.
– psychologisches 218
– soziales 218
– subjektives 218
Aneignung sportmotorischer
Fertigkeiten .... 181 ff.
– Unterstützung
   der Programminvarianten 183
– Veränderung der
   variablen Programmparameter 184
– Verkürzung
   der Programmlänge .... 181 ff.
– Verringerung
   der Programmbreite .... 183 f.
Anpassung sportmotorischer
Fertigkeiten .... 177, 195 ff.
Anthropogenese 209
Anthropometrie 283
Ausdauerfähigkeiten .... 22 f.
Außenaspekt .... 28 f., 35

Außensicht .... 27 f.
Auswertungsobjektivität .... 53 f.
Automatisierung sportmotorischer
Fertigkeiten .... 177, 199 f.
Automatismen 91

B
Bang-Bang-
Bewegungssteuerung 102, 109
Basalganglien .... 94 f.
Behaviorismus .... 114, 119 ff.
Beobachtungslernen .... 118, 130 ff.
Beschleunigung 285
Beschleunigungsmerkmale .... 289 f.
Beschleunigungsmessung 289
Betrachtungsweisen .... 29 ff.
– Definition 29
– biomechanische 31
– empirisch-analytische 30
– fähigkeitsorientierte 30
– funktionale 30
– ganzheitliche .... 31 f.
– morphologische 32
– verhaltenswissenschaftliche 33
Beugereflex .... 90 f.
Beweglichkeitsfähigkeiten 23
Bewegung .... 20 ff.
– alternierende 25
– asynchrone 25
– azyklische 24
– gleichförmig beschleunigte 287
– gleichförmige 287
– Hauptfunktionsphase 25
– Kombination 25
– menschliche 20
– Nebenfunktionsphase 25
– nichtalternierende 25
– ungleichförmig beschleunigte 287
– ungleichförmige 287

– zyklische 24
Bewegungsapparat 307
– aktiver 307
– passiver 307
Bewegungsbiografie 268
Bewegungskonstanz 23
Bewegungskopplung 23
Bewegungslehre 19
Bewegungsmerkmal .... 23 f., 279 f.
– biodynamisches 296
– biokinematisches 286
– qualitatives 23
– quantitatives .... 23 f.
Bewegungsparameter .... 151 ff.
– Gesamtkrafteinsatz .... 151 f.
– Gesamtbewegungszeit .... 151 f.
– Muskelauswahl .... 151 f.
– räumlicher .... 151 f.
– Umfang .... 151 f.
Bewegungs-
programm .... 86 f., 97 ff., 102 ff., 106 ff.
Bewegungsregelung .... 68 f., 84
Bewegungssteuerung .... 68 f., 85 ff.
Bewegungswissenschaft .... 19 f.
– Definition 19
– des Sports 19, 26
Biodynamik .... 296 ff.
Biokinematik 284
Biokybernetik 66
biologische Adaptation .... 26 f.
Biomechanik 280
– Definition 280
– äußere 281
– anthropometrische 282
– innere 281
– Leistungsbiomechanik 282
– präventive 283
Biomechanik des Sports 280
biomechanische Betrachtungsweise 31

biomechanische Prinzipien .... 327 ff.
– Definition 327
– Anfangskraft .... 330 ff.
– Gegenwirkung .... 333 f.
– Impulserhaltung .... 334 f.
– optimaler
 Beschleunigungsweg .... 329 f.
– optimale Tendenz im
 Beschleunigungsverlauf 330
– zeitliche Koordination
 von Teilimpulsen 333
biomechanisches Modell 327
Biosanteil 280
Black Box-Modell .... 119 f.
Bogengangsorgan 78

C

Cerebellum .... 95 f.
Chaining .... 129 f.
Closed-Loop-Kontrolle .... 69 ff.
Cortisches Organ 77
Counter Movement Jump 330

D

Darbietung von
Modellverhalten .... 130 ff.
Deafferentierung .... 98 f.
Deckeneffekt 116
deduktiv 47
Dehnungsmessstreifen 299
Dehnungsverkürzungszyklus 332
Differenzierungshypothese
koordinativer Fähigkeiten 44
Doppelaufgaben 201
Drehimpuls 298
Drehimpulserhaltungssatz 298
Drehmoment 298
Drehsinn .... 77 ff.
Drehsinnesorgan .... 77 ff.

Dreispeichermodell .... 67 f.
Druckverteilungsmessung 301
Durchführungsobjektivität 53
Dynamik 280
Dynamometrie 283

E

Effektor 69, 91
Efferenz 66
– Kopie 66
– motorische 66
Eigenreflex 89
elektromechanische Kopplung 310
Elektromyografie
(EMG) .... 305 f., 310 ff.
– Dünndrahtelektrode 311
– Elektrodenapplikation .... 314 f.
– Elektromyogramm .... 311 f.
– Nadelelektrode 311
– Oberflächenelektrode .... 311, 313 f.
– qualitative Analyse .... 315 f.
– quantitative Analyse 316
– Registrierung .... 312 ff.
– Reproduzierbarkeit 315
Elektrophysiologie 283
Elementare motorische Fertigkeiten 21
empirisch-analytische
Betrachtungsweise 30
endogene Einflussfaktoren 211
Engramm 86
Entwicklung 210
– Definition 210
– motorische 210
– qualitative Daten 248
– quantitative Daten 248
– sensible Phasen 212
– somatische .... 219 f.
– sportmotorische 211
Entwicklungsfaktoren .... 262 ff.

– altersbezogene .... 260, 262 ff.
– Bewegungsbiografie 268
– evolutionär-historische 260, 269
– genetische .... 264 f.
– Geschlecht 266
– kalendarisches Alter .... 263 f.
– kognitive .... 266 f.
– materiale 267
– nichtnormative .... 260, 269 f.
– psychische .... 266 f.
– Reifung 266
– sozialkulturelle 267
– Wachstum 266
– Ursache-Konsequenz-
 beziehungen .... 270 ff.
Entwicklungsphase .... 217 f., 247
– Adoleszenz .... 218, 229 f.
– Erwachsenenalter .... 218, 232 ff.
– Jugendalter .... 217 f., 229 ff.
– Kleinkindalter 217, 225
– Neugeborenenalter 217, 223
– Pubeszenz .... 57 f., 217, 229
– Säuglingsalter 217, 224
– Schulkindalter .... 217, 225 ff.
– Vorschulkindalter ... 217, 223 ff., 225 ff.
Entwicklungspsychologie .... 209 f.
Entwicklungspsychologie
der Lebensspanne .... 246 ff., 256 ff.
– altersbezogene Faktoren .... 260, 263 f.
– Drei-Faktoren-Modell 259
– evolutionär-historische
 Faktoren 260, 269
– Gewinn- und Verlustdynamik ..... 256 f.
– Kontextualismus .... 256 f., 259 f.
– lebenslange Entwicklung .... 256 ff.
– Leitorientierungen 256
– nichtnormative Faktoren ..... 260, 269 f.
– Plastizität .... 256 f., 260 f.
– SOK-Theorie .... 257 f.

– Testing-the-Limits Methode 261
Entwicklungsrichtung 224
– cephalocaudale 224
– proximodistale 224
Entwicklungsstufe 247
Entwicklungstheorie .... 250 ff.
– exogenistische .... 250, 252 f.
– konstruktivistische .... 250, 253 f.
– kontextualistische .... 255 ff.
– organismische .... 250 ff.
Erwachsenenalter .... 218, 232 ff.
evolutionär-historische
Entwicklungsfaktoren 260, 269
exogene Entwicklungsfaktoren 211
Exterozeptoren ....73 f.

F
Fähigkeiten ....22 f.
– Definition 22
– Ausdauerfähigkeiten ....22 f.
– Beweglichkeitsfähigkeiten 23
– Gewandtheit 46
– informationell determinierte 45
– konditionelle ....22 f.
– Koordination unter Belastungsdruck.. 50
– Koordination unter
 Komplexitätsdruck 50
– Koordination unter
 Organisationsdruck 50
– Koordination unter Präzisionsdruck... 50
– Koordination unter Variabilitätsdruck . 50
– Koordination unter Zeitdruck 50
– koordinative 23
– Kraftfähigkeiten 22
– motorische ....22 f.
– Schnelligkeitsfähigkeiten 23
fähigkeitsorientierte
Betrachtungsweise 30
Faktorenanalyse 342

Feedback 64
feedback control 68
feedforward control 68
Feinprogrammierung 94
Fertigkeiten ....21 f.
– Definition 21
– elementare 21
– geschlossene 22
– motorische 21
– offene 21
– sportmotorische 21
Fremdreflex ....90 f.
funktionale Betrachtungsweise 30
funktionale methodische
Übungsreihe .... 186 ff.
Funktionsanalyse 30
Funktionsphase .... 25, 188 ff.
– Hauptfunktionsphase ....25, 188 f.
– Hilfsfunktionsphase ....25, 188 f.

G
ganzheitliche Betrachtungsweise ......31 f.
Gedächtnis ....67 f.
– Kurzzeit 67
– Langzeit 68
– Ultrakurzzeit 67
Gelenk 307
– dreiachsiges 307
– einachsiges 307
– einfaches 307
– zusammengesetztes 307
– zweiachsiges 307
Gelenkwinkelmerkmale 286
Generalisiertes Motorisches
Programm (GMP) .... 148 ff.
– Gestaltkonstanz-Hypothese .... 150 ff.
– GMP-Theorie .... 140 ff.
– Impuls-Timing-Hypothese .... 149 ff.
– Invarianten .... 149 f.

- Programminvarianten .... 148 ff.
- Programmparameter .... 148 ff.
- relative Kraft 150
- relatives Timing 149
- Sequencing 149
Gesetz von Fitts 142
Gesetz von Hick 142
Gestaltkonstanz-Hypothese .... 150 ff.
Gestaltung der Übungsbedingungen . 179f.
Gewandtheit 46
Gleichgewichtsfähigkeit 47
GMP-Theorie .... 140 ff.
Golgi-Sehnenorgan 80
Goniometrie 288
Grobprogrammierung 94
Großmotorik 20
Gültigkeit 55
Gütekriterien .... 52 ff.
- Objektivität .... 53 f.
- Reliabilität 54
- Validität 55

H
Habituation .... 26 f.
Hanavan-Modell .... 294 f.
Hauptfunktionsphase 25, 188
hierarchische
Funktionsphasengliederung .... 188 ff.
hierarchisch-sequenzielle
Bewegungsorganisation .... 105 f.
Hilfsfunktionsphase 25, 188
Hochfrequenz-Videometrie .... 289 ff.
Hoffmann-Reflex .... 317 ff.
- Methode .... 305, 317 ff.
- motorische Antwort .... 319 f.
- Registrierung .... 318 ff.
Homöostase 71
Homunculus .... 93 f.
- motorischer 95

I
Impuls 296
Impulserhaltungssatz 297
Impuls-Timing-Hypothese .... 149 f.
Impuls-Timing-Theorie .... 101 f.
induktiv 47
informationell determinierte
Fähigkeiten 45
Informationspräsentation .... 177 f.
Informationsrückmeldung .... 178 f.
Informations-
verarbeitungsansatz .... 18, 31, 139 f.
Informationsverarbeitungsstufen ....141 f.
- Reaktionsauswahl 142
- Reaktionsprogrammierung 142
- Reizidentifikation 141
Informations-
verarbeitungstheorien .... 18, 31, 139 f.
Innenaspekt 28, 35
Innensicht .... 27 f.
Input-Modul .... 163 f.
Interpretationsobjektivität 54
Invarianten .... 149 f.
Istwert .... 69 ff.
- Analyse 69

J
Jugendalter .... 217, 229 ff.

K
kalendarisches Alter .... 263 f.
Kappa-Verhältnis 332
kartesisches Koordinatensystem ....284 f.
Kinematik 284
Kinemetrie .... 283 ff.
Kinetik 280
Kleinhirn .... 95 ff.
Kleinkindalter 217, 225

Kleinmotorik 20
knowledge of performance 178
knowledge of result 178
Körper 81
Körpergelenkwinkel 288
Körperschwerpunkt (KSP) .... 291 ff.
– analytische Methode .... 294 f.
– grafische Methode 293
– Hanavan-Modell .... 294 f.
– mathematische Methode .... 295 f.
Kohortenmethode .... 214 f.
Konditionieren .... 120 ff.
– instrumentelles .... 122 ff.
– klassisches .... 120 ff.
– operantes .... 124 ff.
Konnektionismus .... 159 ff.
Konsistenzanalyse 54
kontiguitätstheoretische
Position .... 118, 120 ff.
koordinative Fähigkeiten .... 23, 43 ff.
koordinative Strukturen .... 158 f.
Kraft 281
Kraftfähigkeiten 22
Kraftmessplatte .... 299 f.
Kybernetik .... 66 ff.
– biologische 66

L
Längsschnittmethode .... 213 f.
– gemischte .... 214 f.
law of effect 123
Leistungsbiomechanik 282
Lernen .... 26 f.
– Definition 26
– motorisches 26
Lernen am Modell .... 130 ff.
Lernfähigkeit 44
– motorische 44
Lerngesetz 121

– der Reizdiskrimination 121
– der Reizextinktion 121
– der Reizgeneralisation 121
– der Reizwiederholung 121
– der Spontanerholung 121
Lernkurve 116
Lernphase 116
– regressive 116
Lernverlauf .... 116 f.
– linearer 116
– negativ-beschleunigter 116
– positiv-beschleunigter 116
– s-förmiger 116
Limbisches System 94
Linearsinn 78

M
Makulaorgane .... 78 f.
Masse-Feder-Modell .... 102 f.
Massemerkmale .... 296 f.
Massenträgheitsmoment 297
Maturität 229
Mechanik 279
Mehrkomponenten-
Kraftmessplatte .... 299 f.
Meißner-Körperchen 80
Membranmodell .... 309 f.
Memory-Drum-Hypothese .... 104 f.
Messfühler 70
methodische Übungsreihe .... 185 ff.
– funktionale .... 186 ff.
– programmierte .... 189 ff.
– serielle 186
mixed approaches 140, 143
Modell .... 326 ff.
– Definition 326
– Abstraktionsmerkmal 336
– Ähnlichkeitsmerkmal 336
– Ökonomiemerkmal 336

Sachwortverzeichnis

– Subjektivierungsmerkmal 336
Modellierung .... 338 ff.
Modellmethode .... 335 f., 338 ff.
– Modellkonstruktion .... 340 f.
– Modellsimulation .... 344 f.
– Modellüberprüfung 344
– Problemformulierung .... 339 f.
Modularitätshypothese .... 163 ff.
– Input-Systeme .... 163 f.
– Output-Systeme .... 163 f.
– zentrale Systeme .... 163 f.
Monitoring-Hypothese .... 106 ff.
Morphologie 32
morphologische Betrachtungsweise 32
Motivationsareal 94
motor abilities 21
motor approaches 18, 139
Motorik .... 20 f.
– Feinmotorik 20
– Grobmotorik 20
– Großmotorik 20
– Kleinmotorik 20
– Merkmal 21
Motorikkonzept .... 143 ff.
– Konnektionismus .... 159 ff.
– Modularitätshypothese .... 163 ff.
– ökopsychologische
  Handlungstheorie .... 155 ff.
– Programm- und
  Parametertrennung .... 140, 147 ff.
– Programmvorsteuerung
  mit kontinuierlicher
  Systemregelung .... 140, 145 ff.
motorische
– Einheit 87
– Entwicklung 210
– Fähigkeiten .... 22 f.
– Fertigkeiten 21
– Lernfähigkeit 44

– Regelkreismodelle 145
– Tests .... 51 ff.
motorisches Programm .... 86 ff., 106
– Bang-Bang-
  Bewegungssteuerung 102
– generalisierte .... 106, 148 ff.
– Impuls-Timing .... 101 f., 149 ff.
– Invarianten 106
– Masse-Feder-Modell .... 102 f.
– Oszillator .... 100 f.
– Parameter .... 106, 148 ff.
– 1:1-Speicherung 106
motorischer Reflex .... 88 ff.
motor skills 21
Muskel .... 71 f.
– intrafusal .... 71 f.
Muskelarbeit 308
– dynamische 308
– exzentrische 308
– konzentrische 308
– statisch 308
Muskelkontraktion .... 308 f.
– auxotonische .... 308 f.
– isometrische 308
– isotonische 308
Muskelkraft 307
Muskelspindel .... 71 ff.

N

Nebengütekriterien 55
Neokortex 93
Neuerwerb sportmotorischer
Fertigkeiten .... 181 ff.
Neugeborenenalter 217, 223
neuronales Netzwerk .... 160 f.
newtonsche Gesetze 296
nichtnormative
Lebensereignisse .... 260, 269 f.

O

Objektivität 53
– Definition 53
– Auswertungsobjektivität .... 53 f.
– Durchführungsobjektivität 53
– Interpretationsobjektivitä 54
ökopsychologische
Handlungstheorie .... 155 ff.
Ontogenese 210
Open-Loop-Kontrolle .... 68, 91 f.
Optimierung sportmotorischer
Fertigkeiten .... 176, 195 ff.
– Ergebniskonstanz .... 195 ff.
– Positionskonstanz .... 195 ff.
– Verkürzung der Schemaregel ..... 195 ff.
Ortsmessung .... 288 f.
– direkte 288
– indirekte .... 289 f.
Oszillator .... 100 f., 109, 158
Output-Modul .... 163 f.

P

Paralleltestmethode 54
Phylogenese 209
Post-Feedback-Intervall 178
Prä-Feedback-Intervall 178
Prägung .... 26 f.
Precuing-Methode 99
programmierte methodische
Übungsreihe .... 189 ff.
Programminvarianten .... 148 ff.
Programmparameter .... 148 ff.
– Bewegungsumfang .... 151 f.
– Gesamtbewegungszeit .... 151 f.
– Gesamtkrafteinsatz .... 151 f.
– Muskelauswahl .... 151 f.
– räumlicher .... 151 f.
Propriozeptoren .... 73 ff.
Pubeszenz .... 57 f., 217, 229

Q

Querschnittmethode 214

R

Reafferenzen 67
Reaktion 120, 142
– Auswahl 142
– konditionierte 120
– Programmierung 142
– unbedingte 120
Reaktionskraft .... 297 f.
Reflex .... 88 ff.
– Achillessehnenreflex 88
– Bogen 89
– Eigenreflex 89
– Fremdreflex .... 90 f.
– monosynaptischer
  Dehnungsreflex .... 88 f.
– motorischer 88
– Patellarsehnenreflex 88
– polysynaptischer .... 88 ff.
– spinaler 89
Regelkreiskonzept .... 145 f.
Regelkreismodell .... 145 f.
Regelung 69, 81
– motorische 81
– technische .... 70 f.
Regler 70
Reifung .... 26 f., 266
Reiz .... 120, 141 f.
– bedingter 120
– Diskrimination 121
– Generalisierung 121
– Identifikation 141
– neutraler 120
– unbedingter 120
Reiz-Reaktionskopplung 114
Reiz-Reaktionstheorie 114, 129
relative Kraft 150
relatives Timing 149

Reliabilität 54
response programming 142
response selection 142
Retardation 213
Retestmethode 54
Rotationsbewegung 285
Ruffini-Körperchen 80

S

Säuglingsalter 217, 224
Schema .... 152 f.
– Breite 195
– Länge 195
Schema Theory .... 152 ff.
– recall schema .... 153 ff.
– recognition schema .... 154 f.
– Schemaregeln 153
– Wiedererkennungsschema .... 154 f.
– Wiedergabeschema .... 153 f.
Schnelligkeitsfähigkeiten 23
Schulkindalter .... 217, 225 ff.
Schwabbelmassen-Modell .... 337 f.
sensible Phase 212
sensomotorische Sequenz .... 190 f.
Sequencing 149
serielle methodische Übungsreihe 186
Shaping 128
Simulation 327
Sinnessystem .... 73 ff.
– akustisches .... 76 f.
– kinästhetisches .... 79 f.
– visuelles .... 74 f.
Situationsafferenz 66
Skinner-Box .... 124 f.
Sollwert .... 69 f.
– Analyse .... 69 f.
somatische Entwicklung .... 219 ff.
sozialkognitive Position 118, 126
Sportmotorik .... 19 f.

sportmotorische Entwicklung 211
sportmotorische Fähigkeiten .... 22 f.
sportmotorische Fertigkeiten 21
– Definition 21
– Aneignung .... 176, 181 ff.
– Anpassung .... 177 ff.
– Erwerb .... 176, 181 ff.
– geschlossene 22
– offene 21
– Optimierung .... 177, 195 ff.
– Stabilisierung .... 177, 193 ff.
– Variation .... 177, 195 ff.
sportmotorischer Test .... 51 ff.
Squat Jump 330
S-R-Theorien 114
Stabilisierung sportmotorischer
Fertigkeiten .... 176, 193 ff.
Statik 280
Stellglied 70
Stellgröße 69
Stellungssinn .... 79 f.
Steuerung 81
– motorische 81
Stimulus identification 141
stimulus-response theory 114

T

Teilkörperschwerpunkt (TKSP) 291
Teillernmethode 185
Testhalbierungsmethode 54
Theorie 116
– Definition 116
– der Entwicklungspsychologie
   der Lebensspanne .... 256 ff.
– generalisierter motorischer
   Programme .... 18, 140 ff.
time to contact 158
Translationsbewegung 285
Trial and Error 122

U

Übungsgestaltung .... 179 f.
Übungsreihe .... 185 ff.
– funktionale .... 186 ff.
– methodische .... 185 ff.
– programmierte .... 190 ff.
– serielle 186
Umweltfaktoren 267
– materiale 267
– sozialkulturelle 267

V

Validität 55
Variation sportmotorischer
Fertigkeiten .... 177, 195 ff.
Vater-Pacini-Körperchen 80
Verarbeitungskapazität 142
Vereinfachungsstrategien .... 181 ff.
– Ergebniskonstanz .... 196 ff.
– Positionskonstanz .... 196 ff.
– Veränderung der variablen
Programmparameter 184
– Verkürzung der Programmlänge .. 181 ff.
– Verkürzung der Schemaregeln 195
– Verringerung der Programmbreite .. 183 f.
– Unterstützung der
Programminvarianten 183
Verhaltenskette 129
verhaltenswissenschaftliche
Betrachtungsweise 33
Verstärkung .... 125 f.
– negative 125
– positive 125
verstärkungstheoretische
Position 118, 122
Vestibularorgan .... 78 f.
Videobildanalyse .... 289 ff.

W

Wachstum 266
Wahlreaktionszeit 99
Wahrnehmung .... 64 f.
– physiologische 64
– psychologische 64
Wiedererkennungsschema .... 154 f.
Wiedergabeschema .... 153 f.
Winkelbeschleunigung 286
Winkelgeschwindigkeit 286
Wissen 115

Y

Yerkes-Dodson Regel .... 142 f.

Z

Zeitmessung .... 288 f.
– direkte .... 288 f.
– indirekte .... 289 ff.
zyklische Bewegung 24
α-Motoneuron 72, 97
α-γ-Koaktivierung 97
γ-Motoneuron 97
1:1-Speicherung 106

Abonnieren Sie unseren kostenlosen Newsletter unter **www.dersportverlag.de**

SPORTWISSENSCHAFT STUDIEREN

Die Reihe richtet sich an Sportstudierende, aber auch an alle im Sport Lehrenden und an diejenigen, die an sportwissenschaftlichen Themen interessiert sind.

Bereits erschienen:

4. Auflage

224 Seiten, 4 Abb.
Paperback mit Fadenheftung
14,8 x 21 cm

ISBN 978-3-89124-667-2
€ [D] 24,95

Band 1 Balz/Kuhlmann: **Sportpädagogik**
Band 2 Gerhard Trosien: **Sportökonomie**
Band 3 Michael Bräutigam: **Sportdidaktik**
Band 4 Alfermann/Stoll: **Sportpsychologie**
Band 5 Rainer Wollny: **Bewegungswissenschaft**
Band 7 Hottenrott/Neumann: **Trainingswissenschaft**
Band 8 Thiel, Seiberth/Mayer: **Sportsoziologie**
Band 9 Markus Gerber: **Pädagogische Psychologie im Sportunterricht**
Band 10 Lau/ Plessner: **Sozialpsychologie und Sport**

Preis je Band: € [D] ca. 24,95

Preisänderungen vorbehalten und Preisangaben ohne Gewähr

MEYER & MEYER Verlag
Von-Coels-Str. 390
52080 Aachen

Telefon 02 41 - 9 58 10 - 13
Fax 02 41 - 9 58 10 - 10
E-Mail vertrieb@m-m-sports.com

Unsere Bücher erhalten Sie online oder bei Ihrem Buchhändler.